·rikanischen Originalausgabe:
Pain; Unlocking the Power of the Mind to End Suffering«
980 bei Doubleday & Company, Inc., New York
day & Company, Inc., 1980
·che Ausgabe:
Verlag GmbH, Frankfurt (Main) 1981

i Köhler
wurf von Klaus Janorschke
ıck Georg Wagner, Nördlingen
ıs Klotz, Augsburg
ermany 1981
)36706-5

Arthur Janc

Gefange
im Schm

Befreiung
durch seelisc

Aus dem Amerikanische
von Aurel Ende

Titel der am
»Prisoners c
Erschienen
© by Doub
Für die deu
© S. Fische
Alle Rechte
Lektorat W
Umschlager
Satz und D
Einband H
Printed in G
ISBN 3-10-

S. Fischer

Für meine geliebte Ellie

Inhalt

Danksagung

Es ist keine Übertreibung zu sagen, daß außer mir noch zwei Leute für dieses Buch verantwortlich sind. William Van Doren und Nick Barton haben lange Zeit daran gearbeitet, es zu realisieren. Sie haben organisiert, ausgearbeitet, eigene Gedanken dazu beigetragen, redigiert, beaufsichtigt, diskutiert und überhaupt alles Menschenmögliche getan, um die Fertigstellung dieses Buches zu sichern. Wenn ich sage, daß ich in ihrer Schuld stehe, ist das eine höchst unangemessene Beschreibung ihres Beitrags.

Ich möchte Dr. Michael Holden, meinem Mit-Autor von *Das neue Bewußtsein*, für seine besonderen Beiträge danken. Sie sind das ganze Buch hindurch offenkundig, ganz besonders in den Abhandlungen über Bewußtsein, Forschung, Psychose und »dem Gebäude, auf Schmerz errichtet«.

Die Tabellen unserer Untersuchungsergebnisse wurden von Ellen Lutwak entworfen und ausgeführt.

Besondere Anerkennung gilt meiner Sekretärin Cindy Heim und Mary Chesterfield, die das Manuskript getippt hat. Sie haben lange Stunden gearbeitet, um mit den verschiedenen Entwürfen des Manuskripts auf dem laufenden zu bleiben.

Abschließend möchte ich mich vor meinen Patienten verbeugen, deren Schmerz, Einsichten, Ausdauer und Enthusiasmus das Buch zu dem gemacht haben, was es ist.

Arthur Janov
The Primal Institute
Los Angeles, California

Einleitung

Die Menschheit ist durch ein heimtückisches Leiden an Händen und Füßen gebunden. Es ist die ungreifbarste, verheerendste und am weitesten verbreitete aller Krankheiten. Zwar ist es ein physiologisches, biologisches Leiden, doch kann es nicht mit Diäten, Übungen, Meditation, tugendhaftem Verhalten, Drogen und Arzneimitteln oder chirurgischen Eingriffen aus der Welt geschafft werden. Es läßt sich nicht an einer bestimmten Stelle lokalisieren. Es ist in der Tat die einzige Krankheit, die wirklich überall im Körper und im Gehirn zu finden ist. Doch kaum jemand ist sich dessen bewußt. Ärzte, die es behandeln, wissen nicht, wonach sie suchen sollen, und erkennen noch nicht einmal seine Existenz an. Es entfaltet dermaßen viele Symptome, daß es wie Hunderte von Krankheiten und nicht wie eine aussieht. Das Leiden heißt Neurose.

Die üblicherweise mit dem Ausdruck »Geisteskrankheiten« bezeichneten Leiden sind in Wirklichkeit eine biologische Krankheit – eine Wunde des ganzen Systems, deren Kern aus psychischem und physischem Schmerz* besteht. Normalerweise ist Schmerz eine unkomplizierte Angelegenheit; wir fühlen ihn, wir wissen, wie es ist, wenn etwas schmerzt, wissen, wo er sitzt und gewöhnlich auch, woher er rührt. Doch sind die Schmerzen aus unserer frühesten Kindheit, obwohl wir alle sie mit uns tragen, ein vollkommenes Rätsel. Niemand erkennt sie oder nimmt sie als solche wahr. Und doch sehen wir jeden Tag ihre Auswirkungen in der Art, wie wir unser Leben führen, in unseren Beziehungen, unseren Symptomen und in unserer sozialen Anpassung. Für die meisten von uns ist es schwer vorstellbar, daß die so lange zurückliegenden Geschehnisse uns noch in der Gewalt haben; nichtsdestoweniger tun sie es.

* Der Autor unterscheidet Urschmerz (*Pain*) von Schmerz (*pain*). Ich werde, bis auf möglicherweise mißverständliche Passagen, einheitlich »Schmerz« verwenden. Da der Autor der Auffassung ist, daß das deutsche Wort »Gefühl« nicht der Bedeutungsbreite des englischen »feeling« entspricht, wird der englische Begriff verwendet. Näheres dazu in Janov und Holden: *Das neue Bewußtsein*, S. Fischer Verlag Frankfurt (Main) 1977; Anm. d. Ü.

Ich werde zeigen, wie diese Krankheit ihren Anfang sogar am Anfang unseres Lebens hat. Doch statt sie nur zu beschreiben werde ich versuchen, eine präzisere Definition der Neurose zu geben, als es bisher geschehen ist. Dieses Leiden hat, trotz aller scheinbar komplexen Symptome, gewöhnlich eine einfache Geschichte. Wir werden verletzt, wenn wir am wenigsten dafür ausgerüstet sind, damit fertig zu werden – zur Zeit unserer frühen Entwicklung. Die Verletzung, die zu groß ist, um integriert werden zu können, wird begraben und verweilt in uns wie ein hartnäckiger Virus, beeinträchtigt unser Leben und läßt uns als Erwachsene maßlos leiden.

Wenn wir sehen, wie die Neurose entsteht, erkennen wir deutlicher, wie sie zu behandeln ist. Glücklicherweise sind die Mittel zu unserer Heilung jederzeit in uns. Das Gegenmittel sind genau jene Gefühle, die uns in verdrängter Form krankmachen.

Zwölf Jahre des Testens der Theorie in klinischer Praxis haben es uns ermöglicht, sehr viel präzisere Richtlinien einer wirkungsvollen Psychotherapie aufzuzeigen, und auf diese Weise geholfen, das in ein unsystematisches, unwissenschaftliches Durcheinander verfallene Gewerbe zu retten. Als Teil dessen möchten wir Methoden darstellen, die therapeutischen Fortschritt wirkungsvoll meßbar machen und eine wissenschaftliche Definition von Besserung und Gesundheit entwickeln.

Da Neurose eine Krankheit ist, welche die Biologie ändert, muß jede wirkliche Behandlung in der Lage sein, diese Biologie ihrerseits zu verändern. Die Primärtherapie leistet das. Wir haben bemerkenswerte Veränderungen im physischen System unserer Patienten beobachtet. In diesem Buch werden wir die Veränderungen und ihre Implikationen untersuchen.

Ein wichtiges Ergebnis unserer Arbeit ist ein besseres Verständnis menschlicher Funktionen, vor allem der Gehirnfunktionen. Wir haben in unserem Leben genug über die Entwicklung des Gehirns erfahren, um Hypothesen über dessen Entwicklung in der Spezies durch Jahrtausende hindurch aufzustellen. Um diese Vorgänge zu illustrieren, werden wir den Leser auf eine kurze Reise durch das Museum der Menschheitsgeschichte – das Gehirn – mitnehmen. Wir werden noch viel über dieses faszinierende Organ und die Rolle, die es bei Krankheit und Gesundheit spielt, in Erfahrung bringen müssen, doch entdecken wir Schritt für Schritt die Funktion des Gehirns in der Geschichte des menschlichen Wesens und der Menschheitsgeschichte.

Es ist die Fähigkeit, sich nicht bewußt zu sein, die es Männern und Frauen ermöglichte, die unsagbaren Leiden ihrer Vergangenheit zu überleben, wie sie uns alle in unserem eigenen frühen Leben rettet. Das Unbewußte ist kein vages psychologisches Konzept, sondern eine Realität unserer Gehirne und Körper. Genauso wie es uns zunächst rettet, vermag es uns – als Individuen und als Spezies – zu töten. Die Primärtherapie bietet dem Individuum einen Weg ins Unbewußte und infolgedessen auch einen Weg aus dem Unbewußten heraus.
Vielleicht wird am Ende der Hauptnutzen der aus dieser Therapie gewonnenen Erkenntnisse in dem Wissen darum bestehen, wie wir dem ganzen Problem der Neurose vorbeugen können. Wir können uns nicht damit zufriedengeben, eine Heilmethode zu formulieren, wenn wir die genauen Bedingungen einer Vorbeugung kennen. Generationen der Zukunft brauchen dieses Leiden nicht zu erben.

I. Die lebenslängliche Strafe

1. Bedürfnisgeschöpfe

Bedürfnis ist die Grundlage sowohl von Gesundheit als von Neurose. Jede Zelle unseres Körpers hat Bedürfnisse. Bedürfnis ist ein Totalzustand des menschlichen Daseins – und zum Zeitpunkt der Geburt bestehen wir fast nur aus Bedürfnissen. Zu ihrer Erfüllung muß sich der hilflose Säugling an seine Eltern wenden. Er kann sich nicht selbst füttern, säubern und warmhalten. Er kann sich in keiner Weise selbst erhalten. Er kann die Bedürfnisse *nicht selbst befriedigen*. In nahezu jeder Sekunde seines Lebens steht seine Existenz auf dem Spiel.

Die frühesten Bedürfnisse sind physischer Art. Wenn wir heranwachsen, entstehen neue Ebenen von Bedürfnissen. Mit der Reifung des Gehirns verfeinert sich das Bedürfnis. Es entwickeln sich emotionale und intellektuelle Fähigkeiten wie auch neue Einzelheiten jedes Grundbedürfnisses. Das Bedürfnis nach Sicherheit und Liebe ist zunächst nur körperlich. Es hat nichts mit Emotionen oder verbalem Ausdruck zu tun. Sobald das Kind aber emotionale Fähigkeiten entfaltet, entwickelt sich auch Gefühlsbedürfnis. Kritik ist für ein Neugeborenes bedeutungslos. Eine Demütigung, wie etwa, gesagt zu bekommen, man sei unnütz, bedeutet für einen drei Monate alten Säugling nichts. Für ein sechs Jahre altes Kind kann sie eine große Bedeutung haben, denn das Kind hat jetzt die Ebene emotionaler Bedürfnisse erreicht.

Die letzte Bedürfnisentwicklung ist eine intellektuelle, wie zum Beispiel die, die Umwelt erklärt zu bekommen. Um die Realität bestätigt zu bekommen, muß einem die Wahrheit gesagt werden. Es gibt ein einfaches Bedürfnis nach Information. Wenn deine Eltern nicht imstande sind, offen mit dir über Sexualität zu sprechen, wirst du daran nicht sterben, aber auch kein vollständiger Mensch sein. Die meisten von uns leiden unter unerfüllten Bedürfnissen. Häufig können wir noch nicht einmal fühlen, was unsere Bedürfnisse sind.

Reale Bedürfnisse basieren auf Biologie. Sie sind Zustände des Zellgewebes – Gesamtgeschehen von Gehirn und Körper, keine abstrakten psychologischen Konzepte. Es existieren auch psychische Bedürfnisse, wie etwa das Bedürfnis nach Verständnis. Wie auch immer, nach der gewöhnlichen Auffassung sind psychische Bedürfnisse (wie etwa nach Ansehen und Macht) nur Abkömmlinge grundlegender biologischer Bedürfnisse, Erfindungen eines entwickelten Geistes, der die Fähigkeit besitzt, ein reales Bedürfnis in Symbole abzuleiten.

Außer den grundlegenden Voraussetzungen zum Überleben wandeln sich unsere Bedürfnisse im Verlauf der Wachstumsstufen. Das Bedürfnis, »Bescheid wissen zu müssen«, beispielsweise ändert sich. Am Ende erfaßt es Sinne, Gefühle und Intellekt. In den ersten Lebensmonaten bedeutet »wissen« empfinden und spüren. Der Säugling hat ein Gefühl für das Geschehen, auch wenn es nicht erklärt werden kann. Später wird diese »Empfindung« zu einem Begriff ausgearbeitet. Er empfindet, wenn ihm unwohl ist. Das Baby ist sich seiner Welt sehr intensiv bewußt. Wenn es seine Wahrnehmungen zu einem Ganzen zusammenfassen soll, muß die Umwelt, die ihm seine Eltern schaffen, auf physische Art und Weise »Sinn haben«. Wenn er schreit, weil ihm nicht wohl ist, sollte er hochgenommen und beruhigt werden. Unterläßt man das, hat die Welt des Kindes keinen Sinn.

Mit der Reifung der emotionalen Fähigkeiten entwickelt das Kind ein »Gefühl« für die Welt. Ein gesundes Kind ist auf natürliche Weise intuitiv. Wenn ihm gestattet wird, seine Gefühle – welche es auch immer sein mögen – über Dinge auszudrücken, gewinnt es Vertrauen in seine Wahrnehmungen. Erst später erkennt es die Welt auf intellektuelle Weise und wird fähig sein, mit Worten auszudrücken, was es zum Beispiel von den Eltern und dem Zuhause hält. Dann braucht es Informationen, die seinen wachsenden Wissensdurst stillen. Doch menschliche Bedürfnisse sind noch sehr viel umfassender.

Das Bedürfnis, sich nach seinem eigenen, angemessenen Tempo zu entwickeln, ist entscheidend. Dies beinhaltet auch das entscheidende Bedürfnis, zum richtigen Zeitpunkt geboren zu werden. Wenn ein Fötus für die Geburt bereit ist, sondert er ein Hormon an die Mutter ab, welches wiederum die Hormonsekretionen der Mutter aktiviert, die die Geburt in Gang setzen. Die Mutter »gebiert« nicht nur. Es ist die gemeinsame »Entscheidung« zweier Menschen. Man tut den Bedürfnissen einer natürlichen Entwicklung Gewalt an, wenn man die Mutter unter Druck setzt und festbindet; ihr gesamtes System ist dann für die Geburt nicht vorbereitet.

Später kann den differenzierteren Entwicklungsbedürfnissen, wie

etwa zum angemessenen Zeitpunkt sprechen lernen zu dürfen, Gewalt angetan werden, indem man das Baby zum Sprechen drängt. Auch Sicherheit ist ein Urbedürfnis. Den Fötus heftiger Aktivität oder großem Lärm auszusetzen, kann bei ihm ebenso ein Gefühl der Unsicherheit verursachen wie Anspannungen der Mutter, auch wenn er in den vor ihm liegenden Jahren noch keine Worte für dieses Gefühl hat. Noch später wird Sicherheit ein stabiles Zuhause ohne wiederholte Scheidungsdrohungen oder die Ungewißheit dauernden Umziehens bedeuten.
Es gibt ein tiefes Bedürfnis nach emotionaler Wärme und Zuneigung.

DORIS:
Meine Mutter sagte mir immer, wie sehr sie mich liebt, aber immer polterte sie herum, erledigte Hausarbeiten, machte gehetzt Einkäufe – so sehr, daß sie kaum Zeit hatte, mich zu beachten.

MITCHELL:
Die Mutter meines besten Freundes – wie gern ich sie hatte. Ich fühlte mich schrecklich, wenn ich aus der Schule kam, weil niemand da war – mein Vater arbeitete, meine Mutter arbeitete, meine Schwester war immer unterwegs. Deshalb bin ich nach der Schule oft mit meinem Freund nach Hause gegangen – seine Mutter war zu Hause –, sie hat mir was zu essen gemacht, sich mit mir unterhalten und gefragt, wie ich in der Schule vorankomme. Das hat meine Mutter noch nicht mal gemacht, wenn sie zu Hause war. Ich habe mich richtig minderwertig gefühlt, weil ich niemanden hatte, der an mir irgendwie interessiert war. Ich habe überhaupt nicht gemerkt, wie schlimm es war, bis ich mit meinem Freund nach Hause ging und das Gegenteil erlebt habe. Einmal bat mich die Mutter meines Freundes, ein Bild für sie zu malen. Ich war damals neun oder zehn. Ich habe das Bild eines kleinen Jungen gemalt, der ganz allein war, am Fenster saß und hinausschaute, gerade so, wie ich es gemacht habe.

Nach der Geburt sollte das Neugeborene gleich der Mutter gegeben werden, so daß es ihren Körper, ihre Wärme und Gegenwart fühlt. Später ist es zur Befriedigung des Bedürfnisses nach Nähe nötig, das Baby zu küssen, es in die Arme zu nehmen und zu streicheln. Jeder von uns braucht das sein ganzes Leben lang. Wenn wir älter werden, tut es nur weniger weh, wenn es uns versagt bleibt. Der größte Teil des Gehirns, der sensorische Wahrnehmungen macht, hat mit Berührung zu tun; sie ist äußerst wichtig.

ROBERT:
Schließlich fand ich jemanden, dem ich mich körperlich wirklich öffnen konnte. Ich begann, das Gefühl, berührt, umarmt und geliebt zu werden, voll aufzunehmen. Eine Zeitlang zitterte ich, schüttelte mich nach Momenten enger körperlicher Nähe. Das alte Bedürfnis lag ganz offen – sogar die Einsicht, daß mich nie jemand wirklich berührt, gestreichelt und umarmt hat, kam mir zum ersten Mal in den Sinn (und Körper).

Grundlegend ist auch das Bedürfnis nach Integration, dem einheitlichen Zusammenwirken seelischer Grundtätigkeiten und Sinnesempfindungen. Es erfordert, daß der Fötus, Säugling oder das Kind und der Jugendliche nicht mit Sinnesreizen überlastet wird. Die fortwährenden Qualen einer verzögerten Geburt sind wahrscheinlich die schwerwiegendste Überlastung. Später, wenngleich weniger ernsthaft, gestattet eine ununterbrochen redende Mutter ihrem Kind nicht, seine Welt zu integrieren. Die unablässige Stimulation ist zuviel, um aufgenommen werden zu können. Eine weitere Überlastung sind zuviel Schularbeiten zu einem verfrühten Zeitpunkt, etwa wenn Zweitkläßler zwei bis drei Stunden täglich über ihren Büchern sitzen müssen. Häufig ist das mehr, als sie integrieren können. Sie vermögen nicht zu lernen, weil sie unter einem Druck stehen, der ihre integrativen Mechanismen überfordert.
Das Bedürfnis nach Orientierung in Zeit und Raum ist Teil des Integrationsbedürfnisses. Ein Neugeborenes bei seiner Ankunft in dieser Welt minutenlang mit dem Kopf nach unten zu halten, ist eine stupide Vergewaltigung dieses Bedürfnisses, wie auch aller anderen Bedürfnisse nach Sicherheit, Nähe, Beruhigung und Wohlbefinden.
Das Bedürfnis nach Freiheit ist eine grundlegende biologische Notwendigkeit. Auf körperlicher Ebene erfordert es die Freiheit, ohne Behinderung und Mühsal geboren zu werden. Später sollte es die Freiheit geben, sich in Zimmer und Haus bewegen zu können und nicht in einem kleinen Laufstall eingesperrt zu sein; am Ende dann die Freiheit, die Nachbarschaft und die Welt zu erforschen. Das Bedürfnis nach Freiheit und das Bedürfnis, sich äußern zu

dürfen, sind das gleiche. Man muß frei sein, Gefühle äußern zu können und später dann Vorstellungen zum Ausdruck zu bringen. Es muß einem zugehört und mit einem geredet werden, so daß Freiheit geübt werden kann. Es sollte nicht nur die Freiheit geben, die gewünschten Worte zu gebrauchen und an das zu glauben, was man möchte, sondern auch die Freiheit, sich zu kleiden, wie man will, und sich auf natürliche – unverbildete – Art und Weise zu bewegen; später sollte man sich Beruf, Freunde und Lebensweise aussuchen können.

Es gibt ein Bedürfnis nach Bestätigung seiner Realität. Im frühen Leben muß jemand für das Kind da sein, daß es sich nicht nur geborgen und beschützt fühlt, sondern auch begreift, daß es in Ordnung ist, wenn es klagt und jammert. Dieses Bedürfnis zu befriedigen, heißt ehrlich und direkt mit dem Kind zu sein. Es bedeutet eine Bestätigung seiner Gefühle. »Es ist richtig, wenn du dich so fühlst. Klar, du wirst wütend, wenn man dich so behandelt. Auch kleine Jungen weinen.«

Es bedeutet, die Wahrnehmungen des Kindes von anderen zu bestätigen, auch wenn diese Wahrnehmungen gesellschaftlich nicht tragbar sind. Vor allem bedeutet es, eine realistische Selbstwahrnehmung zu bekräftigen.

CAROL:

Ich glaube, als Eltern müssen wir unseren Kindern die Wahrheit über ihr Leben sagen. Oft bin ich versucht, meinen Kindern zu sagen – und glaube es auch selbst –, daß alles in Ordnung kommt, daß wir Geld haben werden, ein schönes Auto usw. usw. Aber ich kann es ihnen nicht antun, ich kann ihnen nur sagen, was für ein Gefühl ich habe, und manchmal ist es nicht gerade das, was sie hören wollen. Das einzige, was ich ihnen sagen kann, ist die Wahrheit.

Es gibt Eltern, die glauben, daß ihre Kinder nichts falsch machen können; sie bestärken die Kinder in ihrer Einstellung auch noch. Wenn ihr Kind etwas Unrechtes tut, suchen sie die Schuld bei anderen. Das Kind bekommt nie eine richtige Vorstellung von sich. Es lernt nie, mit der Realität umzugehen, weil es nie ein Gefühl dafür bekommen hat. Normalerweise können sich solche Eltern selbst nicht der Realität stellen; sie können sich nicht vorstellen, etwas dermaßen »falsch« gemacht zu haben, wie etwa ein Kind zu erziehen, das »böse« ist.

Ein weiteres fundamentales Bedürfnis ist Stimulation. Nicht beliebige Anregungen und Reize, sondern angemessene und ausreichende. Viele Untersuchungen an Tieren haben gezeigt, daß ein Mangel an Stimulation im frühen Leben eine physische Verschlechterung des Organsystems und eine Veränderung der Gehirnfunktion verursachen kann. Es stellt sich heraus, daß die starke Dosierung von Reizen bei normaler Wehentätigkeit und Geburt lebensnotwendig ist. Wer sie nicht erfahren hat, wie Kaiserschnitt-Babys, leidet unter der Deprivation.
Die Berührungsreize sind unentbehrlich, doch Überreizung – übertriebenes Herumreichen, Stoßen, Schütteln und Tätscheln – ist auch schmerzhaft. Es kann das Nervensystem beeinträchtigen.
Wenn Bedürfnisse zur Zeit ihrer Entwicklung befriedigt werden, wird der Urschmerz gering bleiben. Wie soll man wissen, wieviel Befriedigung notwendig ist? Das Kind weiß es – Bewußtheit der Befriedigung ist angeboren. Eltern müssen dem Kind nur einfühlsam begegnen, um zu wissen, was es braucht. »Sensitiv« zu sein heißt, fähig zu sein, eigene Bedürfnisse und Gefühle wahrzunehmen. Wenn Eltern einfühlsam sind, werden sie wissen, wann sie das Kind mit zuviel Tätscheln und Umarmungen überreizen. Sie wissen, daß es aus ihren Bedürfnissen und nicht aus denen des Kindes herrühren kann.
Der entscheidende Punkt des Wachsens ist das Bedürfnis nach Ausdruck. Der Säugling muß frei herumkrabbeln können, seiner Neugier Ausdruck verleihen dürfen, Sachen zu greifen und wegzuwerfen und seinen Körper auf die ihm eigene, unbeholfene Art zu benutzen, so daß er vertraut mit ihm wird. Es bedeutet, ihn sich voll und frei körperlich äußern zu lassen, natürlich ohne ihn Gefahren auszusetzen. Er wird nicht geschlagen, wenn er im Alter von sechs Monaten Nahrung ausspuckt; nicht gezwungen zu lernen, wie man richtig ißt, oder seine Ausscheidungen zu kontrollieren, ehe er nicht dazu bereit ist; ihm wird nicht Ruhe geboten, wenn er schreit und weint.
Später, wenn er die emotionale Ebene erreicht hat, muß es ihm gestattet werden, *alle* Gefühle auszudrücken. Er darf frech und »respektlos« sein. Er kann sagen, was er will, weil es aus seinen Gefühlen kommt. Falls er nicht frustriert und gereizt wird, gibt es für seine Gefühle keinen Grund, fortwährend negativ zu sein. Eltern haben große Angst, daß ihr Kind immer frech sein wird, wenn sie einmal etwas durchgehen lassen. So ist es, denn weil ihm

negative Gefühle nicht gestattet werden, kann es sein, daß er gleichbleibend negativ wird. Es ist Kindern nicht angeboren, wütend auf ihre Eltern zu sein. Doch werden sie es, wenn ihre Bedürfnisse unbefriedigt bleiben.

DONNA:
Ich habe mein ganzes Leben damit zugebracht, mich mit meiner Mutter über Kleinigkeiten zu streiten. Ich habe zwar nie Liebe bekommen, aber wenigstens ihre Aufmerksamkeit.

Noch später wird das Ausdrucksbedürfnis zu einem Bedürfnis, Vorstellungen zu entwickeln und sie zu äußern; Vorstellungen, die nicht mit den Lebensanschauungen der Eltern übereinstimmen müssen. Zum Beispiel mag es sein, daß ein Kind nicht an den Teufel glauben will oder an vegetarische Ernährung. Oder es mag nicht glauben, daß ordentliche Erziehung die beste Sache seit der Erfindung des Rades ist. Man muß ihm eine eigene Vorstellung und Weltanschauung zugestehen. Unsere Gefühle gehören ausschließlich uns; wir dürfen ihrer nicht beraubt werden. Sie gehören niemals jemand anderem. Sie gehören nicht nur einfach »uns«; sie *sind* wir.
Vielleicht ist das einzige grundlegende Bedürfnis, das alle anderen unterordnet, das Bedürfnis zu fühlen. Das menschliche Wesen ist ein fühlendes Wesen; für den Organismus ist das von grundlegender Bedeutung. Die einzige Art, wie wir zu entspannten, zufriedenen Menschen werden können, liegt in einer vollständigen Erfahrung von uns selbst. Fühlen ist die Essenz des Lebens.

DORIS:
In einer frühen Gruppensitzung fühlte ich mich sehr aufgebracht, weil ich mich wegen des lauten Weinens der anderen nicht verständlich machen konnte. Ich erkannte, daß es genau wie früher war – ich wollte, daß mir meine Mutter *zuhörte.* Der Therapeut drängte mich, ihr etwas zu sagen. Ich fühlte, daß ich es nicht konnte. Vor den anderen fühlte ich mich unbeholfen, total gelähmt. Der Therapeut drängte weiter. Es war nicht so, daß ich nicht wollte. Ich konnte nicht. Der Therapeut trieb mich an und schließlich schrie ich: »Mama, bitte *hör mir zu.*« Es schien, als ob mir nie zuvor etwas so schwergefallen war.

FRAN:
Worte strömten aus mir heraus, die Jahre darauf gewartet hatten, gesagt zu werden.

Die Befriedigung früher Bedürfnisse berücksichtigt die Integration in jeder Phase der Entwicklung. Jede neue Ebene, deren Bedürfnisse erfüllt worden sind, können wir hinter uns lassen. Wir brauchen es nicht in der Gegenwart als Ballast mit uns herumzuschleppen. Wenn die Vergangenheit geklärt ist, können wir in der Gegenwart leben.
Über die Befriedigung der Bedürfnisse individuellen Überlebens, wie Essen und Trinken, gelangen wir zu den Überlebensbedürfnissen der Spezies, wie etwa Sexualität. Wir können zu einer vollständigen Sexualität nur dann gelangen, wenn die vorhergehenden Bedürfnisse befriedigt wurden. In der Hierarchie der Bedürfnisse hängt die gesunde Entwicklung jeder neuen Ebene tatsächlich von der Befriedigung der vorhergehenden ab. Ein von Durst gepeinigter Mensch denkt kaum an etwas anderes. Er wird nicht über Wasser philosophieren. Er wird nach Möglichkeiten suchen, es zu bekommen.
Die Befriedigung früher Bedürfnisse strukturiert die Persönlichkeit. Persönlichkeiten, deren Bedürfnisse befriedigt worden sind, werden gewissermaßen flüssiger sein: Sie besitzen eine Anpassungsfähigkeit und Flexibilität, die ihnen im Laufe der Erfahrungen und Ereignisse Entwicklung und Wandel gestatten.
Woher wissen wir, was Bedürfnisse sind? Sicher nicht durch Bildung eines Theoriegebäudes, das erklärt, was sie sein sollten. Das ist nicht notwendig. Indem wir auf das Leiden der Patienten achteten, haben wir ihrem Bedürfnis zugehört. In ihrem Schmerz haben wir von ihnen nie gehört, sie seien ihres Ichs beraubt, ihrer Selbstachtung oder ihres existentiellen Bewußtseins. Doch scheinen sie in ihrem Schmerz unveränderlich zu grundlegenden Deprivationen zurückzukehren: »Guck' mich nicht so an!« »Nimm mich in die Arme!« »Kümmere dich um mich!« »Liebe mich!« Wenn die Verwicklungen der Neurose entfallen, bleiben nur einfache Kindheitsbedürfnisse übrig.

2. Urschmerz

Zweifellos wäre ein großer Teil des Lebens unkompliziert, wenn die einfachen Bedürfnisse von Kindern angemessen befriedigt würden. Unglücklicherweise werden die meisten von uns nur wissen, was hätte sein können. Das frühe Leben war für die meisten eine lange Reihe von Deprivationen.

MARCY:
Ich erinnere mich, daß ich mich viele Nächte am Bett meiner Eltern herumdrückte, Angst hatte, was zu sagen, ganz einfach verzweifelt war und hoffte, daß sie mal was Nettes zu mir sagen würden oder mich aufmunterten. Sie haben es nie gemacht – haben mir nur gesagt, es wäre spät und Zeit zum Schlafengehen. Zu der Zeit fing dieser ganze Wahnsinn an.

Bedürfnisse bleiben Bedürfnisse, bis Deprivation sie in Schmerz umwandelt. Schmerz mobilisiert uns in Richtung auf Erfüllung, warnt uns, daß der Körper in Gefahr ist, und alarmiert uns vor Abwehrreaktionen. Urschmerz ist Deprivation oder Verletzung, die das sich entwickelnde Kind bedroht. Eine elterliche Mahnung ist nicht notwendigerweise ein Urschmerz für das Kind. Totale Demütigung ist es. Fällt man beim Rollschuhlaufen hin, verursacht das keinen Urschmerz. Von frustrierten Eltern zur Seite geschubst zu werden jedoch ist einer. Ein Säugling, den man in seinem Bettchen weinend sich selbst überläßt, leidet unter diesem Schmerz. Verschreckt und allein ist er im Dunklen. Wenn er gleich nach der Geburt von seiner Mutter getrennt wird, ist er verängstigt und leidet Qualen.

STEVEN:
Als ich Säugling war, haben sich meine Schwestern als einzige um mich gekümmert. Meine Mutter war das wirkliche Baby. Aber das war mir egal. Ich brauchte doch sie und nur sie. Ich habe viele Stunden damit verbracht, nach ihr zu weinen. Sie sollte kommen und sich um mich kümmern. Fünfunddreißig Jahre habe ich gewartet, aber sie ist nie gekommen.

Nicht Verletzung als solche kennzeichnet Urschmerz, es ist eher der Kontext der Verletzung oder deren Bedeutung für das eindrucksfähige, sich entwickelnde Bewußtsein des Kindes. Hinfallen ist an und für sich von geringer Bedeutung. Aber sich zu verletzen und niemanden zu haben, bei dem man Trost suchen kann, ist eine Primärverletzung. Es gibt ein Bedürfnis nach Beruhigung und Trost; bei Nichterfüllung bedroht es die Entwicklung – auch wenn es vielleicht das physische Überleben nicht bedroht. Urschmerz kann tatsächlich entweder physisch oder emotional sein. Entgegen der allgemeinen Annahme, es handele sich um zwei unterschiedliche Arten von Verletzung, verläuft die Art der Bearbeitung im Organismus auf die gleiche Weise.

Früher Schmerz ist deshalb von so großer Bedeutung, weil die Deprivation grundlegender Bedürfnisse das Überleben bedroht. Sogar kurzfristige Deprivation eines Primärbedürfnisses, wie etwa das Bedürfnis nach Nahrung, hat eine überaus starke Wirkung. Es ist fast immer eine Frage von Leben und Tod. Eine Hungererfahrung im Alter von einem Tag hat lebenslange Konsequenzen. Erfahrungen der ersten Tage oder Monate können sich durch das ganze Erwachsenenleben ziehen.

Deprivationen auf späteren Bedürfnisebenen haben gewöhnlich weniger Einfluß auf das Nervensystem. Das heißt keineswegs, daß es sich nicht auch hier um starke Urschmerzen handelt – weil sie das gewiß sein können –, doch sind sie gewöhnlich nicht so überwältigend wie frühe Schmerzen. Wenn später im Leben ein Kind unter Deprivation leidet, stehen ihm viel mehr Reaktionen zur Verfügung, die Belastung zu ertragen.

Schmerz ist eine elektrochemische Information, die sich, wie jeder andere Input, in sensorischen Kanälen bewegt. Urschmerz ist eine Überlastung – mehr Information, als das Nervensystem integrieren kann. Es handelt sich nicht um eine einfache psychologische Reaktion, sondern buchstäblich um die Übermittlung physischer Energie. Schmerzen werden im Organismus registriert, bevor man sich einen Begriff davon machen kann. Jemand kann verletzt sein, ohne zu wissen, »niemand kümmert sich um mich«.

Deprivationen sind nicht immer offensichtliche und dramatische Ereignisse. Sie können in der Tat durchaus subtil und akkumulativ sein.

FRAN:
Als Kind mußte ich auf eine ganz bestimmte Art und Weise essen. Ich mußte jeden Bissen aufessen, egal wie lange es dauerte. Als ich sechs war, mußte ich um 20.01 Uhr ins Bett (Militärzeit für 8.01 p. m.), mit sieben um 20.02 usw. Am Telefon hatte ich mich mit »Wohnsitz von . . ., Fran am Apparat« zu melden. Das ganze Leben lang hörte ich: »Werd' nicht laut.« »Mach keinen Lärm, wenn Papi arbeitet.« »Sei lieb.«
Er kontrollierte, was ich in der Schule lernte. Als ich mit elf für einen Sonderkurs im Sommer ausgewählt wurde, wollte ich »Schauspiel« nehmen. Er schrieb mich für Mathe und Naturwissenschaften ein. Im nächsten Jahr ging's bei mir in Mathe und Naturwissenschaften bergab. *Er* hatte bei der Luftwaffe die höchste Bewertung im »Schnell-Lesen« erreicht, *ich* mußte den Kurs nach dem Schulunterricht belegen. Bald darauf hörte ich auf zu lesen.

Ob sich Primärtraumata augenblicks oder nach und nach über lange Zeit hinweg ereignen, sie sind zu mächtig, um damit fertig werden zu können. Für den kindlichen Organismus ist es zuviel, um natürlich darauf reagieren zu können. Ob aufgrund der Stärke des Traumas selbst oder durch erzwungene Unterdrückung, es ist die Hemmung einer natürlichen Reaktion, die schließlich in der Neurose endet.

HEATHER:
Als ich sieben war, hat mein Vater die Familie verlassen und ist mit seiner Geliebten, die später meine Stiefmutter wurde, zusammengezogen. Ich kann mich nicht genau erinnern, wann er uns verlassen hat, gefragt habe ich nicht, und meine Familie diskutierte nie »persönliche« Angelegenheiten mit den Kindern.
Jedenfalls ging meine Tochter (12) an einem Freitag wegen einer Erkältung nicht zur Schule und blieb zu Hause. Ich mußte zur Gruppensitzung nach New York – und fühlte mich gemein, weil ich sie allein zu Hause ließ. Als ich zur Gruppensitzung erschien, fühlte ich mich deprimiert, einsam und verlassen. Ich dachte, so muß sich Terry allein zu Hause fühlen. Ich hatte mir in Gedanken vorgestellt, »wie sie sich fühlen müßte«, was damit endete, daß ich ihre Gefühle fühlte, dachte ich. In dem Augenblick, als ich den Kopf aufs Kissen legte, begann ich zu weinen und zu schreien und rief »Terry«, aber als ich tiefer in das Feeling kam, *wußte* ich, daß

es überhaupt nicht Terrys Gefühl, sondern *mein altes Feeling* war, wie hätte ich auch ihr Feeling fühlen können. Quatsch!
Ich wußte, daß ich das schon einmal erlebt hatte, alles war so vertraut. Deswegen glaubte ich zu wissen, wie Terry sich fühlte. Eine Sekunde später sah ich mich auf dem Küchenfensterbrett sitzen und auf meinen Vater warten. Es wurde gerade dunkel, und meine Mutter sagte mir dauernd, es sei Zeit, zu Bett zu gehen, aber ich bettelte darum, noch fünf Minuten hinausschauen zu dürfen. Gleich kommt er, es wird nicht mehr lange dauern. Ich saß da, wartete und wartete, es war jetzt dunkel, und ich fühlte mich so allein und enttäuscht. Dann nahm mich meine Mutter am Arm – ich konnte die Berührung fast fühlen –, brachte mich die Treppe rauf ins Bett und fing an zu weinen, weil ich meinen Vater sehen wollte. Sie sagte mir, Vater würde nicht zurückkommen. Ich hörte auf zu weinen und brauchte fast 32 Jahre, um auf diese Tatsache reagieren zu können, die Verletzung und den Schmerz zu fühlen, den der Verlust meines Vaters verursacht hatte.

3. Das Gefängnis

Wenn ein Schmerz in früher Kindheit in seiner ganzen Intensität zum Zeitpunkt des Geschehens gefühlt wird, wird er nicht zu einer unbewußten Macht, es entsteht keine Neurose. Doch bei zuviel Urschmerz ist das Kind barmherzigerweise dem Unbewußten überlassen. Diese Gnade hat einen Preis. Der Schmerz wird verdrängt, verbleibt aber im Organismus des Kindes, gerade weil er zu überwältigend war, um erlebt, erledigt und verstanden werden zu können. Der Urschmerz gewinnt ein eigenes Leben, außerhalb des Bewußtseins und übt eine fortwährende Macht aus. Bleibt er ungefühlt, fordert er endlosen Tribut. Obwohl Verdrängung eine schützende Funktion hat, beginnt sie auch zu zerstören.

Verdrängung ist kein wohlüberlegter geistiger Trick; sie ist eine Reaktion des gesamten Organismus. Sie ist etwas, das Gehirn und Körper zusammen durchführen, um schmerzhafte Erfahrungen abzuwenden, besonders wenn wir sehr jung und nahezu vollkommen verwundbar sind.

Für den Beginn einer Verdrängung existieren so viele Szenarien, wie es Menschen gibt. Stellen wir uns vor, ein sehr kleines Kind beobachtet seine Mutter, wie sie seinem älteren Bruder wegen eines kleinen Vergehens eine Tracht Prügel verabreicht. Die Mutter ist irrational und gewalttätig. Das Kind nimmt wahr, daß sie im Falle einer Provokation gefährlich sein kann. Wäre dies eine bewußte Einsicht, sie wäre niederschmetternd. Sie ist es jedoch nicht. Wie der größte Teil elterlichen Verhaltens sind die Prügel keine ungewöhnliche Sache, sondern vereinbar mit der Realität, welche die Mutter dem Kind seit seiner Geburt vermittelt hat: nicht nur, daß sie nicht in der Lage ist, sich um es zu kümmern und ihm zu geben, was es braucht, sondern daß sie sogar eine Gefahr für es darstellen kann.

Dies sind überwältigende Deprivationen. Sie sind zu schwer, um von einem kleinen Kind ertragen werden zu können. Wenn es in einem unsicheren, unbefriedigenden Milieu überleben will, kann es sich nicht leisten, seine wahren Bedürfnisse zu fühlen oder sogar zu zeigen. Während es das Prügeln beobachtet, paßt es sich seiner

Situation an. Die »Gabe« des Verdrängens, eine Anpassungsreaktion unserer Gattung, besteht darin, daß sie die Schärfe und Wucht des Urschmerzes mildert, so daß das Kind ohne *sichtbare* Reaktion zusehen kann. Es hat den Schmerz dessen, was es miterlebt, verdrängt, und mit dem Schmerz verdrängt es sein Bedürfnis nach Liebe, Geborgenheit, Wärme ... nach einer Mutter. Es wäre nicht fähig, diesen Bedürfnissen zu begegnen, ohne sich zuerst mit dem katastrophalen Schmerz zu befassen, der durch ihre Deprivation entstanden ist.

JIM:
Kurz bevor meine Mutter starb, erzählte sie mir, daß sie und mein Vater über die Tatsache gesprochen hätten, daß ich mir in meinem ganzen Leben nie etwas gewünscht habe. Sie erzählte es mit Stolz und Erstaunen. Als ich klein war, gab es aber doch so vieles, was ich furchtbar gebraucht und mir gewünscht habe ... Als ich erst alt genug war, um darum bitten zu können, hatte ich es aufgegeben, mir etwas zu wünschen.

Urschmerz und Bedürfnis sind aus dem Bewußtsein, nicht jedoch aus dem Leben oder dem Organismus des Kindes herausgenommen worden. Es mag den Anschein erwecken, daß das Kind einfach seinen Weg verfolgt. Doch dann kann es sein, daß es beginnt, Alpträume zu haben oder ins Bett zu machen. Möglicherweise ist es in der Schule unruhig und kann weder stillsitzen noch sich konzentrieren. Der verdrängte Schmerz tut seine Arbeit.
Die Verdrängung eines bestimmten Gefühls führt zu einer Stilllegung eines Teils der umfassenden Fähigkeit des Menschen zu fühlen. Je mehr verdrängt wird, desto weniger ist man in der Lage, zu fühlen und zu erleben. Für jemanden, der nicht fühlen kann, hat das Leben keinen Sinn. Das Leiden anderer Leute hat keine Bedeutung, und nicht einmal unser eigenes Leiden bedeutet etwas. Wir werden ihm gegenüber unzugänglich. Ein dermaßen hoher Prozentsatz unser selbst ringt mit inneren Qualen, daß kaum etwas übrig ist, um sich gesund und normal mit unserer Welt, unseren Geliebten und Freunden zu beschäftigen. Feeling ist die Erfahrung unseres ganzen Selbst – die Essenz des Lebens und die Grundlage von Menschlichkeit.
Wenn bei einem Kind fortwährend die Gefühle unterdrückt werden, die die Eltern nicht akzeptieren können, wird es früher oder später automatisch zu einer Unterdrückung seiner Gefühle

von innen kommen. Es wird das Bewußtsein über diese Gefühle und den Kontakt zu sich selbst verlieren.
Verdrängung ist schon so sehr zu einer Lebensform geworden, daß viele von uns »Emotionalität« und das Zeigen von Gefühlen als »neurotisches Verhalten« abtun. Wir sind zu der Überzeugung gelangt, daß Selbstbeherrschung das Kennzeichen von Gesundheit sei, und jedes Anzeichen von Gefühl kommt in den Ruch von Hysterie. Die Tatsache, daß Feelings eine solche Bedrohung darstellen, ist ein Anzeichen für das Ausmaß der Urschmerzen, die wir abwehren müssen.
Wann ist jemand »neurotisch«? Zu einem beliebigen Zeitpunkt. Der neurotische *Prozeß* beginnt mit jedem nicht gefühlten Urschmerz. Das mag sogar vor oder während der Geburt seinen Anfang nehmen. Welches auch immer der Ausgangspunkt sein mag, es kommt eine Zeit, in der die Verdrängungen dermaßen zugenommen haben, daß wir kaum noch etwas intensiv fühlen außer indirekte Anzeichen von Urschmerz – Angst, Depression, Zwangshandlungen und Zwangsvorstellungen. Es kommt ein Punkt, an dem wir mehr verdrängen als fühlen, mehr irreal als real sind, und diesen Zeitpunkt können wir mit »Neurose« kennzeichnen. Doch Neurose »passiert« nicht an einem bestimmten Punkt. Ihre Entstehung ist ein dynamischer Prozeß.
Woran erkennt man, ob man neurotisch ist? Du kannst es erst erkennen, wenn du weißt, daß du unter Schmerzen leidest. Neurose ist, definitionsgemäß, immer unbewußt, da die Funktion der Verdrängung darin besteht, Unbewußtheit herzustellen. Anzeichen des Schmerzes kann man im Leben immer entdecken, doch wird eine »gute« Neurose ein Bewußtsein darüber verhindern. Manchmal macht ein Neurotiker Sachen, die er gar nicht machen will. Er ärgert sich dann über seine neurotische Handlung, gerade so, als ob er normalerweise nicht so handele. Er glaubt, es sei eine vorübergehende Anwandlung, ein flüchtiger Verlust der Beherrschung. Wenn Zwangshandlungen wirklich aus der Kontrolle geraten, mag es sein, daß ein Mensch glaubt, er sei »ein bißchen neurotisch«. Die meisten Opfer von Zwangshandlungen erkennen jedoch nicht die Verbindung zwischen Verdrängung, Neurose und Zwangshandlung. Ich glaube, daß die meisten Leute, die rauchen und trinken, nie wirklich die Verbindung zwischen Urschmerz und ihren Gewohnheiten einsehen. Neurose ist ein Paradox. Sie ist ungeheuer stark; ein Druck, unter dem man jeden Tag handelt und der sich trotzdem dem Bewußtsein entzieht. Wir

bewegen uns in die Neurose und verlieren auf höchst tückische Weise den Zugang zu unseren Gefühlen. Sind wir erst einmal neurotisch, kann kein Willensakt etwas daran ändern.
Die einzige Zeit, in der wir anfangen zu fühlen, daß wir neurotisch sind, ist, wenn wir uns elend fühlen – wenn die hochentwickelten, inneren elektrochemischen Abwehren unseres Körpers gegen Urschmerz mit der Belastung nicht mehr fertig werden können. Wenn unsere Neurose nicht mehr imstande ist, uns unbewußt zu halten, dringt als erstes Schmerz in das Bewußtsein. Er bricht bei der Überlastung des inneren schmerzbesänftigenden Systems fortwährend hervor. Genau dann brauchen wir eine Droge, eine Strafe oder eine beruhigende Idee, um unser körpereigenes System zu verstärktem Handeln zu treiben. Sowie wir aufhören, leiden wir.
Verdrängung ist ein biologischer Prozeß. Als Modell können wir die allergische Reaktion ansehen. Ein Abwehrstoff, eine fremde Substanz, wie etwa Blütenstaub oder Hundehaar, veranlaßt den Organismus zu einer Reaktion, entweder Niesen, Husten oder Hautausschlag. Der Körper entwickelt sofort einen Abwehrstoff, der den Antigen-Eindringling bekämpft. Der Organismus stellt selbst her, was er braucht, um mit Beeinträchtigungen seiner Unversehrtheit fertig zu werden, und schneidert es sich für die spezifischen Formen des Angriffs zurecht. Dieser ausgleichende Prozeß neutralisiert den Angriff, produziert einen Immunkomplex und hält den Organismus in einem Zustand des Gleichgewichts. Für den Prozeß der Verdrängung ist dies besonders relevant.
Schmerz, als eine fremde Kraft, ist wie ein Antigen, und es regt jene Kräfte an, die ihm, ähnlich den Antikörpern, entgegenarbeiten. Die Bereiche des Gehirns, die Schmerzreaktion organisieren, sind auch die Bereiche, die zur Verdrängung anregen. Das Ausmaß an Schmerz wird in hohem Maße die hergestellte Verdrängungssubstanz bestimmen. Nicht genug damit, denn wie wir weiter unten erkennen werden, wird sich die derzeitige Körper- und Gehirnstruktur ändern und sich dem Ausmaß an Schmerz, der den Organismus angreift, anpassen.
Die Verdrängung von Urschmerz ist ein zweischneidiges Schwert. Sie bewahrt den Körper vor überwältigenden Gefühlen, hindert ihn aber infolgedessen auch am Fühlen. Sie ist sowohl schützend als auch zerstörend, denn wenn man nicht mehr fühlen kann, gibt es weder großen Kummer noch Freude, keine herben Enttäuschungen oder Vergnügen, keine aufregenden Überraschungen

oder Entdeckungen. Der Immunkomplex verdrängten Urschmerzes mündet in einen Zustand der Neutralität, des Gefühls, hinter einer Mauer zu leben, während das Leben außerhalb unserer Reichweite weitergeht, irgendwo »da draußen«. Immunität gegenüber Gefühlen heißt Immunität gegenüber dem Leben.

GENE:
Vor sechs Jahren konnte ich nicht weinen. Ich war dreißig Jahre alt, und nie sind mir Tränen in die Augen gestiegen. Oft nahm ich eine große Menge Traurigkeit in mir wahr. Mir war die Brust verschnürt, ich hatte einen Kloß im Hals, und ich würde sagen, ich habe mich mies gefühlt. Aber Tränen kamen nicht.
Ich erinnere mich, daß ich weinen wollte. Als ich beim letzten Basketballspiel in der High School zwei Freiwürfe vergab, die das Spiel für uns entschieden hätten – da stand ich verlassen vor 2000 Leuten und ging dann als Versager zum Umkleideraum, das Spiel verloren und die Spielrunde zu Ende. Als mich meine Frau verlassen hat und ich mir die ganze Nacht Schallplatten von Judy Collins angehört habe. Als ich im Sommer nach meinem ersten College-Jahr den Brief von meiner Mutter bekam, daß mein Lieblingsonkel an Krebs gestorben und vor einer Woche beerdigt worden sei. Es war der Onkel, der mir so viel Eis mit Schokoladensauce gegeben hatte, wie ich haben wollte, dessen Hund Tippy mein Freund und Begleiter in vielen Sommerferien auf der Farm gewesen ist, der Onkel, der mich im ersten College-Jahr besucht hatte und mir Geschichten aus seiner Kindheit erzählt hat. Als der Brief meiner Mutter ankam, war ich für den Rest des Tages wie betäubt, irgendwie war es sogar im hellen Sonnenschein düster. Aber ich konnte nicht weinen.
In dem Sommer, als ich neunundzwanzig war, wurde mein Vater ernsthaft krank. Der Doktor sagte meiner Mutter, sie solle die Kinder holen, weil mein Vater die Woche nicht überleben würde. In der Nacht, bevor ich nach Hause fuhr, ging ich zu einer Encounter-Gruppe und erzählte von meinem sterbenden Vater und daß ich nie fähig war, mit ihm zu reden. Der Gruppenleiter legte ein Kissen vor mich hin und schlug mir vor, mit ihm zu reden, als sei es mein Vater. Als ich die Augen zumachte, kam das intensivste Gefühl in mir hoch. Es war so mächtig, daß ich glaubte zu explodieren. Meine Stimme wurde brüchig, und ich fühlte mich matt. Aber es kamen keine Tränen.

4. Die Konfliktenergie

Wenn wir Urschmerzen blockieren, blockieren wir nicht ihre Auswirkungen. Wir blockieren nur das bewußte Erleben. Die Auswirkungen blockierter Schmerzen drücken sich in Form von Energie aus. Um einen Vergleich zu gebrauchen: Jedes Trauma ist dem »Urknall« des Universums sehr ähnlich, dessen Energie der ursprünglichen Explosion noch durch den Kosmos strahlt. Die Energie ursprünglicher Traumata – und das *sind* elektrische Stürme – kreist ebenso permanent durch den menschlichen Organismus.

Energie ist eine elektrochemische Kraft, die gemessen werden kann. Sie ist weder mystisch noch ein *élan* oder ein Es. Sie ist auf spezifische Ereignisse zurückzuführen, die eine explosive Auswirkung auf den Organismus gehabt haben. Ein explosiver Effekt, der – jetzt gezügelt – fortfährt, aus spezifisch gespeicherten, frühen Erlebnissen auszuströmen. Die ausströmende Energie wird Jahrzehnte später sowohl in der Muskulatur als auch im Gehirn aufzufinden sein. Beide weisen erhöhte elektrische Aktivität auf.

Als Beispiel können wir die Hunde-Experimente des Neurophysiologen Dr. Ronald Melzack ansehen. Er erzeugte täglich eine elektrische Explosion – einen Stromstoß – in den Zentren des Limbischen Systems dieser Hunde und entdeckte eine *beständige und unbegrenzte »Nach-Entladung«*. Mit anderen Worten: Die ursprüngliche Explosion hatte bleibende nachwirkende Folgen. Darüber hinaus akkumulierten sich im Laufe der Zeit die Stromstöße und erzeugten Symptome, spezifische Anfälle. Auf die gleiche Weise sammelt sich gespeicherter Urschmerz im menschlichen Organismus an, bis es zu einer Überlastung und einem Ausstoß von Symptomen kommt. Der Schmerz verbleibt als Kraft hinter vielen verschiedenen Symptomen. Neurotische Energie ist eine Folge eines ständig einsatzbereiten Zustands, in dem man sich befindet, um der Gefahr des ins Bewußtsein steigenden Schmerzes begegnen zu können.

Bis gefühlt wird, was wirklich dahintersteckt, muß diese Primärenergie irgendwohin geleitet werden, und wird es gewöhnlich auch. Sie durchdringt den Körper über die Schlüsselstrukturen des Gehirns und lastet auf dem höchsten Bewußtsein des zerebralen Kortex. Der genauen Natur und Quelle des Schmerzes wird der Zugang zum Bewußtsein durch Verdrängungskräfte versperrt.

Es gibt nichts, das den Organismus so aktiviert wie Urschmerz; unbefriedigte Bedürfnisse werden in gespeicherten Schmerz umgewandelt und resultieren in ständiger Aktivierung oder in »Energie«. Die spezifische Quelle der Energie ist blockiert, doch die Energiemenge ist geteilt, sickert in die verschiedenen Ebenen menschlicher Funktionen und wird von ihnen aufgenommen – auf kognitiver, emotionaler und viszeraler Ebene.

Urschmerz ist gebundene Energie. Diese Energie kann entweder in körperliche Verspannung, Angst oder Vorstellungen geleitet werden. Die in diese Kanäle geleitete Energiemenge entspricht exakt der eingeprägten Primärenergie. Zum Beispiel zeigt das Hämmern von Spannungskopfschmerzen das genaue Ausmaß des Primärdrucks an, der sich aus der Tiefe bemerkbar macht, ebenso verhält es sich mit dem Ausmaß des Leidens bei einem Magenkrampf. Die Begeisterung und der Fanatismus bei einer fixen Idee können einen Hinweis auf die treibende Kraft einer spezifischen Energiemenge geben; und die Beharrlichkeit, mit der jemand eine Vorstellung verfolgt, kann uns Auskunft über das Maß an unnachgiebigem inneren Druck geben.

ROBERT:

Ich hatte immer den Hang, mir mehr als meinen Teil an Verantwortung und Arbeit aufzuhalsen. Ich habe es normalerweise auch hingekriegt, mit der Erledigung bis zur letzten Minute zu warten, was die Last auf meinen Schultern natürlich erhöhte. Es endete damit, daß ich mehr Energie aufwenden mußte, als mir zur Verfügung stand, so wurde ich jedesmal vor oder beim Abschluß dessen, was ich zu tun hatte, krank. Die aufgebaute Spannung machte mich total fertig. Dieses Schlappheits-Karussell hat zwei Ursprünge. Meine Geburt war genau so ein Fall von Warten-müssen-bis-zur-letzten-Minute-vorm-Tod, weil meine Mutter sich mir wegen der Geburtsschmerzen widersetzt hat. Ich habe mich dann selbst gewaltig angestrengt herauszukommen. Schließlich haben sie noch Geburtszangen angewendet. Als dann meine Mutter einige Monate nach meinem zweiten Geburtstag starb, habe ich unbewußt die Verantwortung für mein eigenes Leben übernommen. Das war wirklich zuviel. Ich bin viel zu schnell erwachsen geworden und habe mich verschlossen, um das hinzukriegen. Ich war wie eine überforderte Maschine, die man zu einer überhöhten Drehzahl pro Sekunde zwingt.

Angst und Spannung

Angst wird im allgemeinen als Gefühl der Erregung mit Übelkeit oder Flauheit im Bauch wahrgenommen, oft in Verbindung mit Herzklopfen. Sie ist die Manifestation von Urschmerz im inneren Organsystem. Sie signalisiert, daß amorphe Angst vor unverbundenem Schmerz auf dem Weg ins Bewußtsein ist. Alle Systeme reagieren, um dies zu verhindern.

Angst ist eine ursprünglichere Reaktion als Anspannung, sie tritt lange vor der Fähigkeit des Säuglings auf, durch ausreichende neurologische Kontrolle der Muskulatur neurotische Energie mit der Körperwand zu binden. Angst ist durch ein Gefühl der Besorgnis, des Grauens und von drohendem Verhängnis charakterisiert. Sie ist ein riesiger Schrecken, der normalerweise einen Durchbruch sehr früher, vorsprachlicher Urschmerzen mit sich bringt. Angst ist der Zustand, der dem Bewußtwerden von Schmerz vorausgeht. Sie ist kein spezifisches Leiden, sondern eher ein Signal des Zusammenbrechens der Abwehr.

Angst ist in erster Linie eine viszerale Reaktion, und das aus gutem Grund, denn sie ist der Hauptreaktionszustand unserer frühen und vorkindlichen Existenz. Traumata, die sich auf der frühen Ebene ereignen, werden, wenn daran gerührt wird, in Angstzuständen reflektiert. Viele glauben, daß Angst »eingebildete« Furcht sei. Doch in Wirklichkeit handelt es sich um tatsächliche Furcht vor einer tief vergrabenen Vergangenheit. Angst läßt sich nicht von Furcht trennen – sie *ist* diese sehr frühe Furcht, die einen in Angst und Schrecken versetzt. Nachdem hochgradig ängstliche Patienten ausreichend frühkindliche Urschmerzen gefühlt haben, sind sie im allgemeinen nicht mehr ängstlich.

Spannung ist den meisten von uns vertraut – allzu vertraut. Im Gegensatz zur Angst wird Spannung im Muskelsystem und der Körperwand empfunden. Häufig wird sie als Beklemmung in der Brust erlebt, als Rücken- oder Halsschmerzen, als Steifheit der Finger oder Zehen, Zähneknirschen oder als verkrampfter Kiefer.

Sie kann eine Folge des gleichen Urschmerzes sein, der Angst erzeugt.
Bei flachem oder scharfem Atmen findet man Spannung im respiratorischen System. Man findet sie im Gesichtsausdruck, der Haltung, dem Gehen, Augenzwinkern, Stirnrunzeln und so weiter. Jemand, der mit Fingern oder Füßen klopft, oder mit den Beinen wippt, drückt Spannung aus.
Spannung ist das Resultat des Zusammenstoßes unbewußter Schmerzen und Verdrängungsenergien. Sie ist vor allem ein Zeichen dafür, daß die Verdrängung effektiv ist – daß das genaue Wesen des frühen Traumas in Schach gehalten wird. Spannung resultiert aus dem Gebrauch der Körperwand zur Bindung von Angst und zeigt an, daß eine höhere Entwicklungsebene am Werk ist.
Die Schmerzenergie kann auch gefiltert und durch Glaubenssysteme gebunden werden, sie schafft fanatische Glaubenssysteme, die neue Vorstellungen und Ideen nicht zulassen. Die Energie der Urschmerzen sucht sich nicht nur ein System aus, sondern infiltriert alle – innere Organe, Körperwand, Muskulatur, Auffassungen und Vorstellungsvermögen. Glaubenssysteme absorbieren, was die Spannung nicht aufnehmen kann, und repräsentieren die letzte evolutionäre Reaktion auf tiefsitzenden Urschmerz. Wenn zum Beispiel jemand das Bedürfnis nach einem Vater hat – den er während seines Lebens real nicht gehabt hat –, kann das Bedürfnis sich in physischer Anspannung äußern, und ebenso kann es sich zum Glauben an einen warmherzigen, beschützenden und interessierten Gott entwickeln. Wie sehr auch Tatsachen dagegen sprechen mögen, nichts wird den Glauben erschüttern. Nur das Fühlen des Bedürfnisses – der Quelle der Triebenergie – kann die Bindung an diese Idee lockern.
Energie ist nicht nur an Glaubenssysteme gebunden, sondern auch an Vorstellungen, die wir entwickeln. In wiederkehrenden Alpträumen begegnen wir den gleichen Themen, die gleichen Bilder steigen mit der gleichen Intensität jahrzehntelang Nacht für Nacht auf. Diese Energie kommt irgendwo her und läßt nie nach, bis der Urschmerz gefühlt worden ist.

Symptome von Energieüberschuß

Haben wir erst einmal erkannt, daß Energie auf drei operationalen Ebenen, der Viszera (»Eingeweide«), Muskulatur und der Begriffsebene, angesiedelt ist, beginnen wir auch zu verstehen, daß neurotische Symptome, wie etwa übermäßige Magensekretionen, zu laute Stimmlage oder fanatische Vorstellungen, möglicherweise alle einer einzigen zugrunde liegenden Quelle entstammen. Wenn Energie von der Viszera aufgenommen wird, wie es in perinatalen oder Kleinkindentwicklungsphasen der Fall ist, kann Jahre später ein ernstes physisches Symptom die Folge sein, wie zum Beispiel ein Magengeschwür oder Colitis (Dickdarmkatarrh). Im Verlauf der Entwicklung kann die gleiche Energie durch das emotionale System gefiltert werden und Wut- oder Weinanfälle zur Folge haben. Wiederum später, mit fortgeschrittener Entwicklung des Gehirns, kann die Energie in Vorstellungs- und Glaubenssysteme umgeleitet werden. Ob es nun Spannungskopfschmerzen, ein Glaubenssystem oder sich wiederholende Zwangshandlungen sind, diese Operationsebenen saugen die Energie in einer Weise auf, daß sich der Mensch nie der dahinterliegenden Triebkraft bewußt wird, sondern nur ihrer Auswirkungen.

Es ist Primärenergie, die eine Vorstellung so verfestigt, unversöhnlich und beharrlich werden läßt. Die Energie *liegt nun in diesen Vorstellungen*; sie wird jetzt in ein Vorstellungsgewebe oder eine Begriffsdecke umgewandelt, die sich über den Urschmerz legt. So schafft – auf die gleiche Art, wie Antigene Antikörper schaffen – der Druck des Urschmerzes Vorstellungen, um genau diesen Schmerz abzutrennen. Im Dienste der Verdrängung wird diese frühe Triebenergie die höchstmögliche Ebene neurologischer Funktion aktivieren. Wenn wir von der »Explosion der Ideen« eines kreativen Menschen reden, haben wir in etwa eine Vorstellung davon, von was für einer Art von Explosion wir reden. Daher kann das Infragestellen der Vorstellungen eines Menschen ihn ziemlich abwehrend machen. Je verhärteter und fanatischer die Begriffswelt eines Menschen ist, desto abwehrender wird er sich gegen jedes Eindringen in sie verhalten. Hingebungsvoll glaubt ein Mensch an diese Vorstellungen, ohne auch nur einmal gewahr zu werden, daß es sich um einen gefahrvollen Abwehrmechanismus handelt. Er verteidigt seine Vorstellungen, weil sie ihn verteidigen.

Alle schmerzhaften Reize, sei es ein strenger Blick, eine kritische

Bemerkung, eine Strafpredigt oder Prügel, bewegen sich auf sensorischen Routen und werden schließlich gespeicherte physiologische Energie. Die Speicher sind Quellen aufgefangener Energie. Das System »faßt« nur eine bestimmte Menge elektrischer Ladung zur gleichen Zeit; danach handelt es wie ein »Kondensator«, in dem Energie freigesetzt wird, um das »Fassungsvermögen« auf ein optimales Maß zu senken. Wenn also jemand mit den Fingern klopft und mit den Füßen wippt, wenn sie oder er unablässig redet oder unter Gesichtszucken leidet, handelt es sich um Modi der Energiefreisetzung. Sie sind notwendig, um das optimale »Fassungsvermögen« aufrechtzuerhalten. Die Abfuhr von Spannung in jedem überlasteten System ist eine Notwendigkeit für die Homöostase. Klopft man einem Kind auf die Finger, um es am Nägelkauen zu hindern, stellt man damit nur eine spätere Verschlimmerung anderer Symptome sicher.

Die Speicherung der Primärerinnerungen läßt uns jeden Tag mit der gleichen angespannten Muskulatur, der gleichen Besorgnis, Angst und dem gleichen Grauen aufwachen. All unsere früh eingeätzten Erfahrungen liefern eine Matrix, die unsere Persönlichkeit formt und ihre Beständigkeit und Kohärenz gewährleistet. Wir werden durch unsere Erinnerungen »zusammengehalten«. Sie schließen charakteristische Formen des Gehens, Redens und Verhaltens ein. Unbefriedigte Bedürfnisse und Schmerz zementieren eingewurzeltes Verhalten in lebenslange Formen.

Anforderungen und frühe Deprivationen sowohl durch die Eltern als auch die Gesellschaft werden am Ende im Körper widergespiegelt. Es mag lange dauern, bis es zutage tritt. Menschen mit einer Menge Urschmerz fangen an, verwüstet auszusehen, und obwohl wir uns vorstellen können, daß es die Verwüstungen des Alters sind, sind es tatsächlich die Zerstörungen aus unserer Jugendzeit.

JOANNA:

Ich hatte an bestimmten Stellen des Rückens häufig Schmerzen, und die Schmerzen waren so schlimm . . . daß ich weinen mußte. . . . Es waren zwei Stellen auf meiner linken Schulter und ein Schmerz, der sich von meiner Schulter, rechts oben, den ganzen Rücken hinunterzog. (Eines Tages) hatte ich wegen dieser starken körperlichen Schmerzen zu weinen angefangen, und als ich mich wieder aufsetzte, fühlte ich in der Erinnerung eine Hand nach genau der Stelle auf der linken Schulter, die mich schmerzte, greifen. Ich hatte das entfernte Gefühl, daß mich dort jemand angefaßt hatte. In den nächsten ein oder zwei Tagen (erinnerte) ich mich an einen Streit zwischen meiner Mutter und meinem Vater, wie sich herausstellte, war es der letzte Tag meines Vaters in meinem Leben. In dieser Szene stritten sich meine Eltern, ich war voller Angst und klammerte mich an die Knie meiner Mutter. Plötzlich fühlte ich, wie mich eine Hand hinten am Kleid packte, mich von ihr weg zur Seite warf und ich krachend mit dem Rücken an einem Bettpfosten landete. Die zwei schmerzenden Stellen in meinem Rücken kehrten genau an zwei Punkten wieder – wo die Hände meines Vaters mich gepackt hatten und in einer Linie den Rücken hinunter, wo sich die Vorsprünge des Bettpfostens eingeprägt hatten. Danach hörte ich, wie mein Vater das Zimmer verließ, die Treppe hinunterging und wegfuhr.

DORIS:
Manchmal wache ich morgens auf, und meine Finger sind so verspannt, buchstäblich unbeweglich. Ich halte mich mit aller Kraft an irgendwas fest. Ich glaube, ich halte mich an mir selbst fest. Ich versuche, mich vor meiner hungrigen, bedürftigen Mutter zu schützen. Manchmal schlage ich mit den Fäusten in die Luft, will sie abwehren. Häufig fühle ich mich total gelähmt. Sie sitzt auf mir, hält mich nieder und zwingt mich, so zu sein, wie sie meint, daß ich sein sollte. Ich trete in die Luft und schreie sie an: »Geh von mir runter! Laß mich los!« Diese Gefühle habe ich oft, wenn ich in einer sehr »rastlosen« Stimmung bin, wenn ich das Gefühl habe, jemand jagt mit einer Bombe hinter mir her. Es ist meine Mutter. Sie übt Druck auf mich aus, so zu sein, wie sie es will, nicht wie ich bin.

Die Art des Symptoms, das jemand hat, kann einen Hinweis auf eine bestimmte Art früher Erfahrung geben. Ein Symptom wie zum Beispiel hoher Blutdruck kann, wenn in ihm auch keine verbale Reaktion enthalten ist, nichtsdestoweniger die vollständige »Erinnerung« einer frühen Situation sein. Solche Reaktionen sind Hinweise auf die Erinnerungsfähigkeit des Körpers, nicht anders als der Schmerz der Erinnerung daran, wie einem im Alter von neun Jahren der Hund weggenommen und fortgegeben wurde. Wenn die Reaktion auf eine frühe Deprivation erhöhter Blutdruck und beschleunigter Puls war, wird diese Reaktion im Laufe der Jahre zu einer Verstärkung tendieren. Es ist tatsächlich

so, wenn sich Urschmerz summiert, wird das Symptom verstärkt.
Sobald es eine Schwachstelle gibt – zum Beispiel ein anfälliges Organ –, wird sie der Brennpunkt und die Abfuhrstelle für allgemeine Spannung bleiben. So kann zum Beispiel ein Kind, das zu Allergien neigt, bei der geringsten Überlastung mit Spannung einen allergischen Anfall entwickeln. Das gilt auch für Leute, die Kopfschmerzen bekommen. Es trifft auch auf jene zu, die Reaktionen aggressiv und herausfordernd ausagieren – durch Lügen, Schlägereien und Stehlen. Diese Reaktionen, ob physisch oder verhaltensmäßig, sind »eingefahren« und werden charakteristisch für die Art und Weise, in der wir lebenslang auf Streß reagieren. Ebenso ist es mit Rauch- oder Trinkgewohnheiten oder der Abhängigkeit von Beruhigungsmitteln. Jedoch betrachten wir diese Probleme nicht als Symptome von Urschmerz. Wir glauben einfach, wir hätten ein Bedürfnis zu rauchen und zu trinken. Das stimmt, wir haben ein Bedürfnis.

CHARLES:
Ich habe das Gefühl, daß fast alles, was ich in meinem Leben gemacht habe, ein Versuch war, mich besser zu fühlen, und ich habe Alkohol probiert. Als ich anfing zu trinken, nahm der Alkohol mir einen Teil der Schmerzen und verschaffte mir eine scheinbare Zufriedenheit . . . und damit konnte ich umgehen. Doch als ich älter wurde, brauchte ich immer mehr Alkohol, um die Schmerzen wegzubekommen, also habe ich getrunken und getrunken, bis zur Bewußtlosigkeit. Das war die einzige Art, die mich von den Schmerzen erlöste. Ich habe nie gedacht, es wäre was Schlechtes daran. (. . .) Ich erinnere mich, das ganze Leben unter Schmerzen gestanden zu haben. Ich erinnere mich (. . .) als ich fünf Jahre alt war und in meinem Bett lag und mich schlecht fühlte. Der ganze Körper tat mir weh – meine Gelenke, meine Knochen, meine Muskeln – alles tat weh und zuckte vor Schmerzen . . . ich dachte daran, wie schlimm es mir ging, und erinnerte mich dann an dieses schöne Gefühl in der Leistengegend, das ich gehabt hatte, als ich auf dem Bauch lag und mich herumwälzte. Also dachte ich: Wenn ich mich jetzt umdrehe und dort berühre, werde ich mich gut fühlen; ich habe es versucht, und es fühlte sich gut an. So habe ich die Masturbation entdeckt und von da ab masturbiert. Ich habe schon viele Jahre masturbiert, bevor ich ejakulieren konnte.
Alles, was ich versucht habe, versuchte ich nur so lange, bis ich

herausfand, ob es mich von den Schmerzen erlöst; was nicht half, gab ich gleich auf (. . .) Ich habe alles versucht, was die Gesellschaft zu bieten hat . . . Ich habe geraucht, vier Packungen am Tag . . . Deshalb habe ich mich gefragt, warum ich nichts in Maßen tun konnte – Mäßigung hat mir nie geholfen.

Ein gesunder Mensch erlebt sein Leben, anstatt es zu unterdrükken, er benutzt die Energie eher zum Leben als zum Kampf gegen Schmerz. Als Folge dieses Kampfes hat ein Neurotiker häufig zu viel Energie. Er leistet mehr als notwendig oder bewegt den Körper viel mehr, als erforderlich ist, weil sein System »überdreht« ist. Oder er fühlt sich »niedergeschlagen« – schlapp, leblos und ohne Antrieb, etwas zu tun, weil ein riesiges Maß an Energie für die Verdrängungsarbeit abgeleitet werden muß. Wirkliche Energie erlaubt uns einfach direktes Handeln und sofortige Erfüllung unserer Bedürfnisse, was aber nur möglich ist, wenn vergangene Deprivationen wirklich hinter uns liegen.

5. In Notwehr

Gegen was verteidigen neurotische Widerstände? Soviel ist klar, ohne Urschmerz gibt es keine neurotische Abwehr. Ein gesunder Mensch sollte über das latente Potential zur Anwendung von Abwehren verfügen, doch sollte er nicht »abgewehrt« sein. Abwehren sollten nur ins Spiel kommen, wenn ein System angegriffen wird. Dies gilt sowohl für die Neurose als auch für allergische Reaktionen.

Neurotische Abwehren sind Mechanismen zur Vermeidung von Feeling. Der Grund, aus dem wir eine Abwehr im späteren Leben neurotisch nennen, ist der, daß sie der *externen* Realität nicht mehr angemessen ist. Vielleicht ist neurotisch eine Fehlbezeichnung, da die Abwehr für eine Situation in der Vergangenheit real und angemessen war.

Die primäre Abwehr ist die biologische Form von Verdrängung – das Ausschließen von Urschmerz aus dem Bewußtsein. Sobald eine Verdrängung eintritt, setzt sie Myriaden von Reaktivitäten in Gang, die ich Sekundärabwehren nenne. Die Art dieser Sekundärabwehren hängt von den unterschiedlichen Erfahrungen ab, die wir alle in unserem Leben gemacht haben. Diese Sekundärabwehren arbeiten entweder für die Freisetzung übermäßiger Primärenergie oder helfen dem primären Prozeß der Verdrängung. Wäre Verdrängung vollkommen effektiv, gäbe es auch fast kein neurotisches Ausagieren. Wir wären gefühllos, fixiert, starr und »tot«.

Idiosynkratische Eigenheiten, Sprachverhalten, Vorstellungen, emotionale Ausdrucksformen und emotionale Ausbrüche gehören auch zur Sekundärabwehr. Sie sind Arten des Umgangs mit der diffusen Energie verdrängter Gefühle. Diese verschiedenen Manifestationen, die von vielen Fachleuten als unabhängige Krankheiten betrachtet werden, sind nur Folgen eines einzigen Ereignisses – Verdrängung.

Die Sekundärabwehr kann ein bestimmtes zur Gewohnheit gewordenes Aussehen sein – ein Gesichtsausdruck, eine Haltung, Gang- oder Bewegungsarten – ein Sprachmuster – starkes Interesse an bestimmten Arten von Ideen oder Vorstellungen – ein völliges Aufgehen in Arbeit oder Pflichten – Zwangsvorstellungen in bezug auf sexuelle Leistung – eine Gewohnheit wie etwa Rauchen und Trinken – ein unbewußtes Muster falscher Ernährungsweise – ein Vermeiden von Bewegung oder körperlicher Aktivität – sie kann einfach alles sein. Sie wird jedoch immer von Urschmerz angetrieben. Gäbe es keinen verdrängten Schmerz, würden wir einfach fühlen, was wir erleben. Offenheit gegenüber Gefühlen wäre keine Bedrohung des Systems.

Der Körper verfügt über normale Abwehrformen gegen katastrophale Ereignisse in der Außenwelt; doch ist neurotische Abwehr nicht gegen äußere Geschehnisse gerichtet, ausgenommen insoweit, als äußere Ereignisse in uns Gespeichertes auslösen.

Abwehren sind sowohl lebenserhaltend als auch höchst beharrlich. Ihre wichtige Aufgabe ist die Erhaltung unseres Lebens während der Säuglingszeit und im Kindesalter. Abwehrformen sind Erinnerungen sowohl dessen, was die Spezies in ihrer Geschichte rettete, als auch – in unseren frühen individuellen Leben – jener Mechanismen, die uns halfen, geboren zu werden und zu überleben. Im Falle eines Angriffs, sei er psychischer oder physischer Natur, ziehen wir uns automatisch auf ursprünglichere neurologische Mechanismen zurück, um ihm zu begegnen. Wir benutzen subkortikale Mechanismen, die durch die Evolution wegen ihrer Wirksamkeit ausgewählt wurden. Diese automatischen Mechanismen sind einer früheren Entwicklungsstufe angemessen. Und, wie wir sehen werden, hat eine effektive Therapie sich an diese tiefer liegende Gehirnstruktur zu wenden. Es ist der automatische Gebrauch der tiefer liegenden Mechanismen gegen Streß, der die neurologische Grundlage für die »Spaltung« bildet. Die Reaktion ist Spaltung, so daß der Mensch ursprünglichere statt altersentsprechende Mechanismen anwendet! So mag zum Beispiel ein unter Streß stehender Erwachsener sich einer infantilen Reaktion, der Hypersekretion von Magensäure, bedienen, statt sich der Situation auf Art eines Erwachsenen zu stellen. Als neurotische Erwachsene rekrutieren wir Reaktionen auf Streß, die dem Baby zur Zeit der Originaltraumas als höchstmögliche Ebene der Reaktion zur Verfügung standen.

Ist die Verdrängung unzulänglich, verstärkt sich die Sekundärabwehr. Wenn diese Abwehrformen wanken, treten Symptome auf. Wenn Drogen oder Tranquilizer verabreicht werden, um die Verdrängung zu forcieren, lassen die Symptome und Abwehrreaktionen nach. Der Mensch kann wieder liebevoll sein, kann

wieder lachen und sich für den Augenblick entspannen, weil die Verdrängung wieder verstärkt worden ist. Sobald die Medikamente jedoch abgesetzt werden und der in Schach gehaltene Urschmerz wieder aufwallt, wird dieser Mensch natürlich unter dem Rückschlag unterdrückter Energie leiden.
Der Mensch, der auf allen Stufen der Entwicklung Abwehrformen geschaffen hat, funktioniert gewöhnlich sehr gut. Er ist sich im allgemeinen der Schmerzen nicht bewußt und kann sich deshalb mit den äußeren Dingen des Lebens beschäftigen. Er ist jedoch total gespalten; das eine Selbst gibt sich mit der Welt ab, das andere Selbst ist fortwährend mit dem tief vergrabenen, wühlenden Schmerz beschäftigt. Er ist nach außen hin orientiert, und das ist ein Teil der Abwehr.
Nur wenn äußere Umstände die Abwehr an der Tätigkeit hindern, beginnt der Mensch zu leiden – wenn keine Möglichkeit zum Planen, Organisieren, gegen die Welt Aufbegehren oder, was immer er normalerweise zu tun hat, mehr besteht. Andernfalls funktionieren seine Vorstellungen, Pläne, Rationalisierungen, Erklärungen und Einstellungen im Sinne einer Beruhigung des Schmerzes.

VERA:
Ich war so weit weg von meinen Gefühlen, daß ich den Unterschied zwischen Feeling und Vorstellung nicht begreifen konnte. Ich habe wirklich geglaubt, daß meine geistige Tätigkeit Fühlen *war* und habe mich für einen ungewöhnlich sensiblen Menschen gehalten.

Der Begriff »gesunde Abwehr« ist ein Widerspruch in sich. Wir beobachten, wie der Schmerz in einem Menschen, der in der Kindheit falsch behandelt worden ist, sich selbst Linderung verschafft und ihn noch befähigt zu sagen: »Ich weiß, daß meine Eltern mich nicht richtig behandelt haben, aber sie hatten schließlich keine andere Wahl. Sie sind auch nur Opfer.« Dies ist Abwehr in Form einer Rationalisierung, die »clevere Abwehr«. Obwohl der Mensch ziemlich gut Bescheid weiß, was in Afrika, auf dem Jupiter oder in der Wirtschaft geschieht, hat er auch nicht die geringste Vorstellung davon, was innerhalb seines Körpers los ist.
Es gibt viele Menschen, deren Geist ein Strudel von Gedanken ist. Tag und Nacht denken sie, ohne nachzulassen, und ihre Überle-

gungen sind im allgemeinen trivial und zwanghaft, sie können jedoch nicht aufhören. Starke Urschmerzen auf den unteren Bedürfnisebenen zwingen ihren Intellekt zu ununterbrochenem, zwanghaftem Handeln, doch ist sich der Mensch weder des Schmerzes noch der Verdrängung bewußt. Erlebt wird nur die Auswirkung – ein unruhiger Geist. Solange sich der Geist beschäftigen kann, wird die »Abwehr« funktionieren. Es gibt viele Menschen, die scheinbar nicht unter ihrem unruhigen Geist leiden. Sie kriegen es hin zu studieren, zu lernen, zu denken, zu lesen und sich sehr beschäftigt zu halten. In diesem Sinne funktioniert ihr »Interesse« an Äußerlichkeiten sehr gut als Abwehr. Erst wenn der Intellekt dermaßen überlastet ist, daß er nicht mehr fähig ist, sich zu konzentrieren und zu studieren, leidet der Mensch und glaubt, daß irgend etwas nicht stimmt. Man könnte sich in diesem Augenblick vorstellen, daß das Problem, unter dem der Mensch leidet, ein unkontrollierter Intellekt sei. Deshalb kann ein Psychotherapeut oder Arzt den Versuch unternehmen, diesen Menschen mit einer Vielzahl von Tricks, wie etwa Meditation, zu beruhigen. Da jedoch die Aktivierung nicht der intellektuellen Sphäre entstammt, wird die Energie unerbittlich aus den tieferliegenden Gehirnbereichen aufsteigen und den Intellekt bestürmen, egal welche Tricks man sich auch ausdenkt. Zu diesem Zeitpunkt werden dann die medikamentösen »Hämmer« zum Einsatz gebracht, nicht um die Gedanken zu verlangsamen, sondern um Urschmerz zu unterdrücken – was dann automatisch den unruhigen Geist bremst.

Die Formen der Sekundärabwehr lassen sich in zwei große Kategorien einteilen. Einige Menschen sind gezwungen, die Energie aus ihren Urschmerzen abzulassen, andere, auf ihnen sitzen zu bleiben. Daher stellen sich einige Menschen zur Schau oder reden ununterbrochen oder suchen sich jede zweite Nacht jemand anderen, mit dem sie schlafen, oder organisieren pausenlos neue Projekte und Unternehmungen oder gehen von einer Party zur nächsten, bis sie erschöpft sind. Andere rauchen, um ihre Spannung im Zaum zu halten, oder sitzen passiv in einer Gruppe, unfähig auch nur ein Wort zu sagen, verstecken sich vor Freunden, unterdrücken alle sexuellen Gefühle und Gedanken, sitzen Abend für Abend allein vorm Fernseher. Die meisten Menschen tun offensichtlich beides – sie wehren die Energie der tiefliegenden Urschmerzen sowohl durch Entladung als auch durch Unterdrükkung ab.

Menschen, die abwehren, handeln nicht freiwillig oder aus Launenhaftigkeit; sie handeln automatisch, um sich zu schützen. Sie bedienen sich auch keiner Vorspiegelung, das heißt, sie machen sich nicht vor, daß sie nichts schmerzt. Sie sind sich der Existenz von Urschmerz einfach nicht bewußt. Weil Eltern es nicht aushalten, ihre Kinder leiden zu sehen, lernen Kinder schnell, ihre Verletzungen zu verstecken, und verstellen sich, doch schon bald wird diese Vorspiegelung automatisch und unbewußt.

Der Neurotiker kann nicht gewinnen. Er ist gefangen. Nimmt er während des Tages Schmerztabletten oder Beruhigungsmittel, so kann es gut möglich sein, daß er in der wehrlosesten Zeit des Tages – während des Schlafes – einen Rückfall erlebt. Nimmt er Schlaftabletten, um diese Schmerzen während der Nacht zu unterdrücken, wird er am folgenden Tag unter einem Rückschlag leiden. Er ist in dem teuflischen Kreis von Abwehr und Spannungsanstieg mit der anschließenden neurotischen Entlastung gefangen. Kurzum, er muß neurotisch sein; es ist eine biologische Notwendigkeit.

6. Bedürfnissymbole

Wir beginnen auf eine neurotische Art und Weise symbolisch zu leben, sobald wir abwehren. Ist ein Feeling erst einmal vom Verständnis seiner Herkunft abgetrennt, nimmt ein falsches Wissen seinen Platz ein. Ohne darum zu wissen, entwickeln wir aus unseren Urschmerzen heraus unreale Vorstellungen, Einstellungen und Verhaltensweisen. Wir machen Menschen, Situationen, Objekte, Vorstellungen und Begriffe zu Symbolen des Schmerzes. Neurotischer Symbolismus ist dann die gegenwärtige Repräsentation einer vergangenen, urschmerzhaften Realität. Der Symbolismus entspringt dem Urschmerz und hilft auch, ihn abzuwehren.

Der kanadische Neurochirurg Wilder Penfield hat diesen symbolischen Prozeß geklärt. Er entdeckte während eines Gehirneingriffs, daß, wenn er eine Elektrode in einen gewissen Abstand von einer bestimmten Nervenzelle des Patienten (der während des Eingriffs bei Bewußtsein war) brachte, dieser etwas wiedererlebte wie etwa: »Ich fühle mich, als ob Räuber hinter mir her wären.« Wenn er die Sonde der Zelle näherte, kam dem Patienten die genaue Erinnerung: »Ich erinnere mich, was ich für eine Angst hatte, als mein Bruder eine Spielzeugpistole auf mich richtete.« Es kann sein, daß symbolisches Verhalten und Denken (in diesem Falle die Räuber) tatsächlich eine Frage der physischen Entfernung im Gehirn zu den Zentren, die Feelings repräsentieren, sind. Urschmerz lenkt das Feeling auf ein symbolisches Gleis ab. Symbolismus nimmt mit unterdrückten Gefühlen seinen Anfang. Nehmen wir an, das Gefühl ist Angst vor den Eltern, die verdrängt wird und so zu einer konstanten, zurückbleibenden Angst wird. Für das kleine Kind verwandelt sich die Angst in Drachen, die in der Nacht auftauchen, wenn es im Dunklen ist. Der Drache ist ein Symbol. Er kann zu einem wiederkehrenden Symbol werden, so daß selbst Bilder von Drachen das Kind in einen Angstzustand versetzen können. Das Kind ist nicht wegen des Drachens verängstigt. *Der Drache existiert, weil das Kind Angst hat.*

Bis zu dem Zeitpunkt der Gehirnentwicklung, von dem ab das Kind Bilder heraufbeschwören kann, um Angst zu rationalisieren, sieht es sich schlichtem Terror gegenüber – der Art von Entsetzen, das durchaus zum Krippentod des ins Dunkel seines Bettchens abgeschobenen Säuglings führen kann. In diesem Sinne ist der »Drache« ein Überlebensmechanismus. Wir sollten sehr vorsichtig mit dem Austreiben von Dämonen sein, die Kinder erträumen, um ihre Ängste zu rationalisieren. Kindertherapeuten sollten begreifen, daß diese Bilder eine spezifische Funktion haben, in die sie sich nicht einmischen sollten, ohne die zugrunde liegenden Kräfte zu verstehen.

Das Kind macht sich seine grundlegende Angst rational, sowohl zur unbewußten Begründung seines Gefühls, als auch um sich einen Ansatzpunkt für seine Kontrolle zu verschaffen; das heißt in diesem Fall: Ein Drache ist ein furchtbares Geschöpf, das um jeden Preis gemieden werden muß. Ein Kind kann weder seine Eltern meiden noch deren Zorn, oder was immer das Kind verängstigt, aber es kann dem Drachen aus dem Wege gehen und sich beruhigen. Es kann Symbole manipulieren, um ein Primärgefühl handhaben zu können. In der Tat, die überwiegende Mehrheit von uns verhält sich auf mehr oder weniger subtile Weise ebenso, um Feelings unterdrückt zu halten.

Wenn sich das Kind im Laufe des Reifungsprozesses von Bildern zu komplexeren Vorstellungen bewegt, können die Ausdrucksmittel der Angst parallel zur Reifung verlaufen. Dann kann es Angst vor dem Kommunismus oder vor Ausländern sein. Die Angst könnte ebenso leicht phobisch werden und sich an Fahrstühle oder Flugzeuge fixieren. Das Symbol kann sehr wohl eine direkte Ableitung des Primärfeelings sein.

MELINDA:

Dem Tod meines ersten Mannes vor einigen Jahren folgte ein Traum, der meiner Kindheit entspringt. Er hat sich zwar nicht wiederholt, war jedoch immer gegenwärtig, er war immer in meinem Hinterkopf; ein in Unbehagen verpacktes, bedrohliches Bild. Der direkte Anlaß war ein Streit mit einem Cousin, vor dem ich mich fürchtete.

Ich träumte, vor mir sei ein riesiges Auge; es war in etwa einem Meter Höhe und strahlte von dort eine ungeheure Kraft aus. Ich verachtete diese Kraft und glaubte, nichts könne mich dazu bringen, ihr nachzugeben, denn ich hatte das Gefühl, sie sei ganz böse. Ich fühlte, wie mein Körper vor Haß und der Vehemenz meiner Verachtung zitterte, doch die Kraft strömte ohne Unterbrechung und grausam aus dem Auge; sie hatte solch eine Macht, daß ich mit Schrecken feststellte, wie ich schwächer wurde. Ganz langsam gaben meine Knie nach, und ich sank zu Boden, bis ich kraftlos vor ihr kroch. Die Kraft hatte mich gebrochen, besiegt und zur gemeinsten, erniedrigendsten sklavischen Hingabe gezwungen.

Ich erwachte mit solchem Entsetzen, daß ich nicht mal wagte, das Licht anzumachen: Das Zimmer war voll von Bösem. Ich plapperte verzweifelte Gebete. Nach einiger Zeit faßte ich den Mut, es aufzuschreiben, um mich auf diese Weise davon zu distanzieren.

Später hatte ich dann eine Einsicht, die mich überraschte und schockierte. Es betraf einen Vorfall in der Zeit, als ich vier Jahre alt war. Obwohl ich mein ganzes Leben lang wütend und hilflos wurde, wenn ich mit meinem Vater über irgendwas diskutierte, war es mir vollkommen unbewußt, daß ich als Kind jemals von ihm erschreckt worden bin. Folgendes ist passiert: Als ich vier war, hatte ich ein Kindermädchen, das ich sehr liebte. Eines Tages machte sie etwas, das meinen Vater in Wut versetzte, und ich erinnere mich, wie ich dastand und zusah, wie er sie anschrie. Ich war außer mir und wollte ihn bewegen, damit aufzuhören. Ich haßte ihn so sehr dafür, daß er sie anschrie, daß ich kaum atmen konnte, doch gleichzeitig hatte ich Angst vor ihm und fühlte mich hilflos unfähig, diesen Zyklon brüllender Raserei stoppen zu können. Seine Augen waren riesig, rund und brennend, sie schienen den Himmel auszufüllen. Sie anzuschauen war wie ein körperlicher Schmerz.

Nie habe ich solch bedingungslos versteinernde, animalische Angst verspürt. (Als ich zum erstenmal dieses Feeling hatte, sagte mein Therapeut: »Schau dir seine Augen an!« Ich versuchte es, aber statt dessen halluzinierte ich einen Augenblick lang eine riesige Spinne nahe der Decke und hörte aus mir kurze, bellende Schreie eines angsterfüllten Kindes kommen. Anfangs hatte es den Anschein, als kämen sie gar nicht von mir.) Seine Stimme wurde höher und höher, und meine Wut und Hilflosigkeit glühten wie ein Brennofen in meiner Brust. (...) Ich rannte zu meiner Mutter, klammerte mich an sie und schrie: »Ich hasse ihn! Ich hasse ihn!« Sie sagte: »Du darfst Daddy nicht hassen, er sollte dir leid tun.« Ich habe natürlich immer gewußt, daß sie nur das Beste wollte, aber ich empfand es damals als abgrundtiefe Hoffnungslosigkeit. Es war, als ob ich über den Rand der Welt kippte. Meine Mutter war meine einzige Zuflucht, und ich habe sie wirklich geliebt, und nun durfte ich, um sie zufriedenzustellen und von ihr geliebt zu werden, nicht fühlen, was gerade über mich hereingebrochen war. Zu dem Zeitpunkt Mitleid für meinen Vater aufzubringen, ging weit über meine Kraft hinaus, ebenso hätte ich mich erheben und wegfliegen können. Ihr gutgemeintes Ersuchen fügte meiner Hilflosigkeit noch Verzweiflung hinzu.

Wenn Schmerz aufsteigt, schafft er Symbole als Delegierte für das Bewußtsein. Es kann in geschriebener, gemalter oder modellierter Form sein. Das sind die Abgeordneten-Häuser. Die Feelings werden in Worte gekleidet, sind in Pinselstrichen enthalten oder mit Melodien aufgebrüht, sie werden jedoch nicht gefühlt als das, was sie sind. Künstlerischer Ausdruck beseitigt nicht die Feelings oder die Probleme. Er ist nur Ausdruck (und Verdrängung) des Problems. Er mag einen Teil der Verdrängungsenergie freisetzen, doch hat das, wie auch bei jeder anderen Katharsis, kontinuierlich zu geschehen.

Manchmal ist der Symbolismus dem Feeling nahe, ein anderes Mal schweift er sehr weit ab und ist verwickelt. Eine Patientin lehnte es ab, in ihrem Auto den Blinker anzustellen, und bekam einen Strafzettel. Als sie gefragt wurde, warum sie nicht geblinkt hätte, sagte sie ihrem Therapeuten: »Es geht niemanden etwas an, wohin ich fahre.« Die Weigerung, ein Zeichen zu geben, war eine symbolische Form, der Mutter nicht sagen zu müssen, wohin sie gehe, womit diese sie als Kind ununterbrochen geplagt hatte. Dies ist ein deutliches und unkompliziertes Beispiel dafür, daß die Neurose die symbolische Manipulation von Ereignissen ist, die Primär-Feelings erledigen soll. Es wäre real gewesen, der Mutter beim Verlassen des Hauses nicht jedesmal Bericht zu erstatten (besonders mit neunzehn Jahren), im Straßenverkehr kein Zeichen zu geben ist indessen unreal. Das Feeling stimmte, der Kontext war falsch. Wenn Situationen die gleiche Art von Stimuli wie ein frühes schmerzhaftes Ereignis anbieten, werden sie symbolisch. Die gegenwärtige Situation wird unabsichtlich mit kindlichen Augen gesehen, und entsprechend wird auf sie reagiert. Die Symbolik wird so lange beibehalten, wie der Urschmerz Verdrängung initiiert und eine Ableitung des Feelings von einer direkten Verbindung verursacht.

Das Symbol des Blinkers war nicht beabsichtigt oder gar bewußt. Es war eine automatische und unbewußte Reaktion auf ein altes

Feeling. Symbole halten an uns fest, weil sie etwas Unerledigtes repräsentieren.

ROBERT:
Ich habe immer an Gott geglaubt, begreife aber erst jetzt, daß ich zum Teil in dem Bemühen, meinem Vater nahe zu sein, religiös wurde. Er war ein sehr strenger, wenn nicht leidenschaftlicher Christ. Das war eine Möglichkeit, den Abstand zwischen uns zu verringern, eine Möglichkeit, in ihn zu schauen und ihn dazu zu bringen, in mich zu schauen. Als ich ihm begeistert von meinem Glauben erzählte (Begeisterung, die auf der Hoffnung basierte, endlich die langersehnte Reaktion zu erhalten), reagierte er nicht. Es war, als ob ich beiläufig irgend etwas gesagt hätte. Rückblikkend erkenne ich, daß dies der Augenblick war, in dem ich mit dem Christentum fertig war. Genau das, was ich hoffte, von meinem Vater zu bekommen, war das, was ich mir von Gott erhoffte. Ich brauchte jemanden, der meine Schmerzen verstand, jemand, an den ich mich wenden konnte und mit dem ich mich vertraulich unterhalten konnte. Da um mich herum niemand war, wendete ich mich an Gott. Auch konnte ich den Schmerz, dem ich unterworfen war, nicht fassen, darum kümmerte sich jedoch ein allwissendes Wesen. Alles, was ich brauchte, war jemand, der mich irgendwie verstand, und wenn es jemand war, der definitionsgemäß alles verstand, um so besser. Gott war der Vater, den ich mir wünschte. Gott war der Vater im Sinne einer wohlwollenden Autorität und Christus war der Vater der Freundschaft und Hoffnung.
Nachdem ich darin versagt hatte, meinen Vater zu gewinnen, indem ich mich zu ihm in seinen »Käfig« gesellte, war ich entschlossen, aus dem »Käfig« zu gehen und von außen an die Gitterstäbe zu hämmern. Ich wollte ihn zu einer Reaktion schockieren, ihn dahin bringen, daß er als anderer Mensch offen auf mich einging. Ich beschäftigte mich mit linker Politik. Vom jetzigen Standpunkt aus ist mir sehr klar, wie neurotisch motiviert meine Beschäftigung auf dem Gebiet war – ganz abgesehen von der Richtigkeit meines Anlasses. Mein leidenschaftlicher Kampf gegen das Establishment war eine symbolische Wiederaufnahme des Kampfes mit meinem Vater. Ich weiß, daß mein Versuch, das Establishment durch Eingestehen der gesellschaftlichen Ungerechtigkeiten zu fairem Handeln zu bewegen, in Wirklichkeit der Versuch war, ihn aufzurütteln, ihm zu sagen: »Schau mich an Daddy, guck, was du mir angetan hast!« Ich erinnere mich, wie

sehr ich ihn politisch beschimpfte, nur um eine Reaktion aus ihm herauszuholen; die meiste Zeit stellte er ein passives, nichtreagierendes Äußeres zur Schau. Ich symbolisierte das Bedürfnis nach meinem Vater, indem ich von den Herrschenden forderte, daß sie sich die Lage der Arbeiterklasse, der Armen und der Minderheiten anschauen sollten. Ich trompetete Sozialismus, weil ich wollte, daß alles fair sei. »Jeder nach seinen Fähigkeiten, jeder nach seinen Bedürfnissen.« Was sonst sollte man sich noch wünschen? Es war aber mein Leben, das ungerecht war. Ich habe nicht bekommen, was ich gebraucht habe. Ich kämpfte für die gesellschaftlich Unterdrückten wegen der Unterdrückung, die ich erlitten hatte.

Symbole erlauben es uns, der Wahrheit über unser reales Selbst aus dem Wege zu gehen. Sie erhalten und verewigen eine machtvolle Triebkraft – Hoffnung. Wir symbolisieren automatisch Freunde, Geliebte, Unternehmer und sogar Zufallsbekanntschaften zu Gestalten, die uns als Kindern Schmerz verursacht haben, und dann hoffen wir, daß sich das Ergebnis verwandelt. Aus irrealer Hoffnung stimmen wir dem Verlauf eines Spiels zu, das wir nie gewinnen können. Der Grund, aus dem wir angesichts konstanter Enttäuschungen fortfahren, das Spiel zu spielen, liegt darin, daß wir uns nicht der Tatsache stellen können, daß das Ergebnis vor langer Zeit bestimmt wurde. Wir fühlen niemals unsere Verluste, und daher bleiben wir Verlierer. Unser Urschmerz läßt uns anderen und uns selbst zahllose Streiche spielen. Wir nehmen uns falsch wahr, wir reagieren unangemessen, hören unaufmerksam zu, hören und sehen fehlerhaft.
Der Neurotiker spielt seine Vergangenheit durch, aber eben in anderen Szenarien, an anderen Orten und mit anderen Schauspielern. Fortwährend schreibt er das Drehbuch um, doch die grundlegende Handlung bleibt die gleiche. Ein wesentlicher Teil fehlt: ein Schluß.

7. Der innere Kampf

Wenn Bedürfnisse vernachlässigt bleiben, verändert sich die Art und Weise, wie wir versuchen, sie uns selbst zu erfüllen. Wir entdecken eine verfeinertere Möglichkeit, unseren Bedürfnissen Ausdruck zu verleihen. Anfangs können wir nur schreien oder weinen. Wenn es nicht hilft, hören wir auf zu schreien. Später fangen wir an, nach Mutti zu rufen, bis es zwecklos wird, und zuletzt handeln wir in einer Art symbolischen Rufens nach Mutti, wie etwa sehr artig und leise zu sein, Einser in der Schule zu bekommen, abzuwaschen, ohne gefragt zu werden, und so weiter. Diese Formen des Verhaltens sind fortgeschrittenere Schreie. Sie sind Kämpfe.

Wir kämpfen für die Befriedigung eines anachronistischen Bedürfnisses, ohne uns dessen auch nur bewußt zu werden. Es ist der Mangel an Befriedigung zur angemessenen Zeit, der die Verdrängung aktiviert hat, die uns von einer Bewußtwerdung zurückhält. Die einzige Möglichkeit, daß diese frühe Agonie sich zeigt, besteht vielleicht im Verlust einer Freundin, eines Freundes oder eines Ehepartners. Wir sind uns normalerweise nicht bewußt, daß der Ursprung des außergewöhnlichen Elends, das uns bei dem Gedanken an einen solchen Verlust selbstmörderische Gedanken hegen läßt, Jahrzehnte in unserer Lebensgeschichte zurückliegt.

Wenn alles, was wir von einem unbewußten Bedürfnis erleben, seine späteren Ableitungen sind, kommen wir dahin zu glauben, daß wir ganz andere Bedürfnisse haben – zum Beispiel nach »Selbstverwirklichung«, nach Ansehen und Selbstvertrauen. Die Energie des realen, vergangenen Bedürfnisses wird von symbolischen Bedürfnissen absorbiert, die ein Bedürfnis nach Selbstverwirklichung und Selbstsicherheit real erscheinen lassen. Wir sind fast alle dermaßen depriviert, haben diese »Bedürfnisse« gemeinsam, daß wir zu der Annahme gekommen sind, sie seien nicht nur fundamental, sondern gar genetisch bedingt.

Ein Baby wird nicht mit einem Bedürfnis nach Ehre oder Würde geboren. Es hat kein Bedürfnis nach Ansehen oder Ruhm. Es braucht keine Selbstachtung oder Macht. All das haben sich

Erwachsene erdacht. Wenn man ein Kind wie ein Objekt, eine Sache behandelt, als etwas, dem man nur Anweisungen erteilt, wird es in einem Kampf nach »Würde« aufwachsen. Es wird dafür kämpfen, einen hohen Posten in einem Unternehmen zu erlangen oder für genau den günstigsten Schreibtisch und das richtige Büro in einer Firma, oder für den besten Tisch in einem Restaurant – alles um das Gefühl zu haben, »jemand« zu sein. Der beste Schreibtisch, der beste Tisch im Restaurant und alle Kratzfüße der Welt, die man macht, werden diese Bedürfnisquelle nicht zum Versiegen bringen.

Das Bedürfnis nach Zugehörigkeit ist eine weitere Möglichkeit, mit der sich jemand in der Gegenwart, aus dem Gefühl heraus, zu Hause nie dazugehört zu haben, abmühen kann. Es gibt kein »Bedürfnis dazuzugehören« als solches. Es gibt ein Bedürfnis, geliebt zu werden, ein Teil der Familie zu sein, nicht das Gefühl zu haben, aus der Familie ausgeschlossen zu sein und bei wichtigen Diskussionen nicht aus dem Zimmer geschickt zu werden; von Familienausflügen nicht ausgeschlossen zu werden, weil man dies oder jenes getan hat. Wenn ein Kind von emotional zurückhaltenden Eltern auf einer gefühlsmäßigen Distanz gehalten wird, wird es den symbolischen Drang haben, sich als Teil von etwas zu fühlen. Auf der Suche nach einer Familie kann der Mensch dann Vereinen oder politischen Organisationen beitreten, zum Militär gehen oder sich religiösen Sekten anschließen.

Das sogenannte »Bedürfnis nach Macht« ist auch nur ein Etikett für einen Kampf. Die Ungeliebten wünschen sich Macht, weil in ihrem Leben etwas Angenehmes geschehen soll. Der Kampf nach Macht nimmt seinen Anfang, wenn hilflose Kinder Tag für Tag körperlich, sprachlich oder psychisch mißbraucht werden. Sie befinden sich in den Händen allmächtiger Eltern, weil diese die Befriedigung von Bedürfnissen kontrollieren. Natürlich träumen diese Kinder von Macht. Um ihre Bedürfnisse erfüllt zu bekommen, versuchen sie Möglichkeiten zu finden, Verletzungen und Mißbrauch aus dem Wege zu gehen. Sind sie dann schließlich zu Macht gekommen, wird sie mißbraucht, weil sie zur Befriedigung tiefliegender Bedürfnisse benutzt wird. Es ist nicht Macht, die korrumpiert, es ist das Bedürfnis danach.

Eine andere Möglichkeit, wie wir zwischen realen und irrealen Bedürfnissen unterscheiden können, liegt in den biologischen Veränderungen unserer Patienten, die auftreten, nachdem sie weinend über bestimmte nicht erfüllte Bedürfnisse geklagt haben.

Wir hatten Patienten aus mehr als fünfzig Ländern und haben gesehen, daß es nur sehr wenige Bedürfnisse sind und wie sie allen Menschen gemein sind. Bei den wenigen Malen, als Patienten versuchten, Gefühle über die irrealen Bedürfnisse wie etwa Selbstachtung zu entwickeln, traten keine physiologischen Veränderungen auf. Das liegt daran, daß diese Bedürfnisse (Macht, Prestige) keine frühkindlichen sind und deshalb Wachstum und Reifung nicht in Mitleidenschaft ziehen. Wären irreale oder symbolische Bedürfnisse tatsächlich real, würden wir bei ihrem Wiedererleben physiologische Veränderungen sehen.

Wenn jede Bedürfnisebene befriedigt ist, wird die nächsthöhere Ebene entsprechend weniger wichtig. Doch mit jeder nicht befriedigten Ebene wird die nächste um so wichtiger – und der symbolische Kampf um so heftiger. Früh körperlicher Wärme beraubt worden zu sein, läßt es später für jemanden wichtiger, ja ausschlaggebend erscheinen, gesagt zu bekommen, man werde geliebt. Der Neurotiker will Äußerungen unsterblicher Liebe hören. Es kann sogar sein, daß er seinen Partner verläßt, wenn er das Gefühl hat, er erhalte nicht genug verbale Liebesbeteuerungen.

Wir kämpfen dafür, in der Gegenwart zu kriegen, was wir in der Vergangenheit nie bekommen haben und in der Zukunft auch nicht bekommen werden – liebende, für uns sorgende Eltern. Aber wir versuchen es immer wieder. Der Kampf ist die symbolische Art, die Vergangenheit in der Gegenwart zu behalten. Sie verschmelzen miteinander, und wir können sie nicht mehr unterscheiden.

Haben wir erst einmal begriffen, daß sich verdrängte Traumata eingeprägt haben und in uns bleiben, dann können wir auch die sich wiederholende Neurose verstehen, und warum der symbolische Kampf in der gleichen Weise Jahr für Jahr fortdauert. Der alte Urschmerz strebt ununterbrochen nach einer Lösung und wird ebensooft in die Kanäle geleitet, die den Kampf begründen. Neurose ist genau die Unfähigkeit, Vergangenheit von Gegenwart zu trennen: vergangene Deprivation, gegenwärtige Versuche der Befriedigung. Aus diesem Grund müssen erfolgreiche, berühmte und reiche Leute ihre Aktivitäten fortsetzen, sonst werden sie depressiv. Für sie *scheint* alles in Erfüllung gegangen zu sein – sie sind beliebt, sie bekommen das Gefühl der Wichtigkeit, haben Dienstboten und leidenschaftliche Verehrer, und doch, wenn sie allein sind, bleibt ihnen etwas, vor dem sie nicht wegrennen können, das Gefühl, wertlos und ungeliebt zu sein. Gegenwärtige Befriedigung kann die Agonie für eine gewisse Zeit übertünchen, und einige von uns sind bei diesem Job erfolgreicher als andere. Doch es bleibt nur Tünche.

Auf der ganzen Welt gibt es nicht genug symbolische Befriedigung, um ein tief begrabenes Bedürfnis auch nur ein wenig zu ändern. *Die Zeit für Kindheitsbefriedigungen ist ausschließlich in der Kindheit.* Alle Berührungen, die im Alter von dreißig Jahren möglich sind, werden nicht das Bedürfnis nach Berührung im Alter von sechs Monaten ändern. Das alte Verlangen, in den Arm genommen zu werden, ist eine physische Erinnerung, die unsere Muskeln das ganze Leben lang schmerzen läßt. In Wirklichkeit ist der Kampf eine Fortsetzung des Kindheitsverhaltens mit den Eltern auf eine andere Art und Weise. Wir kämpfen nicht einfach für ein direktes, besseres Resultat. *Wir wieder-erschaffen das ursprüngliche Geschehnis, wie es von Anfang bis Ende in unserem Nervensystem eingeprägt ist.* Wir begeben uns in Situationen, die frustrierend oder schwer zu handhaben sind, danach kämpfen wir für ein besseres Ergebnis. Wir suchen uns lieblose oder kritische Menschen und versuchen sie dann unkritisch oder zustimmend liebevoll zu machen. Wir meiden die Gesellschaft von Menschen, die gut für uns sein könnten, während wir jene hofieren, die uns nichts zu bieten haben. Wichtig für den Neurotiker ist der Kampf, nicht das Ergebnis.

GENE:
Zu der Zeit, als ich auf der High School war, hatte ich fast alle Bedürfnisse nach Zuneigung und körperlicher Berührung verdrängt. Ich verabredete mich mit prüden Mädchen. Nach einigen Verabredungen mit demselben Mädchen faßte ich soviel Mut, sie beim Nachhausbringen um einen Kuß zu bitten. Natürlich hat sie sich oft geweigert. Es war, als ob ich kein Recht auf irgendwelche Zuneigung hatte. Später, auf dem College, verabredete ich mich weiter mit Frauen, die körperlichen Kontakt nicht mochten. Immer wenn meine Einschätzung falsch war und ich mit einer Frau aus war, die Sex mochte, konnte ich Spaß an Berührungen haben, aber bekam später Angst, fühlte mich unwohl und brach diese bedrohliche Beziehung ab. Schließlich heiratete ich eine gefühlskalte Frau und war zu Hause in Sicherheit. Acht Jahre habe ich dann noch um Zuneigung gekämpft. Wenn meine Frau und ich miteinander

geschlafen haben, hatte ich nach dem Eindringen sehr schnell eine Ejakulation. Ich habe alles versucht, die frühzeitige Ejakulation abzustellen. Ich kam mir immer wie ein Versager vor. Meine Frau war selten erregt, und ich habe buchstäblich an ihr gearbeitet, um sie sexuell zum Leben zu erwecken. Sex war harte Arbeit, aber ich habe nie aufgehört. Ich hatte das Gefühl, es wäre meine Aufgabe, sie zu erregen, und wenn ich es nicht schaffte, würde mit mir etwas nicht stimmen.

Der Neurotiker hat keine Wahl. Entweder fühlt er seinen Urschmerz oder er kämpft. Es gibt keine Zwischenlösung. Aus diesem Grund ist der Versuch, einen Kampf abzubrechen, ein vergebliches Unterfangen.

Wenn sich jemand als Kind unsicher fühlte, wird er nicht einfach Anstrengungen unternehmen, sich sicher zu fühlen. Er wird zuerst dafür sorgen, daß er sich *unsicher* fühlt. Er wird sich in gefahrvolle Situationen bringen oder in Situationen, die alte Wunden wieder aufreißen, die ihn physisch oder psychisch verletzen. Es kann sein, daß er einen Lebensstil der Unruhe, des Durcheinanders oder des Chaos einschlägt. Und das Diabolische daran ist, daß, wenn er sich auf jemanden näher einläßt, es oft gerade die Sorte von labilen Menschen ist, welche sein Gefühl der Unsicherheit noch verstärkt. Die andere Person kann schwach sein oder zu einer Beziehung unfähig. Der Grund spielt keine Rolle. Das letztendliche Resultat ist, daß der Mensch, der sich immer unsicher gefühlt hat, sich jetzt noch unsicherer fühlt.

Falls jemand immer das liebe, kleine Mädchen oder der hilfreiche Sohn gewesen ist und für einen kranken Elternteil gesorgt hat, stehen die Chancen gut, daß er im Erwachsenenalter einen anderen hilflosen Menschen findet, um den er sich sorgen kann. Arzt zu werden und sich um eine kranke Person nach der anderen zu kümmern, ist ein Beispiel. Der Kampf konzentriert sich auf die Hilfe, die man einem schwachen Menschen zuteil werden läßt, so daß er kräftig genug wird, um die Rollen tauschen zu können. Der Kampf geht ewig weiter, weil der Mensch in der Realität sich nicht helfen lassen kann. Es hat keinen Zweck zu sagen: »Hör' mal, warum lebst du nicht dein eigenes Leben? Jahrelang hast du dich um Soundso gekümmert – du hast eine Pause verdient.«

Es scheint ein ausgefallenes Paradox zu sein, daß der Neurotiker sich fortwährend gegen das Fühlen wehrt, indem er aufs neue Situationen schafft, die es enthalten. Er fährt jedoch fort, Ereignisse auszusinnen, um bereits vorhandene Gefühle zu rationalisieren oder zu verdichten.

ROBERT:
Immer verliere ich Sachen oder vergesse zumindest, wohin ich sie gelegt habe. Die Sachen, die ich verlege, mögen zwar klein sein, aber es sind immer sehr wichtige Dinge des Alltagslebens: meine Schlüssel, meine Uhr, meine Brieftasche. Es passiert eigentlich immer dann, wenn ich zuviel zu tun habe, wenn ich mehr als meinen Teil tue. Als ich sehr klein war, habe ich meine Mutter verloren. Sie ist gestorben. Während ich aufwuchs, konnte ich niemanden um Hilfe bitten. Es war niemand da. Ich habe immer auf mich selbst aufgepaßt, meinem Vater einen Haufen Ärger erspart. Jetzt werde ich immer wütend, wenn ich Sachen verliere. Ich werde ausfällig und suche die Schuld bei anderen. Ich gerate in Panik. Vielleicht war ich noch sehr viel mehr in Panik, als sie starb – aber nicht äußerlich, mehr drinnen. Deshalb verliere ich Sachen, um den Kampf des Wiederfindens durchzumachen.

Der Kampf ist der Schwerpunkt, um den die Neurose sich dreht. Mit einem Urschmerz, den man nicht fühlen kann, ist wirklich nichts anderes auszurichten. Die Konzentration auf die Gegenwart hilft uns, die Illusion von Gesundheit aufrechtzuerhalten, und schützt uns vor einer Überlastung durch gespeicherten Schmerz. Ohne aktuellen Fokus wäre der Schmerz unverhüllt und nicht zu ertragen. Der Kampf ist eine erstaunliche und einzigartige menschliche Erfindung, die uns davor bewahrt, uns ungeliebt und unerwünscht zu fühlen. Genau diese Feelings sorgen dafür, daß der Kampf für den Rest des Lebens weitergeht.

Der Krieg des realen mit dem irrealen Selbst

Sobald Urschmerz entsteht und Verdrängung einsetzt, tritt ein neues Selbst hervor, das es gewissermaßen gar nicht hätte geben sollen. Es ist das, was ich in »*Der Urschrei*« das »irreale Selbst« genannt habe. Das reale Selbst ist einfach der Teil von uns, der all unsere begrabenen Feelings und Bedürfnisse enthält. Das irreale Selbst ist der Teil von uns, der das Begräbnis durchführt. Es ist jener vom Bewußtsein abgetrennte Teil, der das reale Selbst unterdrückt und nur Symbole der realen Bedürfnisse erlebt.

Es ist das irreale Selbst, das bei seiner Verletzung nie weint; das Selbst, das nicht an Schmerzen aus der Kindheit glaubt. Es ist das Selbst, das jeden Zugang zu Bedürfnissen und Gefühlen und der Menschlichkeit einer Person verloren hat. Das irreale Selbst erkennt zwar, ist aber gegenüber den Verletzungen und dem Leiden anderer unempfindlich. Es ist das irreale Selbst, das unsere falschen Überzeugungen, unsere Selbsttäuschungen, falschen Wahrnehmungen und Mißdeutungen enthält. Es ist jener gigantische Überbau, der die Existenz des realen Selbst bedeckt. Es ist das Selbst, das keine Schönheiten entdeckt, das Freundlichkeit und Großzügigkeit nicht begreift. Das Selbst, das seine Zärtlichkeit und Romantik verloren hat. Es ist das mystische Selbst, das Selbst, das zuviel redet und zuviel ißt, das Selbst, das destruktive Dinge tut. Das irreale Selbst ist flüchtig und erkennt nur die Oberfläche der Dinge. Es mangelt ihm an der Komplexität, Dinge perspektivisch zu sehen.

Wenn sich unser irreales Selbst entwickelt, sind wir nur halbe Menschen. Das irreale Selbst verwischt das reale Selbst nicht; es erstickt es einfach. Das irreale Selbst ist in Schmerz verwickelt und bezieht nur daraus eine Existenz. Doch es fühlt weder Schmerz noch erkennt es ihn an.

Verdrängung macht uns irreal, weil sie uns den Zugang zu unserer eigenen Wirklichkeit verbietet. Es mag sein, daß wir wissen, was wir denken, wir wissen jedoch nicht, was wir fühlen. Haben wir einmal verdrängt, müssen wir auf irreale Art und Weise agieren. Wir reagieren nicht mehr direkt auf unsere Gefühle, weil sie uns nicht mehr zur Verfügung stehen, um uns zu leiten.

Das reale Selbst ist sich der Urschmerzen höchst bewußt und ist ständig in die Bearbeitung von Bedürfnissen und Gefühlen mit einbezogen. Aus diesem Grund kann ein Neurotiker, den man nach seinem Befinden fragt, entgegnen, er fühle sich sehr gut, während die Apparaturen, an die sein Körper angeschlossen ist, einen hyperaktiven Zustand anzeigen. Dies ist ein deutliches Beispiel für die Spaltung. Das irreale Selbst, der »Intellekt«, fühlt sich wohl, während das reale Selbst Urschmerz bearbeitet.

Jede eingeprägte Primärerfahrung wird zu einer elektrochemischen Kraft, zu einem Teil des realen Selbst und ist sehr wohl eine physiologische Realität. Diese Realität lastet auf dem irrealen Selbst, das grundlegende innere Konflikte produziert. Deshalb sind reales und irreales Selbst nicht einfach nur psychologische Entwürfe, sondern eine biologische Realität.

Es gibt keine Art realen Handelns, ohne real zu *sein*. Menschen, die so auftreten, als seien sie real, sind immer noch irreal, weil ihr Auftreten nicht in Einklang mit dem inneren Aufruhr steht. Jemand kann sich entschließen, »offener« zu sein und zu sagen, was in ihm vorgeht, doch unglücklicherweise bleibt seinem Verstand das Wissen über seine wirklichen Gefühle verschlossen. Es macht niemanden realer, wenn er real handelt. Es macht sie irrealer, weil es nur das Spielen einer neuen Rolle ist. Es ist die Aufgabe der Neurose, uns von einer realen Existenz abzuhalten.

In *Der Urschrei* beschreibe ich die Spaltung in reales und irreales Selbst, als sei sie durch ein einziges Hauptereignis in der Kindheit, wahrscheinlich im Alter von sechs bis acht Jahren, hervorgerufen worden. Die Neurose kann jedoch lange vor diesem Alter ihren Anfang nehmen. Bestimmte sehr frühe Traumata haben eine solch unglaubliche Wucht, daß sie schon zu der Zeit eine größere Spaltung hervorrufen können. Infolge der Verwundbarkeit des Gehirns in den ersten Lebenstagen und Wochen kann es natürlich jederzeit während der kindlichen Entwicklung geschehen. Es ist wahrscheinlich auch nicht außerordentlich hilfreich, sich die Spaltung in Begriffen von »großen und kleinen Primärszenen« vorzustellen, wie ich es in meinem ersten Buch tat. Wir alle haben in unserem Leben viele Schlüsselereignisse erlebt, die sehr schmerzhaft sind und die, wie subtil auch immer, den Lauf unseres Lebens verändert haben. Nach dem sechsten Lebensjahr kristallisiert sich die Neurose heraus. Bis zum Teenageralter verdichtet sich das irreale Selbst und wird dann beständig gemacht. Wenn Eltern, mit Hilfe der Gesellschaft, ihre Vorstellungen, Normen und ihre Moral übertragen können und, unwissentlich, mittels Erziehung das Kind von seinem Feeling abbringen, wird die Neurose verstärkt. Das Leiden an verdrängten Feelings ist dann ein dauerhaftes, es sei denn, das Opfer findet eine Möglichkeit, das reale Selbst wiederherzustellen. Die einzige Möglichkeit, wieder real zu werden, besteht darin, den Prozeß der Neurose umzukehren, und eine schmerzlose Art, das zu bewerkstelligen, gibt es nicht.

Die folgenden Lebensgeschichten wurden als Teil der Bewerbung für eine Primärtherapie eingereicht. Die Menschen, die sie schrieben, sind typisch in ihrem Leiden an der eben von mir beschriebenen Krankheit. Wie Sie sehen werden, litten sie nicht nur an einem bestimmten Symptom. Sie kamen, weil sie sich unwohl fühlten, voller Angst, deprimiert und unglücklich waren. Mit anderen Worten, sie »hatten« keine Krankheit, *sie waren die Krankheit geworden.*

CAROL:
Ich wurde in British Columbia (West-Kanada) geboren. Mein Vater kam aus Schottland, meine Mutter aus Italien. Mein Vater war kalt. Ich kann mich nicht erinnern, daß er mich *jemals* in die Arme genommen hat. Ich hatte immer Angst vor ihm. Er war sehr intelligent und zum Zeitpunkt seines Todes hatte er einen Posten in der Arbeitsbewertung eines Bergwerkes. Als ich 11 bis 13 war, gehörte ihm ein Hotel, aber er machte pleite.
Meine Mutter war sehr hübsch (sexy), konnte nicht so singen wie mein Vater, der von ihr sagte, sie sei dumm. Sie war künstlerisch veranlagt. Ich erinnere mich, wie meine Mutter Vater damit aufzog, daß er unfähig sei, einen Sohn zu produzieren, worauf er dann sagte: »Carol ist mein Sohn.« (. . .)
Ich habe eine 35jährige Schwester, die im Gegensatz zu mir ängstlich und schüchtern ist. (. . .) Ich kann mich an fast nichts aus meiner Kindheit erinnern. Als ich 18 Monate alt war, ging mein Vater in den Zweiten Weltkrieg, ich war vier, als er zurückkam. Ich erinnere mich, daß ich auf die Briefe, die meine Mutter ihm schrieb, Küßchen drückte. An seine Rückkehr erinnere ich mich, weil er einen großen braunen Koffer voll mit Spielzeug, Armbändern und Taschentüchern für meine Schwester, meine Mutter und mich mitbrachte. Von zu Hause, aus Schottland, brachte er auch einen Hund mit. Er ließ mich mit Stolz auf meine schottische Herkunft aufwachsen, beschämte mich aber für meinen italienischen Anteil.
An einen Vorfall erinnere ich mich sehr deutlich. Ich war ungefähr vier Jahre, ein Freund meines Vaters besuchte uns oft und hatte großes Vergnügen daran, mir die Unterwäsche oder den Schlafanzug herunterzuziehen und mich in den Hintern zu kneifen. Ich kann mich noch deutlich an das Ekelgefühl erinnern, und daß ich

ihn haßte. In den meisten meiner Alpträume tauchen auch tatsächlich Männer mit gekräuseltem Haar, Lücken zwischen den Zähnen und großen Poren im Gesicht auf (. . .)
Ich erinnere mich, daß mein Vater mich zwei Wochen bei meiner Großmutter ließ, als er und meine Mutter mit meiner Schwester zum Arzt nach Vancouver fuhren. Meine Großmutter erzählte mir, daß sie die ganzen Schienbeine voller blauer Flecken von meinen Tritten gehabt hätte. An das Gefühl, das ich damals hatte, kann ich mich immer noch erinnern. Es ist das gleiche Gefühl, das ich habe, wenn Gary noch nicht von der Arbeit zurück ist, obwohl er schon da sein müßte. Ich erinnere mich an ein übles Gefühl, als ich meine Mutti einmal baden sah. Sie sagte, daß ich, wenn ich größer würde, auch solche Brüste bekäme. Ich haßte ihre Titten und mag sie immer noch nicht ansehen. Sie sind groß und hängen herunter. Sie ist sehr stolz auf sie. Ich bin froh, daß meine klein sind. Meine Mutter hat auch eine großporige Nase.
Ich erinnere mich, einmal hinter meinem Vater hergelaufen zu sein, als er seinen Koffer gepackt hatte und wegging. Die ganze Straße hinauf hatte ich Durchfall. Ich war vielleicht sieben. Ich bin zweimal hinter Gary hergelaufen, und es passierte das gleiche. Als ich meinem Vater ein gutes Zeugnis von mir zeigte, sagte er: »Was hat Carol Ann denn für ein Zeugnis?« (Sie war meine Cousine, die Tochter des Bruders meines Vaters, und sie war viel schlauer als ich.) Während meines ganzen Studiums hatte ich As und Bs (entspricht in etwa den deutschen Einsern und Zweiern; Anm. d. Ü.), besonders gut war ich in Literatur. Ich war eine ausgezeichnete Diebin. Als ich sechs war, fing ich an (ich erinnere mich lebhaft an den Vorfall), Geld und Kleidung zu stehlen. Ich hörte erst auf, als ich heiratete. Ich war eine gute Lügnerin und log fortwährend (. . .) Ich war fett (. . .) und als ich 45 Pfund abhungerte, war er sehr erfreut (. . .) Er kaufte mir immer teure Geschenke und versäumte keine Gelegenheit, mir Karten (Valentinstag etc.; d. Ü.) zu schenken. Als ich auf der Universität war, schrieb er mir einmal in der Woche. Er fühlte sich unwohl bei dem Gedanken, daß ich dachte, er liebe meine Schwester mehr als mich, sagte aber, er würde sie bemitleiden (meine Schwester hat von Geburt an einen gelähmten Arm). Ich lernte schottische Hochlandtänze, Eiskunstlaufen, und ich studierte auch für ihn. Er starb, als ich zwanzig war. Ich war bei ihm, als er starb (Krebs im Alter von 49), er wollte mir etwas sagen, und ich verstand ihn nicht, und gerade fällt mir ein: Während des Sterbens wurde er

wütend auf mich, weil ich ihn nicht verstehen konnte. Ich fühlte mich schlecht, weil ich nicht weinen konnte.
Im folgenden Sommer heiratete ich Gary (weil er sagte, er würde nach Denver zurückgehen und sich jemand anderen suchen, wenn ich's nicht täte). Seit der achten Klasse war ich mit ihm zusammen, seit der zehnten schlief ich mit ihm, weil er mich nicht verlassen sollte. Am Geschlechtsverkehr habe ich nie so viel Spaß gehabt, daß ich einen Orgasmus bekommen hätte; ich mag das Gefühl, wenn er mich begehrt. Ich hatte zwei Verhältnisse, und in beiden Fällen lag ich nackt im Bett, konnte aber nicht vögeln, ich glaube, weil ich verheiratet war. Ich wollte es, konnte aber nicht. In Alaska nahm ich an einem Sensitivity-Training teil, war aber nicht imstande, eine Frau zu berühren. Es fiel mir sogar schwer, die Männer anzufassen. Mein Mann hat mich nie völlig nackt gesehen. Häufig werden mir von seinen Freunden und sogar von zwei seiner Angestellten Anträge gemacht. Man sagt, ich sähe hübsch aus, aber ich kann das nicht finden. Ein Neger an der Uni sagte mir mal, ich würde ihn geil machen (hatte gerade Durchfall).
Ich sollte noch erwähnen, daß ich täglich ungefähr 20 Zigaretten rauche. Alkohol trinke ich kaum. Das einzige Mal, daß ich mich erinnere, betrunken gewesen zu sein, schlief ich die ganze Nacht weinend auf dem Fußboden. Gary sagte mir, alles, was ich hätte sagen können, sei »Oh, Vati« gewesen.
Vor sechs Monaten habe ich *Der Urschrei* gelesen und wußte zum erstenmal, wie krank ich wirklich bin. Ich habe mich auf jeder Seite wiedergefunden (...) Ich habe ein Mädchen und zwei Jungens. Meine Tochter kann ich nicht in die Arme nehmen. Wenn sie mich berührt, verspannt sich alles in mir. An meinen Söhnen habe ich Freude. Ich möchte eine Primärtherapie (...) Ich möchte leben, fühlen und sehen.

GENE:
Ich wurde in einer Kleinstadt in Nord-Minnesota geboren und verbrachte dort meine ersten 17 Jahre. Meine Zwillingsschwester und ich sind die letztgeborenen von vier Kindern. Als wir zur Welt kamen, waren meine Eltern Anfang vierzig. Meine Brüder sind sechs und sieben Jahre älter. Alle Familienmitglieder leben noch; mein Vater ist seit letzten Sommer in einer Privatklinik (...) Meine Eltern heirateten erst, als sie schon über dreißig waren.
Mein Vater ist zwar kein großartiger, aber doch recht erfolgreicher

Farmer und kleiner Geschäftsmann gewesen, der hart arbeitete und nie viel Zeit mit uns Kindern verbrachte (...) Ich begann mit sieben Jahren für ihn zu arbeiten und hörte damit erst auf, als ich von zu Hause fort und ins College ging (...) Ich erinnere mich, daß ich mich eher wie ein Landarbeiter als wie ein Sohn fühlte. Sonderbarerweise gingen mir damals einige Sachen leichter von der Hand als ihm. Meine Mutter war immer eine sehr dicke und unzuverlässige Frau. Sie war zwar eine Perfektionistin, brachte zur gleichen Zeit aber alles durcheinander. Sie war immer ein »mieses Weib« und ununterbrochen hinter mir her, was Schulaufgaben und unangenehme Hausarbeiten betraf. Ihre Beziehung zu meinem Vater war die gleiche. Er schien sie kaum zu hören oder sich über ihre Meckereien zu ärgern. Ich erinnere mich, daß ich Mitleid mit ihm hatte und auf sie wütend war. Als Kind war mein Vater ein Held für mich, weil ich das Gefühl hatte, er sei ein ruhiger Mensch mit Prinzipien.

Ich erinnere mich an keine körperliche Zuneigung, weder zwischen meinen Eltern noch zwischen ihnen und mir. Ich kann mich nicht erinnern, jemals in den Arm genommen worden zu sein. Ich kann mich auch nicht erinnern, daß mich meine Mutter jemals für irgend etwas gelobt hat. Mit dem Größerwerden hatte ich zunehmend das Gefühl, zwischen ihnen zu stehen. Das heißt, wenn es Anzeichen offener Feindseligkeit zwischen ihnen gab, handelte ich als Beschwichtiger. Ich kann mich erinnern, daß ich mir sehr wichtig vorkam und das Gefühl hatte, in meiner Rolle sehr geschickt zu sein. Irgendwie meinte ich, daß sie ohne meine Hilfe nicht zusammenbleiben könnten.

Während ich Respekt vor meinem Vater hatte, machte ich meine Mutter oft herunter, besonders wegen ihres Problems mit dem Gewicht. Oft war ich stinksauer auf meine Mutter, besonders wenn sie mich ständig wegen meines Benehmens oder meiner Pflichten verfolgte. Trotzdem war ich ein vorbildliches Kind, ich kam gut in der Schule voran, und fast alles, was ich in die Hand nahm, klappte. Meine Mutter schien sehr unfair zu mir zu sein.

Die meiste Zeit fühlte ich mich sehr einsam.

An meinem siebten oder achten Geburtstag entschlossen sich meine Eltern, für meine Schwester und mich eine Party zu veranstalten. Ich glaube, wir haben sie oft darum gebeten, und sie hatten schließlich zugestimmt. Es war die erste und einzige Geburtstagsparty, an die ich mich erinnern kann. Die häufig vorgebrachte Entschuldigung war, daß es zu kurz vor Weihnachten sei. Zu dieser Party durften wir Freunde zum Abendessen einladen, und Dad wollte uns hinterher mit ins Kino nehmen. Als das Abendessen vorbei war, hat Dad einen Freund meines ältesten Bruders gebeten zu kommen und Photos von uns zu machen. Ich protestierte heftig und weigerte mich, daß ein Photo von mir gemacht würde. Dad bestand darauf und drohte mir mit Prügeln, falls ich nicht nachgeben wolle. Ich weigerte mich weiterhin, und er machte sich an die einzige Tracht Prügel, die ich, so weit ich mich erinnere, von meinen Eltern je bekommen habe. Ich fühlte mich sehr erniedrigt, und der Rest des Abends war im Eimer. Ich erinnere mich an eine kleine Genugtuung, daß ich nicht nachgegeben hatte. Wenn ich über den Vorfall nachdenke, bin ich jetzt sehr wütend. Die einzige Party, die sie uns zugestanden haben, und dann durfte ich sie nicht auf meine Weise feiern!

Eine spätere Erinnerung (ich war zehn oder elf) ist noch lebendiger. Mein Schlafzimmer schloß an das Schlafzimmer meiner Eltern an, und mein Bett stand direkt an der Wand. Eines Morgens, früh, wurde ich durch das Schluchzen meiner Mutter wach. Ich hörte ihrer Unterhaltung zu und erfuhr, daß mein Vater mit meiner Mutter schlafen wollte und sie sich weigerte. Dad fuhr fort, darum zu bitten, und Mutter drohte ihm mit Verlassen und Scheidung, wenn er sich nicht zurückzöge. Ich war verschreckt und verwirrt. Mein Leben mit der Familie schien bedroht, und das ganze Familienleben stand auf dem Spiel. Ich erinnere mich, daß ich Mitleid mit meinem Vater hatte und wütend auf meine Mutter war. Ich habe nie mit ihnen über diesen Vorfall gesprochen.

Das einzige Mal, wo ich mich an ein Zeichen von Zuneigung im Hause erinnern kann, war bei einem Jahrestag oder einer besonderen Feier. Mein Vater zog meine Mutter an sich und gab ihr einen Kuß. Es war gespreizt und unecht, und ich erinnere mich an das Ekelgefühl, das mir bei dem Anblick hochkam.

Ich kann mich an eine deutliche Veränderung in mir erinnern, als ich fünf oder sechs war. Ich hörte gerne eine Sendung im Radio: *The Lone Ranger* (Der einsame Ranger). Die Freunde meiner Brüder sahen mich oft zuhören und gaben mir den Spitznamen »Tonto«; das war der indianische Freund des Rangers. Das schien mir ganz angemessen, da ich angefangen hatte, mein Leben unter das Prinzip des Stoizismus zu stellen. Ich war sehr stolz, daß ich in allen Situationen ruhig bleiben konnte. Ich war mir bewußt, daß ich keinen gefühlsmäßigen Ausdruck im Gesicht zeigen wollte, und es schien genau das »Richtige« zu sein. (Da ich den *Urschrei* gelesen habe, erkenne ich die allzu genaue Beschreibung der Spaltung. Leider ist es so gewesen, und ich habe bis zum heutigen Tag nicht die Fähigkeit verloren, sowohl vor mir als auch vor anderen meine Feelings zu verstecken.) Ich kann mich nicht erinnern, seit dieser Zeit bis ins zweite Jahr der Therapie hinein jemals wieder geweint zu haben.

Zur Zeit funktioniere ich ganz gut. Vor ungefähr zwei Jahren habe ich meinen Dr. phil. in Soziologie gemacht, und seither unterrichte ich an einem kleinen liberalen Kunst-College. In meiner Arbeit finde ich viel Befriedigung, sowohl in meinem Umgang mit Studenten als auch beim Schreiben und in der soziologischen Forschungsarbeit. Mein häusliches Leben ist weit weniger befriedigend. Meine Ehe scheint auf vielfache Weise eine Kopie des Kampfes meiner Eltern zu sein, und die vergangenen fünf Jahre der Ehe waren angstvoll und schmerzhaft. Ich habe zwei Jahre intensiver Therapie und ein weiteres Jahr in einer Encounter-Gruppe hinter mir. Diese Jahre haben mir insofern gut getan, als sie es mir ermöglichten, mit weniger Überforderung und Streß bei der Arbeit und auch in der Ehe zu funktionieren, es hat jedoch den Anschein, daß die ursprünglichen Kämpfe noch nicht erledigt sind. Im einzelnen heißt das, daß ich mich immer noch sehr weit von meinen Feelings entfernt und mich in Streß- und Spannungssituationen ziemlich unfrei fühle.

Ich würde diese Kämpfe in mir sehr gern auflösen und sie ein für allemal los sein. Aus diesem Grunde möchte ich mich einer Primärtherapie unterziehen (. . .)

MARCY:

Ich lebte bis vor dreieinhalb Jahren in R. . . im Staat Virginia, von wo ich dann nach Charlottesville zog, um die University of Virginia zu besuchen. Ich bin im Grunde schüchtern, zurückgezogen, unsicher; seit der fünften Klasse bin ich des öfteren ernsthaft depressiv gewesen, habe mich unbedeutend gefühlt – wie ein Nichts auf dem Antlitz der Erde –, ich hatte irrationale Ängste, mit Leuten zusammen zu sein und mich durchzusetzen. Bis auf kurze Unterbrechungen, hauptsächlich in meiner Teenager-Zeit, habe ich es gehaßt, morgens aufzustehen, bin voller Ängste und schlimmer Vorahnungen, ganz so, als hätte ich an einer unsagbar schweren Last zu tragen. Es scheint, als stecke ich in dem gleichen Verhaltensschema von Zurückziehen und Vermeidung, das mir im

Alter von zehn oder elf Jahren erstmals bewußt wurde. Im großen und ganzen fühle ich mich wie betäubt, apathisch, hoffnungslos – »abgetötet«.
Unter Menschen fühle ich mich unwohl, bin nervös, häufig feindselig; wenn ich einen Menschen mag, bemühe ich mich zu sehr, bin ängstlich – es ist, als würde ich die Person auf einen Sockel stellen, sie über mich stellen. Es ist mir immer schwergefallen, mit Menschen in Beziehung zu treten, im allgemeinen überreagiere ich, bin höchst emotional, rede konfus, murmele manchmal vor mich hin, bringe Worte und Silben durcheinander und rede manchmal schnell und zwanghaft. Meine Mutter erzählte mir vor kurzem, daß ich als Kind einen Sprachfehler hatte, an den ich mich aber nicht erinnern kann. Im ganzen gesehen, fühle ich mich ängstlich, gehetzt, isoliert und häufig hoffnungslos deprimiert. Besonders in den letzten zwei Jahren bin ich bei der Arbeit und in Gedanken außerordentlich konfus gewesen, es ist so, als ob ich im Nebel herumirre. Meine Eltern haben sich nie für mich interessiert oder auf mich geachtet – außer, daß sie mir alles kauften, was ich haben wollte. Meine Mutter ist eine sehr negative Frau. Feindselig und gemein, sie macht jeden mies – besonders zu denen aus ihrer nächsten Umgebung ist sie zeitweilig geradezu boshaft. Mit mir hat sie nur gesprochen, wenn sie mich getadelt, kritisiert oder mir Anweisungen gegeben hat. Unter ihrer Fuchtel habe ich gelernt, ein nachgiebiger, ausgenutzter dummer Esel zu sein; wahrscheinlich bin ich gegenüber Kritik und Neckereien (es tut mir wirklich weh, sogar bei Freunden) überempfindlich, weil meine Mutter mir immer das Gefühl vermittelt hat, ein Hanswurst zu sein. Sie ist über-abgewehrt, furchtsam, total egozentrisch, ganz wie mein Vater. Mein Vater hat sein Leben lang ununterbrochen gearbeitet und war im übrigen ein schwerer Trinker. Er ist habgierig und selbstsüchtig. Er hat mich meistens nicht wahrgenommen, außer wenn ich etwas tun sollte (Radio leiser stellen, ihm ein Glas Wasser holen – das sind so ungefähr die einzigen Sachen, die er mir zu sagen hatte).
Normalerweise war es zu Hause still, leer, deprimierend, ohne jede wirkliche Kommunikation, geschweige denn Liebe. Mein Bruder, der seit seiner frühen Jugend ein schwerer Alkoholiker ist, betrieb damals gerade seine schmutzige, ekelhafte Scheidung. Meine Mutter kam regelmäßig an den Punkt, an dem sie es nicht mehr aushielt und ausflippte. Sie trank dann viel, war hysterisch und hatte Selbstmordgedanken. Ich hielt es für sehr wahrschein-

lich, daß sie sich umbringt oder daß meine Eltern sich scheiden lassen würden.
Ich habe eine ganze Reihe erniedrigender Erlebnisse hinter mir. Kinder haben mein Gefühl der Unzulänglichkeit und Dummheit schnell mitgekriegt, und einige waren unbarmherzig. Bis ich elf war, habe ich am Daumen gelutscht. Als ich in die fünfte Klasse ging und meine Mutter ihre Probleme hatte, fehlte ich im Frühjahr ungefähr drei Monate in der Schule – ich hatte etwas erhöhte Temperatur, aber es war keine wirkliche körperliche Krankheit. Zu der Zeit wollte ich mich zum erstenmal bewußt entziehen, die Welt ausschließen und mich in mich zurückziehen. Ich wurde müde, apathisch und depressiv. Ich wollte, daß sich meine Mutter um mich sorgt, und die Krankheit ließ es zumindest äußerlich so erscheinen. Seitdem bin ich ziemlich oft krank gewesen – zweifelsohne ist das kein Zufall.
Meine Eltern haben meine Schwester oft in meiner Gegenwart gelobt; sie war das, was sie sich von mir erhofft hatten – sehr hilfsbereit, höflich und zuvorkommend, sie hat ihnen wie eine Sklavin gedient. Mein Bruder hat in all seinen gesellschaftlichen und geschäftlichen Unternehmungen elend versagt; jahrelang war er auf Kosten meines Vaters bei einem Psychiater in Behandlung, was aber kein bißchen half. Vor kurzem machte er – erfolglos – eine Entziehungskur. Von meinem vierzehnten Lebensjahr an ließen mich meine Eltern an den Wochenenden allein zu Hause, wenn sie zu ihrem »Sommerhäuschen« fuhren. Mein Bruder war nach seiner Scheidung für einige Zeit wieder bei uns, und (um es kurz zu machen) zweimal war er sehr betrunken, gemein und feindselig und kam dermaßen in Wut, daß er drohte, mich umzubringen. Ein paarmal hatte ich furchtbare Angst, er würde mich vergewaltigen. Mir wird immer noch übel, wenn er in meiner Nähe ist.
Als Teenager hatte ich auch Angst, mit meinem Vater allein zu sein. Ich glaube, daß es von seiner Seite krankhafte, versteckte sexuelle Sachen gab. Als ich zur High School ging, wurde es für eine Weile besser; mit fünfzehn habe ich mich auf einen Typen eingelassen, den ich wirklich sehr mochte. Aber irgendwann zwischen unserem ersten und zweiten Jahr des Zusammenseins wurde ich wohl mehr, als er ertragen konnte. Ich habe seine ganze Existenz beansprucht und habe ihn mit einer besitzergreifenden, eifersüchtigen »Liebe« erstickt.
Ich erkenne sehr wohl, was ich tue, kann aber keine Kontrolle

darüber gewinnen – in den Beziehungen, die ich eingehe, werde ich grundlos eifersüchtig und verletze unverhältnismäßig; nach einiger Zeit verspanne ich mich, werde mundfaul, fühle mich unter Druck gesetzt und werde unruhig. Je freundlicher und liebevoller er ist, desto kälter und distanzierter bin ich – und nehme in alarmierender Weise Züge meiner Mutter an.

Ich war schon immer sexuell verkrampft und frigide – ich bin zwar immer noch mit Männern ins Bett gegangen, wenn sich die Gelegenheit ergab, aber das war mehr so eine Art Selbstbestrafung, ich fühlte mich hinterher leer, verlassen und verzweifelt. Gegen Ende meiner High-School-Zeit hatte ich eine Abtreibung und hätte den Kerl, der mir nach einiger Zeit schon egal war, fast geheiratet – das war die Zeit, von der an alles schiefzulaufen schien; ich bin schlafwandlerisch durchs Leben gelaufen.

Wenn es mir schlecht geht oder ich sauer bin, rase ich mit meinem Auto durch die Gegend; seit ich 17 bin, rauche ich sehr viel Marihuana, in den letzten zweieinhalb Jahren war ich ununterbrochen »stoned«. Seit ich 17 bin, habe ich auch einen Haufen Trips, meist LSD, geworfen.

Solange ich mich erinnern kann, habe ich furchtbare, sich wiederholende Alpträume. Als Kind habe ich mir die Haut an den Zehen abgeschnitten, bis es wehtat. Ungefähr seit der sechsten Klasse muß ich zwanghaft Sachen eine bestimmte Anzahl von Malen anfassen; ich habe mich dazu gezwungen, das nicht mehr so oft zu tun, es kostet mich zwei Stunden, ein Bad zu nehmen. Seit ungefähr der gleichen Zeit bedrängen mich schreckliche, quälende Vorstellungen – von Messern, Rasierklingen, daß meine Eltern sterben –, besonders in meiner Teenager-Zeit hat mich das fast zum Wahnsinn getrieben.

Ich habe seit einiger Zeit erkannt, wie hoffnungslos einsam und verlassen ich mich fühle, wenn ich nicht jemanden ganz für mich habe, durch den ich leben und fühlen kann.

Im März 1975 hatte ich kein Geld und keine Wohnung. Da ich absolut nicht zu meinen Eltern zurück wollte, bin ich bei einem Typ eingezogen, der schon lange hinter mir her war und den ich absolut verabscheute, er erfüllte mich mit Widerwillen. So tief war ich bisher noch nie gesunken, und ich habe mich dafür verachtet. Ich mußte da raus, habe mir eine Bleibe für den Sommer gemietet und einen Kurs in der Ferien-Schule belegt. Es war eine ungeheuer schlimme Zeit, ich bin total zusammengeklappt. Ich war wahnsinnig und verzweifelt – einen Monat lang dachte ich an nichts

anderes als an Selbstmord und was für Abschiedsbriefe ich schreiben würde. Ich war ein nervliches Wrack, hielt es nirgends länger als ein paar Minuten aus. Mir wurde übel. Im letzten Jahr habe ich zwanghaft gegessen, es geriet voll außer Kontrolle, zum erstenmal hatte ich sichtlich Übergewicht. Ich habe daran gedacht, eine psychiatrische Anstalt aufzusuchen, fühlte mich von Sinnen und habe von einem Freund den *Urschrei* mitgenommen und gelesen. Die ganze Zeit war mein Bauch verknotet, sogar mehr als sonst, ich hatte ein starkes, körperliches Gefühl, daß ich mich einer Primärtherapie unterziehen wollte, mehr als ich jemals zuvor etwas wollte.
Mein Gott, ich hatte mir immer gesagt, daß ich nicht wie mein Bruder (oder meine Eltern) werden wollte, aber dies ist eine Geisteskrankheit; ich bin ein kranker Mensch. *Bitte* – helfen Sie mir.

II. Die Umkehrung der Neurose

1. Entwurf für den Wandel

Neurose ist vor allen Dingen ein System, und die Auflösung der Neurose ist in diesem System zu finden. Wenn wir dies nicht zur Kenntnis nehmen, wird das Auflösen der Neurose unübersichtlich komplex. Das neurotische System erzeugt fortwährend irreale Vorstellungen, Wahrnehmungen, Überzeugungen und Bedingungen, sowohl geistig als auch körperlich. Das neurotische System ist buchstäblich ein *anderes bio-chemisches System* als das normale.[1]

Die Behandlung der Neurose ist der Entwirrung der Struktur eines Gens sehr ähnlich. Kennen wir erst einmal die zentralen Kodierungsmechanismen, die die Elemente aneinanderbinden, fügt sich das Puzzle zusammen. Wir glauben, daß es bei der Neurose zentrale Kodierungsmechanismen gibt. Es existiert ein grundlegendes Prinzip, und dieses Prinzip ist in den verdrängten Feelings und Bedürfnissen des Individuums zu finden.

Wenn wir unsere Anstrengungen nicht auf das System richten, werden wir uns in einer fragmentarischen Jagd verlieren, wir rennen dann dieser Einstellung hinterher und jenem Verhalten, dieser Wahrnehmung oder jener Empfindung, ohne Bezug zur Gesamtheit der Struktur, die Hunderte von neurotischen Symptomen ausspuckt – sowohl physische als auch psychische. Buchstäblich Tausende von Verhaltensweisen basieren auf nur wenigen Primär-Feelings.

Neurose entsteht aus dem Widerspruch von Ausdruck und Verdrängung – Expression und Repression. Alles andere – Empfindungsvermögen, Einstellungen, Erkenntnis, Problemlösungsverhalten, Lernen sowie Persönlichkeitsaspekte – ist diesem Widerspruch untergeordnet. Die mannigfaltigen neurotischen Probleme sind nur Abkömmlinge dieser zwei in Widerstreit stehenden Kräfte. Um wirksam sein zu können, muß die Therapie den zentralen Widerspruch in den Brennpunkt nehmen. Sie darf sich nicht nur um die Synthese bemühen. Wenn die Schlüsselprobleme gelöst worden sind, wird sich alles andere zusammenfügen.

1 Wird in Teil IV erläutert.

Primärtherapie ist der umgekehrte Prozeß der Neurotisierung. Statt Urschmerz zu blockieren, was zur Neurose führt, gibt sie diese Schmerzen frei und befreit somit den Menschen. Statt das Unbewußte zu komplizieren, wie es durch die Verdrängung von Urschmerz geschieht, drückt die Umkehrung Unbewußtes aus, um das Bewußtsein zu befreien. Statt Abwehr gegen das Erleben von Urschmerz zu errichten, werden Abwehrformen freigelegt, so daß der bereits im System vorhandene Schmerz in seiner ganzen ursprünglichen Intensität gefühlt werden kann. Statt neurotischen Ausagierens zum Zweck der Spannungsabfuhr wird das Ausagieren hinausgezögert, so daß sich Spannung bis zum Augenblick des Durchbruchs aufbaut. Da sich die Neurose folgerichtig vom Innern des Gehirns nach außen niederlegt, muß die Behandlung eine Reise auf dieser historischen Route in umgekehrter Reihenfolge mit einbeziehen, von den allerneuesten Ereignissen bis zu den entscheidenden Erfahrungen der frühesten Kindheit. Neurose ist ein unbewußter Prozeß. Primärtherapie ist ein bewußter.

Die Primärtherapie ist um das Verständnis der Entwicklung des Neurotisierungsprozesses herum aufgebaut, sowohl in neurophysiologischer als auch psychologischer Hinsicht. *Entwicklung* muß in jeder Theorie der Neurose berücksichtigt werden.

Zum Beispiel, in der Verhaltenstherapie, die Entwicklung negiert, mag man die Technik eines gemäßigten Schocks anwenden, jedesmal etwa, wenn ein Raucher zu einer Zigarette greift. Die Implikation dieser Technik ist, daß Rauchen eine schlechte *Angewohnheit* ist, etwas, das man gelernt hat und das verlernt werden muß, eine Gewohnheitssache, die durch Strafe abgewöhnt werden kann. Verhaltenstherapie hört sich wie eine wissenschaftliche Verfeinerung dessen an, was Eltern ihren Kindern sagen. Sie berücksichtigt keine der Gewohnheit zugrunde liegenden Ursachen. Behandelt wird das »Verlangen« nach einer Zigarette, statt richtiger das »Verlangen« als das bewußte psychologische Resultat einer Entwicklungsgeschichte zu betrachten. Wir wollen Zigaretten, wenn wir unsere realen Bedürfnisse nicht fühlen können. Indem man uns unsere Wünsche durch Strafe, Mahnung oder rationale Begründung ihrer schädigenden Wirkung wegnimmt, läßt man die verursachenden Quellen und damit auch die Neurose intakt.

Wenn wir darin übereinstimmen, daß die Vergangenheit bei uns bleibt und Druck ausübt, stellt sich die Frage, wie wir mit ihr ein Ende machen können. Einige Schulen, die Freudsche eingeschlossen, glauben, daß man sie wegreden kann; daß man ein Verständnis davon erlangen kann, so daß sie sich irgendwie auflöst. Im Gegensatz dazu ist Primärtherapie ein Prozeß, der auf der Vorstellung basiert, daß Neurose ein Daseins-Zustand ist. Sie ist weder eine »Psychotherapie« noch eine »Körpertherapie«. Sie ist beides zugleich. Ihr liegt die einfache Annahme zugrunde, daß das, was mit uns als Kindern geschieht, sich nicht nach dem Erlebnis verflüchtigt, sondern im Gegenteil *als Teil unserer Physiologie bestehenbleibt.* Urschmerz ist nicht einfach nur ein Begriff oder eine Einstellung. Er wird als eine *Erfahrung* registriert und muß durch Erleben gelöst werden. Daher muß man seine Anstrengungen darauf richten, *durch feeling* eine gründliche Aufarbeitung und ein Verständnis davon zu erlangen, wie sich diese frühen Geschehnisse niederlegen, wo sie begraben worden sind und wie die Prozesse verlaufen, mit denen sie verdrängt gehalten werden.

2. Die heilende Kraft

In der Geschichte der Psychologie sind Emotionen mit Argwohn behandelt worden. Man hat sie als Eindringlinge in den Geist betrachtet, als etwas, das uns irrational macht. In der Tat ist das Wort »emotional« mit »irrational« gleichgesetzt worden. Jetzt erst begreifen wir, daß nur *ungefühlte* Emotionen das Bewußtsein verzerren. Gefühle sind an und für sich ungemein rational. Sie haben ihre eigene Logik, und wenn sie gefühlt worden sind, bekommen viele unserer Verhaltensweisen einen Sinn.

Die Emotionen sind nie sinnlos, es sei denn, sie sind blockiert und können nicht gefühlt werden. Dann sind sie planlos, weil sie das Rationale und Reale überfluten. Dann treiben sie uns in falsche Wahrnehmungen und Fehlinterpretationen und lassen uns verrückte, symbolische Sachen tun. Der sogenannte logische Verstand wird nur durch ungefühlte, umgeleitete Emotionen entstellt und verzerrt. *Nicht-emotional zu sein heißt* deshalb, *irrational zu sein. Emotional zu sein heißt, rational zu sein.*

Feelings im Einklang mit dem Intellekt bringen wahre Rationalität hervor. Die Aufgabe ist es, sie zur Zusammenarbeit zu bringen. Wenn der zentrale innere Widerspruch zwischen dem Fühlen von Bedürfnissen und ihrer Verdrängung gelöst ist, besteht die Haupt-Interaktion nicht mehr zwischen dem Menschen und dem Selbst, sondern zwischen dem Menschen und seiner Umwelt. Wir können uns direkt der Außenwelt zuwenden, statt einen unaufhörlichen Kampf gegen unsere inneren Dämonen zu führen.

Feelings sind Zustände des Seins und gestalten das menschliche Verhalten. Blockierte Feelings schaffen neurotisches Verhalten. Es gibt einen sehr guten Grund, warum die Mehrzahl von uns ihre Bedürfnisse nicht fühlt und warum die meisten damit beschäftigt sind, *sich selbst* der Befriedigung zu *berauben.* Dem Neurotiker erscheint es viel besser zu versuchen, etwas in der Gegenwart zu bekommen, was einem das Feeling vom Leibe hält, als wegen dieser ganzen Deprivation in Agonie zu verfallen. Und so setzt sich die Deprivation mit strafender Ironie fort.

Die Agonie der Heilung

Es ist die natürlichste Sache der Welt, auf Schmerz zu reagieren. Wenn wir uns zum Beispiel verbrannt haben oder gebissen worden sind, weinen, heulen oder schreien wir, schütteln wir die verletzte Hand oder hüpfen herum. Diese natürlichen Reaktionen tragen dazu bei, die Energie des Schmerzes zu verbrauchen und sie schließlich zum Verschwinden zu bringen. Doch wenn Urschmerz im Übermaß auftritt und verdrängt wird, verbraucht sich die Energie nicht. Sie bleibt als konstante innere Kraft zurück. Statt sie in einem Heilungsprozeß, der ein hochenergetischer Zustand ist, nutzbar zu machen, wird diese Energie umgeleitet und in verschiedene Wege gelenkt, die das System fortwährend aktivieren. Der heilende Prozeß der Entspannung ereignet sich nicht. Die Heilungssequenz läuft nicht ab und die Wunde wird nicht geschlossen.

In Begriffen der Neurologie ausgedrückt, heißt das, daß ein Übergewicht an Urschmerz durch den Thalamus von den heilenden Strukturen des Hypothalamus abgelenkt und auf den Kortex (und das limbische System) übertragen wird, um die Energie zu entschärfen und aufzuheben. Das »Bewußtsein« muß sich jetzt mit einem Übermaß an Energie beschäftigen, das es mit Gedanken überspült hält. Der davon betroffene Mensch – sollte ihm bewußt sein, *daß* er davon betroffen ist – kann sich in eine konventionelle psychotherapeutische Behandlung begeben und sich mit der Entwicklung neuer Einsichten in seine Neurose beschäftigen. Unglücklicherweise verwerten diese Einsichten umgeleitete, *nicht-heilende* Energie, die keine Verbindung zum Ursprung hat. Diese Einsichten werden keine gründliche Hilfe sein, sondern sind nur unverbundene, geistige Turnübungen.

Neurose ist kein abstraktes Konzept oder ein unklares »psychologisches« Problem. Sie ist eine wirkliche Wunde. Jede Wunde muß schmerzen, um zu heilen. Der Schmerz ist der tätige Heilungsprozeß. Je größer die Verletzung, desto größer sind die Schmerzen und desto aufreibender und kritischer ist der Heilungsprozeß. Wenn zum Beispiel dein Finger erfriert, ist das anfangs sehr schmerzhaft und wird dann zunehmend quälender. Das Leiden wird schlimmer, bis es kaum noch erträglich erscheint. Dann läßt es allmählich nach, bis man es fast nicht mehr wahrnimmt. Es kann sich sogar ins Gegenteil kehren, in ein Gefühl der Wärme. Oder es existiert überhaupt kein Gefühl.

Ist der Schmerz vorbei? Man könnte es annehmen. Aber wenn der Finger erwärmt wird, ist der Schmerz wieder schrecklich. Was du dann fühlst, ist das vorher *unterbrochene* Leiden. Das System konnte nur dieses bestimmte Maß an Schmerz empfinden, bevor es den Schmerz davon zurückhielt, ins Bewußtsein zu dringen. Jetzt wird der Schmerz durch die Wärme und die Wiederbelebung des fast abgestorbenen Gewebes einfach freigesetzt.

Und daher tut es höllisch weh. Du kannst weinen, wimmern, dich krümmen, aber jetzt *heilt* es wenigstens. Solange du empfindungslos bist, solange der Schmerz unterbrochen ist, heilt überhaupt nichts, und falls du in diesem Zustand verbleiben würdest, wäre dein Finger verloren. Nur das Wiederaufleben des Fühlens – von Schmerz – rettet dich.

Erfrierungen bedrohen normalerweise nur einige Extremitäten, eine Fingerspitze, einige Zehen. Doch dieses Beispiel ist von größter Bedeutung, weil viele von uns an Erfrierungen des ganzen Organismus leiden. Wir leben in der Phase der Betäubung. Wir sind übel und wiederholt verletzt worden und haben noch die Agonie dieser Schmerzen zu fühlen.

Die Folge davon ist, daß wir nie gesunden. Wenn ein Kind in seinen frühen Jahren so verletzt wurde, daß es viele Stunden brauchte, um sich auszuweinen. Wenn ihm jedoch Ruhe geboten wurde, es geschlagen und wegen des Weinens getadelt wurde oder es einfach nicht fähig war zu weinen, dann hat es – buchstäblich – noch viele Stunden des Weinens hinter sich zu bringen. Geschieht dies in seinem Leben immer und immer wieder, hat es eine Menge gespeicherter Energie. Ihre Freisetzung ist ein hochenergetischer Zustand, und ein hochenergetischer Zustand ist eine Voraussetzung für den Heilungsprozeß. (Man hat entdeckt, daß die Knochenheilung nach einer Fraktur durch einen konstanten Zufluß geringer Stromstärke an die Bruchstelle stimuliert wird.)

Wegen der unglaublichen Traumata, die die meisten Säuglinge erdulden, würden sie normalerweise die meiste Zeit ihres ersten Lebensjahres weinen. Doch dies ist selten der Fall. Wenn sie zu Dauerweinern werden, hindern die Eltern sie gewöhnlich durch Gleichgültigkeit, rohe Behandlung, Schlagen, Prügel daran oder durch Beruhigungsmittel wie etwa Phenobarbital, das viele Jahrzehnte lang das Allheilmittel der Kinderärzte war.

Hierin liegt eine traurige Ironie. Die Babys werden entmutigt, verletzt oder mit Arzneimitteln betäubt, um sie vom Weinen abzuhalten, obwohl es wahrscheinlich gerade die Reaktion des

Weinens, diese natürliche Reaktion auf traumatische Erlebnisse ist, die diese ursprünglichen Primär-Wunden heilen würde. Allein schon eine schwere Geburt kann Anlaß zu einem anhaltenden Weinbedürfnis sein. Im Gegensatz dazu weinen »Leboyer-Babys« charakteristischerweise sehr wenig. Da sie eine viel leichtere, sanftere Geburt hinter sich haben, muß keine Folge des Traumas ablaufen und geheilt werden. Die meisten Säuglinge haben ein Trauma erfahren, müssen aber auf den Tag warten, an dem sie in der Lage sind, darauf zu reagieren und mit der Heilung des durch Urschmerz verursachten Schadens beginnen können.

Aus diesem Grund weinen unsere erwachsenen Patienten auch oft (unbeabsichtigt) wie Babys, die man allein in ihrem Bettchen gelassen hat. Sie müssen eine Wein-(Heilungs-)Sequenz beenden, die ursprünglich durch Verdrängung verhindert wurde. Es kann sein, daß sie früh in ihrem Leben aufgegeben haben, auf die Verletzungen zu reagieren, weil die Traumata so gewaltig waren oder weil man sie wütend angeguckt hat, sie angeherrscht, geschüttelt oder geschlagen wurden. Jetzt, als Erwachsene in der Therapie, weinen sie nicht nur *als Erwachsene* über jene Erfahrung, sie weinen als das Baby, lange und laut genug, um den Kreis zu schließen und die katastrophale Erkenntnis zu fühlen: »Sie sind nicht hier«, »Sie kommen nicht mal, wenn ich sie brauche«, oder unkompliziert und grundlegend »Sie lieben mich nicht«.

Wenn wir uns das Gehirn anschauen, können wir genau erkennen, wie die Verdrängung überwältigenden Schmerzes unsere Leben rettet, selbst wenn sie die Heilung unterbricht. Das Ablenken des Urschmerzes von Gehirnstrukturen, die die Heilung kontrollieren, ist eine Möglichkeit, uns vor tödlichen, in die Höhe schießenden vitalen Körperfunktionen zu schützen. Wenn der Hypothalamus versuchte, die ganze Last zu bearbeiten, ergäben sich Erhöhungen bei der Mobilisierung des Körpers, die uns töten könnten; konstante Körpertemperatur von 103 Grad Fahrenheit, beständiger Puls von mehr als 200 und ein Blutdruck, der über 200 liegt. Wir wissen dies, weil wir bei unserer langsamen und sorgfältigen Hilfe, einen Teil der Urschmerzen dem Bewußtsein der Patienten wieder zugänglich zu machen, häufig Befunde dieser vitalen Körperfunktionen in dem Augenblick sehen, bevor der Patient eine Verbindung zu seinen Feelings herstellt.

Verdrängte Reaktionen verbleiben im System als Sequenzen, die darauf warten, ablaufen zu können. Im Fall der Erfrierung verfügt der Betroffene über keine vollständige Reaktion auf das Trauma;

er leidet nicht *genug* unter den Schmerzen. Um gesunden zu können, muß er die Verletzungssequenz beenden. Diese *Symptome* des Leidens sind Teil der Befreiung vom Schmerz und daher auch des Heilungsprozesses. Man sollte vorsichtig sein, bevor man sich einmischt. Wenn jemand Beruhigungsmittel gegen Angst oder Lithium gegen Depressionen verabreicht, fühlt sich der Patient wohler, aber das Fühlen von Schmerz, das eine Notwendigkeit für die Gesundung ist, wurde aufgeschoben. Die Symptome des Leidens, besonders die Neurose, sind überlebens-orientiert. Es liegt in der Natur der Krankheit, die Kräfte zu ihrer Beseitigung in Gang zu setzen. Seinen eigenen natürlichen Prozessen überlassen, produziert der Körper das, was er braucht, um die Krankheit loszuwerden. In den Krankheiten steckt der Kern zur Behebung und Gesundung. In der Primärtherapie erkennen wir diese Kräfte und lassen ihnen Raum zur Entfaltung.

Richard Lippin, ein Arzt, der früher an der medizinischen Abteilung der Untersuchungshaftanstalt in Philadelphia tätig war, berichtete von einem eindrucksvollen Beispiel dafür, wie Schmerz und die darauf folgende Gesundungsreaktion aufgeschoben und gespeichert werden kann. Einer seiner Patienten hatte hohe Dosen Methadon eingenommen, das, wie das Heroin, das es ersetzen soll, ein Schmerz-Killer ist. Er wurde einem Tuberkulose-Haut-Test unterzogen. Der war negativ. Ein Jahr darauf, man hatte dem Mann das Methadon entzogen, entwickelte er plötzlich einen deutlichen, positiven TB-Hautfleck – an der Stelle, an der er getestet worden war. Zum erstenmal kämpften Immunstoffe gegen das TB-Antigen. Bis zu diesem Zeitpunkt hatte der Test keine Reaktion gezeigt, weil die Droge die Schmerzen des Mannes abgestumpft hatte. Wir können sehen, daß die Droge den Patienten teilweise unbewußt machte. Methadon trug dazu bei, Schmerz abzuschirmen – und zwar von Zentren, die eine Heilung eingeleitet hätten. Der Körper konnte nicht reagieren. Als sich das Bewußtsein beim Entzug der Droge weitete, war Schmerz da, *vollständige Reaktion*, und zum erstenmal Gesundung. Der Organismus hatte die Reaktion und die Heilungssequenz ein Jahr lang gespeichert.

Wenn ein einfacher, örtlicher Schmerz ein Jahr lang gespeichert werden kann, fällt es nicht schwer, sich vorzustellen, daß größere Urschmerzen für Jahrzehnte gespeichert werden können und darauf warten, die Heilungssequenz zu vervollständigen. Diese

Schmerzen werden tatsächlich in unverminderter Stärke und Deutlichkeit bis zu dem Tag gespeichert, an dem wir sie schließlich fühlen. In seinen unentwegten Gesundungsversuchen läßt uns unser Organismus in einer Art agieren, die uns heilen *würde*, wäre die Situation nur die reale, ursprüngliche Situation und nicht nur ein Symbol derselben. Eine Therapiesitzung, in der vor Wut total die Kontrolle verlorengeht, führt den Patienten normalerweise an den originalen Brennpunkt heran, wenn auch das scheinbare Ziel jemand oder etwas aus der Gegenwart ist. So befremdlich es klingen mag, neurotisches Verhalten ist auf Heilung gerichtet. Doch wird das Ziel nicht eher erreicht, als bis die symbolische Sequenz in eine reale gekehrt wird.

Bevor wir den Schmerz nicht fühlen, leiden wir; Schmerzen heilen; Leiden ist der Dauerzustand einer nicht erfolgten Heilung. Ein Beispiel dieser Dialektik, das vielen von uns vertraut ist, bietet uns die Trauer. Wenn jemand, der uns nahesteht, stirbt, und wir es nicht »herauslassen«, wenn wir nicht traurig sind und weinen, wenn wir es nicht zulassen, unter der ganzen Wucht des Verlustes durchzudrehen – wenn wir statt dessen das Gefühl haben, wir müßten »tapfer« sein, daß »das Leben weitergeht« und wir »uns nicht hängenlassen« sollten –, leiden wir chronisch unter diesem Verlust. Wir werden niemals da durchkommen, weil wir es nicht fühlen. Indem wir den Schmerz verleugnen, fahren wir fort, seine Last zu tragen. Wir bringen unser eigenes Leben in Gefahr, wir riskieren ernsthafte Krankheiten, die durch den Streß nicht gefühlter Feelings verursacht werden.[1]

GENE:

Ich kann mich daran erinnern, wie mir die erste Träne kam und aus dem Augenwinkel über die Wange lief. Es war in der ersten Woche meiner Therapie. Ich weiß nicht mehr, worüber ich geweint habe, aber an dem Tag waren es zwei oder drei Tränen. Sowas hatte ich noch nie erlebt. Ich kann mich an den Tag in der zweiten oder dritten Therapiewoche erinnern, an dem ich nicht aufhören konnte zu weinen. Mir liefen die Tränen nur so die Wangen herunter. Hinterher sagte ich meinem Therapeuten, daß ich es fast nicht glauben könne, es sei zu schön, um wahr zu sein. Als ich zum Motel zurückfuhr, war ich entspannter als jemals zuvor in meinem Leben. Ich war ganz glücklich.

1 Zahlreiche Untersuchungen weisen auf das vermehrte Auftreten schwerer Krankheiten nach dem Verlust eines geliebten Menschen hin.

Um eine Heilung zu erreichen, *muß Leiden in Schmerz umgewandelt werden.* Wir beobachten dies, wenn wir Therapiesitzungen kontrollieren, in denen Patienten den alten Urschmerz wieder erleben, der unter dem alltäglichen Leiden begraben liegt. Der Patient fängt seine Sitzung mit Leiden an. Sein Nervensystem mobilisiert jeden einzelnen Teil von ihm in dem natürlichen Bemühen, den Urschmerz abzuwehren; er leidet, um *den Urschmerz fernzuhalten.* Vorübergehend sind die vitalen Körperfunktionen sehr hoch, was typisch für einen Leidenszustand ist. Der Körper »weiß«, daß der Schmerz naht, und reagiert auf die Bedrohung, wie er es im Leben des Patienten schon immer getan hat, abgesehen davon, daß jetzt, wo der Patient den Schmerz zuläßt, die Reaktion viel heftiger ist. Das einzige Mal, bei dem der Patient diesen dermaßen schmerzhaft empfunden hat, war der Augenblick, in dem sich der Urschmerz ursprünglich ereignete und verdrängt wurde.

Wenn das Leiden einen Höhepunkt erreicht (wie etwa in einer Primal-Sitzung), versagt das Abwehrsystem, und der Patient fällt in das Gegenteil des Leidens – das Fühlen des Urschmerzes. Hinterher entspannt sich der Körper, die vitalen Körperfunktionen fallen, der Patient fühlt und drückt den Schmerz aus, der Zugang zum Bewußtsein gefunden hat, und die Heilung beginnt. Das tatsächliche Erleben und Auflösen von Urschmerz bringt ein tiefgreifendes, umfassendes Gefühl der Erleichterung nach den ihm vorausgegangenen heftigen Schmerzen mit sich.

Wenn Leiden zum Urschmerz wird, verschwindet beides, und dem Patienten bleibt etwas anderes – Feeling. Seine Fähigkeit, sich selbst und seine Umgebung wahrzunehmen, war durch den Urschmerz, den er verdrängen mußte, blockiert. Sein Leiden bedeutete für ihn, ohne Unterbrechung in einem nicht geheilten Zustand gewesen zu sein.

Feeling ist gleich Heilung. Mit dem Fühlen beginnen die Wunden der Neurose ihre Auflösung, Symptome fallen weg, und die Heilungshormone werden (wie wir später sehen werden) freigesetzt. Die offenen Verletzungen wie Magengeschwüre und Colitis fangen an, sich zu bessern, chronische Infektionen beginnen zu verschwinden und der Körper beginnt sich wiederherzustellen.

Urschmerz und Leiden sind dermaßen unterschiedlich, daß sie ihren Verlauf durch zwei verschiedene Systeme unserer neurologischen Struktur nehmen. Leiden wird durch das ältere System, nahe der Mitte und dem Inneren des Nervensystems, befördert. Schmerz, der die selektive, unterscheidende Identifikation der Art der Verletzung mit einbezieht, bewegt sich durch neuere Strukturen von der tiefen Mitte des Gehirns fort. Das Leidenssystem projiziert Informationen auf höhere Gehirnzentren nur diffus und gestattet uns gelegentlich ein Bewußtsein der inneren Agonie, ohne uns mitzuteilen, warum oder was sie ist. Die Schmerz-Wege gestatten uns eine genaue *Vorstellung* von dem Leiden, um die physiologische Verletzung mit all den sie umgebenden Ereignissen und deren Implikation integrieren zu können.

Deshalb kann zwar jedes Tier leiden, doch ist ein vollständiger menschlicher Neokortex nötig, um Urschmerz zu fühlen. Zweifelsohne war es zunächst Leid und das Bedürfnis, es zu verdrängen, das im Dienste menschlichen Überlebens für die Entwicklung der höchsten Gehirnstrukturen verantwortlich war. Dies ermöglichte uns die Verdrängung von Urschmerz – und ermöglichte uns dankenswerterweise auch das Wiedererleben schmerzhafter Geschehnisse und dadurch Gesundung.

Einfach zu wissen, daß man Urschmerzen hat, ist nicht dasselbe, wie sich ihrer bewußt zu sein. *Wissen* heilt nicht. Die meisten von uns können sich ihrer Vergangenheit auf historische Weise gewärtig sein. Jedoch gehen wir nicht weinend zu Boden und vergießen Tränen darüber. Dazu bedarf es notwendigerweise der Wiederherstellung jenes biologischen Zustandes und der Zuleitung des Urschmerzes an jene Gehirnstrukturen, die die Heilung vermitteln. In der Tat bedarf es einer *genauen* Freisetzung der Energie, die mit dem frühen Trauma assoziiert ist, nicht mehr und nicht weniger. Die einzige Art, wie ein Mensch herausbekommen könnte, welches die genaue Energiemenge ist, hieße für ihn, sich total in die Erfahrung des Kindes zu verstricken – eine Wiedererlangung der Erinnerung und der Ebene der Gehirnfunktion.

Stellen wir es uns als Störung des Gleichgewichts oder als Mißverhältnis von Input und Output vor. Soviel ist hineingekommen, soviel herausgekommen. Massive Reize in der Kindheit ohne entsprechenden Output führen ganz einfach zu gespeicherter Spannung.

Glücklicherweise gibt es für uns alle eine Zeit vor dem Urschmerz, und wir haben in unseren Körpern eine Art organischen Erinnerungscode dessen, was es heißt, gesund zu sein und richtig zu wachsen. Wenn Schmerz das System verläßt, ist es allen Heilungskräften und allen Kodierungsprozessen möglich, das zu tun, was sie normalerweise tun. Aus diesem Grund ist die Wiederkehr der Gesundheit nach der Auflösung von Urschmerz so automatisch. Wir brauchen uns nicht daran zu erinnern, was es heißt, gesund und normal zu sein. Der Körper erledigt das für uns.[2]

Die »Primal-Zone«

Es existieren eindeutige physiologische Bedingungen, die bestimmen, wann dieser Heilungsprozeß stattfinden kann. Es kommt darauf an, weder zu offen zu sein und vom Schmerz überflutet zu werden, noch allzu sehr abgewehrt zu sein. Zwischen diesen Extremen liegt der Bereich der Heilung. Dies ist die »Primal-Zone«, weil es der Bereich ist, innerhalb dessen Feeling und seine Integration stattfinden kann.

Es gibt viele Möglichkeiten, die Primal-Zone* zu erreichen. Einige Menschen haben diesen Bereich schon ohne äußere Hilfe erreicht; sie verfügen über das richtige Gleichgewicht von Zugang zu ihrem Urschmerz und der Fähigkeit, ihn zu integrieren. Viele Menschen sind jedoch dermaßen gehemmt und überlastet, daß sie nicht in der Lage sind, zu fühlen. Sie werden sich auf die Gegenwart konzentrieren, sie werden ein wenig oder auch heftig weinen, sie werden es jedoch aus einem einfachen Grund nicht mit den Schmerzen der Vergangenheit in Zusammenhang bringen: sie sind von Emotionen überwältigt. Dies trifft besonders auf jene zu, die im gegenwärtigen Leben in hohem Maße Streß ausgesetzt sind. Das ist deutlich bei prä-psychotischen Patienten zu erkennen, die überlastet und nicht zu fühlen in der Lage sind. Es ist ihnen nur möglich, mittels Halluzinationen und Selbsttäuschungen zu symbolisieren. Verabreicht man ihnen sorgfältig bemessene Dosen

2 Ich ignoriere nicht den Wert anderer Faktoren im Kampf gegen die Neurose, wie etwa angemessene Ernährung, Bewegung und ähnliches, und wünschte, jeder, der sich mit Urschmerz beschäftigt, würde auch begreifen, daß das Leben nicht aufhört und daß diese Dinge entscheidend sind. Wir richten unser Hauptaugenmerk auf Urschmerz, weil er für die Neurose ausschlaggebend ist. Ernährung als solche kann die Neurose nicht »heilen«. Sie kann den Körper vor dem Zusammenbruch bewahren und dadurch der Verdrängung Hilfe leisten. Dies ist nur für einen hochgradig gestörten Menschen wünschenswert.

* »Primal« wurde in den ersten Arbeiten Janovs mit »Urerlebnis« übersetzt. Ich werde die schon im letzten Band *Das neue Bewußtsein* verwendete Bezeichnung Primal gebrauchen; d. Ü.

von Beruhigungsmitteln, dann sind sie zum erstenmal imstande zu fühlen; das heißt, ihre Leidens-Ebene ist auf kontrollierbare Proportionen reduziert worden.

Mit Unterstützung und Rückversicherung ist es einem Patienten möglich, sich erfolgreich einer Primärtherapie zu unterziehen, und das aufgrund der einfachen Tatsache, daß er über jemand verfügt, der ihn ausreichend beruhigen kann. Paradoxerweise *scheinen* Leute, die einen sehr »verdrängten« Eindruck machen, mit Schmerz unterbelastet zu sein; sie fühlen nichts. In Wirklichkeit sind diese Menschen aufs äußerste überbelastet.[3]

Der Neurotiker lebt sein ganzes Leben lang außerhalb der Primal-Zone und kann sich nie eine Vorstellung von einem Feeling machen. Wir brauchen nur eine Sitzung zu beobachten, in der gerade eine Überlastung stattfindet, um erkennen zu können, wie bei zuviel Urschmerz ein »Dichtmachen« vor sich geht. So wird zum Beispiel ein Mensch mit einer Primär-Erfahrung aus der Kindheit beginnen, und plötzlich wird sich ein dazu in Beziehung stehendes Säuglingstrauma eindrängen. Er wird innerhalb von Sekunden Schleim spucken, würgen, außer Atem kommen und eine fötale Haltung einnehmen. Er wird vom Primal vollständig in die Gegenwart kommen. Ein gigantischer Schock hat sie aus der Primal-Zone in die Gegenwart zurückgeworfen.

Bis ein Patient in der Lage ist, sich einer Primärtherapie auf der Ebene früher Traumata zu unterziehen – also nach der Auflösung der weniger schwerwiegenden Traumata –, wird fast jeder frühe Übergriff eine Überlastung und ein Dichtmachen hervorrufen.

Menschen, die körperlich sehr leiden, sei es auch unter psychosomatischen Schmerzen wie Migräne, können keinen Primal erleben. Wir müssen die Schmerzebene ausreichend senken, so daß sie wieder fühlen können. Daher ist im Falle eines Symptoms wie

3 In den frühen Tagen der Primärtherapie hielten wir nicht sehr viel vom Gebrauch von Tranquilizern, weil sie zum Abstumpfen der Urschmerzen beitrugen und Patienten von einer richtigen Verknüpfung mit ihren Feelings abhielten. Es gibt jedoch Patienten, die beruhigt werden müssen, um die Art von verknüpfenden Auflösungen machen zu können, die ihnen eine endgültige Befreiung von Urschmerz bieten. Diese Patienten lernen, bei strenger Überwachung durch den medizinischen Direktor, nach einiger Zeit selbst zu entscheiden, wann die Dosis der Beruhigungsmittel herabgesetzt werden sollte. Mit der Auflösung von Urschmerz verringert sich allmählich das Bedürfnis nach medikamentöser Behandlung. Die Bedeutung des primärtherapeutischen Ansatzes bei medikamentöser Behandlung liegt darin, daß sie einzig und allein zur Erleichterung von Feelings und dem Integrationsprozeß angewandt wird, nicht im Dienst der Verdrängung.

Kopfschmerzen unsere erste Aufgabe, es auf handhabbare Proportionen zu bringen.
Andere bedürfen einer ausreichenden Spannungsentladung des Körpers, um schließlich fähig zu sein, ein verknüpftes Feeling zu erleben. Ein Therapeut muß wissen, wann und wie lange ein Mensch Spannung abreagieren sollte, bevor er ihn zu einem Feeling geleitet. Wenn versucht wird, einen Patienten zu früh in ein Feeling zu stoßen, wird er überlastet. Falls man eine zu lange Entladung zuläßt, wird er abgelenkt, wird unter die Zone gleiten und das Feeling nicht auflösen.
Jemand mit sehr schnellen Gehirnwellen (ein ruheloser Geist) befindet sich außerhalb der Primal-Zone, während jemand, dessen Puls und Blutdruck zu niedrig ist, unter der Zone liegt, ohne ausreichende Kraft, das Feeling beleben zu können.
Ein außergewöhnlich betriebsamer Arbeitstag oder eine stressende Situation wie ein Besuch der Eltern, eine Auseinandersetzung mit dem Freund usw. entsprechen der Art von Umständen, die jemanden aus der Primal-Zone werfen können. Sehr oft ist es für Patienten notwendig, einige der gegenwärtigen »Exzesse« aufzulösen, um wieder die Fähigkeit des Fühlens zu erlangen, es sei denn, sie können etwas von diesem Exzeß verwenden, um in das Feeling hinunterzukommen.
Menschen mit intakter Neurose und Schleusen-Struktur brauchen in gewisser Hinsicht einen Anstoß, um Zugang zu irgendwelchen Urschmerzen zu bekommen. So, wie es Menschen mit zuviel Zugang gibt, gibt es auch welche mit zu wenig. Wir würden nie auf den Gedanken kommen, das Abwehrsystem von jemandem, der bereits zerbrechlich und verletzlich ist, anzugreifen – es würde ihn weit aus der Primal-Zone drängen. Der einzige Mensch, der diese Art des »Knackens« braucht, ist ein Mensch, dessen Verdrängungssystem luftdicht ist.
Wenn der Input zu hoch ist, werden bestimmte Hirnfunktionen abgeschaltet. So verhindert zum Beispiel die Behandlung mit Elektroschocks ein Bewußtsein über den Vorgang, weil der Input einfach zu groß ist.[4] Einem schrecklichen Vorfall zuzusehen und in Ohnmacht zu fallen, verursacht wegen des exzessiven Inputs ebenso Unbewußtsein. Ein Kind, das eine traumatische Szene

4 Elektroschockbehandlung wirft den Menschen weit außerhalb der Primal-Zone, und es braucht normalerweise jahrelange Primärtherapie, bevor der Patient anfängt, diese Schock-Erfahrung wiederzuerleben.

sieht, verdrängt die Szene und ist sich ihrer nicht bewußt. Das heißt, wenn das Kind zum Zeitpunkt des Geschehens nicht schon »zu« gewesen ist.

Die Bedeutsamkeit der Primal-Zone liegt darin, daß keine Heilung eintritt, wenn jemand nicht in diesen Bereich kommt. Es ist der Bereich der Primal-Zone, in dem Feelings angenommen und *integriert* werden. Für den Neurotiker bedeutet sie die Schwelle von den verdrängten Bereichen zum realen Selbst. Wenn das reale Selbst erst einmal beginnt, Ansprüche auf die an die Neurose verlorengegangenen Bereiche zu erheben, verliert die Primal-Zone allmählich ihre Relevanz.

3. Primärtherapie

Es folgt Francines Geschichte, die einst im wahrsten Sinne des Wortes eine Gefangene ihres Urschmerzes war. Englisch ist nicht ihre Muttersprache, und ein Versuch, ihren Stil zu glätten, wurde nicht unternommen.*

Hallo, ich heiße Francine, bin 12 Jahre alt, saufe schon, zieh mir Stoff rein, die Bullen sind hinter mir her und ich zerstöre alles um mich herum.
Well, da bin ich wieder. Ich bin 17 – Oh! Ich habe mich nicht geändert, es ist schlimmer geworden. Ich verkaufe mich jetzt und treibe mich mit gewalttätigen »Clockwork Orange«-Typen herum. Ich werfe soviel Tabletten, daß man damit ein ganzes Krankenhaus schmerzfrei kriegen würde. Ich bin wirklich in schlechter Verfassung, ich bin schwanger, werde jeden Tag geprügelt und muß eine Abtreibung machen lassen – ich bin fast im siebten Monat, der Doktor will, daß ich das Baby behalte.
Jetzt bin ich 20, total fertig und fast ausgeflippt – fast bisexuell, zwei Jobs und das allerhöchste Glück auf Erden ist eine FIXE UND EIN LÖFFEL, und viele Kerle, die mich von den Schmerzen befreien. (Es funktioniert nicht!!)
Die folgenden Sprüche sind fast an der Tagesordnung: »Allo? Myron, ich bin's. Hast du was?«
»Scheiße, Mann, versuch's. Ich bin krank, hilf mir, ich zahl jeden Preis. Ich geb' dir . . .«
»Scheiß drauf, Mann, besorg' mir was. Methadon, Morphium, Valium, irgendwas. Die Scheiß-Hepatitis kommt wohl wieder. Ich fühl' mich schlechter als sonst . . .«
Junkies gibt's nicht nur bei »Kojak« oder in »French Connection«, Junkies sind draußen auf der Straße, überall und jeden Tag fixen sie sich tot.
Jeden Tag Schmerzen – wann, wie und wo kriege ich den Stoff her. Wenn du stirbst und der Typ am anderen Ende der Strippe

* Ich habe versucht, die charakteristisch emotionale Sprache, im Englischen oft holprig, ins Deutsche zu übertragen; d. Übers.

braucht eine Stunde, dir was zu erklären, weil er randvoll ist, daß er nichts machen kann, daß er nicht mal weiß, daß er deine *connection* ist, oder du bist krank und brauchst zu lange um hinzukommen . . .
Laß uns mal darüber sprechen, was es heißt, an der Fixe zu hängen! Ich habe nie was so gefühlt, daß ich's beschreiben könnte – der körperliche Schmerz ist auuuah! Wahnsinn. Meine Beine und Hände, meine Finger und oh! mein Bauch, ich habe zweimal eine schlimme Hepatitis gehabt und statt es zu heilen, habe ich gedrückt, daß ich es nicht gespürt habe. War so schmerzhaft, ich erinnere mich, wie ich im Bett lag und vor Schmerzen brüllte, mein Kopf und mein Körper waren ein Haufen von Schmerz. Ich bin nie vom Stoff runter, nur einmal haben sie mich drei Monate ins Gefängnis gesteckt.
Ich habe immer Geld, meine Jobs bringen mir viel ein, aber meine Sucht ist schlimmer geworden. Am Anfang habe ich 15 Dollar am Tag für guten Stoff gebraucht, am Ende war der Stoff nicht so gut, und es hat mich 100 Dollar am Tag gekostet, nicht krank zu werden. Meine letzte Nacht vor der Therapie hat mich 350 Dollar gekostet. In den letzten zwei Monaten habe ich mit 3000 versucht *stoned* zu sein.
Alain ist 20, seit er 15 ist hängt er voll am Stoff. Wir leben zusammen. Er hat mir schon oft ein Messer unter die Nase gehalten um Stoff zu kriegen, und ich habe ihn oft an die Wand geschmissen, habe ihm voll was mit der Faust gegeben, um mehr zu bekommen. Wir haben alles verkauft, was wir hatten, ich und er haben unsere Körper verkauft und für die Scheiße jeden Tag Gefängnis riskiert.
Ein- oder zweimal im Jahr verlier ich einen Freund, einen Pusher – Überdosis oder Mord, wer weiß es? Wen kümmert's? Wir kommen vom Friedhof zurück und drücken uns die Schmerzen weg . . .
Niemand hat mir gezeigt, wie ich sonst meine Schmerzen wegkriegen soll.
Viele Junkies sind stolz darauf, Junkies zu sein. Ich war's auch . . .
Aufmerksamkeit erregen. Wenn wir nachts oder am hellichten Tag rausgehen, fallen wir irgendwo auf die Straße. Wenn wir nicht zu oft einschlafen, reden wir . . . über Stoff! Alles in unserem Leben dreht sich um Stoff. Ist doch sehr »cool«, auf die Straße zu fallen oder im Restaurant mit dem Kopf ins Essen zu fallen. Manchmal ist es komisch, ich denk drüber nach und lächle. Ab und zu machen wir einen Wettbewerb, wer mehr drücken kann.

Seit ich zwölf bin, paß ich auf, kämpfe wie ein Tier ums Überleben, ich lindere meine Schmerzen und heile meine Verletzungen mit allem, was ich kriegen kann, ein Mann, Stoff, Geld, Alkohol, Treue.

Es hat Verletzungen in mir gegeben, die nie heilen werden.

Die Regel war: Kämpf oder stirb. Ich hab alles gesehen, was man sehen kann, gehört, was man hören kann, und kann's noch nicht ganz glauben. Ich erinner mich, unheimliche Angst gehabt zu haben, ich mußte mich übergeben, wenn jemand kam und mich erwürgen wollte oder mir eine Kanone an den Kopf hielt . . . Alain und sein Bruder schießen auf sich wegen Stoff . . . haben Angst rauszugehen . . . verstecken sich tagelang, daß die Bullen dich nicht finden . . . jede Nacht mit einer Kanone neben dir schlafen, und ich rede jetzt nich über Paranoia, die Gefahr war da und ganz real. Glaubt mir, wenn ich ein Geräusch gehört habe, war es nicht in meiner Einbildung.

Ich könnte stundenlang so weiterschreiben, und ihr würdet glauben, es ist ein Drehbuch für den nächsten »Kojak«. Aber das ist wahr das ist jeden Tag um mich herum passiert. Ich glaub nicht an eine Welt der Liebe. Es ist doch für keinen anders, wir lassen es nur mehr raus . . .

Ich habe Junkies in New York, Mexiko und überall in Montreal gesehen, das tut weh, wenn du's siehst, aber kann man nichts machen, wenn sie nicht den ersten Schritt machen.

Und es stimmt, niemand kümmert sich, wenn du nicht eines Tages aufstehst und überlegst.

Angeline hat mich gestoßen und angeschrien, als ich durch diese ganze Scheiße ging, der letzte Monat vor der Therapie war schlimmer als *alles* bisher Beschriebene, und ich hab mir das Herz rausgeschrien, ich würde jetzt was tun und aufhören – ich versprechs, ich schwörs, und geh die gleiche Nacht raus, und die finden mich fast mit einer Überdosis.

Ich weiß noch, als ich meine 25 000 Dollar gekriegt habe, fühlte ich mich nicht besser, mein erster Gedanke war, wer hat jetzt Stoff (guten Stoff)?

So ging es einen Monat weiter. Ich war Angeline am Verlieren, sie muß sich die Scheiße sechs Jahre anhören und mitmachen. Meine *Fights* mit meinem Onkel, jeden Tag vor ihm auf den Knien und um Geld weinen, MUTTER bittet mich aufzuhören. Also eines Nachts ist Schluß, und ich werde die Therapie versuchen, die mein Bruder mir seit zwei Jahren vorbetet. Die Hälfte von mir sagt, ich

werds beweisen, daß mir nichts hilft, und laßt mich in Ruhe sterben! Die andere Hälfte sagt, hilf mir doch jemand, ich komme nicht mehr klar, Hilfe, ich sterbe.
Februar 75 bin ich hierher gekommen. Ich gab meinen Brief der Sekretärin und sagte: »Kann das mal jemand lesen, weil ich wieder nach Hause gehe.« Zwei Tage später war die Antwort Ja! Ich habe Todesangst gehabt, als ich nach Hause fuhr, um das Geld zu holen, 24 Stunden am Tag wurde ich bewacht, Angeline hat dafür gesorgt, daß ich betrunken blieb, um nicht rauszugehen und zu fixen. Mein Onkel hat mich im Arm gehalten . . . Ich habe am 24. März 75 angefangen.
ES WAR DAS ENDE VON ZEHN JAHREN SCHMERZEN UND KAMPF, UM AM LEBEN ZU BLEIBEN.
Bevor ich weitermache, muß ich euch erzählen, daß meine Adoptiveltern sehr bourgeois sind, sehr ordentliche Mittelklasse-Menschen, die Anstandsregeln können sie auswendig, sie haben nie was von Trinken, Stoff, Strich oder was auch immer gehört!
Jetzt bin ich 23 und habe ganz schön was durchgemacht und rauche nicht mehr! Manchmal kann ich es gar nicht glauben, daß ich dies hier sage. Heute bin ich glücklich und traurig, wütend und ruhig, offen und schüchtern und habe keine Angst vorm Sterben. Ich bin alles, was ich sein sollte, ich bin ICH SELBST mit allem, was dazugehört.
Meine Eltern haben mich mal ausgelacht, und dann hab ich Angst gehabt, daß Leute mich auslachen. Als ich klein war, habe ich alles verloren, Sachen, die man nicht verlieren sollte, sowas wie Schuhe, Mütze, Rosenkranz! Und meine Mutter hat mich dumm genannt, »kopflos«, und nichts kann man dir anvertrauen. Als ein Therapeut mich gefragt hat, warum, habe ich angefangen zu weinen und gesagt: Mein Kopf war woanders.
Seit ich von zu Hause weg bin, verliere ich nichts mehr.
Das Gefühl »Nie ist's genug« ist oft da, wenn ich verletzt bin. Zu Hause habe ich nie was getan, um ihnen eine Freude zu machen. Ich wußte, daß es keinen Zweck hat. Wenn dein Vater auf dem Sofa sitzt und den Hund auf dem Arm hat und du siehst vom Fußboden aus zu und stellst dir vor, wie schön es wäre, wenn . . .
Ich bin von der Schule geflogen . . . sie haben nichts gesagt. Ich habe ihr oft gesagt, wie ich sie hasse. Mit 12 bin ich kaputtgegangen, sie haben sich etwas beklagt . . . Mit 16 bin ich an meinem

Geburtstag abgehauen und habe ihnen damit ein Geschenk gemacht ... Ich habe ihr gesagt, daß sie nicht sehen sollte, wie ich jede Nacht betrunken oder *stoned* bin und ihr immer sagen zu müssen warum! Ich gehe jetzt, hier gibt's nichts für mich. Ich weinte, sie lag vor mir auf den Knien ... Es hat so weh getan ...

Seit ich die Therapie angefangen habe, war ich einmal zu Hause, sie hat die Arme geöffnet, mich am Arm genommen wie nie vorher, und als ich mich umgedreht habe, wußten wir, »es ist zu spät«, ich hatte vor sieben Jahren recht gehabt. Ich beneide Leute, die nicht so früh von zu Hause wegmüssen.

Liebe zu Hause ist Geld, Geld, Geld, alle Zuneigung wurde mit Geld gegeben – Geschenke – materiell gesehen war alles bestens ... Mein Bauch war immer gefüllt ...

Mein Herz war immer kalt ...

So war es immer bei mir, ich habe mit Menschen gehandelt, sie gekauft und sie verkauft. Sobald jemand länger als einen Tag mit mir bleiben wollte, sagte ich: »O.K., wieviel.« Alles, was du kaufst, kannst du ersetzen. Nie hat mich jemand verletzt, den ich gekauft habe. Wenn es kaputtging, bin ich raus und habe mir einen neuen gekauft. Ich habe nie eine Frau gekauft. Mit mir konnte man immer gut handeln, der Preis war nie zu hoch ... und das alles um zu kriegen, was ich vermißt habe und ausfüllen wollte.

Eines Tages treffe ich jemanden, der den Preis für mich festgelegt hatte. Er hat kein Geld benutzt, er gebrauchte Liebe. Ich war nicht auf der Hut. Als er herausgefunden hat, wie ich zu zähmen bin, war ich entwaffnet, ohne Abwehr ... Noch wenn ich heute daran denke, tut's weh ...

Mein Leben war so ... Alles, was ich gemacht habe, sollte die Schmerzen lindern.

Als ich keine Abwehr mehr hatte, nachdem ich den Typ verlassen habe, habe ich sofort mit *Junk* angefangen.

Es ist heute immer noch so, wenn ich wirklich verletzt bin, will ich nicht offen sein, weil es weh tut. Manchmal bin ich mit Leuten zusammen und fühle mich allein und kämpfe mit Leuten, die sich einen Scheißdreck drum kümmern. Ich versuche ihnen zu helfen, und sie ziehen mich mit runter. Wenn ich mich aufrege, drehen sie sich um und sagen, daß ich ausagiere. Deshalb habe ich Angst, dafür verletzt zu werden, wenn ich ihnen helfe. Und wenn ich Angst bekomme, werde ich wütend, aggressiv.

Ich kämpfe darum, daß sie Verständnis aufbringen sollen. Sie

werden es nie verstehen ... Seit 22 Jahren versuche ich es, das reicht.
Es gibt eine Menge von Sachen, die ich mir nie eingestanden habe, viele Gefühle habe ich nie zugelassen, aber du selbst zu sein heißt, Sachen zu erkennen, die man vor sich versteckt hat, weil sie wehtun können. Eine der größten Sachen war zuzugeben, »Ich habe unrecht«, und es auch zu meinen, weil ich nie unrecht hatte. Wenn ich mich mit jemand gestritten habe und es auch nur eine kleine Chance gab, recht zu behalten, habe ich mein Leben darauf verwettet. Meine Eltern haben *nie* nein zu mir gesagt, vielleicht ein- oder zweimal, und glaub mir, ich erinner mich an die Wutanfälle. Zu Hause habe ich immer gewonnen, ihnen war es egal, auf der Straße war ich clever und habe da auch gewonnen, ICH HABE IMMER GEKRIEGT, WAS ICH WOLLTE, ABER NICHT, WAS ICH BRAUCHTE.
Ich erinnere mich, daß mein Vater froh war, als ich wegging, und er ist immer noch froh, seine Meinung war: Bring dich auf der Straße um, aber blute nicht auf meinem Teppich. Ich erinnere mich, daß er zu mir sagte, als ich ungefähr neun war: »Sei froh, daß du Mutter hast, ich würde dich dahin befördern, wo du hergekommen bist.«
Ich habe vergessen zu sagen, daß mein Vater 14 Jahre in seinen Hund verliebt war und sich nach seinem Tod wie ein Witwer benahm.
Werfen wir einen Blick auf mich, als ich sagte, ich wäre bisexuell. Als ich ungefähr acht war, fing ich an, mit einer kleinen Freundin zu schlafen, sie war so hübsch und nett, sie lebte bei uns, meine Mutter war ihr Babysitter. Ich habe sie so geliebt und als sie sie mir weggenommen haben, sagten sie (ich erinnere mich verdammt gut): »Sie muß jetzt gehen, du bist ein schlechtes Vorbild ...« Davon habe ich sehr viel Wut in mir behalten, soviel Schmerzen ... Mit zwölf habe ich mit Männern angefangen – einer war nie genug. Ich habe in meinem Leben so viel gefickt, ich habe Wochen, Monate im Bett verbracht!
Claudine ist hübsch, sie liebt mich innig, sie hat mich gefragt, ob ich sie begehre, ich habe ja gesagt, aber hat sich keine Gelegenheit ergeben (zu schade). Als ich nach vier Monaten Therapie nach Hause gefahren bin, hat sie mich wieder gefragt. Es tat weh, und ich sagte: »Ja, aber weißt du, ich werd's nie tun, und je mehr ich drüber nachdenke und weißt du, wenn ich ein starkes Bedürfnis nach meiner Mutter habe, denke ich an dich, mit dir zu schlafen, dich anzufassen, und es tut weh, aber es ist

meine Mutter, die ich brauche und jetzt will.« Sie guckte mich an, küßte mich, lächelte und sagte: »Bis morgen, ich liebe dich . . .«
Angeline ist die Frau, die mir zugehört hat, die mit meiner Verrücktheit fertiggeworden ist, seit sechs Jahren ist sie meine beste Freundin, auf die ich mich verlassen kann. Sie ist nicht schwul und kein Drogen-Freak. Ich habe ihr nicht mein Vertrauen geschenkt, sie hat's genommen, sie kannte mich, bevor ich mich selbst kannte. Sie hat es nie gegen mich verwendet, sie ist die einzige auf der Welt, die mich um meiner selbst willen geliebt hat. Mit mir die ganzen Jahre fertigzuwerden, sie ist die einzige, der ich wehgetan habe, und sie hat versucht zu helfen. Sie war 24 Stunden am Tag für mich da und wußte nie, was als nächstes passieren würde . . .
Männer, naja! Wie jemand gesagt hat: »Ich hänge an den Tieren, sie bringen mich um, ich werde nicht schlau aus ihnen, aber verdammt nochmal, ich brauche sie . . . Ich weiß nicht warum, aber immer halt ich Ausschau nach einem . . .«
Besser hätte ich's auch nicht sagen können, allen habe ich meine Seele gegeben. Das Geld, das ich ihnen gegeben habe, das Gold, Autos, Motorräder, Jahre meines Lebens habe ich für diese Männer weggeschmissen. Nur einer war gut zu mir. Ich war 15. Als ich abhaute, war er immer noch gut zu mir . . . er hat sich an das kleine Mädchen erinnert, das er mal kannte. Aber ich habe mein Herz und meinen Kopf nur einmal weggegeben, man hat mir so weh getan, ich bin der schlimmste Junkie in der Stadt geworden . . . Ich bin es, die zuerst fragt und zuerst abhaut . . . Ich habe es *nie wieder* darauf ankommen lassen, daß man mich abschiebt . . .
Schluß damit, ich weiß was ich brauche, ich habe das Bedürfnis nach einem Vater gefühlt, keine verrückten Kerle mehr, ich sage ja nicht, daß ich nicht manchmal daran denke, irgendeinen Widerling zu vögeln, aber jetzt schrei ich es raus und fühle es, statt mir wieder weh zu tun, und das ist eins der Löcher, die mir mein ganzes Leben lang weh tun werden . . .
Meine Freundin Angeline hat mir geschrieben: »DIE KRAFT, DIE DU BENUTZT HAST, DICH ZU ZERSTÖREN, SIE BENUTZT DU JETZT, DICH WIEDER AUFZUBAUEN. ICH BIN STOLZ AUF DICH, STOLZ DARAUF, DEINE FREUNDIN ZU SEIN.« Glaub mir, nach all den Jahren wartet sie auf diesen Tag, an dem ich wieder zu ihr zurückkomme. Sie wußte,

daß sie auf etwas gewartet hat, sie ist die einzige, die an mich geglaubt hat.
Heute bin ich Sieger, ich geh gerade drauf los. Ich erinnere mich, daß ich manchmal so *down* war, habe mich Stunden eingeschlossen, bin total ausgeflippt, habe geschrien. Ich werde nie gesund, aus-vorbei, gebt mir meinen Stoff wieder, ja und da bin ich wieder rausgekommen, habe mich besser gefühlt, aber seit zwei Monaten ist das Schlimmste, an das ich denke, Essen und Zigaretten, und das passiert nur, wenn ich fühle, daß was hochkommt. Als (meine Therapeutin) sagte, ihr sei's auch manchmal so gegangen, sagte ich zu mir Hey! Baby, du bist nicht verrückt, das ist ein Teil davon, real zu sein. Manchmal ist die Realität so schlimm, daß wir glauben, da kommen wir nie raus.
Manchmal war ich eine Zeitlang traurig, mein Körper hat sich nicht wohl gefühlt, aber mein Kopf wußte nicht warum, Ich habe nicht verstanden, warum das so ist, jetzt weiß ich es, ich bin nicht an Denken gewöhnt, habe nicht gefragt warum? Wenn ich mich schlecht gefühlt habe, habe ich gefixt, mir einen Mann besorgt oder sowas, und das hat mich (für einige Zeit) erleichtert, wenn es ans Denken ging, hat es mich verrückt gemacht, wenn jemand warum? gefragt hat und ich weiß keine Antwort! Ich weiß nicht warum, es ist so frustrierend. Ich weiß nur, daß mein Körper mir sagt, ich müsse vor Wut rumspringen, aber ich weiß nicht warum? Und nach einiger Zeit pop! Da ist es, da ist die Verbindung! Einige Leute können das so schnell, aber was soll ich machen Grrr! Gespräche mit (meiner Therapeutin) haben mir geholfen, es zu verstehen.
Die Therapie, tja, eines Tages habe ich zu mir gesagt:
Ich schaffe es.
Ich bin ich, niemand sonst.
Ich bin's, die mich gesund macht

> »You can't always get what you want, but if
> you try, sometime you get what you need.«
>
> M. Jagger

Ich habe das alles erwähnt, weil ich Leute gesehen habe, die sich damit beschäftigt haben, zu sterben, es ist kein Märchen, keiner hat da drin* einen Zauberstab, das sind alles Menschen, und sie wissen alle, wie es auf dem Fußboden aussieht**, und wie sie's wissen! Ich glaube, Leute vergessen das!

* *The Primal Institute*
** Das heißt, haben selbst eine Therapie hinter sich; d. Übers.

Die Therapeuten da geben dir, was sonst NIEMAND weggibt, Aufmerksamkeit, ein Lächeln, Wärme, Zeit zum Zuhören und offene Arme wie nie jemand vorher ...
Mit Geld kann man das nicht bezahlen ...
In ein paar Tagen fahre ich nach Hause, mein ganzes Leben wartet auf mich, und glaub mir, ich bin bereit dafür, es hat so lange gedauert – zehn Jahre, was für eine Erleichterung zu wissen, daß der Druck der alten Schmerzen mich nicht wieder umbringen kann. Meine Schmerzen haben mich ein Vermögen gekostet, jetzt nur ein bißchen mehr Zeit ... Ich war nie zu stolz, um Liebe zu erbetteln, ich habe oft auf den Knien gelegen, aber nie wieder, man hat mir so weh getan, und die Art Liebe gibt es nicht. NIEMAND kann das Loch vollfüllen ...
Ich werde mich dem Leben stellen, wie es ist. Manchmal macht es Angst, aber ich fühle mich wohl, stark und bin glücklich, daß ich AM LEBEN BIN. Ich gehe wieder auf die Schule, vielleicht bewerbe ich mich eines Tages um eine Ausbildung als Therapeut. Dieses Wieder-zur-Schule-Gehen wird einen Haufen Feelings auslösen. Ich habe die Schule in der 8. Klasse abgeschlossen. Ich war zu verrückt, konnte in der Klasse nichts machen, Reform-Schule, pah! Letztes Jahr habe ich es versucht und war so *stoned* und krank, und als ich mich dieses Jahr beworben habe, bin ich sofort genommen worden!
Ich gehe frei, keine Wut mehr im Bauch, ich bereue nichts, weil mich all das hierhergebracht hat, wo ich heute bin, und glaub mir, man kann es gar nicht beschreiben. Ich fühle es in meiner Haut, meinem Bauch, meinem Kopf, fragt mich, und das einzige was ich nach dieser Schreiberei noch sagen kann ist WOW! Bin ich es, die das alles geschrieben hat?!! Wenn du's wissen willst, antworte ich mit einem Freudenschrei.

Psychotherapie beginnt normalerweise mit einer Diagnose des Patienten. In meiner Zeit als konventioneller Therapeut interviewte ich einen Patienten ein bis zwei Stunden, führte eine Reihe psychologischer Tests durch und stellte dann die Diagnose ... Zwangsvorstellungen/Zwangshandlungen, hysterisch, Charakterstörungen mit mangelnder Triebkontrolle, passiv-aggressive Persönlichkeitsstruktur und so weiter und so fort. Es gab kaum eine Beziehung zwischen der Diagnose und der darauf folgenden Art der Therapie. Für jeden gab es so ziemlich das gleiche: eine Anzahl von Einsichten, mit Ermahnungen verziert, Ratschläge und eine

Analyse des Verhaltens. Obwohl die Diagnose oft präzise war, wurde niemand geheilt.
Der konventionelle Ansatz zur Erstellung einer Diagnose ist nicht sehr brauchbar, einerseits, weil alle die gleiche Krankheit haben, und andererseits, weil sich das Leiden bei jedem anders ausdrückt. In der Medizin besteht eine objektive Notwendigkeit zur Erstellung von Diagnosen. Es existieren unterschiedliche Krankheitssyndrome; eine bakterielle Infektion ist nicht dasselbe wie eine Virusinfektion. In der Primärtherapie gibt es keine psychologische Diagnose als solche. Wir sind mit *nur einer* Krankheit, der Neurose, konfrontiert, die sich auf unterschiedliche Art und Weise manifestiert. Obwohl jeder von uns mit seiner besonderen Neurose einzigartig ist, wissen wir, daß Bedürfnis und Urschmerz einen ziemlich universellen Charakter haben. Neue Patienten aus fast allen Ländern der Erde sind zu Beginn der Gruppensitzungen davon oft beeindruckt.
Die gewöhnlichen diagnostischen Kategorien sind von geringem Nutzen, da sie einfach Beschreibungen der unterschiedlichen Handlungsweisen sind, die Individuen entwickelt haben, um mit ihrem Urschmerz fertigzuwerden. Zum Beispiel könnte man einen Vergewaltiger als jemanden mit »mangelhafter Triebkontrolle« bezeichnen, was ja offensichtlich ist, doch sagt das nichts darüber aus, welcher Art die Triebe tatsächlich sind. Wir haben herausgefunden, daß Vergewaltiger nicht unter unzureichender Kontrolle des *Sexual*triebes leiden, sondern unter unglaublichen frühen Traumata, die häufig nichts mit Sexualität zu tun haben.

Drei Ebenen des Bewußtseins: Zugang zu Urschmerz

Da es das Ziel der Primärtherapie ist, unter den Deckel der Verdrängung zu kommen und Zugang zu eingeprägten Traumata auf tieferen Ebenen zu erlangen, wird weniger eine Diagnose des Verhaltens erstellt als vielmehr eine Diagnose des Ausmaßes an Zugang, den ein Mensch zu seinem Innenleben oder seinem Unterbewußten hat. Dies bietet uns einen Maßstab für das Stadium der Verdrängung, den Grad seiner Neurose, der Qualität seiner Abwehr und der Prognose seiner Therapie. Diagnose in diesem Sinne hat sowohl eine psychologische als auch eine neurobiologische Bedeutung, da Zugang zu den Feelings ein

biologischer und, wie wir sehen werden, auch ein meßbarer Zustand ist.
Unsere jahrelangen Beobachtungen von Patienten, die verschiedene Aspekte ihrer Säuglingszeit und ihrer Kindheit wiedererlebten, haben es uns ermöglicht, ein Konzept der Natur des Bewußtseins zu entwickeln. Wir haben herausgefunden, daß es drei zentrale Ebenen des Bewußtseins gibt, die jederzeit aktiv sind. Zum Verständnis eines Patienten ist es sehr hilfreich, wenn man herausfinden kann, in welchem Maße ihm jede dieser Ebenen zugänglich ist. Dieser Ansatz erlaubt uns zu verstehen, wie Urschmerz und seine Abwehr aufgebaut sind und wie tiefgehend der Zugang des Patienten zu sich selbst ist. Davon ausgehend können wir dann entscheiden, mit welchem Ansatz wir an den jeweiligen Menschen herantreten.[1]
Diese Ebenen sind die intellektuelle, die emotionale und die viszerale Ebene. Der tiefliegendste und früheste Urschmerz wird auf der viszeralen Ebene aufgebaut. Ereignisse der frühen Kindheit werden auf der emotionalen Ebene verzeichnet; Jahre später kommt die intellektuelle Ebene ins Spiel. Abwehrformen auf der intellektuellen Ebene beinhalten den Gebrauch von Gedanken, Worten, Vorstellungen, Symbolen, Statistiken und Begriffen. Der Intellektuelle lebt in dieser symbolischen, abstrakten Welt und handelt Urschmerz intellektuell ab.
Ein Mensch, der gefühlsmäßig zugänglich ist, neigt dazu, lebhaft und affektiv zu sein, verschließt sich nicht seinen Träumen und Alpträumen und kann weinen.
Der Mensch, der Zugang zu den tiefliegendsten Bewußtseinsebenen hat, ist häufig sehr gestört und prä-psychotisch. Sein früher Schmerz kann wiederholt ins Bewußtsein dringen. Dieses Eindringen verhindert jede Form eines intellektuellen Zusammenhalts. Jemand mit zu frühem Zugang zu sehr tiefliegendem Urschmerz ertrinkt oft im Leiden, da sein Zugang viel größer ist, als es gut für ihn ist.

1 Siehe dazu Kapitel 3, »Die Windungen des Bewußtseins«, in Teil III. Dort befindet sich eine detaillierte Erörterung der unterschiedlichen Ebenen des Bewußtseins.

Der primärtherapeutische Prozeß besteht im Auslösen von Feelings und gleichzeitigem Zurückhalten der Abwehr, weshalb sich die anfängliche Reaktion auch in Leiden ausdrückt. Wir nehmen die Abwehr nicht weg – wir setzen sie einfach nur außer Betrieb, so daß der Mensch Zugang zu sich selbst findet.
Die Abwehr freizulegen bedeutet nicht, jemandes Lebens- und Verhaltensweisen freizulegen. Eher, so könnte man sagen, heißt es, einen Weg durch seine Kämpfe zu seinen Feelings zu bahnen. Sowie das eingeleitet worden ist, bricht die Abwehr automatisch zusammen. Das Herausfinden und Entschärfen sekundärer Abwehrformen ist der heikelste und schwierigste Aspekt der Primärtherapie. Einige Abwehrformen »sehen aus« wie Feelings, und es mag sein, daß eine Person dermaßen rational handelt, daß es den Anschein erweckt, sie sei überhaupt nicht abgewehrt.
Je mehr ein Mensch fühlt, desto mehr verläuft die Beziehung zwischen Feeling und Verdrängung in eine gesunde Richtung. Beim Neurotiker ist die Tendenz zum Verdrängen stärker als die Neigung zum Fühlen. Der Mensch, der sich selbst gegenüber offener wird, erlebt das Gegenteil. Gefühle in einen Kontext zu stellen, gestattet es einem Menschen, das Ausagieren zu beenden. Viele Patienten haben vor ihrer Ankunft und dem Beginn der Therapie lange Zeit geweint. Sie sind von den Schmerzen der Vergangenheit so überwältigt, daß sie sich nicht auf eine Sache konzentrieren können. Das aber heißt nicht unbedingt, daß sie fühlen. Häufig ist ihr Weinen eine Form der Abwehr oder eine Entladung von Spannung. Es ist unsere Aufgabe, den Patienten dabei zu helfen, ihr Weinen in den Mittelpunkt ihrer Aufmerksamkeit zu rücken und es in den primären Kontext zu stellen. Wir sind nicht hinter dem Gefühl her, weil das bereits da ist; wir versuchen indessen, dieses Gefühl in vergangene Ereignisse zu verlegen, die es verursacht haben können.[2]
Der primärtherapeutische Prozeß besteht im Aufgreifen gegenwärtiger symbolischer Verhaltens- und Ansichtsweisen (»Ich muß doch niemandem sagen, wo ich hingehe«) und dem Einordnen in

2 Es ist nicht immer notwendig, Handlungen oder spezielle Ereignisse wiederzuerleben. Manchmal ist das Primal-Feeling für sich ausreichend – auch dies ist eine historische Erinnerung, ein Resultat lebenslanger Erfahrung. Die Szene ist ein Mittel zur Öffnung eines blockierten Feelings.

einen Kontext (»Mama, ich werde dir nicht sagen, wo ich jede Minute meines Lebens verbringe«). Das Verhalten ist nicht immer so unkompliziert und direkt, Gefühle jedoch sind es. Wir verfahren uns nicht in Symbolen. Wir konzentrieren uns auf ihren Ursprung.

Feelings müssen präzise sein, nicht einfach nur eine Auslösung kathartischer Energie. Man kann leicht ins Abreagieren kommen. Ein Patient kann lernen, beim ersten Anzeichen eines Urschmerzes in seinen Körper zu fliehen. Es kann vorkommen, daß er sich in scheinbar frühkindlichem Schmerz windet und um sich schlägt, weil das leichter zu ertragen ist, als zu fühlen, was der Urschmerz aus der späteren Kindheit wirklich bedeutet.

Abwehrformen können aber auch in die andere Richtung wirken. Möglicherweise verbalisiert ein Patient Traumata, die aus einer vorsprachlichen Entwicklungsphase stammen.

All unsere therapeutischen Interventionen werden im Dienste des Feelings, nicht der Verdrängung angewandt. Falls ein Therapeut ein Bedürfnis hat, seinen Patienten ein freundlicher, warmherziger Papa zu sein, um ihre Liebe zu gewinnen, wird er auf unangebrachte Art und Weise freundlich und warm sein und die Patienten in einem Zustand des Verdrängens – und somit neurotisch – halten.

Ein Mensch, der gewöhnt ist, auf Anweisung zu handeln und nicht nach Gefühl, ein Mensch, dessen Bezugspunkte eher extern als intern sind, muß dahingehend re-orientiert werden, daß er mehr auf sein *Selbst* hört als auf andere. Seine Abwehr besteht in der Entgegennahme von Anweisungen und allzu nachgiebigem Erledigen dessen, was ihm aufgetragen wurde. Diese Art von Patient kann zu einem »Quälgeist« werden, das heißt Gefühle, Verärgerung, Unglücklichsein und Verletzungen zeigen. Ihm Einsichten anzubieten, könnte ihn neurotischer machen, weil es sein passives Akzeptieren von Dingen verstärkt.

Ein Patient hörte von dem Tag, an dem er zum erstenmal das Institut betrat, nicht mehr auf, sich zu beklagen; seine Abwehr war blockiert, und dann hatte er das Feeling – sein ganzes Leben lang war er von Urschmerz gequält worden, der aus seiner vorsprachlichen Zeit stammte. Er beklagte sich über dies und jenes, weil er einen bohrenden Urschmerz hatte, der einen Fokus brauchte. Als er eine Verbindung zur realen Ursache seines Problems hergestellt hatte (er ist in seinem Laufställchen dauernd von seinem älteren Bruder gequält worden), hörte er auf zu jammern. Wir beschäftigten uns nicht mit den Inhalten seiner Klagen, obwohl er mit einigen wahrscheinlich recht hatte. Auf jede Klage, die wir für ihn erledigt hätten, hätte er mit einer neuen geantwortet. Der frühe bohrende Schmerz hielt die Klagen am Leben. Das Klage-Syndrom war eine konstante symbolische Erinnerung an etwas Unerledigtes.

Wenn das irreale symbolische Selbst seine Aufgabe nicht erfüllen kann, ist Urschmerz die Folge – häufig zum Vorteil des Feelings. Ich erinnere mich, daß ich einmal in einer Gruppentherapie gleichzeitig alle Leute, die laut sprachen, leise sprechen und all jene, die leise sprachen, laut sprechen ließ. Es war erstaunlich, wie viele sofort mit Urschmerz reagierten, weil die Art zu reden, sei sie aggressiv und laut oder leise und schüchtern, Teil des Abwehrsystems ist.

Nach zwei bis drei Wochen individueller Therapie fängt der Patient in der Primal-Gruppe an. Eine Primal-Gruppe ist mit keiner anderen Gruppe zu vergleichen. In ihrer Intensität ist sie fast unbeschreiblich. Vor allen Dingen handelt es sich nicht um eine Encounter-Sitzung. Die Patienten kommen und beziehen sich auf sich selbst – auf ihre Vergangenheit und ihren Urschmerz. Die Therapeuten arbeiten mit einigen Patienten individuell; die Patienten sind nicht da, um etwas von anderen zu bekommen, sondern um sich selbst zu finden. Das ist eine sehr persönliche Erfahrung, auch wenn man sich ihr mit sechzig anderen Patienten zusammen unterzieht.

Wie lange dauert diese Therapie? Sie ist immer noch relativ kurz, wenn auch nicht so kurz, wie wir ursprünglich angenommen hatten. Die Patienten bleiben zwischen ein und zwei Jahren, im Durchschnitt zwischen dreizehn und sechzehn Monaten. Danach machen sie mit ihren Primals allein weiter. Die Primals beginnen von einem gewissen Punkt an abzunehmen, und die Häufigkeit verringert sich, obwohl sie immer noch sehr intensiv sein können. Wichtige Fortschritte werden sogar noch zwei bis drei Jahre nach Beendigung der Therapie gemacht.

Die Geschwindigkeit, mit der ein Mensch in seine Feelings vordringt, ist individuell verschieden, es existiert kein genauer Zeitplan. Die Patienten begreifen, daß je mehr sie jetzt fühlen, desto weniger werden sie später fühlen müssen.

Obwohl der Patient ununterbrochen Urschmerz fühlt, ist er darüber auch erleichtert, weil er weiß, daß es höllisch ist, sein Leben mit wiederholter Migräne, Asthmaanfällen oder Phobien führen zu müssen. Es ist die Hölle, die meiste Zeit des Lebens an Schlaflosigkeit zu leiden, während der Arbeit immer müde zu sein und nie gut schlafen zu können. Es ist eine Tortur, jeden Tag mit Depressionen aufzuwachen, Angst zu haben und nicht zu wissen warum.

Nach zwölf Jahren der Beobachtung und Verbindung zu den ersten Primär-Patienten scheint es mir, als setzten sich Veränderungen weiter fort und hörten nie auf. *Feeling wird zu einer Lebensweise*, obwohl das nicht bedeutet, daß man lebt, um Urschmerz zu fühlen.

Der Prozeß, sich dem Urschmerz zu öffnen, ist keine »glatte Sache«. Es gibt Höhen und Tiefen, Plateaus, Zeiten, in denen keine Feelings kommen, und Zeiten, in denen sie quälend und schmerzhaft sind. Es ist kein angenehmer Prozeß.

Sich dem Urschmerz zu öffnen ist ein Prozeß des Alles-oder-Nichts. Wenn man sich frühen Traumata der Kindheit öffnet und dann abrupt versucht, sich zu verschließen, geschieht das um den Preis fortgesetzter Neurose. Manchmal ist es schlimmer, sich zu öffnen, denn damit aufzuhören und überhaupt nicht zu fühlen, weil der erst einmal erlangte Zugang ein konstantes Durchsickern von Urschmerz zur Folge hat. Dieses veranlaßt den Menschen, nach verzweifelteren Maßnahmen zu suchen, um seinen Schmerz unten zu halten. In diesem Sinne ist Feeling nicht einfach nur eine Frage der Therapie, sondern eine Lebensweise.

Abwehrformen beginnen sich in der Primärtherapie aufzulösen, doch bleiben einige weiterhin bis zu dem Punkt bestehen, in dem noch unerledigter Schmerz vorhanden ist. Es bleiben noch jene normalen Mechanismen, mit denen man dem täglichen Streß begegnet und mit denen man noch eventuelle niederschmetternde Ereignisse in der Gegenwart verdrängen kann. Doch gibt es kein Bedürfnis nach neurotischen Abwehrformen mehr, da sie ja im Ansturm der Urschmerzen sichtbar wurden und nur dazu dienten, ihn zurückzuhalten.

Die Therapie lehrt die Patienten nicht, sich in Schmerz zu suhlen. Sie ist keine masochistische Methode. Vielmehr zeigt der Schmerz einen Weg aus dem Elend.

4. Rückkehr an den Ort der Handlung

Traumata in den ersten Lebensmonaten, wenn der Organismus am zerbrechlichsten ist, sind Sprungbretter zur späteren Neurose. Eine Spaltung kann schon im ersten Fall einer Überlastung auftreten, nicht erst nachdem sich schmerzhafte Begebenheiten bis zu einer Belastungsgrenze in der Mitte der Kindheit aufgebaut haben. Darauf folgende Primärtraumata erweitern die Spaltung.

Erinnerte Geschehnisse sind für sich genommen nicht so wichtig wie die Feelings, die sie zusammenhalten. Im Alter von drei Jahren allein in den Kindergarten geschickt zu werden und dort mutterlos acht Stunden zu sitzen, ist nicht nur eine Schlüsselszene, es drückt auch eine Beziehung zwischen Mutter und Kind aus, die bereits eine Geschichte hat. Das Gefühl der Ablehnung mag schon vorhanden sein, es hat sich aber noch nicht herauskristallisiert.

Wenn Gefühle der Ablehnung sich herauskristallisieren, schließt sich das Kind noch mehr ab. Es begreift nicht mehr, denn Verstehen hat qualvolles Leiden zur Folge. Von diesem Zeitpunkt an wird es einen großen Teil seines Lebens nicht mehr verstehen können, da alles, was ihm seine Umgebung bewußter macht, im Elend enden wird.

Feeling bindet alle Primal-Szenen zusammen. Aus diesem Grund ruft das Wiedererleben einer Schlüsselszene viele assoziierte Szenen hervor.

JACK:
Schon kleine Sachen konnten mich zum Weinen bringen. Ein Wort oder eine Redewendung, Musik, ein Bild, Gedanken, alles verursachte Feelings. Häufig führte eine Erinnerung zur nächsten, durch das gleiche Feeling verbunden, und ich konnte mehrere Ereignisse aufeinanderfolgend erleben, denen allen ein gemeinsames Feeling zugrunde lag.

Die Konsistenz elterlicher Einstellungen und ihres Verhaltens den Kindern gegenüber führt dazu, daß sich im Laufe der Jahre ähnliche Szenen abspielen werden. Der Ort der Handlung mag sich geändert haben, aber die Szenen bleiben die gleichen. Ungeduldige oder anspruchsvolle Eltern werden nicht plötzlich geduldig oder nachgiebig.

In einer Sitzung fing eine Patientin wegen ihres Freundes zu weinen an, der in letzter Zeit kühl geworden sei und von einer möglichen Trennung geredet habe. Sie hatte das Feeling, er könnte sie verlassen, und verspürte erhebliche Schmerzen. Ihre Reaktion könnte durchaus angemessen sein und nicht notwendigerweise neurotisch. Die Patientin begann hin- und herzuschaukeln und rief weinend, ihr Freund solle sie nicht verlassen. Die Zeit verging, das Schaukeln setzte sich fort, und sie fing unter großen Schmerzen zu weinen an: »Ich will nicht sterben. Laß mich nicht sterben!« Sie begann wiederzuerleben, wie sie nach der Wiederheirat ihrer Mutter, die sich nicht mehr um sie kümmern konnte, zu ihrem Stiefvater abgeschoben worden war. Jahrelang mußte sie sich jede Nacht in den Schlaf wiegen. Damals war sie sich nicht der schrecklichen Angst vor dem Sterben bewußt. Sie fühlte sich einfach nur völlig verängstigt, und das Schaukeln milderte ihre Spannung.

Dieses Wiedererleben eines frühen Ereignisses half ihr, die zwanghafte Vorstellung zu begreifen und sie auch von dem Gedanken zu befreien, daß ihr der Freund genommen werden könnte. Sie hatte die Erkenntnis, daß ihr Freund, also jemand, der sie liebte, in ihrer Vorstellung ein Äquivalent ihrer Mutter war, deren Verlust in ihr das Gefühl hervorgerufen hatte, sterben zu müssen. Ihre Zwangsvorstellung und ihr Besitzanspruch gegenüber ihrem Freund waren tatsächlich genau der Grund, warum er das Gefühl hatte, von ihr benutzt zu werden. Er begann, ihrer Abhängigkeit müde zu werden. Sie mußte immer wissen, wo er sich gerade befand. Über alles, was er tat, wenn er nicht bei ihr war, mußte er Rechenschaft ablegen.

Sie agierte einen alten Urschmerz symbolisch aus. Der mögliche Verlust eines geliebten Menschen in der Gegenwart wurde in ihrer Vorstellung unbewußt mit dem katastrophalen Verlust ihrer Mutter im frühen Lebensalter gleichgesetzt. Sobald sie den Urschmerz erlebt hatte, war sie in der Lage zu erkennen, wie diese frühe, erschütternde Erfahrung sie dazu gebracht hatte, ihr ganzes Leben lang überbedürftig und anhänglich zu sein.

Die Patientin reiste aus der Gegenwart mittels Feeling an die frühe Quelle ihrer Neurose und stellte eine Verbindung zwischen

Gegenwart und Vergangenheit her. Das Wiedererleben half ihr, zwischen den beiden zu unterscheiden und sie zu klären. Sie entdeckte die Logik der Feelings und erlebte, wie diese früheren Wahrnehmungen alles verändern können. Sie klären, machen begreiflich und setzen die verschiedenartigsten Ereignisse in Beziehung zueinander. Sie rücken die Ursprünge falscher Wahrnehmungen an den richtigen Platz.

Im Fall der oben zitierten Frau war der katastrophale Verlust bereits eingetreten. Das Feeling war schon da. Ein aktuelles Ereignis löste es nur aus. Die unbewußte Bedeutung, das *Feeling* von schrecklichem Alleinsein, als sich der Verlust in der Kindheit ereignete, sowie alle Wege, damit fertigzuwerden, sind ständig als ein integriertes Ganzes vorhanden. Aus diesem Grund ruft ein Feeling eine buchstäbliche Explosion von Assoziationen hervor.

Bei den meisten von uns erhält durch die gespeicherten Feelings, die das Ereignis umgeben, jedes spätere Ereignis im Leben eine Primärbedeutung. Wenn bestimmte Teile unseres Gedächtnis-Speichers, des Hippocampus, durch einen chirurgischen Eingriff entfernt werden, gehen alte Feelings, die neue Ereignisse begreiflich machen könnten, verloren. Die operierten Patienten werden amnestisch, sie können zwar neue Fertigkeiten erwerben, aber sie vergessen alles, was mehr als ein paar Stunden zurückliegt. Noch wichtiger ist, daß sie ein ständiges Gefühl der Desorientierung, einem Traum ähnlich, haben. Mit anderen Worten, die Formen von Feelings der Vergangenheit, die einen Bezugsrahmen für neue Ereignisse abgeben könnten, scheinen diesen Menschen zu fehlen.

In der Neurose – wenn die Vergangenheit von der Gegenwart abgekoppelt wird – kommen dem Menschen reale Bedeutung und ein geeigneter Bezugsrahmen für sein gegenwärtiges Leben abhanden.

MARIA:

Ich war ein mißhandeltes Kind. Wegen meines furchtbaren Lebens zu Hause fand ich Zuflucht in der Schule, in Büchern und in Musik. Ich war eine glänzende Studentin und bin auch musikalisch veranlagt. Meine Stimme, von der Kritiker später sagen sollten, sie sei »eine unter zwanzig Millionen«, entdeckte ich im Alter von zwölf Jahren, und vier Jahre lang machte mich das Singen sehr glücklich. Als ich jedoch sechzehn war, konnte ich vor anderen Leuten nicht mehr mit meiner »realen« Stimme singen. Doch

reichte meine »falsche« Stimme den Zuhörern, und sie brachte mir eine erfolgreiche Opernkarriere ein.
Als mein Mann uns – mich und zwei Kleinkinder – verließ, gab ich meine Karriere als Sängerin auf. Ich war darüber ganz erleichtert, weil es ein höllisches und freudloses Leben war. Ich wollte nicht mehr singen, es sei denn, ich könnte meine »reale« Stimme benutzen.
In einer besonders schmerzhaften Therapiesitzung weinte ich und sagte: »Ich halte es nicht mehr aus ... Ich halte es nicht mehr aus ... es ist zuviel.« Wie der Blitz kam mir eine Erinnerung an meine Mutter, wie sie mir, den Klavierdeckel zuknallend, sagt: »Schluß damit ... jetzt gibt's eine Woche kein Klavierspielen!« Zu der Zeit war ich sechs Jahre. Ich wurde zu Hause für zu lautes Atmen bestraft. Die Strafen übertrafen immer das Vergehen ... Irgendwie hielt ich die schweren Prügel aus, und daß man meine Bücher ins Feuer warf, aber mir das Klavier zu entziehen, das war zuviel. Später erinnerte ich mich, daß ich in mein Schlafzimmer gegangen war und mir gesagt habe: »Ich weiß, was ich tun werde ... Ich tue einfach so, als ob ich mir nicht so viel draus mache, dann kann's meine Mutter nicht mehr als Strafe verwenden.« Diesen Entschluß behielt ich für die folgenden vier Jahre bei, und ich erinnere mich, daß ich mir oft sagte, irgendwas sei mir gleichgültig, obwohl es mir überhaupt nicht egal war. So gab es keine Möglichkeit mehr, das als Waffe gegen mich zu wenden und mich zu »verletzen«.
Am letzten Tag meiner Intensivphase erinnerte ich mich an eine Zeit, als ich zehn Jahre alt war und im Bett über eine Stunde auf meinen Vater warten mußte, der mir eine Tracht Prügel verabreichen wollte. Von diesem Zeitpunkt an habe ich angefangen, mich zu belügen. Ich erinnerte mich daran, wie ich zu mir gesagt habe: »Es macht mir doch nichts aus, wenn er mich schlägt ... Es macht mir nichts aus ... usw.« Ich glaube, seit der Zeit weiß ich nicht mehr, was ich irgendwelchen Dingen gegenüber wirklich empfinde.

In der Primärtherapie ermöglichen wir dem Patienten, an der Kette der Urschmerzen hinabzusteigen, um eine reale Bedeutung wiederzuerlangen. Das kann mit einem Feeling oder einem Bedürfnis anfangen. »In meiner Ehe habe ich überhaupt keine Freiheit.« Oder: »Für mich ist kein Platz, überall sind meine Kinder im Wege.« Es kann dann in ein Gefühl übergehen, zu Hause keine Ecke für sich zu haben, und sich fortsetzen in: »Ich fühle mich so eingeengt. Ich weiß nicht, was es ist, aber ich fühle mich total eingeschränkt«, und dann zu einem Geburtserlebnis führen. Das frühe Feeling der Beengung und das projizierte Bedürfnis nach dauerhafter Freiheit werden zu festgelegten Reaktionen auf ähnliche Lebenssituationen, was zu irrealen Einstellungen führen kann, welche die Ehe bedrohen. Den Kontext von Einstellungen zu fühlen, ändert sie radikal und führt dazu, die Ehe anders wahrzunehmen. Die Beziehung bekommt eine neue Bedeutung.

Wenn sich ein Mensch, der das Gefühl hat, nichts wert zu sein, einer konventionellen Therapie unterzieht, kann es gut sein, daß man den Schwerpunkt dort auf Lernen und nachdrücklicheres Fordern legt. Er kann ermutigt werden, die Bedienung in einem Restaurant zu rufen, um sich zu behaupten und das Gefühl zu bekommen, der Mühe wert zu sein. Diese Bemühung ist sowohl irreführend als auch nutzlos. Zweifellos kann man jemanden soweit ermutigen, mit wichtigtuerischem Handeln seine Angst vor der Kellnerin zu überwinden. (»Du bist in diesem Restaurant genauso wichtig wie jeder andere, und das mußt du dir auch selber sagen.«) Man kann jedoch nicht mit geistigen Tricks etwas überwinden, das in der Physiologie liegt. Das in der Physiologie Liegende wird von der nächsten Situation wieder zutage befördert. *Man kann Bedürfnisse nicht überwinden.*

Grundsätzlich führt der Abstieg an der Kette der Urschmerzen zu primären Bedürfnissen. Einzig und allein durch das Fühlen von Bedürfnissen findet ihre Auflösung statt. Man kann gegen Wände hämmern, schreien, brüllen und toben und doch niemals etwas auflösen, selbst wenn man auch annimmt, sich in der Vergangenheit zu befinden. Wut ist eine so überwältigende Reaktion, daß sie grundlegend oder fundamental zu sein scheint. An sich ist sie keines von beiden. Wut zu äußern mag ein wichtiger erster Schritt sein. Aber man muß die Reihenfolge der Abläufe verstehen: Erst stellt sich das Bedürfnis ein, dann folgt die Frustrationsreaktion auf das unbefriedigte Bedürfnis, und dann steigt Zorn oder Wut auf. In der umgekehrten Reihenfolge wird der Ablauf aufgelöst. Nichts anderes ermöglicht die Auflösung, weder Schreien, noch so laut man kann, »Mammi!« brüllen. Derartiges Verhalten hat mit Bedürfnis direkt nichts zu tun.

Aus diesem Grunde war die Primärtherapie nie »Ur*schrei*«-Therapie, noch ist sie es heute. Die Leute schreien oft, wenn sie zu dem grundlegenden unerfüllten Bedürfnis hinuntergelangen; aber ohne Zusammenhang zu schreien ist nutzlos. Man schreit nicht, um zu fühlen, man schreit, weil man den Kontakt zu einer schmerzhaften Erinnerung hergestellt hat. Es ist keine Übung für sich. Verknüpfung und Erinnerung sind das heilende Moment. Der plötzliche Energieausstoß bei einem Schrei oder bei heftigem Weinen hat jedoch eine Funktion. Er setzt die mit dem verdrängten Feeling gestaute Energie frei. In den Gruppen, die simulierte Primals mit Schreien, jedoch ohne Feelings hatten, traten keine gravierenden physiologischen Veränderungen auf. Deshalb reicht Schreien, obwohl es eine deutliche Freisetzung angestauter Energie bewirkt, nicht aus, um eine wirkliche und dauernde Befreiung herbeizuführen. *Diesen Punkt kann ich gar nicht genug betonen.* Was auflösend wirkt und einem hilft, wieder zu fühlen, ist das vollständige, bedeutungsvolle Erleben. Das Wiedererleben von Urschmerz ist die entscheidende Antwort auf die Macht der Neurose.

STELLA:
Ich verlor meine Mutter am 11. März 1930. Ich habe sie während eines Feelings nie gesehen oder gerochen oder gar ihre Stimme gehört, und doch erscheint sie mir jetzt wirklicher als die meisten Ereignisse in meinem verrückten Leben, die ich in Erinnerung habe.
Ich wurde in Kanada geboren, meine Mutter war Amerikanerin, mein Vater Kanadier. Irgendwann in meinem ersten Lebensjahr zogen wir nach Tulsa in Oklahoma (meine Mutter kam von dort), und wir blieben dort, bis meine Mutter an einer verpfuschten Abtreibung starb. Der Abtreiber wurde wegen Mordes angeklagt, und deshalb ließ sein Anwalt durchblicken, daß meinem Vater das gleiche passieren könne, wenn er sich nicht über die Grenze absetze. Mein Vater verstand den Wink und machte sich mit mir davon. Da er der einzige Zeuge der Abtreibung war, wurde das Verfahren eingestellt und der Abtreiber freigelassen. Ich wurde in das düstere Haus der Eltern meines Vaters gebracht, wo ich lernte, mich in dunklen Ecken zu verstecken, um kein Aufsehen zu erregen.
Im Juli bin ich nach Tulsa gefahren und habe im Gericht die Akten über das Verfahren herausgesucht. Sie besagten, daß die Abtreibung am 9. März 1930 stattgefunden hatte und daß meine Mutter zwei Tage später an einer Bauchfellentzündung gestorben war. Vor meiner Reise nach Tulsa wußte ich nicht einmal ihr Todesjahr.

Ihre Familie hatte die ganzen Ereignisse in totales Schweigen gehüllt.
Im Elternhaus meines Vaters wurde der Name meiner Mutter nie erwähnt. Ich nannte seine Mutter »Mutter«, weil es alle taten, ihr Ehemann eingeschlossen; für sie war er Mr. Mac Donnell. Die zwei Schwestern meines Vaters, die auch dort lebten, rief ich bei ihrem Vornamen. Mildred, die jüngere, hatte die Funktion eines vierten Elternteils, also nach meinem Vater und dessen Eltern. Mein Großvater war ein passiver Mann, der von allen geliebt wurde. Er lebte auf Kosten seiner Frau in ihrem Haus: ein Mann, der nicht einmal auch nur einen Finger gerührt hat, um den Scheußlichkeiten, unter denen ich dort zu leiden hatte, Einhalt zu gebieten. Dorothy, die ältere Schwester, war geisteskrank. So wie ich hielt sie sich im Hintergrund oder litt unter kurzen periodischen Wutanfällen. Die meiste Zeit verbrachte sie mit verschränkten Armen und fest geschlossenen Augen auf der Kante eines Stuhls im Vorderzimmer.
Nachdem Mildred meinen Vater bei einem Streit um mich versehentlich getötet hatte, wurde ich zwischen den Großmüttern hin und her geschoben, bis ich mit vierzehn Jahren endgültig in die Vereinigten Staaten zog. Ich war trübsinnig, verwirrt und verängstigt. Meine amerikanische Großmutter bestand darauf, daß ich sie »Mutter« rief, und hängte mich an das Ende ihrer Familie, statt mir den Platz als älteste Enkelin einzuräumen.
Über meine Mutter wurde in Tulsa ausführlich gesprochen, wie über eine ältere Schwester, die ein kurzes, tragisches Leben geführt hatte, in dem ich nicht vorkam. Ich empfand nichts für sie.
Ich war es gewohnt, eine Frau, die mich liebte, »Mutter« zu nennen, aber sie hielt es für ein Zeichen der Schwäche, es zu zeigen. Eine meiner ersten Einsichten in der Primärtherapie bezog sich auf den Tag, an dem ich sie zum letztenmal gesehen habe. Ich befand mich im abfahrenden Zug und winkte meiner Großmutter auf dem Bahnsteig zu. Sie hatte zwar einen Schirm, um sich vor der Sonne zu schützen, aber ich sah im Schatten doch die Tränen über ihr Gesicht laufen. Sie liebte mich, und ich habe es nie gewußt. Ich wollte den Zug anhalten, wollte durch das geschlossene Fenster rufen, daß ich sie auch liebte, aber ich konnte es nicht. Es war zu spät. Das gute Gefühl, das mir diese Einsicht verschafft hatte, hielt einen Tag an. Während der Sitzung am nächsten Tag erkannte ich, daß sie mich zwar geliebt hatte, es mich jedoch nie hatte wissen

lassen. Ich habe nach Liebe gehungert, und sie hat sie mir vorsätzlich vorenthalten.
Es wurde von mir verlangt, eine andere Frau »Mutter« zu nennen, die von sich behauptete, mich zu lieben, sich aber nie von ihren Aufgaben in der Schule freimachte oder in der Nacht bei mir blieb, als ich mein erstes Kind verlor. Ihre tröstenden Worte in diesem Fall waren: »Stella, ich hoffe, du siehst, daß es nicht Gottes Wille war, daß du Kinder bekommst.«
Was mich angeht, so hatte ich nie eine Mutter. Mütter waren etwas, das andere Mädchen hatten. Feelings in bezug auf meine Mutter fingen am 11. März 1976 an.
An dem Abend ging ich in sehr aufgeregtem Zustand zur Gruppensitzung. Gedanken wirbelten durch meinen Kopf. Ich warf mein Kissen in die Ecke eines der kleineren Zimmer und ließ die Ruhe und Dunkelheit auf mich wirken. Ich entwickele selten Phantasiebilder, doch an dem Abend sah ich Hände: Hunderte von ausgestreckten Händen, die etwas wollten, was ich nicht geben konnte, oder Hände, die ausholten, um mich zu schlagen. Früher habe ich – harmlose – Hände gemalt, so wie andere Leute Kreise oder Würfel kritzeln.
Ich begann sie anzuschreien, daß sie wegbleiben sollten. »Tut mir nicht weh!« Ich versuchte mich von ihnen wegzudrehen. Aus dem Meer von Händen tauchte mein jüngster Sohn auf, er streckte seine Hände aus, um mir zu helfen. Er ist mein Lieblingssohn. Er ist mir gegenüber sehr zärtlich, und wenn er mir seine Liebe zeigt, fühle ich mich sehr unbehaglich. Dann wußte ich auch warum. Seine Liebe war ein Geschenk. Seine Hände waren nicht zum Schlag erhoben oder um Hilfe bittend. Er wollte mir helfen. Er ist das einzige meiner fünf Kinder, das es für großartig hielt, daß ich in die Therapie ging. Die Meinungen der anderen rangierten zwischen uninteressierter Langeweile und Aufschreien wie: »Wie kannst du es wagen, meinen Vater zu verlassen!«
Ich fing an zu weinen: »Wally, hilf mir! Hilf mir!« Immer wieder bat ich ihn weinend, mir zu helfen, bis das Weinen zu einem Schrei wurde: »Mama!« Wally und die Hände verschwanden, und ich weinte und weinte um die hübsche junge Frau, die ich bis zu diesem Augenblick nicht gekannt hatte und von der ich nur ein Bild gesehen habe. Ich fühlte den Schmerz meines Verlustes, und mir wurde warm.
Ich bin immer kalt gewesen. Meine Hände und Füße wurden nie warm, wenn die Temperatur nicht auf über 38 Grad stieg. Als ich

Feelings über meinen Vater hatte, bekam ich eine Gänsehaut, und ich hatte das Gefühl, im kalten Wind zu stehen. Nachdem ich um meine Mama geweint hatte, lag ich ausgestreckt in dem winzigen Raum, und die Wärme taute meinen gefrorenen Körper auf. Ich erkannte, daß mit dem Tod meiner Mutter soviel Wärme mein Leben verlassen hatte, daß ich physisch kalt wurde – ein wandelnder Leichnam. In der Nacht, als ich meine Mama gefunden hatte, fing ich an zu leben, und das Blut strömte wieder durch meine Adern. Als ich hinterher in der Gruppe auf wackeligen Beinen erzählte, was passiert war, flogen mir von allen Seiten Kommentare zu, wie phantastisch ich aussähe, und das steinerne Äußere, das ich so sorgfältig aufgebaut hatte, begann zu zerbröckeln.

Seitdem war es mir möglich, nur durch ein Rufen nach Mama in ein Feeling zu kommen. Es war dermaßen leicht, daß ich manchmal überlegte, ob ich mir nichts vormachte. Aber ich wußte, daß es nicht so war. Ich spiele nie was vor. Das Gefühl von Verlust ist zu real. Ich habe versucht, Mut zu fassen und meine Therapeutin zu bitten, mich in den Armen zu halten, aber ich habe monatelang gezögert. Sie erinnert mich an meine Mutter. Sie ist auch klein und sprüht vor Leben. Aber wenn sie sich ausruht, bekommt ihr Gesicht einen traurigen, süßen Ausdruck, wie das Bild meiner Mutter. Als mich die Verzweiflung letztlich doch in die Arme meiner Therapeutin trieb, fühlte ich mich wirklich klein, alleingelassen, bedürftig und hilflos. Ihre Umarmung führte mich durch eine Zeit wortlosen Schreckens, von dem ich erlöst werden mußte.

Ich habe engen Kontakt zu der Schwester meiner Mutter, Ruth, gehalten. Sie war Teil einer meiner wichtigsten Einsichten. Eines Abends in der Gruppensitzung, nachdem ich einige Zeit um mich geschlagen und »Tu's nicht« geschrien hatte, wandelte sich das Weinen in ein immer wiederkehrendes: »Ich will meine Mama.« Darauf kam aus der fernen Vergangenheit die freundliche Stimme von Ruth und sagte: »Deine Mama ist fort, Stella.« Ich weinte, bis ich keine Tränen mehr hatte. Als ich klein war, hat Ruth tatsächlich diese Worte gesagt, und ich hatte mich schweigend abgewendet. Im Alter von einem Jahr und zehn Monaten wußte ich, daß es ein »für immer fort« war. Meine Mama würde nie wiederkommen. Der Schmerz war nicht auszuhalten. Ich habe mich zugemacht. Bis ich in die Therapie kam, habe ich danach nie mehr um mich geweint, außer einmal während des Films »Lassie«, als Lassie am Ende nach Hause gefunden hatte. Für mich gab es nie ein Zuhause.

Meine Eltern waren das Kollektiv »sie«, die vier Neurotiker, die mein Leben beherrschten, nachdem man mich allein gelassen hatte. Ich habe meine Mama angebettelt, »sie« davon abzuhalten, mich zu töten, so wie »sie« sie umgebracht hatten. Sie haben meinem Vater gestattet, sie körperlich zu mißbrauchen und sie zu einer Abtreibung zu zwingen, die sie nicht wollte; danach haben sie ihm ein Zuhause gegeben, als er vor dem Gesetz geflohen war, anstatt ihn auszuliefern. Sie haben mich umgebracht, indem sie mir Liebe vorenthielten und mich wie eine Unperson behandelten.

Ich habe geweint, weil beide Familien sich so angestrengt haben, meine Mutter aus meinem Leben auszulöschen. Ich habe fast den ganzen Nachmittag auf dem Friedhof in Linsborg in Kansas geweint, als ich auf einem ornamentverzierten Grabstein eines Olson saß und in einem Meer von Olson-Grabmälern auf die freie Stelle blickte, wo Juanita Melba MacDonnell hätte sein sollen. Das Rathaus von Tulsa County verfügt über bessere Aufzeichnungen der Existenz meiner Mutter als ihre eigene Familie.

Ich habe sie angeweint: »Du warst so schön, bevor du gestorben bist.« Tod durch Bauchfellentzündung ist nie schön. Ich habe geweint: »Ich war schön, bevor ich gestorben bin.« Ich war ein hübsches Baby, aber als ich im Primal Institute ankam, sah mein Gesicht so aus, als hätte man es hastig aus nicht passenden Teilen anderer Gesichter zusammengesetzt: zu einer dauernden Grimasse verzerrt. Seit der Nacht, in der ich die ersten Feelings über meine Mutter hatte, sagt man mir, ich würde hübsch.

Ich erwarte nicht, meine Mutter während eines Feelings zu sehen. Die einzigen greifbaren Sachen, die ich von ihr besitze, sind drei Schnappschüsse, ein Porträt, ein Kochbuch, eine billige Puter-Bratenplatte, ein Schuh der Größe 35½ und ein Brief, der mich zum Weinen bringt, weil darin steht: ». . . das Baby ist krank, deshalb habe ich es auf dem Arm, während ich dies schreibe.« Sachen von oder auf Friedhöfen haben keine große Bedeutung mehr.

Weil ich eine schöne, junge Frau kenne, die einmal mit mir auf dem Arm im Zimmer herumgetanzt ist und die mich so geliebt hat, wie ich war. Ich nenne sie Mama.

5. Einsicht und Wandel

MARCY:
Ich habe geglaubt, viel zu wissen, aber je mehr ich fühlte und je mehr ich weinte, desto mehr mußte ich erkennen, daß ich nichts gewußt habe, weil ich vorher nicht gefühlt habe.

Einsichten sind neurale Botschaften – Verbindungsschaltungen zwischen der Speicherstelle eines Feelings im Unbewußten und einer anderen Stelle, die bewußte Wahrnehmung herstellt. Einsicht ist das endgültige Erkennen des Unbewußten – der Gedanke, von Feelings herrührend, der den Gehalt jener Feelings zum Ausdruck bringt.
Verständnis und Erkenntnisvermögen der Feelings traten in der Evolution erst Millionen Jahre nach dem Fühlen selbst auf. Einsichten und Feelings reflektieren zwei vollständig unterschiedliche Ebenen des neuralen Aufbaus. Der neurologische Unterschied zwischen Einsichten und Feelings liegt genau darin, daß man sich nicht gesund analysieren oder denken kann. Nur zu wissen, daß »dies was mit meinem Vater zu tun hat«, oder »Ich weiß, daß die Ursache meiner Zwanghaftigkeit in diesem oder jenem liegt«, kann niemals eine gründliche Veränderung schaffen. Gedanken über Feelings können nichts zu einer tiefen Veränderung beitragen, es sei denn, sie entstammen jenem Feeling.
Jemandem Einsichten als Ersatz für dessen eigene Feelings anzubieten, ist reine Zeitverschwendung. Deshalb spannt die Psychoanalyse den neurologischen Karren vor das Pferd. Und die Tatsache, daß die Einsicht aus den Feelings von *jemand anderem* kommt, ist ein doppelter Irrtum, weil die Einsichten höchstwahrscheinlich eher der Idiosynkrasie des Therapeuten als der des Patienten entspringen. Daher ist Erkenntnis als Teil der Einsichts-Therapie nur ein weiterer ausgeklügelter Teil des intellektuellen Abwehrsystems.
Die Neurose wird nicht durch »unbewußte Einsichten« aufrechterhalten, und Einsichten als solche werden die Neurose niemals ändern. Einzige Rechtfertigung für eine Einsicht ist, daß sie eine vorausgehende unbewußte Motivation erhellt. Offen gesagt, Ein-

sichten sind so lange ohne Bedeutung, bis man das Unbewußte freilegt. Nicht die Einsicht ist unbewußt, sondern vielmehr die Feelings, die uns auf unbewußte Art und Weise handeln lassen.

Wenn ein Patient *fühlt,* wie er von seiner Mutter manipuliert wurde – eine Manipulation, deren er sich nicht bewußt war –, kann er zu Einsichten darüber gelangen, wie er sich von Frauen angezogen fühlt, die ihn beherrschen, manipulieren und ihm sagen, was er zu tun hat. Das Feeling, das jetzt bewußt ist, macht ihm sein ganzes vorhergehendes Verhalten allen Frauen gegenüber klar. Diese Klarheit ist eine Einsicht. Sobald jemand ein tiefgehendes Feeling gehabt hat, sind die daraus resultierenden Einsichten durch und durch seine eigenen. Sie sind nicht die Vorstellungen eines Psychoanalytikers von seinem Verhalten. Sie sind Erklärungen, die aus dem Selbst stammen und jetzt alle umgeleiteten und symbolischen früheren Verhaltensweisen beschreiben, die auf diesem versteckten Feeling basieren. Natürlich müssen Einsichten aus dem Innern kommen und nicht von jemand anderem. Alles, was ein Patient in seiner Therapie über sich erfährt, steckt bereits in ihm und wartet darauf herauszukommen.

Das Feeling »Ich möchte von dir gemocht werden, Mama« erklärt zum Beispiel alle früheren Tricks, mit denen der Mensch versucht hat, andere dazu zu bringen, ihn oder sie zu mögen.

DORIS:
Ich habe meine Mutter weggestoßen, weil es nicht ich war, um die sie sich kümmerte. Es war ihr Wunschbild von mir. Sie betrachtete mich als ihre kleine Spielpuppe. Ich hatte keine andere Wahl, als das einzige wegzustoßen, das ich brauchte und mehr wollte als alles andere.

Tiere haben keine Einsichten über sich selbst, doch ändert sich ihr Verhalten gemäß ihren Erfahrungen. Eine Änderung ihrer Umgebung ändert ihr Verhalten, ihre Anatomie und ihre Physiologie. Für diesen Wandel brauchen sie keine Einsichten. Die Entwicklung des Kortex bei menschlichen Wesen gestattet uns ein Verständnis unserer Motivationen und eine gründliche Erforschung der Gründe für unser Verhalten; diese Einsichten an sich sind jedoch nicht verantwortlich für Veränderungen. In erster Linie kommen wir auf entwicklungsgemäße Art, in der Reihenfolge, in der sich unser Gehirn herausbildete, zu Einsichten. Zuerst haben wir eine Empfindung, um schließlich die emotionale Erfahrung zu verstehen. Es ist nicht möglich, diese evolutionäre Entwicklung umzukehren, um eine Veränderung herbeizuführen. In gewissem Sinne sprechen wir tatsächlich über drei verschiedene Gehirne in einem Schädel, obwohl sie in hohem Maße miteinander verkoppelt sind. Das *Feeling zu fühlen läßt Einsichten und nicht ein Symptom, wie etwa Kopfschmerzen, in den Kopf kommen.*

Weil Einsichten die Dienerinnen von Feelings sind, folgt daraus, daß je tiefergehend ein Feeling gefühlt wird, um so profunder die Einsicht ist. So wie es Ebenen von Feelings gibt, existieren auch Ebenen von Einsichten. Wenn ein Feeling seit der Geburt tief im Gehirn begraben ist, ist es dermaßen abgesondert, daß es fast unmöglich ist, die Ursachen für spätere Symptome und Verhaltensweisen, die damit verbunden sind, herauszufinden. Es ist sogar unmöglich, sie zu erraten, da diese Erinnerungen zum größten Teil Erinnerungen des Körpers sind. Lange vor dem Gebrauch von Worten und Vorstellungen haben sie sich dem System eingeprägt – Worte und Vorstellungen sind deshalb für die Rückerinnerung auch keine Hilfe. Die einzige Möglichkeit, eine Verbindung zwischen Gegenwart und Vergangenheit herzustellen, ist das körperliche Fühlen eines frühen Feelings. Die Einsichten, die daraus entspringen, sind aus dem Grund tiefgreifend, weil hinter Erwachsenenverhalten und Symptomen wie Kolitis und Magengeschwüre letztlich Ereignisse der Kleinkindzeit als Ursache erkannt werden können, eine Art von Ereignissen, die bisher unzugänglich war.

Wer würde schon annehmen, daß eine Migräne immer dann auftritt, wenn gegenwärtiger Streß eine physische Erinnerung an einen bei der Geburt aufgetretenen Druck auf den Kopf auslöst? Ich habe siebzehn Jahre lang eine konventionelle psychologische Praxis geführt und viele Patienten mit schwersten Kopfschmerzen gesehen. Eine Verbindung zwischen Geburtstrauma und Migräne lag weit jenseits meiner Vorstellungskraft. Doch zahlreiche Primärpatienten haben diese Verbindung hergestellt. Auch wenn man weiß, daß es sich um eine Tatsache handelt, nützt die bloße Einsicht, ohne Wiedererleben, nichts.

Keine Einsicht der Welt kann eine Neurose verändern, weil es keinen geistigen Vorgang gibt, der eine physiologisch eingeprägte Erfahrung ändern kann.

Das Aufheben einer Verdrängung und ihrer Denkweisen läßt das Selbst sichtbar werden, wie es hätte sein sollen, das genetisch programmierte Selbst, das während seiner Entwicklung beseitigt wurde. Beweise dafür finden wir in der Tatsache, daß die Kiefer einiger Patienten wieder ihre alte Form angenommen haben, auch wenn vorher kieferorthopädische Eingriffe vorgenommen wurden. Einige Patienten bekamen sogar noch in den späten Dreißigern Weisheitszähne. Andere Patienten bemerkten ein Wachsen der Füße und eine Zunahme des Brustumfangs, auch wenn sie schon älter waren.
Wie wir später sehen werden, ist die Wiedergewinnung des realen Selbst ein biochemisches, neuro-elektrisches Geschehen, durch das sich der Körper in seiner Struktur und Physiologie verändert, wenn die Abspaltung aufgehoben ist.
Das Wiedererlangen des realen Selbst hat auch psychische Auswirkungen. Es bedeutet, wieder sanft, freundlich und großzügig zu werden. So zu sein, wie das kleine Mädchen oder der kleine Junge hätten sein können, doch nie sein konnten.
Die Wiedergewinnung des realen Selbst bedeutet, wieder etwas von der frühen Schönheit zu erlangen, die unser Geburtsrecht war. Kinder sind viel schöner als Erwachsene. Schönheit hat sehr viel damit zu tun, natürlich zu sein. Wenn das unnatürliche Selbst unser Gesicht und unsere Haltung verzerrt, wenn es unsere Lippen zusammenpreßt, unsere Augen verkneift, die Stirn in Falten legt, heißt das, daß die Neurose uns unserer Schönheit beraubt hat. Was uns paranoid, mißtrauisch, skeptisch, zynisch und mißgestaltet macht, ist das irreale Selbst.
Aber es gibt noch weitere Veränderungen als nur die physischen. Wenn das System den Schmerz aufgibt, verringern sich die unbewußten Motivationen, was dem Menschen neue Entscheidungen erlaubt. Die Sequenz kann wie folgt verlaufen: »Ich habe mein Feeling gehabt, jetzt bin ich mir bewußt, was ich getan habe, und das bringt mich nicht weiter. Ich werde nicht so weiterhandeln, weil es ein verrücktes Gefühl schafft. Ich muß auch nicht mehr so handeln. So werde ich statt dessen dies tun.«
Mit der Wiederherstellung des Selbst wird man bewußter, ist beherrschter und menschlicher. Humanität entwickelt sich mit dem Fühlen von Urschmerz, weil uns die Verdrängung in mancher Hinsicht unmenschlich gemacht hat. Nicht absichtlich inhuman, sondern unbewußt. Aus dieser Unbewußtheit heraus können wir schlimme Dinge mit unseren Kindern und Freunden anstellen und

gleichzeitig Grausamkeiten verabscheuen. Wir sind in dem Maße unmenschlich, in dem wir nicht fühlen können.

Die Realisierung

Eine der universellen Charakteristika neurotischer Menschen ist ihre Unfähigkeit, sich zu ändern. Die Neurose ist im wesentlichen etwas Stagnierendes und macht Verhalten vorhersagbar und konsistent: Es ist, als ob man im Auto sitzt, den Fuß auf dem Gaspedal, und keinen Gang reinschiebt. Man fährt mit großer Zielstrebigkeit nirgendwohin.
Wenn wir in der Primärtherapie von »Heilung« sprechen, sagen wir damit nur, daß wir es Menschen ermöglichen, die unbewußten, neurotisches Verhalten erzeugenden Kräfte aufzulösen. Die Krankheit ist das Verdrängen und der blockierte Zugang. Ein Patient gewinnt Zugang zu sich selbst; das ist die Heilung.

ROBERT:
Neulich kam mir der Gedanke, daß die Vergangenheit aus Lücken besteht, die ich nicht erlebt habe, die ich verdrängte, und daß das, was ich jetzt mache, darin besteht, daß ich diese Lücken ausfülle und sie an die Oberfläche bringe, so daß ich die Vergangenheit der Vergangenheit überlassen kann, um sie nicht mehr mit mir herumzuschleppen.

Ein Mensch, der in der Lage ist zu fühlen, wird nicht zum absoluten Gegenteil dessen, was einmal seine Persönlichkeit ausmachte. Er kann sich aber in den Bereichen, die am meisten vom Urschmerz in Mitleidenschaft gezogen waren, radikal verändern. Wenn er vorher überproduktiv war und vom Schmerz getrieben, wird er weit weniger Druck haben. Wenn ihm früher der Urschmerz den Antrieb genommen hatte, wenn er Passivität als Form der Abwehr eingesetzt hat, kann er weit produktiver werden. *Es gibt keine Regel dafür, was aus Patienten wird.* Es hängt alles von den früheren Formen der Abwehr ab.
Können Menschen durch Feeling wirklich geändert werden? Wenn sie sich dadurch verändern, daß sie *nicht* fühlen, dann können sie sich auch durch Fühlen ändern. Wenn ein süßes, naives, vertrauensvolles Kind sich in einen mißtrauischen, wütenden,

bitteren, zynischen erwachsenen Neurotiker verwandeln kann, spricht sehr viel für eine große Veränderung.

Wir haben entdeckt, daß der Prozeß der Gesundung dem der Neurotisierung entspricht. Er ist langsam, beständig, unbewußt und unausweichlich. *Ich habe nie erlebt, daß ein Mensch anhaltend fühlte und nicht gesund wurde.* Es gibt nur zwei Dinge, die ihn davon abhalten können: Wenn der Mensch eine kathartische Erfahrung irrtümlicherweise für ein Feeling hält oder wenn der Mensch mitten in seinen Feelings aufhört und viele gravierende Feelings und Bedürfnisse ungefühlt läßt. Feelings und Neurose sind antithetisch. Entweder fühlt man oder man ist neurotisch – es gibt nichts dazwischen.

Die Freiheit kommt mit der vollständigen Erkenntnis und Erfahrung der Bedürfnisse. Ohne dieses Erkennen kann Freiheit nur symbolisch sein.

Ein Mann zog, bevor er in die Therapie kam, andauernd um, er wollte jedesmal eine größere Wohnung. Er liebte »Raum«. Er dachte, er sei völlig frei, weil er keine Angst vor einer Entwurzelung hatte und jedes Jahr umzog; es war nur eine Frage des Ortswechsels. In der Primärtherapie hatte er das Feeling, in seinem ganzen früheren Leben ein kleines Haus gehabt zu haben, immer eingeengt und allein gewesen zu sein. Unbewußt wollte er ein großes Haus, um Versäumtes aus der Vergangenheit nachzuholen. Aber noch wichtiger war seine Phantasie, daß mit einem großen Haus auch Freunde kommen würden. Er brauchte Freunde, um sich nicht allein zu fühlen (in der Vergangenheit). Er wußte es nur nicht, bis er es fühlte. Danach brauchte er nicht mehr die »Freiheit« des jährlichen Umzugs.

Vor der Therapie mußte Janet einen Mann nach dem anderen haben. Sie dachte, sie liebe die Freiheit des Herumspielens. In der Primärtherapie erkannte sie ihr Bedürfnis nach einem Vater, den sie nie gehabt hatte. Doch was sie für Freiheit hielt, war in Wirklichkeit Einengung. Ehe sie ihr reales Bedürfnis fühlte, hatte sie keine andere Wahl, als viele Männer haben zu müssen. Dann erst konnte sie sich auf einen Menschen einlassen, und ihn tief lieben.

ELIZABETH:

Als ich Beziehungen zu Männern aufnahm, nachdem ich von zu Hause weggegangen war, gab es einen Typ, den ich mir immer heraussuchte. Es mußte jemand sein, der schwächer war als ich,

jemand, den ich total kontrollieren konnte – nun, nicht total, aber jemand, der nicht mich beherrschte. Es waren immer sehr unbefriedigende Beziehungen, weil ich am Ende alles im Griff hatte, ich habe alles erledigt, hab unser ganzes Leben bestimmt. Es war eher so, als hätte ich ein Kind und keinen Gefährten. Das war nur deshalb so, weil ich Angst vor meinem Vater hatte. Ich wollte immer stärker und klüger sein. Wenn es um irgendwas in einer Unterhaltung ging, mußte ich immer gewinnen, und ich mußte mir immer die Art von schwachen Männern aussuchen, die mir keine Angst machten.
Ich fühlte mich nie von jemand angezogen, der mir Angst machte, und ich hatte vor den meisten Männern Angst. Ich mußte sie haben, und wenn ich sie erst hatte, kamen all die anderen Bedürfnisse. Ich brauchte jemand, der mein Partner war und nicht mein Baby. Auf eine Art ermüdet das, obwohl ich diese Situationen irgendwie selbst herbeiführte und mich darin verwickelte. Aber ich begann mehr zu wollen. Die Beziehung verschlechterte sich dann immer, weil ich versuchte, den Menschen zu dem zu machen, was ich wollte, aber das hat natürlich nie geklappt, weil sie als Menschen ihre Grenzen hatten. Normalerweise hörte es damit auf, daß ich ihnen sagte, ich wolle nicht mehr mit ihnen zusammen sein. Diese schlechten Beziehungen waren schmerzhaft . . . aber ich kam mit jeder etwas weiter, weil ich jedesmal jemand heraussuchte, der dem Menschen näherkam, mit dem ich zusammensein wollte. Der Grund, aus dem es mir möglich wurde, mit Männern zusammenzusein, die es auch wert waren, war der, daß ich begann, meine Feelings über meinen Vater zu fühlen. Damit begann ich, den Männern gegenüber weniger Angst zu haben, mit denen ich in der Gegenwart zusammen bin.

Die sich automatisch ergebende Veränderung war bei dieser Patientin total. Ihre Angst in den Augen, der Haltung und im Gang verschwand. Die Angst war als physische Erinnerung gespeichert und hatte physiologische und anatomische Auswirkungen. Mit Sicherheit kann niemand »versuchen« hormonale Veränderungen herbeizuführen. Das ist ein Ergebnis der Dekodierung der organischen Erinnerungskraft.
Die Wiederherstellung des Fühlens bringt Veränderungen auf allen Ebenen mit sich. Es normalisiert den Hormonausstoß, so daß körperliche Veränderungen auftreten und sich tatsächlich körper-

liches Wachstum ergibt.[1] Es senkt die Spannungsebene, so daß der Mensch wieder klar denken kann; er kann sich konzentrieren und seine Aufmerksamkeit über längere Zeiträume auf etwas richten. Die Wiederherstellung des Fühlens bedeutet normalerweise auch eine Veränderung der sozialen Anschauungen. Das kann heißen, daß jemand instinktiv besser weiß, was mit Kindern zu tun ist. Häufig resultiert daraus eine physische Gesundung, man ißt und schläft besser, nimmt angemessenere Nahrung zu sich, sowohl qualitativ als auch quantitativ.

Was geschieht mit der Energie neurotischer Spannung nach der Primärtherapie? Die überschüssige Energie, die in den Kreisläufen des Gehirns gefangen ist, verläßt den Organismus, Ergebnis der Verbindung des gespeicherten Urschmerzes mit dem Bewußtsein. Wenn der Organismus nicht mehr gegen eine innere Bedrohung zum Handeln angespornt wird, kann er endlich zur Ruhe kommen. Diese Energietransformation kann ziemlich genau gemessen werden.

Wenn wir die Ursachen der überschüssigen Energie begreifen, wird klar, daß nichts anderes als interneurale Verknüpfung sie auflösen kann. Physische Manipulation kann dazu beitragen, zeitweilig den Überfluß gefangener Energie abzubauen. Aber die Beschäftigung mit Auswirkungen behebt nicht die Ursachen.

Ob Energie an Glaubenssystemen oder körperlichen Systemen – wie etwa Muskelverspannungen – festgemacht wird, bleibt von geringer Bedeutung; Glaube und Verspannung bleiben immer noch *Auswirkungen.* Und beides sind physische Auswirkungen. Glaubensvorstellungen spielen sich nicht irgendwo außerhalb des Gehirns ab. Sie sind Manifestationen des tätigen Gehirns. Man kann Vorstellungen und Muskeln manipulieren, aber nicht gespeicherte Erinnerung. Bewußtsein ist die einzige Freiheit.

Auf allen Ebenen real zu sein, bedeutet intelligent zu sein. Es existieren Intelligenzebenen, und wenn ein Mensch Zugang zu diesen Ebenen hat, kann er sein ganzes Gehirn dafür einsetzen, zu leben. Es gibt den alten Mythos, daß wir nur zehn Prozent unserer Gehirnkapazität benutzen, und daß wir, wenn wir es nur versuchten, viel mehr erreichen könnten. Genau das Gegenteil ist der Fall. Unsere Forschungsergebnisse legen den Schluß nahe, daß wir unser Gehirn *viel zu viel* beanspruchen.[2] Das Gehirn des Neuro-

1 Siehe dazu: Teil IV, Kapitel 2, »Das Messen von Krankheit und Heilung«.
2 Siehe dazu: Teil IV, Kapitel 2, »Das Messen von Krankheit und Heilung«.

tikers ist im Dienste der Verdrängung überbeansprucht. Nach der Primärtherapie ist die Hirnwellenaktivität *radikal herabgesetzt.* Deshalb würde ein wirklich gesunder Mensch sein Hirn weniger beanspruchen und nicht mehr. Laßt uns den »Zehn Prozent«-Mythos begraben. In Wirklichkeit beanspruchen wir zuviel unserer Gehirnkapazität, um nur zehn Prozent ihres Potentials zu erreichen.

Das Nachlassen der Hirntätigkeit bei Primärpatienten hat verschiedene Implikationen. Wenn sich weniger an unbewußten Kräften einmischen und das Urteilsvermögen verzerren, kann man reflektiver sein, weniger überhastet und weniger rigide in seinen Einstellungen. Urteilsvermögen heißt zu wissen, was sowohl angemessen als auch gut für dich ist. Weniger Primär-Rückstände werden zu einem besseren Urteilsvermögen führen. Man kann Alternativen im Leben wählen. Wenn der Geist nicht durch eine Überlastung mit Urschmerz ständig auf Hochtouren läuft, ist es ihm möglich, sich zu erinnern und das Erinnerte festzuhalten. Wenn du ein Leben in deinem Interesse führen kannst, ist das ein Maß deiner Intelligenz.

Die Intelligenz des Neurotikers ist aufgeteilt. Er kann mit den offensichtlichsten Täuschungen wie etwa Wochenend-Wunderheilkuren und mystischen Ideen hintergangen werden. Wenn er verzweifelt ist, kann man ihn mit Lob übers Ohr hauen, und es kann sein, daß er nie erkennt, daß er getäuscht wurde.

Teil der Intelligenzerneuerung, die wir feststellen, ist simple Logik. Jemand, der seine Feelings versteht, ist der logischste und unkomplizierteste Mensch, den man sich vorstellen kann. Seine Urteilskraft und seine Intuition können selten getäuscht werden. Ein fühlender Mensch hat eine innere Logik, die ihm nicht nur hilft, sein Verhalten zu verstehen, sondern auch das anderer Menschen.

Enttäuschung oder Desillusionierung ist nahezu eine Konstante im Leben des Neurotikers. Sie ist die Handlangerin des Auftretens irrealer Erwartungen, des Wunsches, daß Menschen sich wie Eltern aufführen, der Vorstellung, daß symbolische Errungenschaften wirklich lohnend sind. Solange jemand Bedürfnisse hat, muß er Wunschvorstellungen hegen. Diese Phantasien bilden die Grundlage der Desillusionierung im Erwachsenenalter, weil niemand auftauchen wird, der dich so behandelt, wie du es brauchtest. Es gibt keine Zauberei, ganz besonders nicht in einer Welt, in der fast jeder unter Urschmerzen leidet und depriviert ist.

Der Grund, aus dem sich so viele Menschen in der Ehe im Stich gelassen fühlen und die Bedürfnisse ihrer Partner nicht befriedigen, liegt darin, daß sie unbewußt noch Kinder sind, die sich (ebenfalls unbewußt) einbilden, daß, ganz gleich, wie sie sich verhalten oder was auch immer sie tun, der Partner (Elternteil) sie lieben wird. Sie sind entsetzt, wenn der Ehemann/die Ehefrau die Beziehung beenden oder ihn/sie verlassen will. Sie können sich nicht vorstellen, daß sie alles getan haben, um das zu provozieren. Sie sind verbittert und wütend, weil sie immer noch Kinder voller Bedürfnisse sind, die von jemandem verlassen werden, der/die sie lieben sollte.

Der Ehemann oder die Frau, der/die ihren Körper vernachlässigt, sich schlampig kleidet oder sich schlecht benimmt, hat einen unbewußten Pakt geschlossen . . . Ich werde geliebt, was ich auch mache. In dialektischer Ironie brauchen sie so viel, daß sie zum Schluß nichts haben.

Natürlich können Partner relativ gute Kameraden sein und sich trotzdem gegenseitig enttäuschen. Wenn du dich seit deiner Kindheit ungeliebt fühlst, brauchst du in der Gegenwart die ständige Versicherung, geliebt zu werden, um das Gefühl unten zu halten. Niemand kann diese Leere ausfüllen.

Eine weitere Enttäuschung ist, daß der Partner »mir nicht das Gefühl gab, eine Frau oder ein Mann zu sein«. Als ob das jemand könnte. In gewisser Weise wollen sie keine gleichberechtigte Beziehung. Die Frau wünscht sich einen »Mann«, der rangeht, aggressiv ist und die Probleme anpackt. Sie braucht ihn dominierend und stark; *dann* wird sie sich wie eine Frau fühlen, glaubt sie. In Wirklichkeit wünscht sie sich einen Papa, der ihr nicht das Gefühl vermittelt, eine Frau zu sein, sondern ein Kind. Und der Ehemann oder Mann in einer Beziehung möchte, daß die Frau ihn stützt, ihm schmeichelt, aufmerksam und besorgt ist, ihn beschützt und freundlich ist; die ihm seine Mahlzeiten kocht, seine Kleidung in Ordnung hält und sogar seine Garderobe aussucht. Er wünscht sich eine Mutter, aber er weiß nichts davon. All diese Aktivitäten werden ihm nicht das Gefühl vermitteln, ein Mann zu sein, auch wenn er das glaubt. Sie werden dafür sorgen, daß er das Kind bleibt. Er will alles, was er von seiner Mutter nicht bekommen hat. Wenn er es bekommen hätte, würde er das alles nicht von seiner Frau oder Partnerin erwarten, die schließlich nicht seine Mutter ist.

Jeder, dem es erlaubt wurde, er/sie selbst zu sein, kann sich als das fühlen, was er/sie ist. Wenn man dir als Kind gestattete, du selbst zu sein, wirst du maskulin, wenn du ein Junge bist – unabhängig davon, wer es dir erlaubte. Du wirst dich nicht mit einem Mann »identifizieren« müssen, das heißt männliche Sachen zu imitieren. Du wirst genau das sein, was du bist. Das geschieht durch die Befriedigung von Bedürfnissen, nicht durch »Identifikation«.

Wenn du dir nie ganz gehört, nie wichtige Bedürfnisse erfüllt bekommen hast, wirst du Ereignisse interpretieren und manipulieren, so daß sie dich und deine Bedürfnisse widerspiegeln. Konsequenterweise sind daher die meisten Neurotiker definitionsgemäß narzißtisch. Darin liegt eine Möglichkeit, ein beschädigtes und depriviertes Selbst zu »befriedigen«. Der Neurotiker muß selbst-bezogen sein. Er gibt, um zu bekommen. Er kann nicht wirklich zuhören und sich einfühlen, wenn er aus jeder Situation etwas herausziehen will.

Die meisten Neurotiker möchten an Zauberei glauben. Sie möchten an irgendeine Zauber-Diät, Klinik oder eine Zaubermethode glauben, die sie vollständig und ohne das geringste Zutun ihrerseits verändert. Die Ursache dafür finden wir in ihrem Leben, das von unsichtbaren, »magischen«, unbewußten Kräften gelenkt wird. Da ihr Verhalten von dieser Magie diktiert wird, ist es kein Wunder, daß sie annehmen, es könne auf die gleiche magische Weise geändert werden. In der Tat ist für die meisten Menschen das Unbewußte ein magischer Ort . . . sie haben keine Vorstellung von dem, was da »unten« vor sich geht. Alle großen Therapieformen und philosophischen Ansätze gingen jahrhundertelang von der Vorstellung aus, der Mensch sei an sich böse und müsse sein Inneres kontrollieren. Sein Unbewußtes, so glaubte man, sei von irgendeinem Dämonen bewohnt. Der skeptischste Neurotiker kann hereingelegt werden, wenn seine Bedürfnisse und seine unbewußten Feelings ins Spiel kommen.

Vieles von dem, was ich im *Urschrei* über Beziehungen zu den Eltern gesagt habe, stimmt noch. Wenn jemand seine primäre Wut, seinen Haß und seine Bedürfnisse aufgelöst hat, kann er erkennen, daß den Eltern durch ihre Neurose Grenzen gesetzt sind und daß sie unter diesen Bedingungen das Bestmögliche getan haben. Er versteht wahrscheinlich, daß Eltern auch nur Menschen mit Bedürfnissen sind. Unglücklicherweise hatten sie Kinder, auf die sie sich nicht einlassen konnten. Das ist die Tragödie; sie haben Menschen gezeugt, die Bedürfnisse haben, und doch ist der Grund, aus dem heraus sie gezeugt wurden, der, daß sie die Bedürfnisse der Eltern erfüllen sollten. Der Zusammenstoß war vorprogrammiert, bevor der Fötus das Licht der Welt erblickte.

Primärmenschen versuchen nicht mehr, ihre Eltern zu dem umzuformen, was sie brauchen, denn sie wissen, daß es eine aussichtslose Sache ist. Sie können die Eltern so lassen, wie sie sind – neurotisch. Das Verlangen, sich mit ihnen über ihre Exzentrizitäten, Ängste und Vorurteile zu streiten, läßt nach. Jeder zwanghafte Versuch, sie zu ändern, ist der alte Kampf. Es ist der Versuch, sie wieder zu den guten, liebenden, freundlichen und starken Eltern zu machen, die sie nie gewesen sind.

ELIZABETH:
Bevor ich in die Therapie kam und auch noch lange Zeit nach Beginn, haßte ich meine Eltern. Ich haßte sie für alles, was sie mir angetan hatten, und die vielen Male, bei denen ich das Gefühl hatte, von ihnen verletzt und im Stich gelassen worden zu sein. Eine Beziehung zu ihnen gab es praktisch gar nicht mehr. In den letzten zwei Jahren habe ich angefangen, mich ihnen näher zu fühlen.

Ich glaube, das liegt daran, daß ich die vielen Male, als sie mich verletzt haben, als ich klein war, fühlen konnte. Ich schleppe diese Feelings nicht mehr mit mir herum. Deswegen ist es mir wohl auch eher möglich, in der Gegenwart eine Beziehung zu ihnen herzustellen, als durch den Nebel alter Verletzungen und Schmerzen. Einige der schmerzhafteren Feelings, die ich hatte, kamen erst hoch, als ich sie nicht mehr haßte. Ich konnte auch die Male erkennen, als sie gut zu mir waren, die Zeiten, in denen sie versuchten, mir zu helfen. Das war für mich schmerzhafter als einige der schlimmen Sachen, die passiert sind.

Der Grund, warum es ihr möglich ist, mit den Eltern auszukommen, ist nicht nur darin zu suchen, daß sie ihre Grenzen »versteht«. Das wäre keine große Hilfe. Er liegt darin, daß sie ihre Kindheitsbedürfnisse gefühlt hat, was ihr jetzt gestattet, objektiver zu sein. Sie begreift sie besser, weil sie in der Primärtherapie genau gesehen hat, wie sie waren und sind, ohne irgendwelche Projektionen, die die Wahrnehmung trüben. Eins der Probleme der Eltern-Kind-Beziehung tritt normalerweise auf, weil das Kind (das, obwohl sie schon lange erwachsen sein kann, immer noch das

»Kind« ist) eine Art Bedürfnisbefriedigung für die Eltern repräsentiert. Die Eltern versuchen sie so zu behalten, wie sie war, oder sie versuchen sie wieder dahingehend zu ändern. Wenn das Kind nicht mehr wie erwartet handelt, gibt es einen Zusammenstoß. Das Kind hat in seinem früheren Leben Zusammenstöße dadurch vermieden, daß es nachgab, indem es neurotisch wurde. Neurotiker brauchen Neurotiker, um Beziehungen einzugehen. Auf Eltern trifft das genauso zu. Sie ertragen reale Menschen nicht sonderlich gut, selbst wenn es ihre eigenen Kinder sind.

Was ist, nachdem Urschmerz gefühlt wurde? Reales Vergnügen – und keins, das man sich vormacht. Es macht wirklich Freude, sich entspannt und wohl zu fühlen. Es macht Spaß, nicht mehr von einer Krankheit nach der anderen geplagt zu werden. Es ist ein Genuß, Liebe akzeptieren zu können und sich nicht mehr von ihr abwenden zu müssen. Es macht Spaß, nicht mehr jeden Morgen mit Angst und bedrückender Sorge aufzuwachen. Es ist eine Lust, nachts schlafen zu können. Es ist wunderbar, Spaß an Sexualität zu haben und mit deinem Körper zu tun, was du tun möchtest. Es ist ein Vergnügen, von zu Hause ohne Phobien und Ängste wegzufahren. Es macht Freude, nicht mehr unter unerklärlichen Depressionen zu leiden, die scheinbar ohne Ursache auftreten. Es macht Freude, fähig zu sein, deine Kinder zu lieben und von ihnen geliebt zu werden. Es macht Freude, nicht mehr unter Zwängen zu leiden, die dein Leben zerstören. Es macht Spaß, du selbst zu sein.

Randy ist der älteste von vier Brüdern; er wurde in Los Angeles in Kalifornien geboren. Obwohl Randy chronisch unter einer schweren Form von Epilepsie litt, hatten seine bewußten Gründe, in die Therapie zu kommen, mehr mit seinen ständigen Ängsten, ständigen körperlichen Schmerzen und seiner Unfähigkeit zu einer sexuellen Beziehung zu tun. Nachdem Randy mit der Primärtherapie begonnen hatte, bekam er keine Anfälle mehr; wie er in nachfolgendem Beitrag berichtet, verschwanden, etwa im April 1978, auch die Symptome der Epilepsie. Randy verließ ungefähr zu dieser Zeit das Primal Institute als aktiver Patient und hat weiter Primals, wenn nötig mit einem Freund. Nachstehend sein Bericht:

Vor der Primärtherapie war ich Epileptiker. Ich hatte Hunderte von Anfällen, die im Alter von sieben Jahren begannen, bis ich mit 21 die Therapie anfing. Ich habe in Schulklassen, bei der Arbeit,

beim Spiel, vor Freunden und der Familie, am Mittagstisch und während des Schlafs das Bewußtsein verloren.
Ich wußte immer sehr genau, wann ich das Bewußtsein verlieren würde, weil ich mich elend und unglücklich fühlte. Wenn ich das nicht in den Griff bekam, verlor ich das Bewußtsein. In meinem Lebenskontext ergaben die Anfälle einen Sinn, und ich habe sie gerade erst Schritt für Schritt akzeptiert. Um die Zeit, als ich zum Primal Institute kam, fragte ich mich, warum alle soviel Aufhebens davon machten, daß ich so oft »weg« war. Gleich bei der ersten Sitzung entdeckte ich, daß ich kaum über meine Familie und meine Feelings reden konnte, ohne daß ein Anfall begann. Ich bekam ein kränkliches, unheilvolles Gefühl mit einer schrecklichen Empfindung in meinen Eingeweiden. Dieser Schrecken wurde von einem elektrisierenden Summen oder einer prickelnden Empfindung abgelöst, das in meinen Genitalien und im Darm anfing und von dort aufstieg. Dieses Summen durchzog meine Eingeweide und stieg mir in die Kehle. Ich habe oft versucht, es zu unterdrücken, aber jede Bemühung schien zum Scheitern verurteilt. Das Gefühl mußte real sein; es war schließlich da. Mit dieser Erkenntnis stieg das Summen weiter an. Vor der Therapie wurde das Summen zu etwas Allgemeinem, nachdem es meine Kehle erreicht hatte. Ich sah alles nur noch schwarz-weiß, dann nur noch schwarz, wenn ich das Bewußtsein verlor. Wenn das Summen in den Sitzungen meine Kehle erreichte, konnte ich das Feeling beschreiben, mich in den Schrecken fallenlassen und mich besser fühlen. Ließ ich mich auf das Feeling ein, dann löste sich das Summen (der Anfall) auf.
In den ersten anderthalb Jahren meiner Therapie muß das mindestens hundertmal passiert sein. Es gibt einige Unterschiede zwischen Primals und Anfällen. Nach einem Primal »bekomme« ich ein relativ klares Gefühl von dem, was vor sich ging. Ich sehe mein Leben auf eine neue, deutlichere Weise. Nach den Anfällen habe ich mich immer gefragt, wo ich bin. Ein kräftiges Summen in meiner Zunge und ein schlechtes Gefühl in meinen Eingeweiden blieben zurück. Ich fühlte mich, als ob da *irgend etwas* war, das ich irgendwie vergessen hatte. Das Nachdenken über meine Feelings führt zu konkreten, sinnvollen Veränderungen in meinem Leben. Das Nachdenken über meine Anfälle führte dazu, daß ich immer wieder das Bewußtsein verlor. Während meiner Feelings bin ich bei Bewußtsein.
Meine Primals haben einen kumulativen, wohltuenden Einfluß auf

mich. Nach fast zwei Jahren Therapie ist mein Leben nicht wiederzuerkennen. Mit dem Fortschreiten der Therapie nehmen die anfallähnlichen Symptome vor den Feelings deutlich ab. Vor einigen Monaten hatte ich vor einem starken Feeling ein leichtes Prickeln in meinem Bauch. Seitdem hat das Summen ganz aufgehört. Alles, was noch von meiner Epilepsie übrig zu sein scheint, ist, daß ich häufig weine, wenn meine Feelings schnell und fast ohne Warnzeichen einsetzen. Es fällt mir oft schwer, ein hochkommendes Feeling zu unterdrücken, sogar wenn es ungelegen kommt. Aber sogar das ändert sich.
Ich weiß jetzt genau, warum und wie ich zum Epileptiker wurde. Ich bekam Anfälle, weil ich massive Urschmerzen hatte. Ich befand mich fast immer in Angstzuständen. Täglich hatte ich Migräne – für die Dauer von drei Jahren tat mir fast immer der Kopf weh. Mein ganzer Körper war von Schmerzen zerrüttet. Nichts war meiner verrückten Mutter gut genug oder trug dazu bei, den Schmerz zu lindern. Vor kurzem erinnerte ich mich daran, mit neun Jahren in der Garage gelegen zu haben und so zu tun, als ob ich ein Baby sei. Und plötzlich sah ich die alten Szenen aus meiner Säuglingszeit. Das war nicht atypisch. Ich hatte andauernd Alpträume, manchmal mehrere in einer Nacht. Ich wachte dann auf und fühlte Fleisch auf meinem Gesicht. Einmal, zwei Jahre vor Therapiebeginn, hatte ich ein vollständiges Geburts-Feeling. Mein Leben verlief ohne die Selbsttäuschung, daß, wäre ich nur klug oder sportlich, ich mich auch gut fühlen würde. Alles tat weh. Der Tod schien immer nahe zu sein.
Aber viele leidende Menschen werden gewalttätig und/oder verrückt, statt Anfälle zu bekommen. Meine Anfälle waren die Folge meines spezifischen Urschmerzes. Ich hatte Dutzende von Primals über meine Anfälle. Der erste Anfall, an den ich mich erinnern kann, passierte, als ich mir am Eßtisch den Musikantenknochen gestoßen hatte und meine Mutter mich anschrie. Als ich wieder zu mir kam – ich konnte immer noch nichts sehen –, hörte ich meine Mutter sagen: »Hör auf da unten rumzuspielen und iß dein Mittagessen.« Ich versuchte zu sagen, ich sei »bewußtlos geworden«, aber sie schnitt mir das Wort ab. Deshalb habe ich weitergegessen.
Später war ich häufig im Klassenzimmer »weg«, wo die Dozenten regelmäßig Unsinn über mich äußerten und meiner Agonie gegenüber blind waren.
Die nächste Serie von Anfällen ereignete sich, als ich mir beim

Schnitzen einer Kürbiskopflaterne in den Finger schnitt. Ich stand im Flur, hielt meiner Mutter die blutende Hand hin und hoffte, sie würde mir helfen. Sie sah entsetzt und wütend aus. Sie sagte, ich solle ins Badezimmer gehen. Ob ich denn nicht sehen würde, was das Blut auf ihrem Fußboden anrichtet? Ich ging zwei Schritte ins Badezimmer, sah mein aschfahles Gesicht und meinen blutigen Finger vor dem Hintergrund der krankenhausweißen Wand und plumpste aufs Linoleum. Als ich gerade wieder zu mir kam, half mir meine Mutter hoch und sagte: »Jetzt bleib da *stehen,* ich hole ein paar Papierhandtücher.« Kaum war sie weg, fiel ich um. Das wiederholte sich einige Male. Ich fühlte mich, als ob ich sterben müsse. In einer Reihe von Primals lag ich auf dem Boden und bat um Hilfe. Meistens rief ich: »Mami, nimm mich in die Arme!« Es schien, als ob das einzige, was mir jemals gut getan hätte, die warme Gegenwart meiner Mutter gewesen wäre. Wie an dem Tag im Badezimmer hat sie mich verlassen und ich »starb«. Sie ließ mich im Stich und ich »starb« wieder und wieder. Folglich verlor ich immer dann das Bewußtsein, wenn es zu offensichtlich wurde, daß ich verletzt war und sich niemand um mich kümmerte. Fast jeder Urschmerz konfrontierte mich mit der Realität, daß mich niemand richtig liebte.

Hätte ich ein passenderes Ventil für meine Urschmerzen gehabt, ich hätte es mit Sicherheit benutzt. Meine Brüder haben alle gegen meine Mutter angekämpft, jeder auf seine Weise, und keiner hatte Anfälle. Warum ich?

Die Antwort ist in den schrecklichen Erlebnissen zu finden, die ich als Baby hatte. Ich hatte das Gefühl zu sterben und erlebte das physische Äquivalent von »Warum dagegen ankämpfen?« Ich habe endlose Zeiten bis zur Erschöpfung geweint und bin dann eingeschlafen. Ich habe die Hoffnung aufgegeben, daß meine Mutter kommen würde. Das Bedürfnis nach Ruhe besiegte die Hoffnung, doch noch gefüttert zu werden. *Dann* kam sie, weckte mich auf und gab mir zu essen. Warum dagegen ankämpfen? Zweimal hatte ich jetzt bei Feelings das Gefühl, ich würde ganz sicher ertrinken. Und gab auf. Ein anderes Mal hatte ich das Gefühl, in einem weißen (Krankenhaus-)Zimmer mit weißen Wänden zu liegen, mit einem juckenden Verband über meinem brennenden Penis, und kein Mensch, der in der Nähe war. Ich hatte Angst zu weinen, denn das letzte Mal, als ich *das* tat, kamen sie und schnitten mich. Warum um Hilfe rufen?

Bei all den Ereignissen hatte ich das Gefühl, daß es keine

Hoffnung gab, daß ich sterben würde und daß es mir besser ginge, wenn ich es nur geschehen lassen würde. Das erste Mal, als ich solche Empfindungen hatte, war bei meiner Geburt. Als die Kontraktionen anfingen, haben sie mir fast den Schädel eingedrückt. Irgend etwas mußte mit der Nabelschnur sein, denn bald darauf bekam ich keine Luft mehr. Der Schoß bewegte sich nicht mehr und vibrierte, statt sich zusammenzuziehen. Ich versuchte, Luft zu holen, aber mein Gesicht war gegen Fleisch gedrückt. Ich war vollkommen hilflos. Ich versuchte um mich zu schlagen, irgend etwas zu *verändern,* aber die Wände waren wahnsinnig stark. Es verlangte mich danach, noch einmal die Behaglichkeit des nährenden Schoßes zu fühlen. (In späteren Jahren lag ich in meinem Zimmer, die Bässe der Stereoanlage aufgedreht, in eine Decke gewickelt und wiegte mich. Aber das Gefühl war nicht mehr zu finden.) Ich gab das Atmen auf und begann zu sterben. Es ist anzunehmen, daß ich gleich darauf geboren wurde.
Man hat mir erzählt, der ganze Prozeß hätte weniger als eine Stunde gedauert. Man hat es als »leichte Geburt« bezeichnet. Ich frage mich für wen. Ich hatte das Gefühl zu sterben; daß der Prozeß des Sterbens angefangen hätte. Der Prozeß führte das Gefühl des Sterbens mit sich, das Gefühl, das Bewußtsein zu verlieren, das später zu meinen Anfällen führte. Es schuf auch die Muster für meine Kopfschmerzen und die wiederholten Mißerfolge in meinem ganzen Leben. Es liebte mich ja doch niemand, also was soll's? Mein Organismus wollte sich ruhig verhalten, nichts tun und mehr oder weniger den Urschmerz angreifen lassen.
Ich erkenne jetzt, daß viele Gedanken und Empfindungen, die ich vor einem Anfall hatte, buchstäblich fast vollständige infantile oder fötale Erinnerungen waren. Als ich ein Kind war, wurden aufgeschobene und unausweichliche natale Erinnerungen einige Male von einem anfallartigen Prickeln begleitet.
Der lebenswichtige Teil des hier Beschriebenen heißt für mich, daß kaum verdrängte Feelings meine Symptome hervorriefen und daß ich mich durch das Fühlen der Symptome entledigen kann. Ich lebe jetzt wirklich, statt andauernd zu sterben.
Eine letzte Bemerkung. Zum größten Teil wurden meine Anfälle durch mein Leid verursacht und nicht andersherum. Ich frage mich, wie vielen Epileptikern man mit medikamentöser Behandlung einen Dienst erweist. Natürlich, es gibt gesellschaftliche Vorteile, wenn Krämpfe verhindert werden. Die sozialen Einstellungen gegenüber Epileptikern sind ganz schön negativ. Ich kriege

große Angst, wenn ich daran denke, das Bewußtsein zu verlieren. Aber ich kann mir nicht vorstellen, wohin der ganze Urschmerz gegangen wäre, hätte ich nicht die Anfälle gehabt. Es ist eine Schande, daß der größte Teil der Mediziner jemandem, der Anfälle hat, nur helfen kann, sich gut zu *benehmen,* statt ihm zum Feeling zu verhelfen und den Urschmerz zu integrieren, der die Anfälle verursacht.

Der folgende Bericht wurde von einer jungen Frau in primärtherapeutischer Behandlung geschrieben, die unter chronischen Symptomen von Anorexie gelitten hat.

BETTY:
In den letzten sechs oder sieben Jahren habe ich mich mehr oder weniger systematisch ausgehungert. Meine Rationalisierung dafür, daß ich fast nichts mehr aß, war, daß ich dünn sein wollte – ich wollte tatsächlich abgezehrt aussehen, mit hervorstehenden Hüftknochen und hohlen Wangen. Ich habe die Menschen beneidet, die so krank waren, daß man sie intravenös ernähren mußte. Mann, wie hätte ich da abnehmen können! Ich war nie dick, aber ich konnte auch nie dünn genug sein. Mehr als das, ich wollte mich immer leer fühlen – ich wurde verrückt, wenn ich mich voll fühlte.
In meinem Kopf erkannte ich schon, daß das eine merkwürdige Art von Gefühlen war. Die meisten Menschen, die ich kenne, geraten außer sich, wenn sie nichts zu essen haben, und das ist offensichtlich eine natürliche Reaktion. Alles, was ich vor Beginn der Primärtherapie wußte, war, daß meine Gefühle zur Nahrung verzerrt, aber auch tiefgründig waren; daß meine Aversion gegen ein Völlegefühl mehr war als die Angst, dick zu werden, daß sie organisch bedingt war. Ich »wußte« diese Sachen, aber innerlich war ich davon nicht überzeugt. Ich hatte wirklich das Gefühl, so sein zu müssen, wie ich war. Wenn ich zuviel aß, wurde mir schwindlig, ich wurde gereizt und erregt und hatte Schmerzen im Hals und Rücken. Das wandelte sich in das dringende Bedürfnis, mich zu übergeben, um das Gefühl eines enormen Druckes loszuwerden. Und obwohl ich meine Wahnvorstellungen in bezug auf Essen haßte – denn bewußtes Hungern heißt, immer daran zu denken, was man nicht ißt –, konnte ich es von meiner Seite aus nicht ändern.
Vor kurzem habe ich auf Anraten des Medizinischen Direktors des

Primal Institutes bewußt angefangen, während des ganzen Tages kleine Mengen zu mir zu nehmen. Diese Regel zog bei mir große Veränderungen nach sich. Mein Essen hatte ich immer auf eine sehr karge Mahlzeit am Tag beschränkt, die ich so spät wie möglich zu mir nahm. Oder ich stopfte mich voll und mußte mich übergeben.

Ich fing jetzt also an zu essen – ein kleines Frühstück, ein kleiner Snack, dann einen großen Pfirsich, dann ein spätes Mittagessen, für mich ungewohnte Essenszeiten. Nach einiger Zeit begann eine merkwürdige Sache. Ich fühlte mich zunehmend schwächer, je mehr ich aß, desto weniger Lust hatte ich, irgend etwas zu machen. Im Laufe der nächsten Tage aß ich ununterbrochen und war unfähig, etwas zu tun. Ich weinte viel und erkannte, daß sich das Weinen völlig von dem üblichen unterschied – es ging tiefer und war körperlicher –, aber es besserte weder die Schwäche noch das physische Leiden. Es war nur frustrierte Hilflosigkeit.

Dann fing ich an, nachts stöhnend vor Schmerzen im Rücken aufzuwachen. Es war, als ob ich eine Kurbel im Kreuz hätte, die mir die Beine und das Rückgrat festzurrte, was Krämpfe hervorrief und mir Atemschwierigkeiten bereitete. Das ging so weit, daß ich mich überhaupt nicht mehr beugen konnte. Mein Rücken und meine Beine wurden fast völlig steif, und tagelang hatte ich das Gefühl, weinen zu müssen. Was noch schlimmer war, ich fühlte mich völlig desorientiert. Ich wußte kaum noch, wo ich war, wer ich war und in welcher Zeit ich mich befand. Das Feeling läßt sich nicht mit Begriffen wie »Einsamkeit«, »Unwürdigkeit«, »Hilflosigkeit« beschreiben. Alles, was ich artikulieren konnte, war, »Ich weiß nicht, was es ist«, und das unklare Gefühl üblen Unbehagens. Es tat weh, wenn ich meinen Kopf neigte. Es tat weh, sich zu beugen.

Deshalb mußte ich mich hinlegen und versuchen, es zu fühlen. Ich lag da im Zimmer, es war noch jemand anwesend, und versuchte zu erklären, was vor sich ging – »Ich fühle mich leer . . .«, »Ich möchte überhaupt nichts tun . . .«, »Mein Rükken tut weh, ich bin einsam . . .«. Es half alles nichts, Tatsache war, daß ich nicht wußte, was los war. Daher kam ein »Ich weiß nicht, ich weiß nicht, ich weiß nicht« aus mir heraus. Ich lag nur da und weinte über die Schmerzen und meine Hilflosigkeit, daran nichts ändern zu können. Ich dachte, mir bricht das Rückgrat, und es tat so weh, den Kopf zu bewegen, also lag ich ausgestreckt und stocksteif da. Dann kam mir ein Bild hoch: Ich

stand als Baby in meinem Bettchen und *lächelte*. Darüber weinte ich noch mehr. Das Bild machte dem Feeling Platz, sehr klein und unbeweglich zu sein. Ich lag mit offenen Augen auf dem Bauch in meinem Bettchen, konnte meinen Kopf nicht heben, und es entstand folgende Verknüpfung: Irgendwie hat mir meine Mutter schon als Säugling klargemacht, daß ich ihr nicht lästig werden darf.
Ich durfte nicht weinen, ich hatte keine Schmerzen zu haben. Statt also das Risiko einzugehen, ihre wütenden Augen über mir zu sehen – ganz zu schweigen von der Wärme, die ich gebraucht hätte, spannte ich meinen ganzen Körper an und verharrte schweigend. Die Zeit schien endlos zu sein, Minute um Minute voller Schmerzen, Minute um Minute wartete ich, daß sie wieder mal nach mir schauen würde ... Die übrige Zeit spielte ich das lächelnde, problemlose Puppenbaby, das sie sich wünschte. Das Warten war natürlich vergeblich, aber der springende Punkt ist, daß ich noch nicht einmal als Baby *auf direkte Art und Weise* nach dem verlangen konnte, was ich brauchte. Ich wurde angeschrien und, wenn ich später weinte, »Nichtsnutz« genannt. Es war für mich einfacher, es innerlich *auszuhalten,* als mich durch Auflehnung zusätzlichen Schmerzen auszusetzen. Mein Körper stand hochgradig unter Druck, und mein Geist hörte auf, den Bedürfnis-Botschaften wie Hunger oder dem schmerzlichen Verlangen, auf den Arm genommen zu werden, Beachtung zu schenken. Nach genügend Bedürfnisverleugnungen machte mein Körper keine Anzeichen mehr, die Bedürfnisse mitzuteilen. Es war wie ein endloser Schockzustand. Steifheit wurde zu meinem Überlebensmodus.
Mein ganzes Leben habe ich still damit zugebracht, darauf zu warten, daß meine Mutter hereinkäme, mich anschaute und bemerkte, wie sehr ich litt. Ich war nie fähig, sie zu rufen, obwohl ich es versuchte. Ich erinnere mich daran, wie ich nach einem schrecklichen Alptraum in ihrer Schlafzimmertür stand, sah, wie sie schlief, und das Wort »Mama« formte. Unfähig, sie zu wecken, ging ich auf Zehenspitzen durch den Flur wieder in mein Zimmer. Diese Nacht verbrachte ich starr vor Entsetzen und bildete mir ein, den Schatten einer riesigen Klaue auf meinem Kopfkissen zu sehen. Vielleicht käme sie doch noch ...
Später war ich »kalt wie ein Fisch«, »zurückhaltend« und »kühl«. Ich war nicht liebevoll, ich entzog mich Umarmungen und wischte mir Küsse aus dem Gesicht und zog mich in mich zurück. Was

körperliche Bedürfnisse wie Hunger anbelangt, aß ich viel Süßigkeiten, ansonsten war ich ein mäkeliger Esser.
Die wichtigste Einsicht, die ich durch das Feeling und meine neue Ernährungsweise hatte, ist, daß ein bedeutender Teil dieser Therapie darin besteht zu lernen, auf sich acht zu geben. Je besser ich mich behandele, desto mehr kann ich fühlen und um so besser fühle ich mich. Es fällt mir schwer, mir etwas zu schenken, denn nett zu mir zu sein heißt, daß ich die frühere Vernachlässigung fühlen werde, aber es fällt mir noch schwerer, mir zu versagen, was ich brauche. Früher habe ich mich aus der Welt zurückgezogen und mich ausgehungert. Es war eine Möglichkeit, den Urschmerz in Schach zu halten, und außerdem gab es ja noch eine kleine Chance, daß meine Mutter bemerkte, daß ich sterbe, und sich dann um mich sorgt. Leer zu sein beschützt mich nicht mehr. Mein Körper fängt tatsächlich an, Nahrung zu fordern, und das Beste daran ist, daß ich es hören kann.

III. Die physische Erinnerung

1. Die körpereigenen Schmerz-Killer

Die jüngsten Entdeckungen bezüglich der Endorphine zeigen, in welch hohem Maße menschliches Verhalten durch die Verbindung von Urschmerz und Verdrängung beherrscht wird. Endorphine sind morphin-ähnliche Substanzen, die der Körper produziert und die schmerzstillend wirken; das heißt, sie »befassen« sich mit Schmerzen. Wir sind nicht nur unserem Urschmerz ausgeliefert, sondern auch den Substanzen, die abgerufen werden, ihn zu unterdrücken.

Endorphine spielen eine signifikante Rolle in der menschlichen Entwicklung. Sie tragen beim Verdrängen von Bedürfnissen und Urschmerzen dazu bei, unsere Triebe unter Kontrolle zu halten, und ermöglichen daher eine Speicherung und zeitliche Verschiebung unserer Reaktionen auf die Zukunft. Das bedeutet, daß uns Zeit zum Nachdenken, Verstehen und vor allem zum Abstrahieren bleibt – Zeit zum Ersinnen von Reaktionen und zur Schaffung eines Reaktionsrepertoires, das uns von dem direkten Reiz-Reaktions-Verhalten der Tiere unterscheidet. In diesem Sinne stellen die Endorphine den Ursprung des Menschseins dar – die raison d'être des Neokortex.[1] Letztendlich erlauben sie uns zu symbolisieren und zu abstrahieren, was schließlich eine neue Gehirnstruktur zur Folge hat.

Der Endorphin-Ausstoß hat es der Menschheit ermöglicht, trotz der fortwährenden Katastrophen in der Welt zu funktionieren und sich anzupassen. Im psychologischen Sinn erlaubt er uns, die »schöne Seite zu betrachten«, weil wir über die erforderlichen Mittel verfügen, unsere dunkle Seite zu verstecken.

Seit Beginn der primitivsten Lebensformen haben die Endorphine die Funktion, unangenehme Empfindungen dem Bewußtsein fernzuhalten. Diese ursprüngliche Wirkungsweise ermöglichte schließlich dem Neurotiker die Spaltung der Psyche; sie gestattet

1 Endorphine werden hauptsächlich von der Hypophyse und dem Hypothalamus produziert. Sie sind auch in anderen Gehirnstrukturen vorhanden und befassen sich entweder mit der Vermittlung oder der Unterdrückung der Urschmerz-Botschaften im ganzen Gehirn.

es, daß eine Ebene des neuralen Aufbaus nicht weiß, was die andere Ebene tut oder denkt. Durch sie kann der Mensch trotz fortwährender Deprivation und Traumata im frühen Leben funktionieren. In diesem Sinne sind Endorphine für den Ursprung des Unbewußten verantwortlich; das Unbewußte könnte ohne sie nicht existieren. Sie lassen uns vergessen und erlauben uns, nicht nur unbewußte Urschmerzen, sondern das Unbewußte selbst zu leugnen.

Das Endorphinsystem (heute sind viele Endorphin-Arten bekannt) wird durch das unablässige Wechselspiel mit der Außenwelt immer verwickelter. Dieses schmerzkontrollierende System entwickelte sich aufgrund des Bedürfnisses, Unangenehmes und Schädliches zu vermeiden. Jetzt produziert der Körper Endorphine, die tausendmal stärker sind als das kommerziell hergestellte Morphium. Dies läßt die gewaltige Kraft der Urschmerzen erkennen, die sich im menschlichen Nervensystem niedergeschlagen haben. Ich bin der Überzeugung, daß die Endorphine genau der Aufgabe entsprechen, die von ihnen verlangt wird – das heißt, sie zeigen die Stärke der Urschmerzen an, mit denen sie sich beschäftigen müssen.

Neurotensin ist ein kürzlich entdecktes Endorphin. Wenn man das Leidensbild eines Primals betrachtet, versteht man, warum dem Körper die Herstellung einer Substanz auferlegt wurde, die sehr viel stärker ist als jede Morphium-Injektion. Die Stärke von Neurotensin gibt uns ein Vorgefühl von der unglaublichen Kraft von Urschmerz.[2]

Die Tatsache, daß die Wirkungsweise der Endorphine injiziertem Morphium ähnelt, kann am Beispiel des Naloxon, ein dem Morphium antagonistisch wirkender Stoff, illustriert werden. Naloxon versetzt einen Menschen sofort in Urschmerzen, nicht weil *es* schädlich ist, sondern weil es die Verdrängung aufhebt und Urschmerz an die Oberfläche läßt. In diesem Sinne ist Naloxon ein Wirkstoff des Bewußtseins. Die Endorphin-Forschung unterstützt stark die Annahme, daß eine strukturelle Ähnlichkeit zu Morphi-

2 Vor kurzem wurde ein weiterer körpereigener Schmerz-Killer entdeckt, Dynorphin. Er ist 700mal stärker als Enkephalin, 200mal stärker als Morphium und 50mal stärker als Beta-Endorphin. Je mehr wir entdecken, desto mehr erkennen wir, daß unsere Biologie stark schmerzorientiert ist und daß ein großer Teil unserer Biochemie nicht viel mehr ist als ein schmerzstillender Verbund, der für Verdrängung sorgt.

um besteht, und weist darauf hin, daß Urschmerz ein Anlaß zur Selbstinjektion von Morphium ist.
Fast alle Schmerz-Killer, seien es Tranquilizer, Alkohol oder Barbiturate, bedienen sich der gleichen Mechanismen, um die Produktion von Endorphin in Gang zu bringen. Alkoholentzug kann mit Tranquilizern und sogar Heroin behandelt werden, während andererseits Heroinentzug mit Alkohol behandelt werden kann. Es geht in jedem Fall darum, Urschmerz abzutöten. Deutlich erkennbar ist auch die enge Beziehung zur Sucht, sei es Alkohol, Aspirin, Heroin, Tranquilizer oder Schlaftabletten. Sie bezwecken alle das gleiche. Die grundlegende Behandlung jeder Sucht kann deshalb nur in einer Befreiung des Körpers von Urschmerz gefunden werden – der an erster Stelle die Ursache der Einnahme von Schmerz-Killern ist. Menschen, die »nur ein bißchen nervös« sind, die Tranquilizer zur Beruhigung nehmen, sollten wissen, daß *Urschmerz* ihr Problem ist.
Der schwedische Pharmakologe Lars Terenius entdeckte, daß Patienten, die unter emotionalem Schmerz leiden, mehr Endorphine produzieren als Patienten, die unter physischen Schmerzen leiden.[3] Emotionaler Schmerz ist real und physisch häufig intensiver als »körperlicher Schmerz«. In Terenius' Analysen hielten die Menschen mit emotionalem oder psychischem Schmerz weniger physischen Schmerz aus. Ihr Körper war überreaktiv, produzierte mehr Schmerzunterdrücker. Der Körper unterscheidet nicht zwischen physischem und emotionalem Schmerz, wenn es darum geht, ihn zu verarbeiten. Wir fühlen uns gefühlsmäßig schlecht, wenn wir körperlich verletzt sind, und wir leiden physisch, wenn wir emotionale Qualen erdulden. Auf Verletzungen, gleich welchen Ursprungs, haben wir nur eine Reaktion.
Sogar psychosomatische Beschwerden beruhen auf einer physischen Störung, auch wenn man das, worüber sich die Patienten beklagen, nicht auf einer Röntgenaufnahme entdecken kann. Ärzte handeln, als sei psychosomatischer Schmerz real, auch wenn sie nicht daran glauben. Das beweist die Tatsache, daß sie ihren Patienten häufig Tranquilizer geben, die nicht viel mehr sind als (Ur-)Schmerz-Blocker. Selbst wenn Ärzte glauben, daß sie »nur die Nerven des Patienten beruhigen«, tragen sie in Wirklichkeit

3 Vortrag auf dem Second World Congress on Pain, Montreal, August 1978.

dazu bei, die Übermittlung der Schmerz-Botschaft durch die Nervenbahnen herunterzudrücken.[4]

Es gibt mindestens sieben Endorphin-Arten. Zwei von ihnen scheinen in entgegengesetzten Richtungen zu funktionieren, das eine ist Leucin, (»Leu«)-Endorphin, das andere Methionin, (»Meth«)-Endorphin. Leu-Endorphin dient der Übermittlung von Urschmerz. Es ist im Übermaß bei Psychotikern zu finden; es dient dazu, Schmerz zu übermitteln, und verstärkt und begünstigt dadurch den psychotischen Prozeß. Meth-Endorphin ist in der entgegengesetzten Richtung tätig und hat schmerzstillende Funktionen. Es »tötet« (stumpft) Urschmerz ab. Andere wichtige biochemische Systeme arbeiten mit den Endorphinen zusammen, um entweder Urschmerz zu übermitteln oder zu hemmen. Das Dopamin-System könnte mit dem Leu-Endorphin zusammenarbeiten, um das Limbische System anzuregen und die Schleusen zum Urschmerz zu »öffnen«. Diese Systeme lösen das Leiden aus. Patienten mit Nierenproblemen, die eine Hämo-Dialyse (eine Art Blutreinigung) erhalten, verloren vorübergehend ihre psychotischen Symptome, wenn Leu-Endorphin ausgeschaltet wurde, was ein Hinweis darauf sein kann, daß die Auslösung von Urschmerz für die Psychose entscheidend ist und daß er sowohl im Blut als auch im Gehirn vorhanden ist. Es ist, mit anderen Worten, buchstäblich möglich, die Psychose aus dem Blutkreislauf herauszuwaschen, wenngleich auch nur vorübergehend. Diese Forschungen bieten uns wichtige Anhaltspunkte für die Beziehung zwischen Urschmerz und Psychose und für die Schlußfolgerung, daß »Geisteskrankheit« organisch, im ganzen Organismus vorhanden ist.

Immer mehr Anzeichen deuten darauf hin, daß ein Trauma im frühen Lebensalter die Endorphine in die eine oder andere Richtung aus dem Gleichgewicht bringt, so daß wir entweder zuviel oder zu wenig spezifische Arten von Schmerz-Abstumpfern haben.

Während der frühen Entwicklung sind Hirnzellen in der Lage, bei der Wahl ihrer neuralen Transmitter zu variieren, wenn sie einer bestimmten Umwelt ausgesetzt werden.[5] Es gibt Hinweise dafür, daß die Umwelt eine bestimmte Art der Gehirnstruktur und -funktion aufbaut, die sich spezifischerweise mit eben dieser

4 R. F. Squires Arbeit in Kopenhagen weist darauf hin, daß sich radioaktiv gemachtes Valium »an höchst spezifische Opiat-Rezeptor-Stellen (in Tiergehirnen) bindet«.

5 *Science,* 26. Oktober 1979; Rezension von Jean Marx.

Umwelt beschäftigt. Mit anderen Worten, das biochemische Gleichgewicht im Gehirn kann permanent verändert werden und hängt von den frühen Lebenserfahrungen ab. Jemand kann zuviel oder zu wenig Leu-Endorphin oder Meth-Endorphin haben. Wenn es sich um ein starkes Ungleichgewicht handelt, das hinausgezögert wird, kann später eine Psychose die Folge sein. Im Gehirn von Psychotikern sind zum Beispiel viel mehr Dopamin-Rezeptoren. Wo mehr Urschmerz ist, muß es auch mehr Stellen geben, wo er »aufgenommen« werden kann.

Anhaltspunkte dafür, warum Schizophrene im Übermaß über Dopamin-Rezeptoren verfügen, geben uns die Arbeiten von Morpurgo und Spinelli. Wenn das Leben von Anfang an außergewöhnlich schmerzhaft ist, wird eine große Menge aktivierender Neuro-Transmitter nötig, die bei Erregung intervenieren. Es kommt zu einer Hyperreaktivität und einem größeren Empfindungsvermögen gegenüber jeder Art von Reizen. Zu finden sind diese Dopamin-Rezeptoren in signifkantem Ausmaß im Vorderhirn, wo Vorstellungen entstehen, und im Limbischen System, wo Emotionen verarbeitet werden. Dies könnte erklären, warum der paranoide Psychotiker auf Vorstellungen als letzten Zufluchtsort der Abwehr zurückgreift. Eine Morphiuminjektion unterdrückt diese »Vorstellungsfähigkeit« auf der Stelle – dies wiederum ist ein deutlicher Hinweis auf die Beziehung zwischen Urschmerz und psychotischem Vorstellungsvermögen.

Die Signifikanz des frühen Traumas, das Neurose und Psychose nach sich zieht, wird durch neue Experimente von Clara Torda illustriert.[6] Sie führte eine Reihe von Experimenten mit Rattenjungen durch und stellte fest, daß stressende Erfahrungen während des frühen postnatalen Lebens einen signifikanten Anstieg der Opiat-Rezeptor-Systeme zur Folge haben. Das zeigt, daß diese Traumata die Gehirnstruktur (vorzeitige Entwicklung von bei Schmerz intervenierenden Zellen) und ihre Chemie (die Menge der zirkulierenden Endorphine) veränderten. Früher Urschmerz zieht die Neuro-Maschinerie in Mitleidenschaft und schafft die Bedingungen für spätere Abnormität. Dies bedeutet, daß anomales Erwachsenenverhalten das Resultat schwerer Traumata während des intrauterinen und frühen postnatalen Lebens sein kann. »Emotionaler« Streß wird als Urschmerz verarbeitet.

6 Clara Torda, »Effects of Recurrent Postnatal Pain-Related Stressful Events on Opiate Receptor Endogenous Ligan System«, *Psychoneuroendocrinology,* 1978, 3, S. 85–91.

Die schmerzhaften Erfahrungen der Tiere hatten ein Hirnsystem mit einer größeren Anzahl von Opiat-Rezeptoren zur Folge. Obwohl Torda mit Tieren arbeitete und ihre Befunde noch nicht im gesamten Umfang auf den Menschen übertragbar sind, liegen die Implikationen auf der Hand. Die umgekehrte Argumentation heißt, daß eine erhöhte Anzahl von Opiat-Rezeptoren im menschlichen Gehirn auf das Vorhandensein früher Traumata hinweist. Vielleicht haben aus diesem Grund Psychotiker doppelt so viele Dopamin-Rezeptoren im Limbischen System wie normale Menschen.

Man hat bei Tieren mit Amphetamininjektionen Psychosen hervorgerufen (am Albert Einstein College of Medicine). Die Tiere verhielten sich tatsächlich »verrückt« – sie liefen hin und her, rannten sich die Köpfe ein und bewegten sich in stereotypen, sich wiederholenden Mustern, richteten sich fortwährend auf und so weiter. Bei der Autopsie entdeckte man in ihren Gehirnen einen viel höheren Dopamin-Wert. Was noch entscheidender ist: Vor der Verabreichung des Amphetamins wurden die Tiere mit einem Summer konditioniert. Jene Tiere, die später nur dem Summer ausgesetzt wurden, hatten immer noch höhere Dopamin-Werte im Gehirn. Kurz gesagt, veränderten psychologische Faktoren die Biochemie der Tiere mit der gleichen Gewißheit, als hätten sie Injektionen erhalten.

Amphetamine wirken hauptsächlich dadurch, daß sie die Sekretion von Noradrenalin und Dopamin auslösen, die beide das Gehirn aktivieren. Einen vertrauten Typ der Amphetamin-Psychose finden wir bei Menschen, die sich zuviel »Speed« (Aufputschmittel) einverleiben. Drogen, die die Endorphinproduktion fördern, können diese Art von Psychose aufheben.

Die Tatsache biologischer Veränderungen im Gehirn als Folge früher Traumata ist deshalb so wichtig, weil der Organismus durch ungünstige Ereignisse hyperaktiv gemacht werden kann, sich diese Hyperaktivität einprägt und das Gehirn in entsprechender Weise verändert. Das kann sich mit psychischen Faktoren vermischen und eine aggressive, extrovertierte Persönlichkeit hervorbringen. Die aggressive Persönlichkeit wiederum bedarf des Übergewichts der einen oder anderen biochemischen Substanz, und damit hat sich der Kreis geschlossen. Es ist nicht einfach so, daß der Organismus erregt ist, sondern daß sich das Gehirn verändert hat. Und das hat Einfluß darauf, zu welcher Art von Persönlichkeit man wird.

Die Einprägung beeinflußt die gesamte Physiologie, nicht nur das Hirnsystem. Deshalb kann es eine eingravierte Tendenz zu hohem Puls und hyperkinetischem Verhalten geben. Diese physiologische Veränderung kann in Verbindung mit einer bestimmten sozialen Umwelt große Triebstärke, gesteigerte Libido und eine Vielzahl psychischer Begleiterscheinungen nach sich ziehen. Sie kann auch zu »Draufgängertum« führen oder sogar bei Ehrgeiz eine wichtige Rolle spielen, denn Ehrgeiz impliziert, abgesehen von seinen psychischen Komponenten, eine bestimmte Energie oder Antriebsmotivation, die einen Menschen vorantreibt. Solche Charakteristika können, so befremdend es erscheinen mag, von einem massiven Geburtstrauma herrühren, das eine allgemeine Hyperaktivität ausgelöst hat. Offensichtlich spielen bei all diesen Dingen auch soziale Faktoren eine Rolle. Doch kann der grundlegende Anstoß dazu schon aus dem sehr frühen Leben stammen.

Serotonin produzierende Zellen stellen eine Gegenkraft zu Dopamin dar. Serotonin schließt die Schleusen, die von Dopamin geöffnet werden. Durch eine Förderung der Endorphinproduktion trägt es zur Unterstützung der Verdrängung bei.[7] Chronischer Streß senkt den Serotoninspiegel im Gehirn besonders an den Stellen, an denen schmerzvolle Erinnerungen gespeichert sind – in Kortex und Hippokampus.[8]

Das Serotoninsystem funktioniert im Gleichgewicht mit Katalysatoren wie zum Beispiel Noradrenalin und Dopamin. Ein niedriger Serotonin- und ein hoher Dopaminspiegel machen Tiere viel aggressiver. Menschen mit niedrigem Serotoninspiegel sind am ängstlichsten; oder vielleicht führt Ängstlichkeit bei Menschen zu niedrigem Serotoninspiegel.

Im gewöhnlichen Verlauf der Ereignisse sorgt das Endorphinsystem dafür, daß wir nicht bewußt werden.[9] Unter großem Streß ist es jedoch möglich, daß Urschmerz sich mit gespeicherten

7 Eine wichtige Studie der UCLA von Leibeskind dokumentiert diesen Sachverhalt. Eine neuere Untersuchung von Federigo Sicuteri, Universität von Florenz, ergab einen Serotoninmangel im Hirnstamm bei Migränepatienten.

8 Es ist jetzt ausreichend nachgewiesen, daß der Migräne-Schmerz mit einem Abfall von L-Trytophan (dem Vorboten von Serotonin) verbunden ist und daß die Verabreichung von L-Tryptophan Kopfschmerzen mildert. Anders ausgedrückt heißt das, wenn der Druck der Urschmerzen überstark wird, kann es zu Kopfschmerzen kommen, denen mit chemischer Unterstützung des Verdrängungsprozesses abgeholfen werden kann.

Urschmerzen verbindet und es da durch eine Überlastung des Endorphinsystems zu einem bewußten Angsterlebnis kommt. Wenn unser Reservoir gespeicherter Urschmerzen bereits einen hohen Stand erreicht hat, braucht es nicht viel, um das Endorphinsystem zu überlasten.

Ein Urschmerz verursacht normalerweise noch keine Neurose. Es ist die Akkumulation vieler Urschmerzen, die schließlich die gewöhnlichen Kompensationsmechanismen überlastet und permanente Funktionsveränderungen hervorruft – vor allem daran können wir die Existenz der Neurose erkennen.

Beta-Endorphin, das als Schmerz-Killer achtundvierzigmal stärker ist als Morphium, wird gleichzeitig mit dem Streßhormon ACTH abgesondert. Die Bedeutung dieses Ausstoßes liegt darin, daß beide *ungeachtet der Art von Streß* gleichzeitig freigesetzt werden. Beta-Endorphin ist bei der Behandlung starker Krebsschmerzen erfolgreich eingesetzt worden und hat sich auch bei der Behandlung von Psychosen und Depressionen als nützlich erwiesen.

Eines der Verfahren zur Erzeugung von Beta-Endorphin ist die Gehirnimplantation. Elektroden schießen Strom in bestimmte Bereiche des Gehirns, was zur Beta-Endorphinproduktion anregt und den Urschmerz dämpft. Dieser Vorgang hilft uns zu verstehen, wie jemand, der von Urschmerz überschwemmt wird – elektrische Impulse –, den Eindruck erwecken kann, »tot« zu sein, nichts zu fühlen. Es ist, als ob gespeicherte Traumata fortwährend endogene Schmerz-Unterdrücker stimulieren, um uns nichts fühlen zu lassen.

Beta-Endorphin reguliert, wie auch andere Endorphine, die Körpertemperatur. Demerol, Percodan und andere ähnliche Urschmerz-Killer senken die Körpertemperatur. Fortgeschrittene Primärpatienten scheinen über eine ausreichende Endorphinmenge zu verfügen, die mit dem verringerten Maß an Urschmerzen im

9 Tranquilizer wie Thorazin blockieren Dopamin und verringern damit Zwangsvorstellungen und Erregung. Eines der Zersetzungsprodukte des Alkohols ist eine morphinähnliche Substanz. Deshalb scheint es wahrscheinlich, daß Menschen mit unzulänglicher biologischer Schleusung trinken, um ihr Schleusungssystem zu verstärken. Der Blutkreislauf im Frontalbereich des Gehirns, der sich mit Hemmung befaßt, verringert sich. Auf diese Art senkt Alkohol sowohl Empfindung als auch Bewußtsein von Urschmerz. Es könnte sein, daß das Endorphinsystem ständig auf niedriger Stufe arbeitet, um uns unserer Urschmerzen unbewußt und uns irgendwie entspannt zu machen. Unter Streß erhöht sich der Ausstoß.

Organismus fertig wird und damit auch die Körpertemperatur senkt.[10]

Wir alle haben schon gehört, daß man zu einem Menschen, der sehr erregt ist, sagt: »Jetzt kühl dich mal ab!« Anscheinend kann man das im wahrsten Sinne des Wortes. Menschen mit Endorphinmangel sind heißer, haben eine höhere Körpertemperatur.

Genau aus diesem Grund haben Psychotiker fast immer eine erhöhte Körpertemperatur. Dies, zusammen mit der Tatsache, daß sie fast keine normalen Phasen des Tiefschlafs haben, läßt vermuten, daß der konstant niedrige Stand der zur Verdrängung führenden Endorphinreserven in Beziehung zum Ausmaß an Urschmerzen im Organismus steht. Menschen mit mangelhafter Endorphinversorgung fühlen sich oft niedergedrückt und vernichtet, weil der Urschmerz durchbricht.[11]

Wenn wir unser Interesse nur auf eines der Endorphine richten, um die »Ursache« von Geisteskrankheiten herauszufinden, sehen wir in die Irre, weil Urschmerz ein *organismisch verschlüsseltes Ereignis* ist, das den *ganzen* Organismus, jedes Subsystem auf eigene Art und Weise verändert. Ich habe mich auf die Endorphine konzentriert, hätte aber ebenso gut andere Systeme in den Blickpunkt rücken und auffällige Veränderungen aufzeigen können. Die Veränderungen sind, so glaube ich, Begleiterscheinungen, keine Ursachen.

Fast jeden Monat werden neue Endorphin-Arten entdeckt, jede spielt eine andere Rolle und hat eine andere Funktion; sie verdanken ihr Vorhandensein der Tatsache des Urschmerzes. Ihre Wichtigkeit liegt darin, daß sie uns die *herausragende Rolle des Urschmerzes bei einer Vielzahl von Krankheiten* mitteilen. Sie zeigen uns, daß die Auflösung von Urschmerz die unabdingbare Voraussetzung von Genesung und Gesundheit ist.

10 *Science News,* 17. September 1977, S. 182; 25. November 1978, S. 135.

11 Vor kurzem hat Seymour Ehrenpreis von der Chicago Medical School eine Droge entwickelt, »DPA«, die bestimmte Enzyme daran hindert, Endorphine aufzuspalten. DPA verschafft, nach nur zwei Tagen der Verabreichung, eine deutliche Linderung der Urschmerzen, die bis zu einem Monat anhält. Ehrenpreis glaubt, daß die Langzeitwirkung das Resultat einer langfristigen Anhebung des Endorphinspiegels im Gehirn ist. DPA führt zur Entwicklung langfristiger Schmerzlosigkeit ohne Entzugs- oder Suchterscheinungen, weil es das körpereigene Morphinsystem manipuliert.

2. Glaubensvorstellungen als Opiate

Abwehr blockiert Urschmerz; dies geschieht durch das Endorphinsystem. Nimmt man die Abwehr weg, leidet der Patient unter Entzugserscheinungen seiner Neurose. In diesem Sinne ist der Neurotiker abwehr-süchtig. In der Primärtherapie eine Abwehr zu verhindern hat den gleichen *biochemischen* Effekt wie die Verabreichung einer Naloxon-Injektion. Beide rufen das sofortige Bewußtsein von Urschmerz hervor.

Der Grund, warum der Neurotiker von seinen Abwehrformen abhängig ist, liegt darin, daß sie dazu beitragen, ihn sich selbst gegenüber unbewußt zu halten, und daß seine Empfindungen denen gleichen, die er nach einer Morphiuminjektion hätte. Ein Mensch mit Urschmerzen bekommt eine Dosis Morphium – nur wird sie innerlich, von den hypothalamisch-hypophysären Strukturen injiziert. Wenn der Schmerz beträchtlich ist, wird Beta-Endorphin hergestellt und der Patient verabreicht sich eine große Dosis dieses Schmerz-Killers.

Bestimmte Drogen, wie Tranquilizer, verändern Vorstellungen radikal. Zum Beispiel können Schmerz-Killer bei psychotischen Zuständen innerhalb von Minuten aus einer bizarren Vorstellung einen ziemlich normalen Gedanken machen.

Das beste Beruhigungsmittel der Welt ist eine Glaubensvorstellung. Glaubensvorstellungen sind nicht *wie* Opiate – sie *sind* Opiate. Wenn jemand sagt: »Du bist wirklich gut«, »Wir kümmern uns um dich« oder »Wir stehen hinter dir«, ist das eine beruhigende Vorstellung. Sie gelangt ins Gehirn, erlangt Bedeutung, wird in einen biochemischen Prozeß umgewandelt (zweifelsohne der Endorphin-Morphium-Art) und unterdrückt schließlich den Urschmerz. Der Mensch mag subjektiv nicht glauben, daß er leidet – weil genau jene Vorstellungen es ihm erlauben, sich ein wenig besser zu fühlen. Ein Mensch, der besänftigende Worte sagt, wird normalerweise geliebt und bewundert – er ist in der Tat der »Schuß«. Man kann von einem solchen Menschen genauso abhängig werden wie von jeder Substanz, die wirkungsvoll Schmerz stillt. Der Mensch, die Behaglichkeit und Wärme, die er vermittelt, die Hoffnung, die

er bietet und *seine Vorstellungen* werden am Ende alle zu physischen Schmerzmitteln.
Jede Vorstellung, die den Anschein erweckt, Bedürfnisse zu befriedigen, wirkt als Tranquilizer unbewußten Urschmerzes. Wenn jemand einem sagt: »Du bist total unfähig«, »Du bist wirklich allein in dieser Welt und keiner kümmert sich um dich«, wird genau das Gegenteil erreicht. Gespeicherter Urschmerz wird ausgelöst, dringt an die Oberfläche und der Mensch wird sich seines Leidens deutlich bewußt. Lob zu hören ist nicht nur Musik in den Ohren, sondern auch chemische Substanzen im Gehirn.
Lob und Ermutigung sind sehr präzise biochemische Instrumente. Darin liegt der Reiz von EST (Erhard Seminar Training) und anderer Methoden. Sie sprechen unbefriedigte Bedürfnisse an. Menschen mögen die Wahrheit über sich nicht hören, denn Wahrheit bedeutet normalerweise Urschmerz. Lügen sind viel angenehmer, und wenn man es nach der Popularität verschiedener (ur-)schmerzloser schneller Therapieformen beurteilt, auch viel attraktiver.
Die Tatsache, daß Vorstellungen beruhigen, indem sie die Endorphinproduktion begünstigen, zeigt, wie geistige Abwehr funktioniert. Rationalisierungen wie »Das sind ja sowieso bescheuerte Leute«, »Gott wird mich schützen und über mich wachen«, »Ich wollte den Job ja sowieso nicht«, folgen den kortikalen Bahnen, wo sich Vorstellungen aufbauen, hinunter zur Hypothalamus-Hypophysen-Achse, wo der Urschmerz und seine Verdrängung organisiert werden, um dort die Verletzung zu unterdrücken. Die Vorstellungen begegnen den alten Qualen der Ablehnung, Erniedrigung oder der Kritik. Das heißt, sie blockieren die unteren Ebenen, auf denen diese Feelings organisiert sind und verarbeitet werden. Und wie mächtig Vorstellungen sein können! Marx hatte nicht unrecht, als er sagte, Religion (eine Reihe von Glaubensvorstellungen) sei Opium für das Volk. Es gibt kaum einen Ersatz für eine gute religiöse oder mystische Vorstellung oder eine politische Philosophie als Betäubungsmittel. Ein Bewerber sagte mir: »Ich habe Angst, durch diese Therapie meine Religion zu verlieren. Wissen Sie, sie ist nicht nur eine Abwehr, sie enthält auch universelle Wahrheiten«. Ich erklärte ihm, daß das, was wahr sei, auch wahr bleiben würde. Wir lösen nur den Urschmerz heraus, und die Vorstellungen, die sich auf ihm aufbauen, zerbröckeln.

Die Hinweise darauf, daß Vorstellungen und Glaubensansichten Betäubungsmittel sein können, häufen sich. Dr. Howard Fields von der University of California in San Francisco führte Experimente mit Patienten in zahnärztlicher Behandlung durch, um zu zeigen, daß psychische Faktoren die Endorphinproduktion auslösen können.[1]

Eine Gruppe erhielt Zuckerpillen (Placebos), es wurde ihnen aber gesagt, es handele sich um starke Schmerztabletten. Ein Drittel der Patienten berichtete von einer Abnahme der Schmerzen. Doch nach einer Naloxoninjektion verschwanden die Auswirkungen der Placebos, was darauf hindeutet, *daß es die damit verbundenen Vorstellungen waren, welche die Endorphinproduktion ausgelöst hatten.* Patienten, die kein Nachlassen der Schmerzen berichtet hatten, blieben von dem Naloxon unbeeinflußt. Die Forscher versicherten, daß Endorphinproduktion die beste Erklärung für ihre Resultate sei. *Diese höchst wichtige Untersuchung zeigt, daß psychische Faktoren, Erwartungen, Hoffnungen und Vorstellungen Urschmerz auf die gleich biochemische Art stillegen können, wie es bei injiziertem Morphium der Fall ist.* Wir sehen hier auch, wie Hypnose funktionieren könnte. Jemand füttert den Organismus mit Vorstellungen, und der Mensch fühlt keinen Nadelstich oder die Hitze eines Streichholzes mehr.

Die neuere Forschung läßt darauf schließen, daß man mit einer Injektion Vorstellungen umkehren kann. Jemand, der das Gefühl hat: »Mir geht's super. Ich fühle mich entspannt. Mit meinem Leben stimmt alles«, braucht nur eine Naloxoninjektion, und schon denkt er: »Das ist doch eine Scheißwelt, ich fühle mich elend.« *1984* ist schon da.

Aus all dem Gesagten ergeben sich Folgerungen für Suggestions-Therapie, wie etwa direktives Tagträumen, Imagery-Therapie, Hypnose und auch direkte Suggestionen durch einen Therapeuten. In einigen dieser Therapieformen wird der Patient gebeten, sein Problem zu diskutieren und sich eine Lösung vorzustellen. Hinterher fühlt er sich häufig besser. Ihm wird nicht klar, daß es sich um eine vorgestellte, eingebildete Lösung eines realen Problems handelt, weil er sich ja wirklich besser fühlt; die Vorstellungen und Einbildungen sind zu biochemischen Agenten geworden, die den Urschmerz unterdrücken. Was mich bei all diesem ärgert, ist das Alice-im-Wunderland-Gefühl – angesehene

1 Report auf dem Second World Congress on Pain, Montreal, August 1978.

Therapeuten stellen imaginäre Lösungen zur Verfügung und glauben, sie würden dem Patienten damit helfen. Genau das kommt häufig in der Verhaltens- oder Konditionierungstherapie vor, in die ein Patient mit, sagen wir, Höhenangst kommt. Er wird gebeten, sich Höhe vorzustellen, und ihm wird erklärt, daß es ja wirklich nichts zum Fürchten dabei gäbe. Es handelt sich um einen differenzierten Prozeß, der »Desensibilisierung« genannt wird, aber am Schluß steht auch hier die alte imaginäre Lösung. Vorstellungen und Einbildungen, die durch den desensibilisierenden Therapeuten zur Verfügung gestellt werden, wirken durch die Steigerung des Endorphinausstoßes der großen Angst des Patienten entgegen. Aber das ist natürlich nur ein zeitlich begrenztes Beruhigungsmittel.

Biofeedback ist ein weiteres Beispiel dafür, wie Glaubensvorstellungen als Betäubungsmittel wirken können. Dabei wird der Patient gebeten, mit Hilfe entweder bestimmter Gedanken oder bestimmter Imaginationen seine Hirntätigkeit auf einem Bildschirm sichtbar zu machen. Wenn er sein Gehirn in die sogenannte »Entspannungs-Zone« bringt, meint er, sich besser zu fühlen. In diesem Sinne sollte sich der Patient »besser« fühlen. Aber auch hier verändern Vorstellung und Imagination die (Ur)Schmerzschwelle. Wenn der Patient ein bestimmtes Bild auf dem Schirm sieht, fängt sein Körper an, sich zu entspannen. Was tatsächlich passiert ist, daß er seine Hirnwellen auf eine bestimmte Ebene gebracht hat, auf der er Urschmerz wirksam unterdrücken kann.

Die Injektion von Glaubensvorstellungen geschieht aber nicht nur in der direktiven Suggestions-Therapie. Die Psychoanalye bewerkstelligt mit ihren Einsichten das gleiche. Es ist nicht die Frage, was die Einsicht ist, sondern vielmehr, ob es sie als Tatsache überhaupt gibt und ob es nicht eine Annahme ist, die mit Wärme, Intelligenz und Bedeutsamkeit angeboten wird, um den Schmerz abzustellen. Jede rationale Erklärung führt dazu, daß man sich besser fühlt. Aus diesem Grund kann das Gehirn überhaupt rationalisieren. Die Fähigkeit zur Vernunft ist in sich hemmend oder verdrängend. Daher tragen die gutgemeinten Angebote von Einsichten und Erklärungen des Psychoanalytikers im wesentlichen zur Verdrängung bei. Und je besänftigender seine Worte sind, je mehr Gewicht und Autorität sie haben, desto eher können sie sich in Morphium verwandeln. Der Patient bekommt die Injektion nicht mit der Nadel, sondern mit dem Mund.

Die Akupunkturforschung hat gezeigt, daß diejenigen, denen man am besten helfen kann, auch am besten zu beeinflussen sind. Im allgemeinen geht es ihnen aus zwei Gründen besser. Erstens bewirkt Akupunktur eine Überlastungssituation durch konstante und exakte Reizung von Nervenzellen auf großen Flächen des Körpers. Das steigert den Endorphinausstoß und führt zur Unterbrechung des Urschmerzes, was dem Organismus eine Ruhepause und eine Wiedererlangung der Kräfte erlaubt. Der zweite Grund ist die bloße Erwähnung einer Wunderkur: Jemanden mit Nadeln vollzustecken, um eine Krankheit zu beseitigen, ist ein Vorgang, der endogene Opiate produziert.[2] Man muß die Nadeln nicht einmal an den klassischen Akupunkturpunkten ansetzen, um jemanden gesund werden zu lassen. Forschungen lassen erkennen, daß es nur erforderlich ist, jemanden ausreichend zu punktieren, um Verdrängungskräfte gegen Urschmerz zu beleben.[3] Die sogenannten Akupunkturpunkte sind möglicherweise doch nicht so spezifisch.[4]

Glaubensvorstellungen werden nicht nur in der Psychotherapie als Schmerz-Killer eingesetzt. Vorstellungen können ebensogut auch politische oder religiöse sein. Der Inhalt ist nur insofern wichtig, als er tröstet und Rettung bietet. Hauptsache ist, daß man irgendeinen Glauben hat, an den man sich klammern kann. Der Mensch begreift in den seltensten Fällen, daß er sich an etwas klammert; er glaubt, daß er sich für das Thema, sei es philosophischer oder therapeutischer Natur, interessiert. Je mehr Hoffnung diese Glaubensvorstellungen bieten, desto besser, Hoffnung macht sie zu noch stärkeren Schmerzmitteln. Die Bedeutung irrealer Hoffnung erklärt sich aus ihrer Urschmerz-Unterdrükkung. Dieses Phänomen kann die Heilungen durch Gesundbeter und Mystiker erklären. Es macht verständlich, warum »Handauflegen« tatsächlich eine Heilung von Symptomen bewirken kann. Die *Hoffnung* der Verzweifelten auf Hilfe ist die magische Zutat. Obwohl sie sich dessen nicht bewußt sind, sind *sie* es, die über die magische Kraft verfügen. Ihre Hoffnungen und ihre den

2 Auswirkungen der Akupunktur können mit dem Morphin-Antagonisten Naxolon umgekehrt werden, was wiederum darauf hinweist, daß Akupunktur hauptsächlich über das Endorphinsystem wirksam ist.

3 Vgl. dazu *Journal of Pain*, Ghia, J. et al., »Acupuncture and Chronic Pain Mechanisms«, Bd. 3, September 1976, S. 285–99.

4 Vgl. *Science News*, 20. November 1976, S. 324. Siehe auch den Artikel von Solomon Snyder in *Scientific American*, März 1977, Bd. 236, Nr. 3.

Urschmerz stillenden Kräfte werden von den sogenannten Heilern mobilisiert.
Deshalb erfreuen sich die Geschäftemacher mit der Hoffnung auch eines so außergewöhnlichen Einflusses auf andere. Wenn jemand hoffnungsvolle Glaubensvorstellungen anzweifelt, wird man ihm selten Gehör schenken, denn die Schwächung der Hoffnung liefert den Menschen schutzlos seinem Urschmerz aus.
Hoffnung, Zuversicht und Glaube sind die grundlegenden Formen biochemischer Prozesse. Hoffnung trägt dazu bei, die biochemische Unversehrtheit des Organismus zu erhalten, und ermöglicht das Weiterfunktionieren.

Gehirnwäsche als Schmerzwäsche

Die Gehirnwäsche ist ein weiterer Fall des Gebrauchs von Glaubensvorstellungen als Opiat, das heißt, bestimmte Vorstellungen, die einem Menschen injiziert werden, können ihn dazu bringen, sein Denken radikal und permanent zu ändern. Er mag dann an Sachen glauben, die er nicht wirklich glaubt und Überzeugungen annehmen, die seiner Erfahrung widersprechen. Gehirnwäsche kann viele Gesichter haben. Sie kann sich in der Kindertagesstätte, dem Kindergarten, der Kirche oder zu Hause abspielen – nur wird es nicht Gehirnwäsche genannt, sondern Erziehung, und zwar deshalb, weil die Vorstellungen als für den Menschen gut und in seinem eigenen Interesse liegend angesehen werden. Gehirnwäsche bleut Vorstellungen ein, die dem Interesse des Menschen zuwiderlaufen und nichtsdestoweniger blind angenommen werden.
Was ist so mächtig, daß es normale intelligente Menschen dazu bringt, ihre Urteilskraft aufzugeben und einer Aufforderung wie dem Horror von Jonestown blindlings zu folgen?
Die gängige Auffassung ist, daß die Anhänger von Jim Jones einer »Gehirnwäsche unterzogen« wurden. Das stimmt, doch selbst differenzierte Studien zur Gehirnwäsche gehen selten über Verhaltensbeschreibungen hinaus, so daß der Begriff immer noch eine unbestimmte, metaphorische Bedeutung hat. Gehirnwäsche hat in Wirklichkeit eine ganz präzise Bedeutung, ihr liegt ein spezifisches psychologisches Muster zugrunde.

Um einen Menschen einer Gehirnwäsche unterziehen zu können, ist zweierlei nötig. Zuerst muß man den Menschen verletzlich machen, indem man seine Abwehr mildert, die ihn normalerweise vor seinem inneren Leiden schützt. Das heißt, man muß ihn gegenüber physischem oder psychischem Schmerz öffnen. Zweitens muß man ihm die Möglichkeit bieten, sein Leiden zu beenden, was gewöhnlich die Annahme eines bestimmten Bündels von Einstellungen, Werten und Verhaltensweisen einschließt, die den Führenden gefallen. Menschen, die sich Bewegungen wie Jonestown oder Hare Krishna anschließen, sind bereits bewußt oder unbewußt in einem Leidenszustand. Das Leben hat sie verletzlich und unglücklich gemacht.

Ein Modell für Gehirnwäsche finden wir in bestimmten Fällen von Hypnose. Hier wird mit dem freiwilligen Einverständnis des Menschen die dritte Ebene »weggeschwemmt« und neue Glaubensprogramme injiziert oder eingeflößt. Diese Vorstellungen werden dann wirksam und können das Verhalten für Wochen oder gar Monate lenken. Die Vorstellungen brauchen überhaupt nicht rational zu sein, so zum Beispiel die Vorstellung, daß jemandem beim Rauchen immer übel wird. Der Hypnose-Patient gibt freiwillig seine Einwilligung zu diesem Ablauf.

Paradox an einem Menschen, der sich einer »Gehirnwäsche-Bewegung« oder einem Kult anschließt, ist der Umstand, daß er eigentlich seiner inneren Realität sehr nahe ist. Unter völlig anderen, nicht-autoritären Umständen könnte er sich mehr auf seine Feelings einlassen, über sie weinen, ihnen Ausdruck geben und sie auflösen. Er könnte schrittweise *mehr* in Berührung mit sich selbst kommen, seine Einsichten und seine gegenwärtige Realität erleben.

Doch diese Art von Lösung streben Gehirnwäscher und andere autoritäre Gestalten nicht an. Sie wollen und erreichen das genaue Gegenteil. Ihre Reaktion auf einen leidenden Menschen ist, ihm ein Glaubensbekenntnis, Bezeugungen von »Liebe« und ein vorgefertigtes Dogma zu geben und ihm eine Umwelt zu verschaffen, die ihm *Erleichterung* von den ihn bedrohenden Gefühlen der Deprivation verspricht. Der Mensch wird in die Nähe seines inneren Leidens geführt und erhält dann die »Lösung«, die ihm den Urschmerz nimmt. Für seine eigene *bekommt* er eine Ersatzrealität. Er ist froh darüber, die Ersatzrealität der Gruppe zu übernehmen. Das schreckliche Leiden ist aus seinem Gehirn gespült, doch auch die Wahrheit seines eigenen Lebens. Daß es sich wirklich um eine Urschmerz-*Wäsche* handelt, wird durch die oben erwähnte Tatsache nahegelegt, daß das durch Dialyse von Leu-Endorphin gereinigte Blut die Symptome emotionalen Leidens mildert.

Nicht nur emotionale Symptome werden gemildert, sondern auch Vorstellungen radikal verändert, ganz besonders bizarre und psychotische Vorstellungen. Diese Vorstellungen ändern sich mit der Senkung des Urschmerzpegels, und genau das bewerkstelligt auch der Kult-Führer.

Das hervorstechende Merkmal des Führers ist seine offenbar vollkommene Sicherheit. Er scheint auf alle Fragen des Lebens Antworten zu haben und teilt sie unzweideutig allen mit, die zuhören. Er läßt die Tatsache völlig außer acht, daß niemand Lösungen für einen anderen hat. Jegliche Realität hat ihre Basis in unseren eigenen Feelings und Erfahrungen. Doch der Führer ist noch weiter von den Realitäten seiner Feelings entfernt als seine Anhänger. Er ist das eigentliche, das leicht beeinflußbare Opfer, das andere anzieht, die von ihren Feelings isoliert sind, und ihnen dadurch die Möglichkeit nimmt, auf ihre eigenen Erfahrungen auch eigene Antworten zu finden. Statt dessen werden den Anhängern Antworten gegeben, sie nehmen Doktrinen an und händigen sich dem Führer-Therapeuten-Elternteil aus, der wiederum nichts anderes tut als das, was Eltern schon immer getan haben: den Kindern zu sagen, wie sie zu leben haben.

Manche Kulte, Glaubensrichtungen und selbst autoritäre Psychotherapien haben eines gemeinsam: Sie winken mit der Erfüllung unbefriedigter Bedürfnisse. Ihre Macht liegt in der Fähigkeit, nahezu jegliches Bewußtsein von Urschmerz und lebenslanger Deprivation zu beseitigen. Bedürfnis, das vom ersten Lebenstag an nie befriedigt wurde, ist die Eintrittskarte des Anhängers. Er ist fest im Griff von etwas, das viel stärker und viel älter als sein Urteilsvermögen ist. Er befindet sich in einer Matrix unbewußter, nicht aufhörender Feelings von Bedürfnissen, die ihn so naiv und verletzlich machen, wie er es als Säugling war, als er Zuneigung von seiner Mutter wünschte.

Die Bedürfnisse der Anhänger nähren die des Führers; seine unbefriedigten Bedürfnisse sind wahrscheinlich noch stärker als die des niedrigsten Mitglieds seiner Schar. Es ist kein Zufall, daß die Führer, die Faschisten und Demagogen dieser Welt, typische Produkte einer zerstörten Kindheit sind, wie auch ihre fanatischsten Anhänger. Der Führer hebt die unerträglichen Urschmerzen seines Lebens durch Kontrolle und Manipulation auf; der Anhänger findet Erleichterung darin, kontrolliert zu werden. Die nackte Verzweiflung des Führers wird offenkundig, wenn seine Macht bedroht wird – Zeugnis dafür sind Hitlers Wütereien in seinen letzten Jahren oder das immer bizarrere Verhalten von Jones.

Was Jonestown angeht, so wurde immer wieder die Frage aufgeworfen, wie etwas so Humanitäres als dermaßen ungeschminkter Faschismus enden konnte. Man geht dabei von der Annahme aus, daß Jones und seine Gemeinschaft eigentlich normal und edel waren und dann »verrückt geworden« sind.

Die Problematik dieser Annahme liegt darin, daß die Aufgabe des Selbst, des Urteilsvermögens und des Fühlens schon lange stattgefunden hatte, ehe das äußere Erscheinungsbild des Kults sich ins Bizarre verwandelte. Die am Ende demonstrierte erstaunliche Kontrolle war möglich, weil man, wie bei jedem Führer-Anhänger-Pakt, das Selbst *schon vorher* aufgegeben hatte. Modell und Vorläufer dieser Preisgabe ist die Kind-Eltern-Beziehung.

Das Kind/der Anhänger beabsichtigt nicht, das Selbst aufzugeben; seine Eltern beabsichtigen nicht, es wegzunehmen; doch auf die Versagung grundlegender Bedürfnisse folgt die Preisgabe. Das Kind verbringt sein ganzes Leben damit, etwas zu suchen, was den inneren Hunger stillt.

Obwohl der Ausgang unterschiedlich ist, die Dynamik ist die gleiche, ob es sich um Jonestown, die Mun-Sekte, Synanon, Hare Krishna, Wiedergeburts-Bekehrungen oder autoritäre Psychotherapien handelt. Ersetzt man diese Bewegungen und Führer durch das Wort »Gott«, wird die gleiche Dynamik sichtbar. Doch die Anziehungskraft des Kult-Führers liegt darin, daß er real ist, unter uns lebt, gesehen und berührt werden kann. Das Bedürfnis ist das gleiche wie das, das Religionen aufrechterhält, wenn man davon absieht, daß organisierte Religionen strukturierter sind und bei der Befriedigung von Bedürfnissen weniger wahnsinnig verfahren.

Um eine gründliche Kontrolle zu gewährleisten, muß sich der Kult oder die »gemeinsame Sache« einer der großen Lebensängste, des Todes, annehmen. Sie müssen einen außerhalb liegenden Sinn für Leben und Sterben anbieten; in den meisten Fällen muß ein »Leben« nach dem Tode in Aussicht gestellt werden, denn angenehmes künftiges Leben ist der Lohn für Leiden, Elend und Aufopferung. Jones hat diese Bedingung offensichtlich mit seinem

Versprechen erfüllt, er werde seine Anhänger in einem imaginären künftigen Leben wiedertreffen.

Es ist überraschend leicht, andere zu kontrollieren. Neue Patienten, die in die Therapie kommen, bitten häufig geradezu darum. Sie möchten, daß ihnen gesagt wird, was sie tun sollen. Sie würden sich eher Pseudo-Einsichten einer Autorität anhören, als ihre eigenen zu entwickeln. Ihr Verhalten schreit nach Manipulation – eine Versuchung, der zu widerstehen manchen Therapeuten mit eigenen unbefriedigten Bedürfnissen schwerfällt. Die Patienten führen jedoch nur ein Programm durch, das gleiche Programm, das Eltern aufgestellt haben, die auch Bedürfnisse hatten.

Faschismus läßt sich leicht erreichen. Man muß nur den Anschein erwecken, Bedürfnisse zu befriedigen, indem man den Leuten sagt, was sie hören wollen, um ihren Urschmerz unterdrücken zu können. Einen Führer, der so vorgeht, verlassen die Leute nur widerwillig, wie grausam und sadistisch er auch sein mag. Weil sie hoffen, sie sehen immer einen Hoffnungsschimmer, genau wie in der ursprünglichen Familiensituation. Hoffnung aufzugeben ist nahezu unmöglich, denn dann würde die schmerzhafte Realität der Deprivation offenkundig. Aus diesem Grund ist ein unfähiger Staatsführer so schwer abzusetzen. Die Neigung, an ihm festzuhalten, hat ihren Ursprung in dem Verlangen, nicht den Urschmerz fühlen zu müssen, den Vati verursachte, als er uns enttäuschte. Niemand will einen Stiefvater.

Es haben nicht mehr Anhänger versucht, Jonestown zu verlassen, weil der Weggang eine erneute Konfrontation mit der primären Hoffnungslosigkeit bedeutet hätte. Kein Mensch mit großen, unbefriedigten Bedürfnissen kann diesen Schritt vollziehen. Und wer sich freiwillig auf ein autoritäres Wagnis einläßt, neigt zum Bleiben. Bereitwillig machen sie sinnlose Dinge; sie geben ihr Geld her, trennen sich von ihren Familien oder lassen sich den Kopf kahlscheren. Solche Handlungen sind symbolisch. Sie sollen dem Führer versichern, daß er die Kontrolle besitzt. Niemand will diese Art von Macht, es sei denn, er ist neurotisch; deshalb ist es auch nicht so sehr eine Frage des Mißbrauchs von Macht, weil Macht an sich schon ein Mißbrauch ist. »Macht mißbrauchen« ist ein »weißer Schimmel«.

»Glaubensvorstellungen als Opiate« läßt uns verstehen, warum bestimmte therapeutische Methoden besser »funktionieren« als andere. Ihr Vorgehen steht im Gegensatz zur Primärtherapie. Solche Methoden verändern zeitweilig den biochemischen Haushalt und verengen so das Bewußtsein, und das ist die einzige Art, wie man sich in anderen Therapien, die sich nicht direkt mit Urschmerz beschäftigen, besser fühlen kann. Der Patient muß die Therapie unbewußter beenden, als er sie begonnen hat, auch wenn er einen Prozeß durchlaufen hat, der als »Bewußtseinserweiterung« angekündigt war. Mit all seinen »Einsichten« wird der Patient unbewußter; in gewissem Sinne wird er *wegen* seiner Einsichten unbewußter. Solche Auffassungen werden als Abwehrformen benutzt. Und abwehren heißt, unbewußt sein. Man kann mit den Einsichten sogar »richtig liegen«, und doch können sie bedeutungslos bleiben, *weil sie nicht von Feelings und Bedürfnissen der tieferen Ebenen herrühren.* Man kann erwarten, daß sich der Patient einer Einsichts-Therapie, wenn er in Schwierigkeiten gerät, auf seine Einsichten zurückzieht: »Ich weiß, warum ich dies oder jenes mache. Nämlich weil . . .«

Die meisten Mitglieder der menschlichen Rasse sind bis zu einem gewissen Grad von chronischer Verzweiflung erfüllt. Es scheint, als hätte die Spezies den größten Teil ihrer Energie darauf verwandt, nach Möglichkeiten zu suchen, um ihre Angst abzuwehren, sei cs durch Religion, Politik, Philosophie oder harte Arbeit. Wir können jetzt erkennen, warum die Menschen sich mit der Fähigkeit zu Vorstellungen entwickeln. Glaubensvorstellungen sind die mächtigste Kraft auf Erden, der letzte Schritt in der Evolution. Diese immateriellen, kurzlebigen, unsichtbaren Irrlichter können einen Menschen biologisch umwandeln.

3. Die Ebenen des Bewußtseins

Der Begriff des Bewußtseins scheint von Mystikern und ihren Vorstellungen von der Macht der Pyramiden, von Supra-Bewußtsein, Drogenzuständen und kosmischem Bewußtsein vereinnahmt worden zu sein. Die Bewußtseins-Bewegung ist in Wirklichkeit zur Unbewußtseins-Bewegung geworden. Es sind Menschen, die nach einem Weg suchen, der sie aus ihrem eintönigen Leben auf eine Ebene hebt, die bisher nur einige Auserwählte erreicht haben. Sie haben das Wesentliche nicht begriffen. Sie haben einige biologische Gesetze und neurologische Tatsachen ignoriert. Die Möglichkeit, das »Bewußtsein zu erweitern«, besteht nicht in einer Transzendierung der Welt, sondern im Hinabsteigen in das Unbewußte. Unterhalb der Ebene des Bewußtseins sind ganze Welten tätig, ein Wirrwarr von Vorstellungen, Impulsen und körperlichen Befindlichkeiten befindet sich in Interaktion und tauscht Informationen aus. Mit dem richtigen Zugang ist diese Welt erfahrbar. Sie kann auf ihre eigene Art und in ihrer eigenen Begrifflichkeit bewußt gemacht werden.

Wir sind so sehr daran gewöhnt, die Ebenen unterhalb des Bewußtseins zu mißachten, daß wir zum Beispiel glauben, der entscheidende Vorgang des Erinnerns beschränke sich auf bewußte, intellektuelle Erinnerung. Der Körper erinnert sich jedoch auch auf seine eigene Weise, und es ist möglich, mit dieser Art der Erinnerung in Verbindung zu treten. Deshalb ist Bewußtsein nicht einfach nur ein intellektuelles Phänomen.

Sogar der Aufbau des Gehirns ist eine Erinnerung, eine kodierte Geschichte der Menschheit. Gäbe es nicht die vorausgegangenen Jahrmillionen der Evolution, wäre die Art des Aufbaus nicht so, wie sie ist.

Es gibt drei Bewußtseinsebenen. Der Experimentalist Paul Maclean vom National Institute of Mental Health hat sie das »dreieinige Gehirn« genannt und durch seine Untersuchungen wichtige biochemische Unterschiede zwischen den Ebenen entdeckt. Die einfachste Art, zum Verständnis dieser Ebenen zu gelangen, ist zu sehen, wie sie entstanden sind. Wir haben nicht immer unser heutiges, großartiges Bewußtsein besessen, dieses Bewußtsein, das sich mathematische Formeln ausdenken kann, Brücken baut und Maschinen erfindet. Es gab eine Zeit, zu der wir eine primitive Lebensform hatten, die meist instinktiv handelte. Das Nervensystem des Fisches (eines unserer ältesten Vorfahren) reagiert zum Beispiel instinktiv. Im weiteren Verlauf der Evolution entwickelte sich das Gehirn und eine emotionale Ausdrucksweise wurde möglich. Noch später entwickelte sich das menschliche Gehirn. Jede neue Evolutionsphase löschte die vorausgegangene nicht aus, sondern baute sich auf ihr auf. Jedes der alten Evolutionsgehirne ist als Teil unseres Nervensystems, mit einigen neuen Verbindungen und Funktionen, intakt geblieben; die grundlegende Struktur ist die gleiche.

Das Gehirn ist konzentrisch in drei Schichten aufgebaut, die auch als Neuropile bekannt sind.[1] Dabei handelt es sich um miteinander in Beziehung stehende Netzwerke von Nervenzellen, von denen jedes ein eigenes Bewußtsein und einen eigenen Erinnerungsspeicher hat. Jedes ist für ein anderes Gebiet menschlicher Tätigkeit verantwortlich. Die dritte Ebene kann nicht die Aufgaben der zweiten übernehmen; der Intellekt kann keine Feelings auflösen. Sie sind verschiedene elektrochemische Systeme. Sie interagieren zwar, doch sind sie nicht austauschbar.

Zum Zeitpunkt der Geburt und einige Monate danach ist das innere Gehirn, das Gehirn, das viszerale Tätigkeit vermittelt, voll entwickelt; Mittel- und Außenhirn haben sich noch nicht so weit herausgebildet. Dies ist die »erste Ebene« des Bewußtseins. Sie befaßt sich mit den Reaktionen, die mit der Mittellinie des Körpers zu tun haben – Herztätigkeit, Atmung, Blase, Magen- und Darmfunktion und der Hormonregulierung. Die erste Ebene ist verantwortlich für instinktive Reaktionen. Sie bestimmt zeitliche Abläufe, Rhythmus, Koordination und Gleichgewicht. Sie ist das Überlebensbewußtsein. Diese Funktionen bedürfen keines höheren (kortikalen) Bewußtseins.

1 Ein Schritt in der Gehirnreifung ist die Entwicklung einer Fettschicht, Myelin, die die Nerven umhüllt. Die Geschwindigkeit, mit der Nerven Impulse weiterleiten, hängt von der Myelinisierung ab. Myelinisierte Nerven befördern Impulse schneller als unmyelinisierte. Die Reihenfolge der Myelinisierung ist daher ein Hinweis auf die Reifung. Der innere Bereich des Gehirns (der sich als erster entwickelt) ist nie gut myelinisiert. Diese Zone geht mit den Körperreaktionen um. Wenn wir älter werden, werden unser Gehirn und unser Verhalten spezialisierter und differenzierter; die zunehmende Myelinisierung gestattet uns später schnelles Unterdrücken, was uns spezialisierte, selektive Reaktionen möglich macht. Der äußere Bereich ist sehr gut myelinisiert. Er wird als letzter eingehüllt.

Die erste Ebene ist bis fast zum sechsten Lebensmonat vorherrschend. Dann entwickelt sich der zweite Bereich des Gehirns bis zu einem Grad, der es dem Säugling ermöglicht, emotional zu reagieren und emotionale Bindungen einzugehen. Das ist die zweite Ebene des Bewußtseins. Dieses Netzwerk speichert – im Limbischen System – während der Kindheit emotionale Traumata und emotionale Reaktionen auf die Geschehnisse. In den ersten Lebensmonaten befaßt sich das Gehirn zum größten Teil mit inneren, viszeralen Reaktionen und beginnt mit der Differenzierung von Muskelreaktionen, wie zum Beispiel die Bewegung von Fingern, Zehen, Armen und Beinen. Die neuentwickelte zweite Ebene beschäftigt sich mit inneren Vorgängen und setzt sie in Beziehung zur Außenwelt. Gesichtsausdruck, Gang, Körperhaltung und Lautbildung sind Beispiele für tätiges Bewußtsein auf der zweiten Ebene. Dieses Bewußtsein ist das »Gefühls-Bewußtsein«. Während die erste Bewußtseinsebene völlig nach innen gerichtet ist, ist die zweite nach außen gerichtet. Bewußtsein der ersten Ebene ist Körperbewußtsein. Die zweite Bewußtseinsebene hat mit Beziehungen zu anderen Menschen zu tun.
Auf der zweiten Ebene sind auch die Vorstellungen und somit auch die Kreativität zu finden. Auf dieser Ebene werden Drachen, Dämonen und Träume heraufbeschworen. Diese Ebene schlägt Brücken zur ersten und dritten Ebene, sie fügt den Erfahrungen emotionalen Gehalt hinzu.
Die Bilder der zweiten Ebene haben eine Klarheit, die nach dem Filtern auf der dritten Ebene verlorengeht. In Träumen kann man die Schärfe der Bilder jedoch wiedergewinnen. Ein Mensch, der etwas aus seiner Kindheit wiedererlebt, sieht, hört und riecht alles genau so, als befände er sich dort. Und mit Zugang zur zweiten Ebene *befindet* er sich in der Tat buchstäblich und neurologisch dort.
Die dritte Ebene entwickelt sich als letzte. Sie ist das integrierende Bewußtsein, das dafür zuständig ist, Ereignisse der ersten und zweiten Ebene zusammenzubringen. Sie rationalisiert, intellektualisiert und symbolisiert diese Geschehnisse. Sie ist das System der Logik, der Problemlösungen und des Speicherns von Fakten und Zahlen. Sie ist das »berechnende« System. Sie philosophiert, schafft mathematische Symbole und repariert Maschinen. Sie ist das System, das Religion und mystische Vorstellungen internalisiert. Sie ist jener Teil von uns, der versucht der Welt einen Sinn abzugewinnen. Sie ist das zuletzt erlangte Bewußtsein, sowohl

hinsichtlich der Gattungsgeschichte (Phylogenese) wie auch der Entwicklung des Säuglings (Ontogenese).

Es ist die dritte Ebene, die symbolisch wahrnimmt und mittels Sprache reflektiert. Sie hat Einsichten – ein Bewußtsein von Feelings und von Bewußtsein als solchem, während die zweite Ebene ein Gefühl von Bewußtsein hat.

Die Bewußtseinsebenen können mit einer elektronischen Sonde ermittelt werden. Plaziert man die Sonde am Schläfenlappen, ruft man einen symbolischen (kognitiven) Aspekt einer alten Erinnerung hervor (wird die Stelle direkt stimuliert, ist es der exakte, korrekte Symbolismus); führt man die Sonde tiefer, ruft sie eine alte Erinnerung und ihre Feelings hervor; das noch tiefere Einführen der Sonde setzt frühe körperliche Reaktionen frei wie zum Beispiel reine Angst, Gefühle bevorstehenden Todes, unerklärliche viszerale Reaktionen wie etwa Magenkrämpfe und Perspiration; der Herzschlag wird schneller, das Gesicht wird blaß – alles scheinbar »unerklärliche« Reaktionen, weil es Reaktionen auf präverbale Erinnerungen sind. Diese verschiedenen Bewußtseinselemente stehen anatomisch eng miteinander in Verbindung.

Jedes höhere Gehirnzentrum, das sich vom Kleinkindalter an entwickelt, enthält partielle Aspekte der im tieferen Gehirn eingeprägten Erinnerung. Tiefliegende Traumata haben am Ende ein Symbol oder eine Repräsentation auf der höchsten Ebene. Auf die Existenz unzugänglichen Urschmerzes können wir durch seine Auswirkungen auf höhere Zentren schließen. Es gibt keinen »reinen« höheren Geist, der den Folgen der Urschmerzen aus dem Babyalter entrinnen kann.

Durch die Beobachtung der Evidenz der Bewußtseinsebenen begreifen wir allmählich, was Bewußtsein ist, was mit dem Bewußtsein bei der Neurose geschieht und welche Rolle es bei der Heilung der Neurose spielt. Was die Erinnerung betrifft, brachte uns zum Beispiel die Psychologie in Verwirrung, weil wir die Erinnerung für eine intellektuelle Tätigkeit hielten. Doch Erinnerungen existieren auf verschiedenen Ebenen. Es gibt tatsächlich unterschiedliche Bewußtseinsschichten, jede mit ihren Eigentümlichkeiten und ihrer eigenen »Aufbereitungsanlage«. Emotionale Erinnerung ist ganz und gar nicht kognitiv, sondern sie existiert auf einer separaten Ebene. Die Hypnose demonstriert das überzeugend. Ganz gleich, wie sehr ein Mensch sich darum bemüht, bestimmte Schlüsselszenen aus dem fünften Lebensjahr ins

Gedächtnis zurückzurufen, er schafft den Zugang zu diesen Erinnerungen nur, wenn man ihn unterhalb der Ebene des Intellekts führt.

Wir träumen nicht auf der intellektuellen Ebene. Erst wenn wir unter die oberste Bewußtseinsebene gelangen, fangen die Träume an. Sie sind normalerweise direkt auf alte, persönliche Erinnerungen zurückzuführen. Doch bedenken wir die ganzen Vorgänge auf dieser tieferen Bewußtseinsebene. Bildhafte Vorstellungen, Szenarien, Dialoge – all das geht vor sich, während wir »bewußtlos« sind. Darüber hinaus hat diese Ebene ein eigenes charakteristisches Hirnwellenmuster und physiologische Begleiterscheinungen. Dies gilt auch für die frühe, körperliche Ebene. Schlaf auf der ersten Ebene (sehr tiefer Schlaf) hat zum Beispiel auch ein charakteristisches Hirnwellenmuster.

Sogar Pflanzen entfalten eine Art des Bewußtseins. Die Ranken einer lichtempfindlichen Pflanze rollen sich zusammen, wenn man sie streichelt. Ins Dunkle gebracht und gestreichelt, reagieren sie nicht. Wieder dem Licht ausgesetzt, »erinnern« sie sich des Streichelns und rollen sich wieder zusammen. Die Pflanze kann sich erinnern, die Erinnerung speichern und verschlüsseln und Reaktionen aufschieben – primitive Vorbedingungen einer Bewußtseinsform. Auf ihre eigene Art ist sie sich der Umwelt »bewußt« und paßt sich dementsprechend an.[2]

Die Bedingungen für Bewußtsein, Reaktion, Speicherung, Erinnerung und Re-Kreation sind im körperlichen System genauso vorhanden wie im Gehirn. Sogar ein chronisch hoher Pulsschlag ist eine Form körperlicher Erinnerung. Ein sehr frühes Ereignis kann die prototypische Reaktion des schnellen Herzschlags hervorrufen.

Einer der führenden Hypnoseforscher, Ernest R. Hilgard, fand heraus, daß hypnotisierte Menschen auf einer Ebene funktionieren, die mehr mit ihrem Hypnosealter übereinstimmt als mit ihrem realen Alter. Bei verschiedenen Aufgaben, die ihnen gestellt wurden, stimmte ihre Handlungsweise mehr mit der experimentellen Altersebene überein. Lasen oder schrieben sie, taten sie es als Fünf- oder Siebenjährige, während jene, die diese Altersstufe nur »simulierten« oder es sich nur vorstellten, nicht mit der gleichen Konsistenz als Fünf- oder Siebenjährige handelten. Mit

2 *Science News*, Bd. 195, Januar 1977, S. 191 f.

anderen Worten, man kann nicht »versuchen«, ein bestimmtes Alter zu haben. Es ist notwendig, wie zum Beispiel in der Hypnose, auf diese Ebene hinabzusteigen, und folgerichtig wird diese Ebene dann all deine Reaktionen gestalten. In der Hypnose zu regredieren ist ein realer Zustand. Zu diesem Zeitpunkt arbeitet der Mensch auf einer anderen Ebene der Gehirnstruktur. Dies ist eine weitere Möglichkeit, Kenntnisse über die Bewußtseinsebenen zu erlangen.

Hypnotische Experimente illustrieren die Bewußtseinsstufen. Diese Experimente sind wegen ihrer Dramatik und der kurzen Zeitspanne, in der sie durchgeführt werden können, hilfreich. Hilgard hypnotisierte eine Person und plazierte ihre Hand in Eiswasser. Verbal berichtete sie nicht von Schmerzen, doch ihre andere, von der Hypnose »befreite« Hand brachte die Schmerzen zum Ausdruck. Auf einer Ebene war sie sich ihrer Schmerzen »bewußt«. Doch ist dies eine begrenzte Art von Bewußtsein und kann mit Bewußtsein nicht gleichgesetzt werden.

Wann immer ein hypnotisierter Patient, wie oben, keine Schmerzen anzeigt, kann man sicher sein, daß physiologische Messungen zeigen, daß sie auf tieferen Ebenen verarbeitet werden. Diese Experimente lassen uns erkennen, wie leistungsfähig Symbole und Glaubensvorstellungen bei der Ausschaltung von Schmerzen sind. Der Patient wird normalerweise berichten, daß da »ein verborgener Teil von ihm« war, der irgendwie Schmerz wahrgenommen hatte, aber daß sich der Intellekt auf andere Angelegenheiten konzentriert hat – eine Reise, die Arbeit oder irgendeine Vorstellung. Bildhafte Vorstellungen und eine Reihe von Gedanken verdrängten die tatsächliche Erfahrung, so daß das Bewußtsein der Person von den wirklichen Vorgängen losgelöst ist. Der Patient in dem oben beschriebenen Experiment reagierte nicht mehr auf die Realität, er reagierte auf *Vorstellungen,* auch wenn diese Vorstellungen den tatsächlichen Vorgängen widersprachen. Er war von sich abgespalten, sich der Realität nicht bewußt und damit bewußtlos. Die Abspaltung von unserer Vergangenheit können wir nicht so ohne weiteres erkennen, es sei denn, wir haben sie aufgedeckt.

Jeder Neurotiker ist sein ganzes Leben lang in einem hypnotisierten Zustand. Er ist ein Opfer der unbewußten Kräfte, die ihn unerbittlich antreiben und für die er keine Erklärung hat.

Bei unseren eigenen Experimenten stieg eine Patientin in ihr fünftes Lebensjahr hinab; damals hatte man ihr ihre Puppe weggenommen. Sie weinte und weinte. Als sie aus der Szene herauskam, hatte sie wieder ihr normales Selbst. Wo war die Erinnerung und wo waren die Tränen, die sie anstandslos jedesmal vergossen hatte, wenn der Hypnotiseur von ihr verlangt hatte, wieder zu dem Schauplatz zu regredieren? Es war ein unbewußter Prozeß, ein Prozeß, der immer noch auf einer anderen Bewußtseinsebene stattfindet.

All ihre Tränen, die ganzen Qualen und das Elend existierten *die ganze Zeit* über. Die Einprägung ist eine starke Kraft. Das ist der Grund, warum jemand, der auf eine niedrigere Bewußtseinsstufe regrediert, frei drauflosweinen, lachen oder gar Qualen leiden kann. Dies ähnelt einem Plattenspieler, die »Geräusche« – Musik, Nebengeräusche, Stimmen – sind auf der Platte, man hört jedoch nichts, ehe man nicht die Nadel aufsetzt.

Als der Neurochirurg Wilder Penfield Patienten eine Sonde an bestimmte Hirnzellen führte, wurde die Abspaltung auf der Stelle erkennbar. Während der Patient eine frühe Szene wiedererlebte, unterhielt er sich mit seinem Arzt. Er hatte simultan zwei Erlebnisse. Es waren zwei Bewußtseinsebenen tätig; erstens die alte, eingeprägte Erinnerung, die wiedererlebt wurde, und zweitens die bewußte Gegenwärtigkeit, in der er mit dem Arzt kommunizierte.

Hinweise auf eine Zweiteilung des Bewußtseins erhielten wir erst vor kurzem von der Hirntrennungs-Chirurgie – einem Verfahren, bei dem in schwerwiegenden Fällen von Epilepsie die Verbindungsfasern zwischen der linken und der rechten Hemisphäre durchgetrennt werden. Die linke Hemisphäre ist weit analytischer, logischer, folgerichtiger und intellektueller; die rechte (der Tätigkeit der zweiten Ebene ähnlich) ist intuitiver und beschäftigt sich mehr mit Feelings und Empfindungen.[3] Hirntrennungschirurgie erzeugt fast zwei getrennte Geistesverfassungen, die linke Seite bemerkt nicht, was die rechte Seite tut. Die Chirurgie konnte aufzeigen, wie verschiedene Bewußtseinskomponenten ein einziges menschliches Bewußtsein zusammenstellen. Der Neurochirurg Joseph Bogen, der auf diese Eingriffe spezialisiert ist, berichtete von der auffälligen Unfähigkeit seiner Patienten, Gefühle zu beschreiben, ganz so, als ob Bewußtseinsebenen mit

3 R. E. Ornstein, *The Psychology of Consciousness,* San Francisco 1972; deutsch: *Die Psychologie des Bewußtseins,* Frankfurt/M. (Fischer Verlag) 1977.

der Abtrennung der Hirnhemisphären chirurgisch unterbrochen wären.[4]

Die nichtdominante Hirnhälfte kann keinen elaborierten Gebrauch von Sprache machen, aber sie kann emotional reagieren; sie kann fluchen und singen. Sie kann bildhaft träumen, aber sie braucht die dominante linke Hälfte, um sich über die Sprache der Träume zu erinnern. Die rechte, kleinere Hemisphäre kann erröten, kichern, angewidert sein und zurückzucken, doch wenn sie von der linken Hauptseite getrennt wird, kann sie nicht genau sagen, warum sie das tut. Füttert man die abgetrennte linke Hemisphäre mit Ereignissen, die peinlich berühren, wird es beim Patienten ein Erröten hervorbringen. Wenn er gefragt wird, warum er errötet, erfindet der Mensch eine Geschichte, die sein Verhalten erklären soll. Genauso verhält es sich bei der Neurose. Dort sind Kräfte am Werk, für die der Neurotiker kein bewußtes Verständnis hat. Um sein Verhalten zu rationalisieren, muß er sich Gründe ausdenken, die nichts mit seiner wirklichen, verborgenen Motivation zu tun haben. Die Bewußtseinsspaltung macht ahistorisch. Sie macht einen zum Spielball verborgener Kräfte und verschütteter Motivationen.

Jede Art Gefühlserlebnis verändert die Hirnwellen-Amplituden mehr in der rechten als in der linken Hemisphäre. Ein Teil unseres Alltagsbewußtseins verschwindet, während man einen Orgasmus hat, und ein Orgasmus, wie auch andere ekstatische Zustände, ist überwiegend eine Funktion des rechten Hirns. Vorstellungen und Ideen, wie etwa der Glaube an den Teufel stellen sich als Funktion des linken Hirns heraus. Das rechte Hirn hat hauptsächlich mit der zweiten Bewußtseinsebene zu tun, das linke mit der dritten.

Das Bewußtsein auf der ersten Ebene kann sogar funktionieren, wenn wir auf den höheren Ebenen vollständig »bewußtlos« sind. Ein Mensch im Koma wird noch versuchen, einen schmerzhaften Reiz auf seiner Brust beiseite zu schieben. Massiert oder hält man die Hand eines Menschen, der im Koma liegt, hat das eindeutige physiologische Veränderungen zur Folge, so als ob man während der totalen Bewußtlosigkeit Bedürfnisse befriedigt. Menschen, die bewußtlos sind, unter Drogen stehen, betäubt oder komatös sind, reagieren auf physiologische Art unbewußt auf ihre Umgebung. Zum Beispiel spornen chirurgische Traumata den Körper und das untere Hirn zu rasender Aktivität an, auch wenn der Geist

4 *Brain-Mind* Bulletin, 2, 18. August 1977.

vollständig beruhigt oder anästhesiert ist. Was weitaus schlimmer ist, das Trauma bleibt im Organismus.[5] Es wäre keine schlechte Idee, jemanden, der operiert wird, zur gleichen Zeit zu streicheln, weil sowohl die Verletzung als auch die Liebkosung unbewußt verarbeitet werden.

Das Bewußtsein wird von der Zeit an geformt, zu der sich das Nervensystem herausbildet. Schon wenige Wochen nach der Befruchtung kann alles, was die Mutter streßt, auf den Fötus übertragen werden. Diese Traumata werden in dem noch sehr rudimentären Nervensystem gespeichert. Sie haben Auswirkungen auf das Erwachsenenbewußtsein.

Starker Urschmerz, der sich im Säuglingsalter und während der Schwangerschaft einstellt, wird von dem einzigen zur Verfügung stehenden, ausgereiften Bewußtsein – nämlich dem viszeralen – vermittelt. Spätere Ereignisse können diese frühen Traumata auslösen und sehr erregte viszerale Reaktionen sowie körperliche Erschöpfung zur Folge haben, deren Quelle unbekannt und unzugänglich bleibt. Kolitis kann sehr wohl durch diese frühen blockierten Erfahrungen ihren Anfang nehmen. Als Faustregel kann man sagen, daß je tiefer ein Symptom im Körper existiert, desto wahrscheinlicher ist es, daß es aus einem sehr frühen Trauma stammt.

Ein Neugeborenes, das unter Streß steht, reagiert nicht mit Intellektualisierungen und Begrifflichkeiten, sondern eher mit Mittellinien-Reaktionen. Es reagiert mit Leibschmerzen, wird asthmatisch, hat ernsthafte Magenstörungen etc. Diese Reaktionen stehen im richtigen Verhältnis zur Gehirnentwicklung des Babys. Seine Reaktionen haben mit dem inneren Organsystem zu tun.

Vererbung spielt sicherlich auch eine Rolle bei der Determinierung von Schwachstellen im Organsystem. Doch können Störungen, die traditionellerweise als vererbt betrachtet werden, mehr mit den Verhältnissen zur Zeit der Befruchtung und der Schwangerschaft zu tun haben als mit vererbten Genen.

Ein beherrschendes Trauma, das die erste physiologische Bewußtseinsebene in Mitleidenschaft zieht, ist das der Geburt.

5 Chirurgen sollten darauf achten, Patienten während der Operation nicht zu stark zu traumatisieren, in der falschen Annahme, daß der Patient nichts fühlen könne. Was sie während der Operation nicht fühlen, werden sie später fühlen müssen, oder sie leiden unter unerklärlichen Spannungszuständen.

Geburtstraumata bleiben im Nervensystem und im Körper bestehen und richten lebenslange Verheerungen an.[6]
Verletzbarkeit und Anpassungsfähigkeit des Nervensystems während der ersten Lebenswochen bedeuten, daß Geschehnisse mit einer Dauerhaftigkeit eingeprägt werden können, die größer ist als die von später in der Kindheit eintretenden Ereignissen. Die Tatsache, daß Traumata auf der ersten Ebene häufig eine Frage von Leben und Tod sind, bedeutet, daß die Wertigkeit oder das Spannungsniveau der gespeicherten Erinnerung hoch ist. Aus genau diesem Grund ist prä- und perinatale Fürsorge für Kleinstkinder von entscheidender Bedeutung.
Alle emotionalen Erlebnisse, die uns widerfahren, nachdem wir uns von unserer Umgebung unterscheiden und emotionale Beziehungen zu unseren Eltern entwickeln können, sind Ereignisse auf der zweiten Bewußtseinsebene oder Feeling-Ereignisse. Kritik, Demütigungen, Zurückweisungen, Schelte und Strafen werden auf dieser emotionalen Ebene »erinnert«.
Später wird die Herausbildung des symbolischen Intellekts oder der dritten Ebene diese zwei tieferen Ebenen nicht nur integrieren, sondern auch *auseinanderhalten.* Wenn Glaubensvorstellungen und Konzepte Urschmerz unterdrücken können, dann sind sie auch eher dazu imstande, gegen das Bewußtsein abzuschirmen, und sind keine für das Bewußtsein tätige Kraft.
Bewußtsein der dritten Ebene beginnt mit dem fünften bis siebten Lebensjahr Gestalt anzunehmen und wird nach dem dreizehnten Lebensjahr (wenn sich eine qualitative Verschiebung des Hirnwellenmusters vollzieht) gefestigt. Gleichzeitig mit dieser Verschiebung steigt die Fähigkeit, emotionale Reaktionen zu unterdrükken, zu reflektieren und zu blockieren. Zu diesem Zeitpunkt bekommt man die Möglichkeit, von der Emotionalität zur Intellektualität zu wechseln und im Sinne von Regeln, Vorschriften und Sitten zu reagieren. Zu diesem Zeitpunkt in den frühen Teenagerjahren werden Verbote internalisiert, werden Gebote der Kirche und Vorschriften der Schule übernommen und werden zu einem Teil der Psyche des Jugendlichen. Die Entwicklung des Gehirns

6 Diese Traumata steuern das spätere Bewußtsein und das bewußte Verhalten mit enormer Kraft. Wenn diese Traumata in das Bewußtsein einbrechen, haben sie auf Kognition, Logik und Problemlösungsverhalten dramatische Auswirkungen. Dies ist eine Möglichkeit, den großen Einfluß sehr früher Traumata auf das zu erkennen, was wir gewöhnlich als »Bewußtsein« betrachten.

läßt das Kind mehr auf der Ebene von Vorstellungen und Symbolen leben als auf der Triebebene.
Wenn das Kind mit geringem Urschmerz aufwächst, wird sich die dritte Ebene normal entwickeln und Feelings direkt an das Bewußtsein übermitteln. Doch wenn von früher Zeit an zuviel Urschmerz vorhanden ist, wird die dritte Ebene umgewandelt. Sie muß Feelings und Motivationen jetzt fehlinterpretieren und mit der Vergangenheit im Sinne einer Vielzahl von Symbolen umgehen, von denen keines einen genauen Bezug zur Vergangenheit hat.
Reales Bewußtsein ist nicht das gleiche wie Bewußtheit. Es gibt viele Formen von Bewußtheit, doch nur ein Bewußtsein, das heißt nur ein vollkommenes Bewußtsein. Vollkommenes Bewußtsein ist ein anhaltender organismischer Zustand mit fließendem Zugang der verschiedenen Gehirnstrukturen untereinander.
Bewußtsein hat eine strukturelle Bedeutung. Bewußtheit hat sie nicht. Bewußtheit ist zusammenhanglos und von kurzer Dauer. Sie ist nur ein Aspekt des Bewußtseins. Es ist wichtig, nicht den Fehler zu begehen, ein Merkmal des Bewußtseins als das Bewußtsein selbst zu behandeln. Infolgedessen ist Geisteskrankheit nicht nur »geistig«. Sie ist eine grundlegende Veränderung des Bewußtseins; Bewußtsein ist die Summe aller Gehirnprozesse, weil sie den Körper in Mitleidenschaft ziehen und durch den Körper und die externe Realität in Mitleidenschaft gezogen werden. Es ist ein organischer, physiologischer Zustand.
Je mehr Verbindung jemand zwischen den drei Ebenen herstellen kann, desto objektiver kann er werden, das heißt, um so besser kann jemand das Selbst – und andere – realistisch und durch den Urschmerz der Vergangenheit unverzerrt beurteilen und wahrnehmen. Deshalb kann man durch ein Vertiefen des Bewußtseins die Bewußtheit steigern. Je mehr man dem Unbewußten nachgibt, desto bewußter wird man.
Das Problem bei Neurotikern ist, daß sie sich im besten Falle ihres Selbst nur gewahr werden können, doch nie ein Bewußtsein darüber erlangen. Je tiefer das Bewußtsein ist – je mehr Zugang man also zu den tieferen Ebenen hat –, desto mehr verändern sich Beziehungen strukturell. Man kann das bei Primals erkennen, wo sich Amplitude, Frequenz und hemisphärische Verbindungen ändern.
Mit dem Zugang, den ein Mensch zu seinem frühen Urschmerz gewinnt, stellt er wieder die Verbindungen her zwischen seinem

Körper, seinen Feelings und seinem Intellekt, die er an die Verdrängung verloren hatte. Er hat eine Erklärung für die Intensität, Qualität und Richtung seines früheren Verhaltens. Er fängt an, das Bewußtsein wiederzuerlangen – nicht nur eine Bewußtheit, sondern ein organisches Ineinanderfließen von Gehirnebenen und -strukturen, die sich viele Jahre lang fremd waren.

4. Das geschleuste Gehirn

Die Nervenzellen und ihre Verknüpfungspunkte erleichtern und hemmen die Informationsübermittlung im Gehirn. Dies ist ein elektrochemischer Prozeß. Die Informationshemmung wird Schleusung genannt, eine normale Funktion des Gehirns. Das Schleusensystem ist im ganzen Gehirn tätig, doch konzentriert es sich auf Schlüsselzonen, welche die Urschmerzreaktionen gestalten.

Es ist das Schleusensystem, das die drei Bewußtseinsebenen auseinanderhält. Im Falle der Neurose arbeitet das Schleusensystem ununterbrochen, um uns unbewußt zu halten. Die oberste Bewußtseinsebene gibt uns normalerweise Bedeutung, Ursachen und das Ausmaß des Urschmerzes an. Nach der Schmerzschleusung sind wir uns der Bedeutung der Ereignisse nicht mehr bewußt.

Wenn zum Beispiel die dritte Ebene operativ vom Rest des Gehirns abgetrennt wird – wie bei der Lobotomie –, hat der Mensch eine verminderte Einsicht in Schmerz und ist sich des Leidens relativ unbewußt. Er weiß, daß er unter Urschmerzen leidet, kann aber nicht sagen, wie sehr und kümmert sich sowieso nicht darum. Sie haben ihre *Bedeutung* verloren.

Das Schleusensystem ist der Agent der Verdrängung und kontrolliert den Input in das ganze Nervensystem. Deshalb kann Information über Urschmerz auf der maßgebenden Ebene der Nervenachse blockiert werden. Haben Schleusung und Verdrängung erst einmal eingesetzt, sind die neuralen Kreisläufe funktionell abgetrennt und scheinen ein unabhängiges Leben zu führen. Gedanken, die sich von Feelings gelöst haben, besitzen eine eigene Lebensfähigkeit. Die Energie der Feelings bewegt sich schleifenförmig auf den unteren Ebenen des Gehirns. Diese Energie wird auf den Körper verteilt, als hätte sie nichts mit ihrem kognitiven Gegenstück zu tun. Der Mensch mag sich angespannt fühlen, hat aber keine Vorstellung, warum das so ist.

Schleusung arbeitet nach dem Überlastungsprinzip. Mehr Urschmerz, als der Körper integrieren kann, reizt das Schleusungssystem zum Handeln. Dieses Prinzip läßt sich mit dem

Elektroreiz illustrieren. Elektrische Implantate im Rückenmark können, wenn sie aktiviert werden, höchst intensive körperliche (Ur-) Schmerzen ausschalten. Kurz gesagt, wenn der Organismus von elektrischen Impulsen überflutet (überlastet) wird, setzt das Schleusungssystem ein. Es scheint eine optimale Ebene zu geben, auf der Nervenzellen reagieren, und eine kritische Ebene darunter; wird sie überschritten, können die Zellen nicht mehr reagieren.

Die Schleusung wirkt in zwei Richtungen, sie hält Informationen der unteren Ebene von den höheren Ebenen zurück und verhindert, daß Ideen und Konzepte unsere emotionale Ebene beeinflussen. Wenn wir sagen, daß jemand den Kontakt mit der Realität verloren hat, sollten wir in erster Linie begreifen, daß Schleusung eine Bewußtseinsebene von einer anderen losgelöst hat. Jemand verliert den Kontakt mit der äußeren Welt erst, *nachdem* er den zur inneren verloren hat.

Wenn wir sehen, wie die Schleusung im alltäglichen Leben funktioniert, können wir sie besser verstehen. Zum Beispiel hat jeder von uns Vorsätze (Ich höre auf, soviel zu essen, zu rauchen, zu trinken . . .), die er nie ausführt. Vorsätze auf der dritten Ebene scheinen dort zu bleiben und unser emotionales Selbst nicht zu beeinflussen. Wir essen weiter zuviel, *egal was wir uns vornehmen.* Mit anderen Worten, die dritte Ebene hat Schwierigkeiten, mit der zweiten und ersten zu kommunizieren. Es scheint eine Art Barriere zu geben, die Entscheidungen des Intellekts daran hindert, reale Auswirkungen zu haben.

Unterhalb der Ebene unmittelbarer Bewußtheit gibt es eine Macht, die Willenskraft irrelevant und unwirksam macht. Es ist eine Primärkraft. Es ist möglich, diese Kraft genau zu erkennen und sie dauerhaft zu beseitigen; nicht indem man von oben hinunterlangt, sondern indem man die Kraft von den unteren Ebenen aufsteigen läßt. Auf diese Weise entwickelt sich das Gehirn, und so setzt sich auch Schmerz fest. Es ist ein logischer Verlauf, daß Feelings von dort aus, wo sie sich aufgebaut haben, ihren Weg ins Bewußtsein der oberen Ebene nehmen.

Ein weiteres Beispiel, das vielen von uns vertraut ist, sind die Einsichten, zu denen man in der Psychoanalyse kommt. Ungeachtet dessen, wieviel wir über unser Verhalten wissen und von ihm verstehen, ganz gleich, wie sehr die Quantität der Einsichten sich anhäuft, unser Verhalten ist noch immer das gleiche, oder fast das gleiche. Wir verstehen es besser, wir akzeptieren es und finden uns damit ab, aber es bleibt bestehen. Der Angriff auf das Begriffsvermögen der dritten Ebene verstärkt die intellektuellen Prozesse, erhöht die Schleusung und stellt mehr Un-Bewußtsein her, nicht weniger. In diesem Sinne verstärkt intellektuelles Erkenntnisvermögen *allein* die Verdrängung und die Neurose. Deshalb vertiefen Analyse und Einsicht die Krankheit im Namen des Fortschritts.

Für den Vorgang der Schleusung gibt es viele anschauliche Beispiele. Beim Fußball stehen Spieler oft die ganze Spielzeit mit Knochenbrüchen durch, ohne sich der Schmerzen bewußt zu werden. Erst hinterher, wenn ihre Aufmerksamkeit nicht mehr von der Intensität des Spielverlaufs beansprucht wird, leiden sie. Das gleiche gilt auch für Schockerlebnisse wie etwa bei einem Autounfall. Es kann vorkommen, daß wir die Verletzungsschmerzen für einige Zeit nicht wahrnehmen.

Sich zu betrinken ist ein weiteres Beispiel. Nach einem »Zug durch die Gemeinde« kann es vorkommen, daß der Mensch keine Erinnerung an sein Tun und die Beweggründe hat. Seine dritte Bewußtseinsebene funktionierte nicht mehr. Er handelte auf einer tieferen Ebene, war erregt, lachte, war zornig, streitsüchtig oder sexuell erregt – alles Sachen, von denen ihn die dritte Ebene gewöhnlich zurückhält.

Uns allen ist es vertraut, daß jemand im Schlaf redet oder umherwandelt. Es handelt sich um ein komplexes Verhalten mit ziemlich komplexen Funktionen, die ohne Hilfe der aktiven obersten Bewußtseinsebene ausgeführt werden. Es gibt Leute, die einen Anfall hatten und die noch Auto fahren konnten, die aber dann keine Vorstellung haben, wie sie an einen bestimmten Ort gekommen sind. Sie waren nicht durchgängig »bewußtlos«, sie handelten auf einer anderen Bewußtseinsebene.

Das Schleusungssystem gestattet es uns, auf eine Art zu fühlen und auf eine andere Art zu handeln. Es hilft uns, eine zu belastende Kindheit zu vergessen, und hält uns davon zurück, uns dieser frühen Erlebnisse zu erinnern. Wir können uns an harmlose Daten und Tatsachen erinnern, doch wenn es um die Erinnerung emotionaler Szenen aus der Kindheit geht, geschieht gar nichts. Das liegt daran, daß wir zuerst unser Leiden schleusen oder verdrängen und daß assoziierte Erinnerungen, die das Leiden wieder auslösen könnten, mitgezogen werden. Nach und nach werden ganze Szenen, Orte, Tage oder Monate vollständig begraben. Die Verdrängung des Leidens ist ein Schlüsselkonzept.

Die Beseitigung der Blockierung setzt eine beträchtliche Anzahl von Erinnerungen und Assoziationen frei.
Das Aufheben der unteren, ursprünglicheren Schleusen kann für die Wiederkehr von Druckstellen bei Patienten verantwortlich sein, welche die Agonie des Geschlagenwerdens bei der Geburt wiedererleben. Zugang zum Leiden bringt alle Assoziationen, mentale und physiologische, die ursprünglich weggeschleust wurden, wieder hoch. Die Mechanismen, mit denen das Schleusungssystem betrieben wird, arbeiten mit den Endorphinen und körpereigenen Morphinsubstanzen. Die Schleusen zu öffnen ist buchstäblich eine körperliche Entziehungskur. Die Schleusen sind unten, und das Leiden strömt mit all seinen Begleiterscheinungen heraus.
Patienten, die sich schließlich der sehr frühen Urschmerzen bewußt werden, weisen radikale Veränderungen einer Vielzahl physiologischer Funktionen auf. Das bedeutet, daß Un-Bewußtsein nicht nur die Abwesenheit von Bewußtsein ist, sondern ein sehr aktiver Prozeß; das Gehirn verrichtet Schwerarbeit, um sich unbewußt zu halten, und das Quantum an verrichteter Arbeit deutet das Ausmaß von Unbewußtsein an. Wenn das Unbewußte bewußt wird, fällt dieser Teil der Arbeit weg.
Unbewußtsein ist keine verwässerte Form von Bewußtsein. *Schmerzhafte frühe Ereignisse waren in keiner Weise jemals bewußt.* Ihre Verarbeitung ist unterbewußt, auch wenn sie Veranlassung zu Vorstellungen geben können, die ins Bewußtsein übergehen. Diese Vorstellungen und Auffassungen bilden einen Teil dessen, was als »falsches Bewußtsein« bekannt ist.
Schleusen existieren, weil die Natur in ihrer Weisheit darauf achtet, daß wir nicht zuviel leiden. Man darf da nicht hineinpfuschen. Man muß über ein gründliches Wissen ihrer Mechanismen verfügen, bevor man in ihre Arbeit eingreift.

5. Die Einprägung von Urschmerz

Um zu erkennen, wie traumatische Erfahrungen das Gehirn angreifen können, müssen wir erst verstehen, wie Urschmerz sich dem Gehirn einprägt, sobald das Schleusen- oder Filtersystem einmal seine Arbeit getan hat. Eine Untersuchung von Morpurgo und Spinelli hilft uns, diesen Einprägungsprozeß zu verdeutlichen.[1] Sie zeigen, daß als Folge einer schmerzhaften Erfahrung das Gehirn immer mehr in die Beschäftigung mit Schmerz verwickelt wird.

Der *anatomische Bereich* der Einprägung *wird* mit zunehmendem Urschmerz *größer.* »Neue Kreisläufe werden durch die fortlaufende schmerzhafte Erfahrung eingraviert, so daß immer mehr Teile der Neuromaschinerie darauf vorbereitet sind, Reize, die von einem normalen Subjekt gar nicht bemerkt würden, als schmerzhaft zu erkennen.« Einmal an die Schmerzen gebunden, lassen sich Neuronen nicht so leicht ändern.

Morpurgo und Spinelli sind der Ansicht, daß die Charakteristika einzelner Neuronen sehr von der Natur ihrer frühen Erfahrungen abhängig sind. Mit anderen Worten, die Art, in der sich Neuronen verhalten, hängt davon ab, was im frühen Leben mit ihnen geschieht.

Wenn der Urschmerz einmal eingeprägt ist, wird das Gehirn zum großen Teil zu einer schmerzverarbeitenden Maschine, denn es hat sich nicht nur eine Erfahrung eingeprägt, sondern die Einprägung *ist physisch größer, wenn das Erlebnis schmerzhaft ist, als wenn es neutral ist.* Mit der Zusammensetzung von Urschmerz wird das Gehirn immer mehr umgewandelt, so daß weniger übrigbleibt, um die wirkliche Arbeit des Wahrnehmens, Denkens und Problemlösens zu erledigen.

Die Tatsache, daß der Hirnbereich, der mit Urschmerz beschäftigt ist, viel größer ist als die Einprägungen harmloser Erfahrungen, hat mindestens zwei Implikationen. Es bedeutet, daß die Reaktionsschwelle auf Urschmerz niedriger ist. Es bedeutet auch, daß

1 C. V. Morpurgo und D. W. Spinelli, »Plasticity of Pain Perception«, in *Brain Theory Newsletter,* Bd. 2, Nr. 1, Oktober 1976, S. 15.

etwas normalerweise Triviales als schmerzhaft wahrgenommen wird.
Neurose gestattet dem System, sich bedrohlichen Schmerzebenen anzupassen, doch als eine Folge davon ist das Gehirn hinterher weniger anpassungsfähig für normale, nicht-bedrohliche Reize. Es entsteht ein kleineres Reaktionsrepertoire. Man wird unbeweglich hinsichtlich der Art, wie man mit Situationen umgeht, und deshalb weniger anpassungsfähig an Veränderungen. Die Nervenzellen, die dafür bestimmt waren, sich mit dem Leben zu beschäftigen, verarbeiten jetzt Urschmerz. Obwohl die ursprüngliche Anpassung zum Überleben notwendig war, macht andauernde Verdrängung das Gehirn für das Überleben weniger geeignet. *Um die Neurose zu verändern, müssen wir uns mit den Einprägungen beschäftigen, die das Gehirn physisch verändert haben.*
Die Arbeit von Morpurgo und Spinelli zeigt, daß es im Gehirn eine Basis dafür gibt, Ereignisse als Folge eingeprägten Urschmerzes falsch zu interpretieren. Ihre Arbeit bringt die Schleusen-Theorie einen Schritt weiter, weil »die Nervenschaltungen, die Schmerz wahrnehmen, durch Erfahrungen der Vergangenheit selbst strukturiert sind, sowohl qualitativ als auch quantitativ«.[2] Urschmerz stellt ein eigenes Netzwerk her, um noch mehr Urschmerz zu verarbeiten. Da immer häufiger Alltagserlebnisse als schmerzhaft wahrgenommen werden, kommt es dazu, daß die in das Netzwerk einbezogenen Bereiche unser Leben beherrschen.[3]
E. Roy John vom New York Medical College, ein bedeutender Forscher auf dem Gebiet der Neurophysiologie, hat einen Essay mit dem Titel »Das Modell des Bewußtseins«[4] geschrieben, in dem er das Bewußtsein als Ergebnis äußerer Ereignisse definiert, die sich mit Erinnerungen der Vergangenheit verbinden und zur Wahrnehmung gelangen. Das ist bedeutsam für die Primärtherapie. Wie auch immer, John gelangte zu dieser Folgerung durch seine Forschung, bei der er die Tracer-Technik verwendete. Bei dieser Technik wird einem Tier in einer charakteristischen Reihenfolge ein Reiz verabreicht. Elektrische Rhythmen erscheinen dann der Frequenz der Reize entsprechend in verschiedenen

2 Alle Zitate S. 15, op. cit.

3 Ein Teil des Gesamtaufbaus und der Entwicklung des massiven menschlichen Kortex die Geschichte hindurch mag etwas mit der Notwendigkeit, Schmerz zu verarbeiten, zu tun gehabt haben.

4 In G. Schwartz und D. Shapiro, *Consciousness and Self Regulation,* Bd. I, Plenum Press, New York 1976.

Gehirnbereichen. Diese Reaktionen werden »labeled responses« genannt. In ihnen äußert sich die Verarbeitung der hereinkommenden Information. Nachdem ein Tier durch diesen Reiz konditioniert worden ist, wird es einer ähnlichen Situation ausgesetzt, diesmal jedoch ohne den üblichen Reiz. Das Gehirn des Tieres zeigt auch beim Wegfallen des Reizes das charakteristische Bild. Es verhält sich, »als ob« der Reiz verabreicht worden wäre. Das Gehirn stellt ein Faksimile seiner Geschichte her. Allem Anschein nach *werden früher gespeicherte elektrische Muster – und wahrscheinlich auch biochemische Muster – freigesetzt, um ein spezifisches Verhalten durchzusetzen.* Verhalten wird durch Erinnerung exakt so durchgesetzt, *als ob der ursprüngliche Reiz vorläge.*

Die alte Erinnerung ist dominant. Genau dies ist auch bei der Neurose der Fall. Input im frühen Leben kann bestimmte Muster erzeugen, die im späteren Leben reaktiviert werden, wenn ein Reiz auftritt, der an den ursprünglichen erinnert. Der Mensch reagiert dann auf seine Vergangenheit anstatt auf seine Gegenwart.

John hat entdeckt, daß es die empfundene *Bedeutung* eines Reizes ist, die ein spezifisches Muster elektrischer Aktivität hervorruft. Dieses Detail läßt sich mit den Untersuchungsergebnissen von Morpurgo und Spinelli über die sich erweiternde Einprägung von Schmerz verbinden, und zwar insofern, als die Bedeutung physische Schmerzen zu dem macht, was sie sind, und daß sich ferner die Wahrscheinlichkeit erhöht, daß gewöhnliche Reize so empfunden werden, als käme ihnen eine Bedeutung zu, die mit Urschmerz verknüpft ist.

Wenn sich Urschmerz bildet, wird ein großer Teil des Gehirns und somit auch des Körpers verändert und dahingehend umgewandelt, daß es sich mit Abwehrmanövern und lebensrettenden Operationen mehr beschäftigt als mit dem Prozeß des Lebens. Ein Netzwerk aus Urschmerz durchdringt auf mörderische Weise die Erinnerungen der Säuglingszeit. Das Endresultat können wir bei der psychogenen Epilepsie sehen, wo ein Händeklatschen oder ein Lichtstrahl genügt, um einen Anfall auszulösen. Die neutralsten Reize werden in den Urschmerzapparat hineingezogen und laufen sofort auf ein Symptom hinaus. Die rezeptiv-reaktive Oberfläche des Gehirns ist größer, als sie sein sollte. Diese größere Oberfläche ist fast buchstäblich das Gebiet, das die Neurose repräsentiert.

All die verschiedenen Anpassungen, die der Körper die Geschichte hindurch vollzogen hat, bleiben bestehen. Der Grund, warum die Urschmerzeinprägung nur so schwer zu beseitigen ist, liegt darin, daß es sich dabei um die *Erinnerung einer Anpassung* handelt. Der Körper gibt seine lebensrettenden Erinnerungen nur sehr widerwillig auf.

Vielleicht ist dies ein guter Zeitpunkt zu erklären, wie die Einprägungen im Gehirn verändert werden. Wenn sich sehr früh im Leben ein Trauma ereignet, ändern sich Zellen, Biochemie und neuroelektrische Systeme. So werden zum Beispiel Zellen, die genetisch dazu programmiert sind, Feelings zu vermitteln, so verändert, daß sie zu Mittlern der Verdrängung werden. Neue, umgeleitete Nervenbahnen werden nutzbar gemacht, um die Schmerzbotschaft von den überlasteten Zentren abzulenken, und die Zellen verändern sich in ihrer Durchlässigkeit und Reaktivität. Durch diese Art von Prozessen wird das Erinnerungsvermögen festgelegt. Das genetische Programm ist durcheinandergeraten. Unter dem heftigen Angriff der Urschmerzen kann das DNS-Molekül, das den genetischen Kode übermittelt, zu einer neuen Schablone werden, womit die Zelle einen anderen Kode verwendet.

Ein Beispiel für die Änderung des genetischen Kodes finden wir in einer neueren Untersuchung über weibliche Ratten.[5] Ihnen wurden Substanzen verabreicht, die den Serotoninspiegel (ein schmerzblockierender Neurotransmitter) senkten. Das hatte einen vorzeitigen Menopause-Zustand zur Folge. Das normale genetische Programm dieser Tiere wurde durch eine Neuordnung der Neurotransmitter im Gehirn verkürzt. Dies deutet auch auf eine mögliche Beziehung von Urschmerz zu der Veränderung der menstruellen Funktion hin.

Wenn in der Primärtherapie der Urschmerz aus dem Organismus beseitigt wird, kommt es zu einer Normalisierung der oben erwähnten Prozesse.

Das Interesse muß sich auf die Gehirneinprägung konzentrieren, die das Ungleichgewicht aufrechterhält. Löst man ihre Kraft auf, verändert sich die innere Umgebung, so daß sich das Gehirn korrigieren kann. Wenn sich das Gleichgewicht herstellt, können wir dramatische Veränderungen der Körpergröße, des Wachstums von Füßen und Händen und anderer Muskulatur, wie etwa der des

5 *Science,* Bd. 206, 16. November 1979. Rezension von Jean Marx.

Kiefers, der Brust- und der Schultern beobachten. Diese körperlichen Veränderungen sind Hinweise auf die Änderung der Transkription des genetischen Kodes, der sich jetzt in Richtung seiner ursprünglichen Bestimmung entwickeln kann. Rückblikkend kann man deshalb sagen, daß die Körpergröße, der Brustumfang und die Größe der Glieder ein Hinweis auf die Neurose sein können. Die Veränderungen, die wir bei unseren Patienten sehen, treten an der Stelle auf, an der die ursprüngliche Entwicklungssequenz blockiert war.

Anhaltspunkte dafür, daß der genetische Kode einer Spezies unterdrückt werden kann, lieferten kürzlich Wissenschaftler der University of Connecticut. Sie verbanden embryonales Mundgewebe von Mäusen und Hühnern – die ja zahnlos sind – miteinander. Die verbundenen Gewebe wurden einige Wochen kultiviert. Nach Ablauf der Zeit entwickelte die Kultur voll ausgebildete Zähne »mit einer Wurzelbildung in angemessener Beziehung zur Krone«. Die entstandenen Zähne waren reptilienartig, was darauf hindeutet, daß das genetische Muster zum Aufbau von Zähnen während der Evolution der Vögel nie verlorengegangen, sondern »nur unterdrückt« worden ist.

Es wird angenommen, daß in einer bestimmten Umwelt, in der Zähne unbedingt notwendig gewesen wären, diese im Verlauf der Evolution von Vögeln nie verschwunden wären. Die Fähigkeit des Hühnergewebes, Zähne hervorzubringen, könnte darauf hinweisen, daß Zahnlosigkeit von Vögeln nicht das Resultat einer totalen Veränderung des genetischen Kodes, sondern nur eine Beeinträchtigung der für die Bildung von Zähnen zuständigen genetischen Formel ist. Kurz, Vögel, die eine evolutionäre Weiterentwicklung der Reptilien sind, behielten den genetischen Plan für Zähne und wahrscheinlich auch für andere frühere evolutionäre Strukturen bei. Das Gehirn des Vogels und das Gehirn des Reptils sind fast identisch; man könnte Vögel als »fliegende Echsen« betrachten. Daraus folgt, daß Spezies im Verlauf der Evolution nie wirklich etwas verlieren. Es hat den Anschein, daß wir Menschen die ganze vorhergehende Geschichte aller Gattungen in uns tragen.

Schon seit langer Zeit wissen wir, daß die menschliche Entwicklung parallel zu frühen Lebensformen verläuft; die fötalen Kiemen zeugen davon. Sogar die Art, wie wir geboren werden, zeigt den Einfluß früherer Lebensformen. Wir erkennen es an unseren S-förmigen, reptilienartigen Bewegungen.

Die Tatsache, daß der genetische Kode aller Gattungen entlang unseres Entwicklungspfades in uns weiterbesteht, diese Tatsache bedeutet, daß wir unsere eigene archäologische Entdeckung sind. Es könnte fruchtbarer sein, in unserem Nervensystem nach unseren Ursprüngen zu suchen, als Ausgrabungen im Iran und in Afrika zu veranstalten. Die Ontogenese rekapituliert nicht nur die Phylogenese, sie ist allzeit in ihr enthalten.

Der Darwinsche Evolutionsbegriff schreibt dem Zufall die Entstehung einer neuen Gattung zu. Es kann gut sein, daß in der Evolution ein weiterer Faktor wirksam ist, der für die Entwicklung neuer Strukturen und auch neuer Gattungen verantwortlich ist. Dieser Faktor ist das dialektische Wechselspiel zwischen Organismus und Umwelt, das Strukturen hervorzubringen scheint, die es mit der Umwelt aufnehmen können, während veraltete abgeschafft werden.

Die Psychotherapie hat sich bis jetzt nur den neuen evolutionären Systemen gewidmet und die alten Systeme, deren Gefangene wir sind, vernachlässigt. Erkenntnisse über die Phylogenese gewinnen wir nicht über das Studium des Individuums und seiner persönlichen Entwicklung, mehr über die Individualpathologie erfahren wir durch das Studium der phylogenetischen Evolution. Der Mensch selbst ist das biologische Abbild dieser Evolution.

Folge eingeprägter unzugänglicher Erinnerungen ist der Umstand, daß sich die Persönlichkeitsentwicklung um die Einprägung herum formieren muß, statt mit ihr zusammenzuarbeiten. Ein sorgfältig ausgearbeiteter Persönlichkeitsüberbau wird rund um die blokkierten Feelings errichtet. Diese Feelings werden nicht für den Reifungsprozeß nutzbar gemacht. Zu großen Teilen des Gehirns ist der »Zutritt verboten«, und das Bewußtsein muß sich ohne die Hilfe all ihrer potentiellen Fähigkeiten abmühen. Die versteckten Erinnerungen stehen dem Menschen nicht mehr als Orientierungsrahmen zur Verfügung.

Sehen wir uns ein Beispiel an. Wenn man als Erwachsener keine Hilfe annehmen kann, weil der Urschmerz, der dadurch entstand, daß einem nie geholfen worden ist, sehr groß ist, dann ist die Antwort auf ein hilfreiches Anerbieten womöglich ein sofortiges »Das kann ich allein« oder » Glaubst du, ich kann mir nicht selbst helfen?«, »Ich bin doch kein Dummkopf« sein. Die Erwiderungen können unterschiedlich sein, doch sie sind unterschiedslos neurotisch, weil der frühe Urschmerz so ausgeprägt ist, daß ihn sogar alltägliche und einfache Statements freisetzen können.

Diese Befunde machen uns im einzelnen deutlich, wie das Gehirn die Persönlichkeit formt, wie wir das werden, was wir sind, und darüber hinaus wie wir das, was wir geworden sind, ändern können.

Das spät erworbene Gehirn, der Kortex, muß unter der Belagerung von Urschmerz die Abwehr *gegen* die Erfahrung stützen und kann sie nicht sorgfältig durcharbeiten. Er verändert die Erfahrungs*bedeutung,* und diese Veränderung steht im Einklang mit dem eingeprägten Urschmerz. Deshalb kann ein Neurotiker einer absolut neutralen Unterhaltung seltsame Bedeutungen unterschieben, und infolgedessen kann sein Verhalten und seine Reaktion den Bezug zur Realität verlieren. Er reagiert auf ein Ereignis der Vergangenheit, dessen er sich vollkommen unbewußt ist.

Wenn der Kortex immer weniger von Urschmerz bedrängt wird, verringert sich die Abwehr, der Geist wird klarer, die Wahrnehmung schärfer, und man sieht die Welt, wie sie ist. Immer weniger Dinge werden als bedrohlich angesehen, und der Mensch wird seiner Welt gegenüber offener. »Offen« zu sein ist ein *biologischer Zustand, keine Einstellung.*

6. Der Bedeutungsverlust

Wenn wir von unseren Feelings abgetrennt werden, verlieren wir auch die Bedeutung unserer Erfahrungen. Da die *Bedeutsamkeit* unserer frühen Erfahrungen sie so niederdrückend macht, wird Verdrängung eingesetzt, um sie bedeutungslos zu machen. Menschen, die von Urschmerz überwältigt werden, erkennen nicht, wovor sie stehen, und verlieren das Gefühl dafür, in was für einer Lage sie sich befinden. Wenn die Verdrängung zunimmt, kommt es zu einem noch größeren Verlust an Bedeutsamkeit, bis man ein bedeutungsloses Leben führt.

Eine der Möglichkeiten, wie Erlebnisse ihrer Bedeutung entledigt werden, besteht in der Stillegung jener Bereiche des Gehirns, die sich mit Bedeutsamkeit befassen. Im Gehirn gibt es primäre Zentren für unsere sinnlichen Wahrnehmungen wie zum Beispiel Riechen und Berühren. Diese Empfindungen werden sorgfältig ausgeformt und bekommen durch eine enge Verbindung mit Bereichen, die sekundär-assoziativer Kortex genannt werden, eine Bedeutung. Ein Großteil dieser sekundären Nervenzellen ist zum Zeitpunkt der Geburt nicht gebunden, doch wenn sich Erfahrungen einprägen, werden sie von einer neuen Textur umgeben, die Szenen, Erinnerungen, Kontext und ein Gefühl für die Vorgänge bereitstellt. Bedeutung wird überwiegend in den temporal-parietalen Regionen aufgebaut, die auch vom größten Teil des sekundär-assoziativen Kortex umgeben sind. In diesem Bereich erlangen Ereignisse der Vergangenheit ihre Bedeutung –: »Sie lieben mich nicht. Ich kann nichts machen, damit sie mich wollen.«

Normalerweise wird Information in der Hierarchie des Nervensystems, der Nervenachse, über stielartige, vertikale Einheiten nach oben befördert. Diese Information erreicht den Kortex und breitet sich über die sekundär-assoziativen Bereiche aus. Als Reaktion auf den Urschmerz und seinen massiven elektrischen Ansturm werden jedoch bestimmte Zellen stillgelegt, weil die Bedeutung des Ereignisses lebensbedrohlich ist. Diese Stillegung hat eine Schutzfunktion und ist eine der vielen Möglichkeiten, wie wir uns von überlastenden primären Empfindungen loslösen können.

Traumata sind unumgänglich elektrischer Natur, und das Gehirn kann nur bis zu einem gewissen Grad mit elektrischen Reizen umgehen. Wenn ein Ereignis das Gehirn überfordert, müssen bestimmte Zellen stillgelegt werden. Um die Bedeutung früher Ereignisse wiederzugewinnen – und damit auch ein sinnvolles Leben –, muß man das alte primäre Leiden wieder einbeziehen, die vorher stillgelegten Neuronen reaktivieren und das Gehirn wieder erwecken. Die wiedereinbezogene Agonie muß ein spezifisches Spannungsniveau haben. Ein Zuviel hat eine Überlastung und Abtrennung zur Folge, möglicherweise verursacht es Halluzinationen oder körperliche Symptome.

Die Agonie ist von Bedeutung. Deshalb ist es wichtig, daß die vom Limbischen Speicher freigelassene Agonie ein optimales Maß erreicht, so daß der Kortex sie integrieren und etwas mit ihr anfangen kann. Ein Primal (das aktive Wiedererleben einer spezifischen alten Szene), das unter korrekter Supervision erlebt wird, scheint genau soviel elektrische Energie freizusetzen, daß Aspekte des sekundär-assoziativen Kortex eröffnet werden und sich spezifische Bedeutungen unbewußter Ereignisse ergeben.

Um die Energie eines verdrängten Erlebnisses an den relevanten assoziierten Kortex zu binden – und dadurch ein Primal zu erzeugen –, muß die freigesetzte Stromstärke in höchstem Maße selektiv und qualitativ sein, und zwar in dem Sinne, daß die Entladung dem Feeling entspricht. Alles in allem wird die aktivierte Energiemenge am Ende der des ursprünglichen Traumas entsprechen. Wenn das Trauma gigantisch war, dann wird es vieler Primals mit optimaler Intensität bedürfen, um ein einziges Ereignis oder Feeling und damit auch das ihm entspringende Verhalten oder die Symptome aufzulösen.

Hatte das Trauma eine relativ geringe Wertigkeit, werden weniger Primals notwendig sein, um den sekundären Kortex wieder einzubinden.

Daher erfordert ein Primal sowohl eine spezifische Qualität als auch eine optimale Quantität der Aktivierung. Diese beiden Kriterien sind für die Heilung und das Wachstum von wesentlicher Bedeutung. Diese Art der optimalen Aktivierung gestattet ein *neues Wachstum der Dendriten und* eine *Wiederaufnahme der Reifung von früher stillgelegten Teilen des Gehirns.*[1] Die vertikalen

1 Dendriten sind zweigartige Gebilde, die Impulse an die Nervenzellen leiten.

Funktionseinheiten werden durch alle drei Ebenen menschlicher Funktionen hindurch physiologisch vereinigt.
Man kann eine direkte Beziehung zwischen der Stillegung oder Abkopplung und schmerzhaften Lebenserfahrungen erkennen. James Prescott vom National Institute of Mental Health untersuchte Heimkinder, die in den ersten Lebensmonaten und -jahren unter großer Deprivation von körperlicher und emotionaler Wärme litten.[2] Er glaubt, daß das hohe Maß an Deprivation strukturelle Schäden verursacht – geringeres Dendritenwachstum und damit weniger interzellularen Kontakt. Diese Schäden aufgrund massiver Überlastung legen mehr jener Bereiche, die ich oben erörtert habe, still, und zwar so viele, daß sich die Gehirnstruktur ändert. Mit anderen Worten, der Begriff »Gehirnschaden« gewinnt eine neue Bedeutung. Psychische Ereignisse können eine Art Gehirnschaden hervorbringen, der nicht weniger physisch oder dauerhafter ist als der durch einen Schlag auf den Kopf verursachte.
Wenn umgekehrt die Menge des frühen Inputs optimal ist, scheint sich ein stärkeres Neuronenwachstum einzustellen. Eine Reihe von Untersuchungen, über die in der Zeitschrift *Science* vom 12. August 1977 berichtet wird, kommt zu dem Ergebnis, daß Ratten, die in einer gut ausgestatteten und anregenden Umgebung aufwachsen, mehr Gehirn entwickeln – einen schwereren Kortex und eine größere Anzahl von Dendritenverbindungen –, mit dem sie sich in der Welt besser behaupten können. Die Autoren R. A. Cummins und seine Mitarbeiter der Stanford University Medical School stellten die Hypothese auf, daß es in Tiergehirnen Neuronengruppen gibt, die sich nur bei adäquater sensorischer Stimulation voll entwickeln. Wenn man ein Tier isoliert – oder es Schmerzen aussetzt –, wird die Neuronenentwicklung verzögert.
Was den Urschmerz anbelangt, hat der Kortex eine doppelte Funktion. Er macht es uns möglich, die Bedeutung unserer Erfahrungen zu verstehen, und er trägt dazu bei, die Informationsmenge, die wir verarbeiten, in Grenzen zu halten. Er hemmt übermäßige Information. Daher ist die Abkoppelung und Stillegung für unser Überleben genauso wichtig wie die spätere Wiederverbindung. Ein Versagen der Abkoppelung kann zum

2 James Prescott, »Touching«, in *Intellectual Digest,* März 1974.

frühen Krippentod oder zu epileptischen Anfällen führen, bei denen das Gehirn stark überlastet ist.
Wer vom ersten Lebenstag an physischer Wärme beraubt ist, der wird überlastet, und das wiederum belastet den Hemmungskortex. Bei nachlassender Hemmung greifen alle Primärreize sofort über; die Folgen sind Zerstreutheit, Unaufmerksamkeit und schlechtes Konzentrationsvermögen.
Der sekundär-assoziative Kortex ist nur ein Bestandteil des Abkoppelungsprozesses. Es gibt andere Möglichkeiten, mit denen sich das Gehirn abstellt. Doch ungeachtet der Mechanismen, eines ist sicher: Nach dem Verlust von Feelings kann man kein sinnvolles Leben mehr führen.

7. Die Pfade der Verknüpfung

Verknüpfung – das Bewußtmachen einer vorher ausgekoppelten Erfahrung – setzt eine spezifische Menge gefangener Energie frei, die mit einem eingeprägten Trauma assoziiert ist. Die Verknüpfung ist für den Heilungsprozeß entscheidend, weil sie bedeutet, daß umgeleitete Impulse eine endgültige Verbindung zu den korrekten und ursprünglichen Bahnen hergestellt haben. Verknüpfung heißt, daß neue Situationen keine gespeicherten Explosionen mehr auslösen können, da es nun weniger versteckte elektrische Stürme gibt. Sie bedeutet, daß es keine unterschwellige Energie mehr gibt, die einen dazu bringt, außer Kontrolle zu geraten, irrational zu reagieren. Energie, die zu Ruhelosigkeit, Muskelverspannungen, Magensekretionen, gewalttätigem oder zwanghaftem Verhalten führen kann, ist endlich korrekt verbunden und aufgelöst worden.

Die Verbindung gespeicherter Erinnerungen mit Erkenntnis auf höherer Ebene bedeutet, daß ein Mensch schließlich auf physiologische Weise die Verbindung zu sich selbst gefunden hat. Der Organismus, der sehr damit beschäftigt war, die Abkoppelung aufrechtzuerhalten, kann sich endlich entspannen. Diese Verbindung ist, wenn sie während eines Primals gefühlt wird, unzerstörbar daran festgemacht. Die Verknüpfung ist ein unmißverständliches Erlebnis.

Falls keine exakte Verknüpfung zustande kommt, fährt die Energie abgekoppelter Urschmerzen fort, den Organismus zu aktivieren und erzwingt neue Entlastungskanäle. Einige dieser neuen Kanäle können sozial akzeptabler sein als andere, und viele Therapieformen sind mit wenig mehr beschäftigt als der Umleitung abgekoppelter Urschmerzen in sozial akzeptables Verhalten. Ohne Verknüpfung ist das ein endloses Unterfangen.

Bewußt zu werden, wenn man im Sinne der Primärtherapie ein Neurotiker ist, heißt, sich erst der Urschmerzen bewußt zu werden. Sich der Urschmerzen nicht bewußt zu sein heißt, bis zu einem gewissen Grad *bewußtlos* zu sein. Da es ein biologisches System zur Herabsetzung von Bewußtsein gibt, kann eine Bewußtseinszunahme nur über eine Beschäftigung mit eben diesem biologischen System erreicht werden. Wenn man nicht unter Urschmerz steht, kann man nicht bewußter werden, als man ist.

Verknüpfung ist nur auf eine Art und Weise gesichert – durch Wiedereintritt der Agonie eines Feelings oder einer Erinnerung; die Agonie treibt eine alte Erinnerung in Richtung auf Bewußtsein und Auflösung. Dazu muß man sich am Nervensystem hinabbewegen, um so auf die Ebene des Feelings zu gelangen. Es gibt keine bewußte, vorsätzliche Möglichkeit, das zu tun, ganz gleich wie stark die Motivation ist. Es ist zum Beispiel ein nutzloses Unterfangen zu versuchen, mit verbalen Mitteln Erinnerungen ins Gedächtnis zu rufen, die aus einer Zeit stammen, in der der Kortex noch nicht bestand. Bewußtsein erlangt man nur durch Verknüpfungen, die auf der entsprechenden Ebene gemacht werden.

Ein Patient, der eine (ur-)schmerzhafte Szene aus seiner Kindheit wiedererlebt, hat sich von den fortgeschrittensten zu den ursprünglichsten Hirnfunktionen hinabbewegt. In neurologischem Term heißt das: Der Kortex hat das Limbische System angeregt, die gespeicherten schmerzhaften Erinnerungen freizusetzen, die wiederum den Hypothalamus aktivieren, um die Leidenskomponente des Feelings zum Ausdruck zu bringen. Dieser Urschmerz aktiviert das neurale Aufgebot, von dem ich weiter oben sprach. Die ehemals stillgelegten kortikalen Bereiche sind aufgewacht, um den Feelings eine Bedeutung zu verleihen, sie ermöglichen die umfassende Reaktion des Bewußt-Seins.

Bei der Wiederverknüpfung werden während einer Sitzung nur einige Aspekte des gesamten Feelings erlebt. Mit jeder neuen Verknüpfung gewinnt man neue Einsichten, da immer mehr der sekundär-assoziativen Bereiche des Kortex zum Verständnisprozeß herangezogen werden.

Wenn der Verknüpfungsprozeß stattfindet, werden alle ursprünglichen, das frühe traumatische Ereignis umgebenden Reaktionen offenkundig. Wenn zum Beispiel ein Patient ein Geburtstrauma wiedererlebt, kann es zu spontanem Würgen kommen. Der Patient kann weder weinen noch Worte hervorbringen. Die Ebene der Gehirnstruktur entspricht dem Erlebnis. Im Moment der Verknüpfung verschwinden alle assoziierten symbolischen Reaktionen, und es bleibt Klarheit, Bewußtsein. Der Patient fühlt das Feeling des Integriertwerdens.

Da die Last der Urschmerzen abnimmt, kann der Mensch anfangen, die schwereren Urschmerzen, welche tiefer im Gehirn und in der Vergangenheit liegen, zu erleben.[1] Er kann Urschmerzen unterer Ebenen fühlen und sie integrieren, weil auf ihnen nicht mehr die jüngeren Schmerzen lasten. Der Organismus fängt entsprechend an, sich zu entspannen. Für den Leidenden ist es subjektiv wahrnehmbar, für den Beobachter offensichtlich. Es besteht beträchtlich weniger »Druck«.

Wir erkennen die Entspannung, die aus Verknüpfungen herrührt, besonders am Abfall der Werte vitaler Körperfunktionen und an der Veränderung der Gehirntätigkeit. Eine Untersuchung am UCLA Brain Research Institute ergab eine 83prozentige Abnahme neuraler Aktivität der Hirnwellen (Amplitude) von Primärpatienten. Durch die Verknüpfung verändern sich Träume dahingehend, daß der Symbolismus abnimmt, und Symptome verschwinden.

Wahrscheinlich kommen die Einsichten, welche die Feelings begleiten, auf zweierlei Art zustande. Schnelle Einsichten, die einem Feeling unmittelbar folgen, sind wahrscheinlich überwiegend neuroelektrische Vorgänge. Doch dauert der Prozeß der Einsicht nach einem Feeling tagelang an, ist sie höchstwahrscheinlich auf biochemische Umwandlungen von Nervenzellen zurückzuführen, die sich früher aufgrund von Urschmerz abnorm verhielten.[2]

Integrierbare Agonie ist der Schlüssel zum Verständnis der Verknüpfung. Wenn zu viele Primärschmerzen auf einmal freigesetzt werden (etwa durch LSD oder durch Drängen des Patienten), hat das überschüssige Energie zur Folge, die wieder neurotisch umgeleitet werden muß. Das bedeutet, daß sich das Leiden fortsetzt. Bei zu geringer Energieversorgung ist der Kortex nicht ausreichend aktiviert. Dies geschieht oft beim Abreagieren, bei dem Menschen zwar die Schritte eines Primär-Feelings durch-

1 Es ist natürlich möglich, daß im späteren Leben katastrophale Ereignisse stattfinden. Aber diese Ereignisse, wie etwa der Verlust der Eltern, sind nicht so katastrophal, wenn man in den Zwanzigern ist, als wenn man sechs oder sieben ist. Die Leistungsfähigkeit des Gehirns im Umgang mit Traumata ist in den ersten Lebensjahren noch nicht so vollständig entwickelt wie in späteren Jahren.

2 Es ist möglich, daß verzögerte Einsichten nach einem Feeling auf irgendeine Art von einem allmählich wiederhergestellten biochemischen Gleichgewicht abhängen. Um es anders auszudrücken, Urschmerz blockierte ursprünglich die Fertigstellung bestimmter biochemischer Ziele des genetischen Kodes für bestimmte Neurotransmitter. Das verhinderte ein korrektes Verständnis der Realität; es kann einige Zeit dauern, bis das Wiedererleben von Urschmerz die Neurotransmitter so »korrigiert«, daß die ganze Realität wieder wahrgenommen werden kann.

machen, dies aber »absichtlich«, vom Standpunkt eines Erwachsenen, der versucht, ein Baby zu sein. Schreien und Um-sich-Schlagen können eintreten, doch fehlt ein entsprechendes Maß an Urschmerz; Verknüpfungen werden nicht hergestellt, vielleicht mit Ausnahme einiger intellektueller Einsichten, denen eine sehr oberflächliche Qualität eigen ist. Ein Therapeut mit nicht unzureichendem Wahrnehmungsvermögen kann die Abreaktion oft nicht mitbekommen und unabsichtlich das Abwehrsystem stützen.

Sowohl Abkoppelung als auch Verknüpfung sind biologische Prozesse und Notwendigkeiten, jedes zu seiner Zeit. Da zum Zeitpunkt der Geburt bereits ein rudimentärer Neokortex vorhanden ist, muß angenommen werden, daß diese tief im Nervensystem eingeprägten Traumata weiter oben eine Art schwachen Korrelats haben. Bei der Wiederverknüpfung könnten sie die unteren und oberen Erlebniseinprägungen jetzt auf eine Art »wiedererkennen«, die, sobald die Schleusen geöffnet sind, unmittelbar und unausweichlich ist.

Die neuere Forschung hat gezeigt, daß Nervenzellen eine Substanz absondern, die festlegt, welche anderen Nervenzellen sich mit ihnen verbinden; allerdings ist die genaue Identität der Substanz unbekannt.[3] Wenn Urschmerz die Biochemie der Nervenzellen verändert, greift er offensichtlich in den Prozeß des Erkennens und Verknüpfens ein. Umgewandelte Nervenzellen »erkennen« sich nicht mehr genug, um miteinander in Berührung kommen und eine dauerhafte Verbindung eingehen zu können. Bei der Wiederverknüpfung wird die Biochemie des Gehirns normalisiert, so daß Nervenvorsprünge sich wiederfinden können und infolgedessen einen Kreislauf so vollführen, wie er ursprünglich geplant war. Für Nervenbahnen, die durch Verdrängung abgekoppelt wurden, scheint es tatsächlich so etwas wie ein »Zuhause« zu geben.[4]

Der Faktor des Wieder-Erkennens kann auf der Zellebene beobachtet werden. Ein Wissenschaftler kann zwei Gruppen von Herzzellen auf die gegenüberliegenden Seiten einer präparierten Platte plazieren und zwei Gruppen von Leberzellen auf die beiden anderen Seiten. Die Leberzellen bewegen sich auf die Leberzellen zu, die Herzzellen auf die Herzzellen. Dieses zellulare Erkennen

3 Rezension von Jean Marx in *Science,* Bd. 206, 26. Oktober 1979, S. 437.

4 Ein Bericht im *Brain-Mind Bulletin,* 1. Jan. 1979, weist darauf hin, daß die Speicherung von Erinnerungen von der *Verknüpfung* und nicht von einzelnen Zellen abhängt. Ein Erinnerungsdefizit basiert auf »fehlerhaften Verknüpfungen«.

ähnelt unserer Erinnerung an einen alten Freund, es geht einfach nur auf einer anderen Ebene vor sich. Die Erinnerung an einen alten Freund ist – wenngleich auch ein hochentwickelter Prozeß – das Resultat eines Konglomerats zusammenwirkender Zellen. Die Herzzellen auf der Platte des Wissenschaftlers haben zwei verschiedene Leben. Sie pulsieren unterschiedlich. Doch wenn sie zusammenkommen, pulsieren sie einheitlich.
Es scheint Zellen angeboren zu sein, sich mit gleichartigen Zellen verbinden zu können. So können zum Beispiel abgetrennte Nervenzellen aus dem Zentralnervensystem von Blutegeln sich wieder mit ihren normalen Kontaktstellen verbinden – auch wenn sie diese unter Hunderten von anderen Zellen heraussuchen müssen. Es dauert ungefähr zwei bis drei Wochen, bis Impulse einer durchschnittenen Zelle durch das abgetrennte Segment wieder zu ihrer verbindenden Zelle gelangen. Also, Nervenzellen von Blutegeln heilen durch Wiederverbindung. Dieser Prozeß physiologischer Wiederverknüpfung könnte ein Modell dafür abgeben, wie neurochemisch abgekoppelte Nervenzellen im menschlichen Gehirn wieder verbunden werden.
Nach der Entwicklung des Kortex in der Geschichte des Menschen zu urteilen, könnte es ein Bestreben gegeben haben, für jede Erfahrung auf höheren Ebenen nach einer Bedeutung zu suchen. Auf unteren Ebenen blockierter Schmerz strebt nach bewußter Verknüpfung. Der Neurophysiologe Steven Rose erklärt, daß »viele Kodierungsaspekte des Leitungsnetzes des Zentralnervensystems auf ähnliche Weise funktionieren. Sie sind genetisch festgelegt, so daß bestimmte Verbindungen obligatorisch sind.«[5]
William Gevarter von der National Aeronautics and Space Administration hat mit Nachdruck die Wichtigkeit der Verknüpfungen von tiefliegenden Gehirnprozessen betont. Er bemerkt: »Die einzigen Therapien, die langanhaltende Veränderungen bewirken, sind die, die permanent alte Gehirnprogramme entschärfen.« Er weist darauf hin, daß die Psychoanalyse »eher Neuhirn-Einsichten und Wissen« bietet »als eine Heilung«, weil sie normalerweise eher die bewußte Beurteilung ändert als die unbewußte. Dr. Gevarter ist der Ansicht, daß alte Gehirnprogrammierungen durch permanente Modifizierung der »reverbe-

5 Steven Rose, *The Conscious Brain,* Weidenfeld & Nicolson, London 1973, S. 170.

rierenden Kreisläufe« alter emotionaler Spannungen attackiert werden müssen.[6]
Was Dr. Gevarter die Modifizierung reverberierender Kreisläufe nennt, nennen wir Verknüpfung. Verknüpfung ist der Kern der Primärtherapie. Verknüpfungen herzustellen heißt gleichzeitig, von zwingenden Kräften des Unbewußten zu befreien. Verknüpfung löscht ein frühkindliches Bedürfnis nicht aus und befriedigt es auch nicht. Aber sie reduziert es auf ein altes Bedürfnis, auf etwas, das der Vergangenheit angehört.
Wenn der Kreislauf erst einmal verbunden ist, bleibt er verbunden, das ist eine physiologische Tatsache. Aufgrund dieser dauerhaften Verknüpfung wird man nicht wieder neurotisch. Mit jeder hergestellten Verknüpfungen gewinnt man einen Teil von sich hinzu. Je mehr Verknüpfungen, desto unzerteilter, vollständiger wird der Mensch, und desto mehr wird er »er selbst«. Das ist es, was es bedeutet, wirklich »du selbst« zu sein.

6 *Brain-Mind Bulletin*, 18. September 1978, S. 1.

IV. Eine Wissenschaft vom Mensch-Sein

1. Eine Wissenschaft vom Fühlen

Viele Menschen nehmen an, daß »Gefühle« sich nicht in harte Informationen umwandeln lassen, die Wissenschaftler ohne weiteres untersuchen und teilen können. Schließlich hat »*I feel blue*« Dutzende von Bedeutungen für ebensoviele Menschen. Doch *lassen* sich heute Gefühle und Emotionen messen. Solange diese Meßmöglichkeiten nicht bestanden, hatten Wissenschaftler keine große Auswahl bei dem, was sie messen konnten: »Wenn Verhalten das einzige ist, was wir messen können, dann muß Psychologie das Studium von Verhalten sein.« Die Psychologie war in einem Kreis gefangen, sie untersuchte nur, was sie sehen konnte, und sah nur, was sie untersuchen konnte.

Doch ist Verhalten nur ein Aspekt – das Endresultat – dessen, was in der Psyche vor sich geht. Was – bei Bewußtsein – im Gehirn und im Körper stattfindet, ist die Quelle unseres Verhaltens. Es ist an der Zeit, den Mythos zu begraben, wir seien so, wie wir uns verhalten.

Der hauptsächliche Grund, warum es an Untersuchungen über Gefühle gemangelt hat, liegt darin, daß Gefühle immer verdächtig gewesen sind. Sie wurden als eine Gefahr für die Gesellschaft – und die Wissenschaft – angesehen. Emotionen, so sagt man, führen Wissenschaftler in die Irre und halten sie davon ab, »objektiv« zu sein. Emotionen »machen blind«, und Gefühle sind »irrational«. »Emotionen beeinträchtigen die Urteilskraft.« Das trifft in bedeutsamer Weise zu. Aber die Vorsichtsmaßnahmen gegen eine Beeinträchtigung des Urteilsvermögens durch Gefühle sollten den Wissenschaftler nicht blind gegenüber Gefühlen als Forschungsgegenstand machen. Es ist das bloße Vorhandensein unbewußter Gefühle, welches die Urteilskraft beeinflußt, und bei einer Beurteilung kann man schon deshalb einem Irrtum unterliegen, weil man Emotionen unter Kontrolle hält.

Wissenschaftler neigen allzu häufig dazu, dem Innenleben zu mißtrauen, weil sie, abgetrennt von sich selbst, einen Patienten oder einen Untersuchungsgegenstand auf die gleiche Art und Weise behandeln können – wie jemanden, der sich verhält, als hätte er keine inneren Triebkräfte.

Neurose ist *nicht* nur eine Verhaltensweise, sondern eine Krankheitsform. Die Veränderungen, die bei der Neurose eintreten, sind die gleichen, als dränge ein Krankheitskeim oder eine Mikrobe in den Organismus ein. In beiden Fällen bekommt der Mensch Fieber, das Lymphozytengleichgewicht verändert sich ebenso wie die Menge der weißen Blutkörperchen. In der Atmosphäre gibt es Krankheitskeime, die physische Pathologie verursachen; und es gibt pathologische Situationen und pathologische Eltern, die Kinder veranlassen, psychisch und physisch abnorm zu werden.

Jedes äußere Ereignis, das natürliche Prozesse eines Menschen verzerrt oder behindert, ist eine fremde Kraft. Sie zwingt alle Subsysteme des Körpers, das Eindringen zu kompensieren. Wenn es natürlich ist, daß du deine Gefühle ausdrückst, aber Eltern sie jedesmal unterdrücken, ist dieser Übergriff eine fremde Kraft, die schließlich Krankheitsprozesse erzeugt. Wenn ein Chirurg einen tiefen Schnitt in den Körper macht und ihn über jedes Reaktionsvermögen hinaus traumatisiert, kann diese fremde Kraft zur Neurose beitragen. Wenn ein Baby noch nicht so weit ist, gehen zu können, aber es nichtsdestoweniger jeden Tag dazu gezwungen wird, ist das ein fremder Eingriff in ein natürliches Entwicklungssystem, das diesen Eingriff dann kompensieren muß. Wenn die einzige Ausdrucksmöglichkeit eines Säuglings im Weinen besteht und es kommt niemand, ihn zu trösten, ist das eine weitere Beeinträchtigung einer natürlichen Reaktionsweise, die schließlich dazu führt, daß er lernt, unnatürlich zu reagieren – nicht zu weinen, wenn etwas weh tut oder er sich nicht wohl fühlt. Er blockiert eine notwendige und vitale Funktion, die weitreichende physiologische Folgen hat. Es ist nicht einfach so, daß er aufgehört hat zu weinen und sich erwachsen verhält. Diese einfache Handlung hat seine Biologie verändert. Erneutes Auftreten heftigen Weinens ist folglich nicht nur eine nette Sache; es bedeutet vielmehr, eine vitale, physiologische Funktion wiederherzustellen. Es treten Veränderungen auf, wenn man uns unsere Reaktionen wegnimmt und wenn man sie uns wiedergibt.

Urschmerz ist eine Unterbrechung natürlicher Prozesse. Die Veränderung des Selbst erstreckt sich bis auf das Gewebe und die Zellen.

Wir haben eine doppelte Aufgabe. Erstens, herauszufinden, ob die Verdrängung eines Geschehnisses im Alter von fünf Jahren eine Krankheit mit fünfundzwanzig nach sich ziehen kann, und wenn das der Fall ist, wie das vor sich geht. Eine Möglichkeit, an diese Aufgabe heranzugehen, besteht darin, Veränderungen normaler Funktionen zu untersuchen. Eine übermäßige Akkumulation von Primärschmerz überfordert normale Systeme und erzeugt permanente Funktionsänderungen. Der Organismus ist in einem konstanten Kompensationszustand, um ein Gleichgewicht aufrechtzuerhalten. Als Reaktion auf den Urschmerz werden die Subsysteme in ihrer Verzerrung fixiert, und die Neurose beginnt. Es existiert eine neue Form von Organismus: ein neurotischer mit charakteristischen biologischen Mustern. Um Anhaltspunkte für die Neurose zu bekommen, betrachten wir die biologischen Muster.

Neurose ist das Muster dauerhafter, schwerwiegender Veränderungen sowohl psychischer als auch biologischer Funktionen in Abwesenheit aktueller Stressoren. Es ist real, Streßreaktionen bei auftretender Gefahr zu zeigen. Aber es ist neurotisch, in gleicher Weise zu reagieren, wenn wir nicht in Gefahr sind. Natürlich ist der Neurotiker in Gefahr, aber sie kommt aus seiner Vergangenheit. Er ist in Gefahr, sich seiner Urschmerzen bewußt und von ihnen überwältigt zu werden.

Alle Stressoren, die seine Systeme ursprünglich verändert haben, sind noch vorhanden, und diese Veränderungen können gemessen werden. Sie sind auf chemische Weise in seinen Zellen eingeprägt. Sein Körper reagiert ständig auf die eingeprägten Engramme (Erinnerungsspuren) der ursprünglichen Primärschmerzen aus seiner Kindheit. Darin liegt die Bedeutung neurotischen Stresses.

Die Heilung der Neurose besteht im endgültigen Ausdruck der gesamten Reaktion auf jene primären Schmerzen, die Funktionsveränderungen verursacht haben.

Die Heilung der Neurose

In der Tat wird der Begriff »Heilung« in der Psychotherapie selten verwendet. Psychotherapeuten fühlen sich wohler mit Begriffen wie »Rückgang oder Verminderung von Symptomen«. Tatsächlich ist jeder Therapeut, der das Wort »Heilung« verwendet, sofort suspekt. Vielleicht liegt das an der hoffnungslosen Auffassung der Mitglieder des Berufsstandes, daß die Ursachen praktisch unmöglich ausfindig zu machen sind. Deshalb muß man sich damit zufriedengeben, »den Teufel zurückzuschlagen«.

Doch solange wir sorgfältig mit der Bedeutung von Heilung umgehen, gibt es keinen Grund, den Begriff nicht zu verwenden. Unglücklicherweise können sich Psychotherapeuten nicht auf ein Verfahren der Messung von Heilung oder therapeutischer Besserung einigen. Um die Schwierigkeit noch zu verstärken, hat fast jedes psychotherapeutische Verfahren eine andere Auffassung, was unter Besserung zu verstehen ist. Ihre Auffassung von Besserung steht im Einklang mit der verbreiteten Theorie.

Der Behaviorist Joseph Wolpe zum Beispiel vermerkt verschiedene Standards therapeutischer Besserung: Besserung der Symptome, zunehmende Leistungsfähigkeit in bezug auf Arbeit, verbesserte zwischenmenschliche Beziehungen und eine verbesserte Fähigkeit, mit realem Streß vernünftig umzugehen.[1] Albert Ellis von der Rational-Emotiven-Therapie (RET) erklärt, sein Ziel sei, im Gegensatz zu anderen Therapieformen, dem Patienten eine Methode der Selbstbeobachtung und der Selbsteinschätzung an die Hand zu geben, die ihn davor bewahrt, ängstlich oder feindselig zu sein. Er führt den Patienten durch philosophisches Verstehen und eine Art der Verhaltenskonditionierung zu einem rationaleren Akzeptieren seiner Situation zurück.[2]

Auf der Gegenseite glauben die Existentialisten, daß Psychotherapie ein Prozeß ist, bei dem einem Patienten die Freiheit gegeben wird, sein einzigartiges Selbst in einer einzigartigen Lebenssituation in Übereinstimmung mit der Realität zu »verwirklichen«. All dies besagt, daß, je mehr Einsicht ein Mensch hat oder je reifer er sich verhält, seine therapeutischen Fortschritte um so größer sein müßten.

Solche Kriterien bieten jedoch keine verläßliche Möglichkeit der Messung therapeutischer Besserung. Bei all diesen Theorien handelt es sich weitgehend um den Fall des »Schusters, der überall in der Welt nur Schuhe sieht«. Die Behavioristen untersuchen das Verhalten. Die Rogerianer messen Einstellungen, und die Existentialisten preisen die »Überantwortung«. Je verschwommener und selbsteinschränkender die Theorie, desto ungenauer sind die Maßstäbe therapeutischer Besserung. Doch das ist heutzutage nun einmal der Zustand der psychotherapeutischen Verfahren.

Eine neuere Untersuchung zur Psychologie ermittelte, daß die große Mehrheit der Psychologen bei der Wahl ihrer Methode

1 Alvin Mahrer, *The Goals of Psychotherapy,* Appleton-Century-Crofts, New York 1967, S. 131.

2 Mahrer, S. 218.

eklektisch ist, was bedeutet, daß sie den Patienten mit keiner speziellen Methode behandeln.[3] Im Falle des Eklektizismus verschreibt sich der Praktiker keiner der Persönlichkeitstheorien völlig, sondern bezieht von allen »brauchbare Informationen«. Diese Situation wäre in jedem anderen Wissenschaftszweig sehr komisch. Können Sie sich bei ein und demselben Phänomen in der Kernphysik zehn verschiedene Theorien vorstellen? Und daß Physiker keiner speziellen Theorie anhängen, sondern allen?

Es ist offensichtlich, daß die Psychotherapie bis jetzt eine Kunst und keine Wissenschaft gewesen ist; aus diesem Grund war es bisher auch sozusagen eine »Geschmacksfrage«, welcher Therapie man sich unterziehen wollte, und ein rein subjektives Urteil, ob man in der Psychotherapie Fortschritte machte oder nicht. Ich bin der Ansicht, daß Eklektizismus bei Angehörigen der psychotherapeutischen Berufe an Popularität gewinnt, wenn nichts zu funktionieren scheint.

Ein ernsthaft kranker Mensch braucht keinen Methoden-Supermarkt; er braucht eine konsistente Methode, die auf einem gründlichen Verständnis dessen, was falsch ist, basiert. Auf die Kindererziehung angewendet, wird der Standpunkt klar: In den ersten zwei Jahren sind Eltern passiv, die nächsten fünf Jahre autoritär und die folgenden fünf Jahre wieder passiv und nichtdirektiv – eine zuverlässige Methode, ein Kind neurotisch zu machen.

Wir wissen jetzt, was zu tun ist, die Verfahren sind spezifisch und werden täglich verbessert. Die Methodik variiert, nicht von einer Theorie zur anderen, sondern die Techniken innerhalb einer einzigen umfassenden Theorie. Wäre die Mischmasch-Methode wirklich wirksam, warum hat nicht jemand das Beste daraus in eine Theorie gesteckt und weiterentwickelt? Ich glaube, weil nur ein eleganterer Mischmasch herauskommen würde.

Psychologen können sich noch nicht einmal darüber einig werden, was Geisteskrankheit ist. Thomas Szasz glaubt, daß Geisteskrankheit ein Mythos ist, daß Menschen, die von der Norm abweichen, nur das Etikett »anormal« von den sogenannten »Normalen« angehängt bekommen. Wer indessen erkannt hat, daß »Geisteskrankheit« ein biologischer Leidenszustand ist, wie wir festgestellt haben, käme nie zu Szasz' Schlußfolgerungen.

Psychische Prozesse sind biologisch. Da alle biologischen Systeme

3 *American Psychologist,* August 1978, S. 753.

eine normale Funktionsweise haben, muß auch das Gehirn einen normalen Operationsmodus besitzen.
Denkprozesse können nicht normal verlaufen, wenn die unteren Gehirnmechanismen durch verdrängten Urschmerz verzerrt worden sind. Eine Verfahrensweise, diese Funktionen auszuwerten, besteht darin, sie mit »normalen« Gehirnprozessen zu vergleichen, die entweder keinen Urschmerz aufweisen oder deren Schmerz in der Primärtherapie aufgelöst wurde. Da wir Primärschmerz nicht direkt messen können, außer durch verbale Mitteilungen, ist das Beste, was wir im Augenblick tun können, ihn direkt mittels der Verarbeitungsmechanismen des Gehirns und des Körpers zu messen – zum Beispiel über die Körpertemperatur.
Die meisten psychologischen Fragebögen erfassen in Wirklichkeit nur, wie effektiv jemand verdrängt ist; das wird dann als »normal« bezeichnet. Wenn man nicht zittert, unter Angstzuständen leidet, schlecht ißt oder schläft, nicht launisch ist, dann geht es einem gut. Wenn man unter all diesen Symptomen leidet, geht es einem nicht so gut. Doch von unserer Perspektive aus könnte gerade das Gegenteil der Fall sein; dir geht es gut, wenn du deinen Gefühlen näherkommst, und nicht so gut, wenn du dich von ihnen entfernst. Es ist nicht angenehm, zu zittern, aber es ist ein Zeichen natürlicheren menschlichen Verhaltens, als hätte man Urschmerz und würde nicht zittern. Menschlich zu sein heißt fühlen, empfinden, erleben – für die großen Freuden und Leiden des Lebens offen sein. Ein Mensch, der herkömmlicherweise »gut angepaßt« ist, kann sich durch zwanghafte Überarbeitung umbringen. Der gute Neurotiker zieht nicht in Erwägung, daß er zuviel arbeiten könnte. Er entspricht nur einfach der normalen Arbeitsethik.
Wenn wir den Urschmerz offenlegen, erkennen wir die Tätigkeit des Unbewußten. Wir können direkte Beobachtungen der *zugrunde liegenden* Verhaltens*motivationen* machen. Wir begreifen, daß Wahrnehmung, Kognition, Einstellungen und zwischenmenschliche Interaktion nicht getrennte Aspekte menschlichen Verhaltens sind, sondern vielmehr unentwirrbar verwobene Immanationen von Feelings. Das Unbewußte zu »sehen« ist ein vollkommen neuer Gedanke in der Psychologie.

Kriterien für ein Primal

Um die Wirksamkeit der Primärtherapie beurteilen zu können, muß uns ganz klar sein, was ein Primal ist. Für das Primärerlebnis gibt es subjektive und objektive Kriterien.

Die subjektive Erfahrung eines Primals
Ein Primal beginnt mit zunehmend tieferem Atmen, während der Körper zittern und zucken kann.[4] Der ganze Organismus handelt als eine Einheit, die von einer überwältigenden Erfahrung erfaßt worden ist. Der Mensch wird in seine Kindheit befördert und ist von ihr überwältigt. Er erlebt einen Schmerz, den er nie vollständig erlebt hat. Gesicht und Haltung drücken seine Agonie aus. Im allgemeinen ziehen lebhafte, alte Szenen durch seinen Geist. Er steigt auf eine Bewußtseinsebene hinab, auf der der emotionale Ton gestaltet wird und auf der die Vorstellungen schärfer umrissen sind, als er es sich je vorgestellt hätte. Er setzt sich mit dem, was er sagen wird, nicht haarklein auseinander, hält sich damit nicht auf. Er ist vom Anblick, den Geräuschen und einer Empfindung der Vergangenheit überwältigt. Er spürt einen großen Umbruch. Tränen, Schluchzer und Agonie stellen sich ein. Häufig ist sein Körper außer Kontrolle, manchmal windet er sich und schlägt um sich. Es kann zu Schreien, Ächzen, Wimmern, Stöhnen und tiefempfundenem, tränenreichem Weinen kommen. Der emotionale Ton ist voller Pathos und Elend. Der Patient drückt seine Bedürfnisse aus: »Halt mich fest«, »Hab mich lieb«, »Sei lieb zu mir«. Er macht das nicht absichtlich, die Worte strömen aus ihm heraus. Manchmal fehlen die Worte, nur Stöhnen und Schluchzen sind zu vernehmen. Der Primal kann eine Stunde oder auch länger dauern. Das Feeling klingt langsam ab, und der Mensch kehrt in die Gegenwart zurück.
Das Feeling nach einem Primal ist unvergleichlich. Es ist ein tiefgehendes Gefühl der Ruhe, Entspanntheit und sehr scharfer Wahrnehmungen – plötzlich ist alles kristallklar. Häufig bewegt sich der Patient danach lange Zeit nicht – er ist erfüllt von neuen Empfindungen und Einsichten, die fortdauern, bis das Feeling nachgelassen hat. Er atmet tiefer und freier. Er hat sich in einem »bewußten Koma« befunden; er war nicht nur bewußt, sondern

4 Nicht jeder erlebt einen Primal auf die gleiche Art, doch gibt es einige gemeinsame Charakteristika.

überbewußt – nicht in einer äußeren Welt, sondern in einer tiefen, inneren. Er weiß, wo er sich befindet, er weiß, wo er gewesen ist, doch im Gegensatz zu seiner normalen Erfahrung blieb sein übliches Bewußtsein im Hintergrund, schwach flackernd, während sich die tieferen Bewußtseinsebenen in den Vordergrund schoben. Der Patient könnte sagen, daß er Wissen erlangt hat, und es handelt sich dann um reales *Wissen*. Es ist eine andere Bedeutung des Wissens, eine andere Art der Erfahrung als die zerebrale, an die man gewöhnt ist.

Man kann nicht versuchen, einen Primal zu haben. Je mehr absichtliche, bewußte Anstrengungen jemand unternimmt, einen Primal zu bekommen, desto weniger Zugang hat er zu sich selbst. Das liegt daran, daß sich die oberste Bewußtseinsebene Mühe gibt, aktiver ist, wenn sie gerade weniger aktiv sein sollte.

Objektive Kriterien für ein Primal

Es gibt sowohl physiologische Veränderungen, die charakteristischerweise während eines Primals auftreten, als auch psychische Folgen, die objektive Beweise für einen Primal liefern können.

Nicht alle Primals sehen gleich aus oder hören sich gleich an. Allen gemeinsam ist jedoch Urschmerz. Die Verarbeitung aufsteigenden Urschmerzes durch den Organismus begleiten objektive Anzeichen, wie etwa eine plötzliche Zunahme des Herzschlags und des Blutdrucks, zunehmende Muskelverspannung und eine erhöhte Körpertemperatur.

Hier einige der objektiven Anzeichen:

1. Plötzlicher und deutlicher Anstieg des Pulses, der zwischen 120 und 200 Schlägen in der Minute liegt, gelegentlich noch höher;
2. Abrupter Anstieg des Blutdrucks in den Bereich der Hypertonie;
3. Bei Primals auf der ersten Ebene tritt eine extreme Zunahme der Muskelverspannung auf, die Körperhaltung ist ein gestreckter Körper mit gewölbtem Rücken und nach hinten durchgedrücktem Kopf und Hals. Das Gesicht drückt Agonie aus und ist oft »zerdrückt«. Die Knie sind eng an den Bauch gezogen.
4. Vorübergehende Erhöhung der Körpertemperatur um ein bis drei Grad (Fahrenheit).
5. Die Atmung wird zunehmend tiefer, wenn sich der Patient dem Feeling nähert, sie scheint sich über den ganzen Körper zu

erstrecken. Wenn der Patient abreagiert oder teilweise unverbunden ist, wird ihm oft schwindlig, was bei einem wirklichen Primal, bei dem er den Sauerstoff braucht, nicht der Fall ist.
6. Schließlich kommt es zu einem Durchbruch zum Feeling, der häufig, jedoch nicht immer von heftigem und langgezogenem Weinen oder Schreien begleitet wird. Die verschiedenen vitalen Körperfunktionen verlangsamen sich.

Der Zustand nach dem Primal
Die Energie eines Primals wird häufig über die Dauer von ein oder zwei Stunden freigesetzt. Dies geschieht in Form heftigen Weinens. Die Freisetzung vollzieht sich auch durch extreme Körperbewegungen, die während eines Primals häufig zu beobachten sind. Nach einem Primal:
1. Der Herzschlag ist gewöhnlich um zehn bis zwanzig Schläge langsamer als im Ruhezustand. Es kommt vor, daß er um dreißig bis vierzig Schläge pro Minute unter den Puls des Ruhezustands sinkt.
2. Der Blutdruck nimmt gleichmäßig ab. Eine typische Messung nach einer Sitzung wäre 100/50.
3. An die Stelle der bleichen Gesichtsfarbe tritt starkes Schwitzen mit Hautrötung.
4. Es kommt zu einem gründlichen Rückgang der Muskelverspannungen. Elektromyographische Messungen der Halsanspannung nach einem Primal zeigen einen deutlichen Rückgang an. Man braucht sich den Patienten nur anzusehen, um zu erkennen, daß sein ganzer Körper schlaff ist. Auch durch einen Willensakt könnte er ihn nicht wieder verspannen. Es wäre außerordentlich schwer für ihn, die Muskelverspannungen, die er ein bis zwei Stunden vorher zeigte, auch nur nachzumachen. Sein Gesicht ist entspannt – lebendig und klar.
5. Das Auftreten von Tränen – einige unserer Patienten haben, so weit sie sich erinnern können, jahrzehntelang nicht geweint – ist verbunden mit einer Pupillenverengung.
6. Die mittlere Körpertemperatur fällt unter den »Normal«-Wert des Patienten.
7. Der Drang zu urinieren hört auf.
8. Die Atmung ist unbeschwert, regelmäßig und ruhig.
Nach allem, was er durchgemacht hat, erscheint der Patient bemerkenswert erfrischt.
Ein Primal hat eine nicht zu beschreibende, doch unmißverständ-

liche Qualität. Er ist ein bewegendes Erlebnis. Man fühlt mit dem Patienten und wird häufig selbst an den Rand der Tränen gebracht. Bei der Abreaktion ist das nie der Fall, sie bewegt niemanden, am wenigsten den Patienten. Das Weinen und Schreien ist gezwungen und oberflächlich und dauert oft zu lange, als durch das sogenannte Feeling gerechtfertigt wäre.

Schmerz ist Schmerz ist Schmerz

Bei unserer Untersuchung ließen wir Patienten ihre Primals bewerten – vollständig, unvollständig, Abreaktion, nur Schluchzen, aber kein Primal etc. Die Therapeuten hatten einen entsprechenden Fragebogen auszufüllen. Es war erstaunlich, wie selten Patient und Therapeut nicht übereinstimmten – natürlich ohne daß die beiden ihre Bewertung untereinander verglichen. Diese Angaben wurden dann mit den objektiven Kriterien eines Primals verglichen.

Bei Primals kommt es zu charakteristischen Änderungen aller vitalen Körperfunktionen, Hirnwellenmuster eingeschlossen. Sie treten nicht bei simulierten Primals, bloßem Schreien, Abreaktion, körperlicher Bewegung oder Hypnosezuständen auf. Wir haben nach objektiven Methoden gesucht, um ein Primal von einer Abreaktion unterscheiden zu können. Wir wollten auch ein Instrument zur Quantifizierung der Intensität von Primals ausfindig machen. Auf diese Art hofften wir, die Auflösung von Urschmerz und Primals zu messen. Dr. Michael Holden, der Forschungsdirektor des Primal Institute, hat einen »Auflösungs-Index« entwickelt, der im wesentlichen eine mathematische Aufbereitung der Veränderungen von vitalen Körperfunktionen und Alpha-Amplituden während einer Primal-Sitzung ist. Zum erstenmal gibt es eine Möglichkeit, die Neurose und ihre Behebung zu messen.

Ein richtiges Primal ist ein Ereignis in zwei Phasen: eine Krise des sympathischen Nervensystems mit einem merklichen Anstieg der vitalen Körperfunktionen, der eine Erholungsphase des parasympathischen Nervensystems folgt. Die Erholungsphase wird durch ein kontinuierliches Absinken aller vitalen Körperfunktionen unter die Werte der Anfangslinie gekennzeichnet.[5]

5 E. Michael Holden, »A Quantitative Index of Pain Resolution in Primals with Discussion of Probable Relevant Biologic Mechanisms«, in *Journal of Primal Therapy*, Bd. 4, Nr. 1, Winter 1977, S. 37–52.

Wichtig bei den Prozessen ist, daß ganz gleich welcher Art die Primals sind, die verschiedene Patienten haben, sich ihre biologischen Systeme auf einen gemeinsamen Nenner hin bewegen. Es ist die gleiche Abwärtsbewegung der vitalen Körperfunktionen, auch wenn ein Patient wiedererlebt, wie man ihn verläßt, während ein anderer erlebt, wie er gedemütigt oder getadelt wird.
Urschmerz ist Urschmerz. Es spielt keine Rolle, wie die äußeren Umstände sind, auch nicht, welchen Namen man ihm gibt, Primärschmerz wird auf die gleiche Weise von den gleichen Mechanismen mit den gleichen Folgen verarbeitet. Die Analyse der vielfältigen äußeren Umstände in der Psychotherapie ist überhaupt nicht notwendig. Sind sie einmal innen angekommen, gleichen sie sich aufs genaueste, zumindest was den Körper anbelangt. Diese inneren Prozesse sind es, denen sich jede Psychotherapie zuwenden muß.
Eine Primal-Sitzung wird durch mehrere Wellen des Feelings gekennzeichnet, oder wenigstens durch einige Durchgänge, bei denen Teile des Feelings erlebt werden. Deshalb erkennen wir in einer Sitzung verschiedene Prä-Primal-Spitzen, denen ein sehr hoher Gipfel folgt, bevor der Patient in das Feeling fällt und seine Erholungsphase anfängt. Der Beginn eines Feelings ist der biologische Anfang der Erholungsphase. Zu fühlen heißt sich zu erholen – seine Gesundheit, sein Selbst und seine Fähigkeit, sich auszuruhen, wiederzuerlangen. Wenn wir nach einer Sitzung noch eine Erhöhung der vitalen Körperfunktionen feststellen, wissen wir, daß der Patient noch abgewehrt ist und noch nicht vollständig gefühlt hat.
Untrügliches Kennzeichen des Primal-Durchbruchs ist das Weinen. Doch konstituiert Weinen keinen Primal. Hysteriker weinen die ganze Zeit und machen keinen therapeutischen Fortschritt. Das Weinen muß mit seiner ursprünglichen Quelle verbunden sein. Primals sind als »Wein-Anfälle« bezeichnet worden. Die Wiederherstellung dieser natürlichen Funktion hat viele günstige Auswirkungen. Weinen ist in der Tat ein wesentlicher Bestandteil des Gesundungsprozesses. Der therapeutische Nutzen des Weinens ist in der psychiatrischen Literatur größtenteils vernachlässigt worden, und das, obwohl *alle psychiatrischen Patienten etwas gemeinsam haben: Elend.* Es hätte logisch sein sollen, den Patienten zu erlauben, ihr Elend lange genug herauszuweinen. Doch ist in der konventionellen Therapie jedes Weinen, das zu lange dauert oder zu tief empfunden ist, verdächtig. Es wird als

hysterisch oder desintegrierend angesehen; häufig werden Beruhigungsmittel verschrieben oder der Therapeut greift tröstend ein und sperrt damit das Feeling aus. Die Geschichte psychiatrischer Störungen ist nichts anderes als die Geschichte der Traurigkeit; und doch hat daraus *nie jemand den Schluß gezogen, daß traurige Menschen weinen müssen.*[6]

Aus dem Studium der Tränen läßt sich viel lernen, denn sie bestehen in etwa aus den gleichen Bestandteilen wie das Blut, mit Ausnahme der roten Blutkörperchen. In Zusammenarbeit mit William Frey, Biochemiker an der St. Paul University of Minnesota, Fachbereich Biochemie, beschäftigen wir uns mit der Untersuchung der Biochemie der Tränen unserer Patienten. Dr. Frey hat die chemische Zusammensetzung von Tränen untersucht und in ihnen eine hohe Konzentration von Streßhormonen entdeckt. Dies kommt nicht vor, wenn Tränen eine Folge von Reizstoffen, wie zum Beispiel Zwiebeln, sind. Soviel ist klar, wenn tatsächlich beim Vergießen von Tränen Streßhormone freigesetzt werden, dann kann die Blockierung dieser Freisetzung die Ansammlung von Streßhormonen zur Folge haben. Wir sind der Auffassung, daß Weinen eine wichtige biologische Funktion hat und daß das Vergießen von Tränen *Hauptsache* und nicht ein Nebenumstand der Auflösung von Neurosen ist. Es gibt keine »Heilung durch Reden«. Die Tatsache des *Weinens selbst* trägt dazu bei, das Leiden zu erleichtern. Tränen entfernen nicht nur giftige Substanzen aus dem Auge, sie spielen auch eine Rolle bei der Beseitigung toxischer biochemischer Substanzen aus dem gesamten Organismus.

Es ist unerheblich, wie lange sich jemand in der Therapie befindet, um eine vollständige Auflösung einer bestimmten Primal-Sequenz zu erlangen. Neue Patienten können ebensoviel Auflösung erreichen wie jene, die sich schon länger in der Therapie befinden. Der

6 Die Befreiung ist wichtig. Dr. E. Michael Holden und Dr. David A. Goodman beschreiben den Primal-Durchbruch als ein kortikales Freisetzungsphänomen, bei dem die kortikale Kontrolle (dritte Ebene) auf natürliche Weise aufgehoben wird und subkortikale Mechanismen, die Mechanismen, die Schluchzen und Erschütterung hervorrufen, wirksam werden läßt. Dr. Goodman schreibt: »Weinen könnte der Schlüssel zur geistigen Gesundheit sein. Primal-Tränen sind der Schlüssel zum Verständnis der Erscheinung. Tränen der Trauer, der Einsamkeit und des Verlustes sind die Lösung, die die Wände des Unbewußten *verschwinden lassen* und die eingekapselten Urschmerz auflösen.« Weinen ist ein holistisches Ereignis, das alle menschlichen Organe mit einbezieht, alle Ebenen der neuroendokrinalen Achse, die im Hypothalamus anfängt, einschließt.

Unterschied besteht darin, daß Patienten, die schon länger dabei sind, kürzere, »effizientere« Primals haben. Es gelingt ihnen schneller, ohne Abwehrmanöver zur Sache zu kommen. Kontrollgruppen, die sich in der Art bewegten, wie wir es von Primals kennen, hatten überhaupt keine Auflösung; alle biologischen Anzeichen zeigten tatsächlich eine zunehmende Körpertätigkeit am Ende der Sitzung. Hier handelt es sich um eine scheinbare Anomalie. Der Primär-Patient bewegt sich oft sehr heftig, und die Daten seiner vitalen Körperfunktionen *fallen.* Dafür gibt es nur eine Erklärung, und die besteht im Feeling; es ist der einzige sich unterscheidende Faktor. Der Körper ist nicht tätig, wenn er fühlt; er betätigt sich, wenn er nicht fühlt.

Während der Forschung dürfen auch nicht die geringsten Kleinigkeiten außer acht gelassen werden. Der große Spielraum aller Indikatoren der vitalen Körperfunktionen bei einem Patienten, der flach auf dem Rücken liegt, zeigt, daß eine Erinnerung mit ihrer ursprünglichen Energie – zum Beispiel aus seinem zweiten Lebensjahr – immer noch existiert.

Die Regression auf Ebenen vollzieht sich in der Primärtherapie in der umgekehrten Reihenfolge der Entwicklung des Gehirns. Bei Primärerlebnissen steigen wir nicht nur in dic individuelle Zeit hinab, sondern auch in der anthropologischen. Nach und nach werden wir nicht nur durch unser Kleinkindhirn kontrolliert, sondern auch durch das Gehirnsystem tierischer Art, das vor Millionen von Jahren existierte. Die gleitenden, fischschwanzartigen Bewegungen, die wir bei Primals auf der ersten Ebcne sehen, sind tatsächlich amphibisch. Es ist wirklich das gleiche Gehirn wie das des Salamanders.[7]

Die Geburtsschwimmbewegungen einiger Patienten werden vom tiefliegenden Nervengewebe des Hirnstamms organisiert, genau dort also, wo auch die Schwimmbewegungen des Salamanders organisiert werden. Diese Bewegungen können von den Patienten schwerlich vorgespielt, noch können sie vorsätzlich kopiert werden. *Für diesen Augenblick* weisen sie auf eine Kontrolle unseres Organismus durch ein Hirnsystem hin, das mehr als 300 Millionen Jahre alt ist. Dies ist der Ort, an dem die frühesten Kindheitstraumata – und sogar die vorgeburtlichen – gespeichert sind, und hierhin müssen wir uns begeben, wenn wir sie verknüpfen und

7 Der Hypothalamus des menschlichen Gehirns enthält viel vom Vorderhirn des Salamanders.

auflösen wollen. Während dieser Zeit gibt es keine Worte; falls welche vorkommen sollten, beschreibt der Mensch nur seinen Zustand, er ist nicht wirklich dort; er ist in seinem Kopf – Jahrmillionen später redet er über eine Erfahrung, statt sie zu *machen.*

Ein Primal hat das Aussehen eines Anfalls, doch ist es physiologisch und emotional weit davon entfernt. Interessanterweise sind jedoch die Nachwirkungen eines Anfalls nicht so gänzlich anders als die eines Primals: Verlangsamung von Puls und Atmung, Erweiterung der äußeren Blutgefäße, starkes Schwitzen und ein Sinken der Körpertemperatur und des Blutdrucks. *Man könnte sagen, daß der Epileptiker ein Primal-Äquivalent gehabt* hat, jedoch ohne die Verknüpfung oder die Entspannung.

Streß

Beim Messen der Neurose und der Gesundung ist es wichtig, die Streßmenge im Organismus zu berücksichtigen. Streß ist leicht zu messen, weil frühere Forschung viele seiner biochemischen Aspekte erhellt hat und auch weil wir natürlich vermuten, daß Streß durch Primärschmerz verursacht wird.

Über Streß ist besonders seit dem Zweiten Weltkrieg viel geforscht worden, als Soldaten untersucht wurden, die sich lange in Fronteinsätzen befunden hatten. Fast die ganzen Jahre seit dem Krieg hat Hans Selye die Streßforschung geleitet, insbesondere wurde untersucht, auf welche Weise der menschliche Organismus Streß verarbeitet.[8]

Selyes wichtige Entdeckungen haben mit den hormonalen Veränderungen zu tun, die bei Streß auftreten. Die Hypophyse sondert eine Anzahl von Streßhormonen ab, darunter ACTH (adreonocorticotrophisches Hormon), und veranlaßt die Nebennierenrinde dazu, Rohstoffe in Streßhormone umzuwandeln, die dann in den Blutkreislauf übergehen. Das Nebennierenmark sondert auch die Streßhormone *Adrenalin und Noradrenalin* ab. Noradrenalin übermittelt Aktivierungsbotschaften. Diese zwei Neurotransmitter sind in ausgleichender Weise tätig, so daß auf den Erschöpfungszustand des unterdrückenden Serotonins eine Noradrenalinzunahme folgt und umgekehrt. Die durch gesteigerte Noradrena-

8 Hans Selye, *The Stress of Life,* McGraw-Hill Book Company, New York 1976.

linzufuhr hervorgerufene Überaktivierung des Hirnstammes setzt die Kontrollmechanismen enorm unter Druck und kann sie unwirksam machen.
Gleicherweise erhöht Adrenalin Blutdruck und Herzschlag wie auch die Körpertemperatur. Es steigert auch den Energieumschlag des Körpers. Die Folgen eines erhöhten Adrenalinspiegels sind Angstzustände, Ruhe- und Schlaflosigkeit. Die langfristigen Folgen einer Adrenalinüberproduktion können eine Verringerung der Notreserven und infolgedessen eine kürzere Lebensdauer sein.
Tiere mit niedrigem Noradrenalinspiegel sind lethargischer, solche mit niedrigem Serotoninspiegel erregter. Noradrenalin regt offensichtlich an; Serotonin unterdrückt. Tiere mit niedrigem Serotoninspiegel sind schreckhafter und ängstlicher.
Selye führt Streßindikatoren auf, die das Verhalten und die Symptome betreffen. Sie umfassen Erregbarkeit und Übererregung, Herzklopfen, trockenen Mund, Zittern, schreckhafte Reaktionen, Zähneknirschen, Schlaflosigkeit, Schwitzen, häufiges Bedürfnis zu urinieren, Durchfall und Verdauungsstörungen. Diese Indikatoren sind größtenteils Anzeichen eines erregten Sympathikussystems und eines Lecks in den Schleusen gegen den Primärschmerz. Eine Reduzierung dieser klar erkennbaren Auswirkungen bedeutet für den konventionellen Therapeuten, daß die Person ihre Neurose überwindet. Meistens handelt es sich um Angstverminderung. Wenn man als Forschungsansatz eine Reduzierung der offensichtlichsten Streßanzeichen nimmt, könnte es den Anschein einer Veränderung der Neurose erwecken, wo es sich in Wirklichkeit um eine Verbesserung des Abwehrsystems handelt.
Neurose ist nicht mit den oben angeführten offensichtlichen Streßsymptomen gleichzusetzen. Daher haben wir Streß auf der denkbar fundamentalsten Ebene, nämlich der der Hormonproduktion, gemessen. Das wissenschaftliche Verständnis der Schmerzverarbeitung würde bedeuten, daß die Last der Primärschmerzen dem Hypothalamus zugeteilt wird, der die Schmerzbotschaft in Hormonsekretion umwandelt.
Unserer Arbeit entnehmen wir, daß mit einem frühen Trauma Stressoren in das neurophysiologische System eingegeben werden und daß diese Stressoren dann chronisch die gleichen biologischen Verheerungen anrichten, die Selye beobachtet. Der Unterschied zur akuten Streßsituation besteht darin, daß die Stressoren

unerkannt bleiben; sie sind historisch und nicht so klar zu erkennen, wie es gewöhnlich in der Streßforschung der Fall ist. Jedoch sind alle Stressoren, die den Organismus ursprünglich veränderten, noch vorhanden. Urschmerz ist, bis er aufgelöst wird, ein *permanenter Stressor.*

Primärstreß ist eine eigenartige Sache. Es ist nicht so, als ob dich jemand kneift; es schmerzt, man hört auf zu kneifen, und es tut nicht mehr weh. Es ist so, als ob dich jemand gekniffen hat, und dann tut es dir das ganze Leben lang weh. Menschen fragen sich später, warum du so leidest und warum du »ohne erkennbare Ursache« all die körperlichen Krankheiten bekommst.

In gewisser Weise weiß der Körper nicht, daß ihn die Geburtszangen nicht mehr traumatisieren, daß die Eltern seine Bedürfnisse nicht mehr ignorieren oder ihn terrorisieren. Er empfängt die konstant eingeprägte Botschaft der Gefahr und reagiert entsprechend. Ein Teil unseres Gehirns weiß nicht um die Gefahr; das einzige, was es weiß, ist, daß es sich mobilisieren muß, um der fremden Gefahr begegnen zu können.

Die biochemische Forschung kann das Vorhandensein von Streß nachweisen. Es gibt biologische Parameter, die Streß anzeigen, und diese bestehen unabhängig davon, wie sich ein Mensch wahrnimmt. Viele unserer Patienten berichten nie davon, daß sie das Gefühl hätten, »unter Streß« zu stehen. Häufig empfinden sie den Streß nicht als solchen. Sie fühlen sich nur tot, abgestumpft und leblos. Doch enthüllen unsere Messungen das Paradox: Der »Geist« ist sich des Stresses nicht bewußt, aber die unteren Bewußtseinsebenen sind es sehr wohl, und sie haben mit ihm auch dauernd zu tun.

Seltsamerweise kann man ein Werk über Streß nach dem anderen lesen, ohne dem Wort »Schmerz« zu begegnen. Streß wird immer als etwas Äußeres, etwas, das im Hier und Jetzt besteht, betrachtet. Es gibt zahlreiche Untersuchungen zum Arbeitsstreß, ehelichen Streß, Schulstreß, aber nicht über den Streß eingeprägter Urschmerzen. Wir leiden alle unter chronischem Streß – Urschmerz –, aber keiner redet darüber, *weil* jeder darunter leidet.

Der Neurotiker ist in einem konstanten Alarmzustand. Die Alarmreaktion verursacht die Ausschüttung von Streßhormonen und die Verbrennung von Energie. Solange jemand jung genug ist, um sich das Leben so zu gestalten, daß er mit dem Energiefluß Schritt halten kann, kann die Sache in Ordnung sein. Doch mit dem Alter und unzulänglichen Ventilen fängt die Energie an, von den Organsystemen absorbiert zu werden; das ist der Zeitpunkt, an dem das Herz und andere Organe schwächer zu werden beginnen. (Pensionierungen verlaufen häufig tödlich, weil die gleiche Menge überschüssiger Energie noch weniger Entlastungsventile hat.) Das ist ein Anzeichen für die durch Primärschmerz verursachte Mobilisierung von Energiereserven, die normalerweise für das tägliche Leben gebraucht werden.

Was heißt in der Psychotherapie »gesünder«?

Bis jetzt war es möglich, Patienten mit fast jeder Methode, die von der Poesie-Therapie bis zur Psychoanalyse reichen, zu behandeln und Erfolge in der Therapie vorweisen zu können. Ist es möglich, daß jede Methode etwas zu bieten hat? Ehe wir nicht geeignete Kriterien für psychotherapeutischen Fortschritt aufgestellt haben, werden wir es nicht wissen. Und an diesen Kriterien wird es uns so lange mangeln, wie Psychotherapeuten darauf bestehen, daß es nur *Geistes*krankheit gibt und daß Neurose keine biologische Erkrankung ist.

Patienten der vielen Therapieformen glauben, daß es ihnen besser geht, und allen subjektiven Anzeichen nach geht es ihnen auch besser. Sie »fühlen sich besser«. Zumindest *glauben* sie, sie fühlten sich besser. Sie haben sich sowohl äußerlich als auch sozial besser angepaßt. Es ist jedoch möglich, cine bessere soziale Anpassung zu vollziehen, ohne die Neurose auch nur anzutasten.

Einige Forscher haben auf biologische Veränderungen geachtet, das jedoch nur auf einer sehr selektiven Grundlage. Sie haben entweder den Blutdruck oder biochemische Anpassungen gemessen, weil es ihnen aber an einer holistischen Methode mangelte, sind ihre Befunde einseitig. So sind zum Beispiel Interpretationen von Befunden bestimmter Arten von Meditation und Biofeedback unrichtig. Sie behaupten, daß hohe Hirnwellenamplituden ein Anzeichen von Entspannung sind. Wir haben herausgefunden, daß hohe Alpha-Amplituden ein Zeichen hoher Verdrängung sind, die einen *selbst-täuschenden* Entspannungszustand hervorruft.[9] Der betreffende Mensch ist einfach nur gut abgewehrt.

9 Hirnwellen mit hohen Amplituden deuten besonders auf Verdrängung hin, wenn sie im okzipital-parietalen Bereich des Gehirns gemessen werden.

Es ist in anderen Therapien möglich, einen niedrigeren Blutdruck oder einen Rückgang weiterer bestimmter Symptome zu bewirken. Häufig ist der Fortschritt jedoch nur von kurzer Dauer. Auch wenn die Resultate dauerhaft sind, können sie irreführend sein, wenn der Therapeut nur eine Dimension, etwa den Blutdruck, untersucht und dabei die Tatsache nicht in Erwägung gezogen hat, daß der ganze Körper und das Gehirn als kompensierendes System funktionieren. Deshalb ist es möglich, daß für den gesenkten Blutdruck ein Preis gezahlt werden muß, der in der Belastung eines anderen Organs besteht. Es handelt sich um etwas, das man nicht erkennen kann, es sei denn, man würde systematisch an den Patienten herangehen. Primärschmerz erhöht den Blutdruck – und die Körpertemperatur *und* den Puls. Jedes Organ übernimmt seinen Teil der Last, oder auch der Überlastung. Sogar wenn alle klassischen vitalen Körperfunktionen durch verschiedene Arten der Konditionierung gesenkt worden sind, muß man die Gehirnfunktionen im Auge behalten; denn auch sie bilden einen Teil des Kompensationssystems.

Wir müssen uns fragen, welche Rolle die Suggestion beim »Besser-Fühlen« des Patienten spielt. Ich bin der Ansicht, daß jeder, der sich zu einem Therapeuten oder sogar zu einem Ort der Anbetung (was allzu häufig der Psychiater ist) begibt, Erwartungen hegt und sich selbst etwas suggeriert, bevor auch nur das erste Wort gewechselt wurde oder Versprechungen gemacht worden sind. Ganz offensichtlich erwartet er Hilfe. Der verständige Therapeut mit seiner ganzen korrekten therapeutischen Ausstattung *ist durch die Tatsache seiner Existenz »das Versprechen«*.

Je verzweifelter der Patient und je größer seine Erwartungen, desto eher wird er die Realitäten übersehen und sein ganzes Vertrauen der Therapie oder dem Arzt schenken. Der Arzt braucht kein offenes Versprechen zu machen, um in dem Patienten eine Hoffnung zu erwecken.

Langfristige Forschung bietet den Vorteil, die Suggestion und die Erwartung als Faktoren therapeutischer Fortschritte auf ein Minimum herabzusetzen. Suggestiv-Therapie, gelenktes Tagträumen und Hypnose sind alle von der Suggestion abhängig, und ihre Auswirkungen sind nur vorübergehend. Man muß fortfahren, das Ritual zu verrichten, um anhaltende Veränderungen zu gewährleisten. Wenn es um die wirklich großen Krankheiten wie etwa Epilepsie und Psychose geht, versagen diese Methoden.

Die meisten Menschen erwarten, am Ende einer Therapie gesünder zu sein und ihre Angst und Depression überwunden zu haben. Ist die Therapie ein Erfolg, wenn sie sich bei der Beendigung gesund fühlen? Könnte die Therapie auch dann erfolgreich gewesen sein, wenn sie sich bei der Beendigung schlecht fühlen? Ist es möglich, daß sich jemand gesünder fühlt, viel gesünder, und nicht gesünder *ist?* Ist das von Belang, solange der Patient befriedigt ist? Kann jemand gesund werden, gleich welcher Therapie er sich unterzogen hat? Ist er tatsächlich gesünder? Und was entscheidend ist, könnte man jemanden, der sich nach der Psychotherapie gesünder fühlt, davon überzeugen, daß er in Wirklichkeit nicht gesünder war? Und wo wir gerade dabei sind: Was heißt eigentlich »gesünder«? Subjektive Berichte von Patienten gleich welcher Therapie sind nicht immer zuverlässig. Es gibt genauso viele Menschen, die sich mit ihren Problemen der Religion zuwenden und Heilung für sich in Anspruch nehmen, wie es sie in der Psychotherapie gibt.
Doch wenn wir über etwas anderes reden als über vorübergehende Gefühle, über etwas, das grundlegende biologische Veränderungen bewirkt, betreten wir ein anderes Gebiet. Denn allen anderen Methoden gemeinsam ist *ein Mangel an dauerhafter Veränderung.* Man muß mit dem Jogging weitermachen, um die Spannung zu reduzieren. Man muß häufig meditieren, um sich beständig besser zu fühlen. Die Wiederverknüpfung mit dem Urschmerz heißt nicht nur, Spannung zu reduzieren, sie eliminiert sie zunehmend. Aus diesem Grund weisen ehemalige Patienten, dic fünf Jahre in Behandlung waren, ähnliche und beständige Veränderungen der Hirnwellenmuster und charakteristische Veränderungen der vitalen Körperfunktionen auf.
Ich glaube, man kann mit Gewißheit sagen, daß nicht jeder weiß, wie er sich fühlt. Die Existenz von Urschmerz und Verdrängung weist darauf hin, daß ein Mensch sich seiner wirklichen Gefühle nicht bewußt ist. Könnte der Mensch es *fühlen,* wüßte er es. Kann er nicht fühlen, dann nimmt er nur Grade der Spannung wahr. Bei weniger Spannung fühlt man sich »besser«. Glaube allein vermindert Spannung und bringt einen Menschen dazu, sich gesünder zu fühlen, was ihn wiederum an seinen Therapeuten und seine Therapie glauben läßt. Es ist ein Perpetuum mobile von Glauben–Spannungsverringerung–Glauben.
Es gibt keine äußerlichen Hinweise, die einem sagen, ob ein Mensch gesünder ist oder nicht. Sie können uns nur die Art und

Weise mitteilen, in der sich ein Mensch anders *verhält*. Die einzig wahren Hinweise auf »Gesundung« sind innere; und in Wahrheit wird niemand jemals wirklich »gesünder«, er wird nur er selbst.

2. Die Messung von Krankheit und Gesundheit

Wirkliche Gesundheit oder Krankheit kann im Gegensatz dazu stehen, wie ein Mensch *glaubt,* sich zu fühlen. Man kann sich »gesund« fühlen und doch nicht gesund sein. Nur wenn die Schlüsselindikatoren – Temperatur, Puls, Blutdruck und Hirnwellenmuster – minimalen Urschmerz widerspiegeln, ist ein Mensch tatsächlich gesund. Dann erst wissen wir, daß seine Aussage: »Ich fühle mich gut« eine zutreffende Beschreibung seines inneren Zustandes ist.

In der Primärtherapie messen wir die vitalen Körperfunktionen eines Menschen vor Beginn der Therapie und danach zu verschiedenen Zeiten. Häufig weisen Menschen erstaunliche Abnahmen der Körpertemperatur, des Herzschlags, Blutdrucks und der Hirnaktivität als Folge unserer Behandlung auf.

Die Körpertemperatur

Die Körpertemperatur gibt den Wärmegrad des Körpers während seiner Tätigkeit an. Schmerz zieht die Körpertemperatur in Mitleidenschaft. In der medizinischen Literatur ist diesem Gedanken jedoch wenig Aufmerksamkeit geschenkt worden. Wenn sich ein Mensch seiner Urschmerzen bewußter wird, steigt die Körpertemperatur rapide an.

Nähert sich jemand von einem Primal-Feeling dem Urschmerz der ersten Ebene, steigt die Temperatur normalerweise über 102 Grad Fahrenheit*. Dies weist auf einen gesteigerten Stoffwechsel hin. Wenn Fieber ein zuverlässiges Zeichen von Krankheit ist, dann stützt die Tatsache, daß jemand in der Prä-Primal-Phase Fieber bekommt, das Argument, daß Neurose eine biologische Krankheit ist. Weitere Anhaltspunkte dafür finden sich bei Psychotikern, die häufig eine erhöhte Körpertemperatur haben. Ihre Organe ent-

* 9 Grad Fahrenheit entsprechen 5 Grad Celsius; 95° F sind 35° C, 104° F sind 40° C usw.; alle weiteren Angaben im Text in Fahrenheit; Anm. d. Übers.

wickeln beim Unterdrücken von Primärschmerzen größere Hitze. Wer über eine unzulängliche Verdrängung und Abwehr verfügt, hat gewöhnlich höheres Fieber.

Mißt man einen Patienten mit einem elektronischen Thermometer, so steigt seine Temperatur mit tiefergehendem Zugang zu Urschmerz. Löst der Patient sein Feeling jedoch auf, beginnt die Temperatur unter den Ausgangspunkt vor der Sitzung zu fallen. Dies bedeutet, daß der Neurotiker leichtes Fieber hat und daß es so etwas wie einen »Chef« geben könnte, der alle vitalen Körperfunktionen im Interesse des Überlebens in kontrollierbaren Grenzen hält. Wäre dies nicht der Fall, entwickelten die meisten Neurotiker eine konstante Körpertemperatur von 100° F und darüber (und einen merklich erhöhten Herzschlag). Wenn wir in der Primärtherapie anfangen, das Abwehrsystem zu schwächen, und die Verdrängung weniger effektiv wird, entwickelt sich ein Fieber, das *die ganze Zeit zutage treten* würde, wenn das Abwehrsystem nicht tätig wäre. Eine oral gemessene Temperatur von 98,6° F ist *keine* gültige Norm für eine gesunde Körpertemperatur; es ist bestenfalls die *Norm für Neurotiker*. Sie ist weniger ein genaues Zeichen für Gesundheit als vielmehr ein Anzeichen für die Fähigkeit des Körpers, die Temperatur unterhalb der tödlichen Höhe zu halten. Wenn der Organismus weniger Urschmerz zu verarbeiten hat, nimmt die Temperatur ständig zwischen einem halben und einem Grad ab.

Die Körpertemperatur wird, wie alle vitalen Körperfunktionen, vom Hypothalamus reguliert. Früher katastrophaler Urschmerz legt offensichtlich einen spezifischen Grad der Körpertemperatur fest, wobei einige von uns einen geringfügig anderen Ausgangsgrad haben als andere. (Viele Messungen, die rektal an Patienten nach einem tiefen Primal auf der ersten Ebene vorgenommen wurden, wiesen eine Temperatur von 96° auf.) Dieser Ausgangspunkt legt die durchschnittliche Körpertemperatur für das ganze Leben fest und basiert auf den Urschmerzen, die jemand erlebt hat.

Wenn das erste prototypische Trauma zum Beispiel eine Atembeklemmung war, die durch Medikamente, die der Mutter während der Geburt verabreicht wurden, verursacht worden war, kann dieser Ausgangspunkt niedrig sein; wenn dagegen das Trauma damit zu tun hat, daß man bei einer langwierigen Geburt nur mit großen Anstrengungen aus dem Geburtskanal gekommen ist, würde durch diesen Vorgang eine höhere Ausgangstemperatur

eingeprägt. Das soll nicht heißen, daß Konstitution und erbliche Faktoren keine Rolle spielten. Doch legen unsere Untersuchungen nahe, daß sie von untergeordneter Bedeutung sind.
Das Sinken der Körpertemperatur ist Index einer *umfassenden* Veränderung im Sinne verringerter Körpertätigkeit und einer Verlangsamung der Stoffwechselquote. Nach der Therapie wendet der Körper nicht mehr soviel Kraft auf. Er braucht es nicht mehr. Was sich kraft der Therapie geändert hat, ist der Urschmerz. Deshalb müssen wir annehmen, daß ein großer Teil der körperlichen Anstrengungen der Verdrängung dient. *Verdrängung ist ein sehr aktiver, energieverzehrender Prozeß.* Jemand, der sich wohl fühlt und »gut angepaßt« ist, jedoch eine konstante Temperatur von 100° F hat, während alles andere ausgeglichen ist, steht unter Streß. In diesem Sinne ist die Körpertemperatur ein ausgezeichneter biologischer Indikator für den Zustand der Neurose. Sie ist das Schlüsselzeichen gesteigerter zellulärer Tätigkeit des Gesamtorganismus.

Herzschlag

Eine wichtige Funktion des Herzens besteht darin, die Zellen aufzutanken, indem es jede Zelle des Körpers schneller mit Sauerstoff versorgt. Es hilft, den Organismus zum Kampf zu mobilisieren.
Der Herzschlag steht in direkter Beziehung zum Urschmerz und reagiert beständig auf eingeprägten, dauerhaften Schmerz. Unter dem Druck von Urschmerz steigert sich der Puls bis auf das Doppelte seiner »normalen« Frequenz von 72 Schlägen pro Minute. Im Falle katastrophalen Urschmerzes der ersten Ebene kann er 200 Schläge oder mehr pro Minute erreichen.[1] Der Puls ist ein deutliches Zeichen von Krankheit. In fast jedem Fall veranlaßt Urschmerz das Herz dazu, schneller zu schlagen.
Unsere Patienten beginnen die Sitzungen oft mit schnellem Puls. Das Abwehrsystem, aufs höchste belastet, versagt jedoch schließlich. Nachdem man sich über eine oder anderthalb Stunden wiederholt auf ein Primal-Feeling eingelassen hat, ist der Puls am Ende der Sitzung typischerweise unterhalb der Ausgangsfre-

1 Der Körper eines Menschen in einem Primal wird sich nie für den Tod entscheiden. Ein Primal ist das Wiedererleben eines Traumas, das man *bereits überlebt* hat.

quenz.[2] Mit fortgesetzten Feelings neigt der Puls zu beständiger Abnahme.[3]

Blutdruck

Der Blutdruck ist ein sehr guter Indikator für die Belastung, unter der der Organismus steht, denn wenn wir den Organismus von Druck – oder Primärschmerz – befreien, fällt der Blutdruck automatisch – und dauerhaft.[4] Der Blutdruck soll allen Zellen in Streßsituationen eine ausreichende Durchblutung garantieren.

Wir haben bei vielen Borderline-Hypertonikern nach einem Jahr Primärtherapie einen signifikanten Rückgang des Blutdrucks festgestellt. Die Beziehung zwischen Urschmerz und Blutdruck wird von der Medizin unterstrichen, da Pillen, die Schmerz unterdrücken sollen, auch den Blutdruck senken – und umgekehrt wirken viele Medikamente gegen zu hohen Blutdruck auch als Tranquilizer.

Hirnwellenmessung

Hirnwellenmuster müssen den vitalen Körperfunktionen zugerechnet werden. Wir können die vitalen Körperfunktionen nicht

2 Das Trauma, das den Puls bis auf 200 Schläge pro Minute treibt, ist ein Trauma aus dem Säuglingsalter. Hätte ein Säugling einen solchen Puls auszuhalten, würde er gewiß bald sterben. Indem sie ansteigende Körperfunktionen unterdrückt, kann die Verdrängung ein Segen sein.

3 Es gibt Menschen, die mit sehr niedrigem Puls in die Primärtherapie kommen, manchmal liegt er in den 40ern oder 50ern. Normalerweise erleben sie in einem Primal einen erhöhten Herzschlag, kommen aber auf Ausgangspunkte zurück, die höher liegen als vor dem Fühlen eines Primals. Ihr allgemeiner Ausgangspunkt im Ruhezustand tendiert mit der Zeit dazu, ebenfalls auf einen Bereich zwischen 60–68 zu steigen.

4 Wir haben vor kurzem an sieben unserer Patienten, die erhöhten Blutdruck haben, eine Untersuchung durchgeführt. Die Gruppe wies einen durchschnittlichen Rückgang von 30 Millimetern auf der Quecksilbersäule auf, was einer Senkung von 24 Prozent entspricht. Die Gruppe als Ganzes bewegte sich von erhöhtem zu normalem Blutdruck. Das Sample ist zu klein, um als statistisch signifikant bezeichnet werden zu können, aber diese Überprüfung ist ein Hinweis auf den Trend, den wir seit Jahren in der Primärtherapie beobachtet haben. Vgl. auch den durchschnittlichen Rückgang des Blutdrucks um 23,5%, der für Primärpatienten in der Goodman-Sobel-Untersuchung angegeben wird.

verstehen, wenn wir keinen Bezug zu den Vorgängen im Gehirn haben.

Seit mehr als sechs Jahren betreiben wir Hirnwellenforschung. Zusätzlich hat ein Wissenschaftler des Brain Research Institute der UCLA über ein Jahr Hirnwellenmuster unserer Patienten untersucht. Er bezog in seine Untersuchung Patienten ein, die bis zu fünf Jahren vorher ihre Primärtherapie begonnen hatten.[5] Er entdeckte bei Patienten nach acht Monaten Primärtherapie einen dauerhaften Rückgang elektrischer Spannung (Amplitude). Nach drei bis fünf Jahren Primärtherapie fiel die Alpha-Amplitude um die Hälfte. Zusätzlich gab es Hinweise auf eine Abnahme der kortikalen Tätigkeit – und infolgedessen einen weniger geschäftigen »Geist«. Die Primärpatienten arbeiteten nicht mehr so schwer daran, Urschmerz zu unterdrücken. Dies gilt besonders für den linken Frontalbereich des Gehirns. Das ist der Bereich, der Vorstellungen auf eine neurale Grundlage überträgt.

Der beständige Rückgang der Alpha-Amplitude sagt uns, daß die Amplitude kein Zeichen der Entspannung, sondern eines der Verdrängung ist. Und sie ist in der Tat ein direktes Zeichen der Menge des Primärschmerzes. Bei Patienten mit Primals auf der ersten Ebene nimmt bekanntlich die EEG-Amplitude den Ausgangswerten gegenüber um das Zehnfache zu. Ein Anstieg um 300 bis 500 Prozent ist nicht ungewöhnlich. Dies ist ein beachtlicher Anstieg der wesentlichen vitalen Körperfunktionen. Nach der Auflösung von Urschmerz fällt die Amplitude typischerweise unter den Ausgangspunkt, um das Zehn- bis Zwanzigfache ihrer Spitzenwerte. Es besteht eine direkte Beziehung zwischen erhöhtem Zugang von Urschmerz zum Bewußtsein und der zusätzlichen Verstärkung mit kortikalen Neuronen zur Unterstützung der Verdrängung. Der beste Lügendetektor-Test könnte einer sein, der nur eine Dimension – die Hirnwellen-Amplituden – mißt, denn es bedarf einer Menge Neuronen, um die Wahrheit, die Realität oder den Urschmerz unten zu halten.[6]

5 Ein zusammenfassender Bericht erschien im Brain Information Bulletin der UCLA.

6 Eine Untersuchung von C. R. Chapman der Washington Medical School unterstützt diese Ansicht. In Experimenten, bei denen elektrische Reize benutzt wurden, um Schmerz zu erzeugen, entdeckte man, daß »der Umfang der Hirnwellen ausgezeichnet mit der Stärke des Schmerzes korrelierte, der von den Versuchspersonen berichtet wurde. Wir verfügen jetzt über ein physiologisches Korrelat von Schmerzen und über Mittel, die Wirksamkeit eines Schmerzmittels objektiv messen zu können.« *Science* News, 14. Oktober 1978, S. 267.

Es gibt charakteristische EEG-Spannungsstärken (Amplituden) ängstlicher oder leidender Menschen. Sie sind durchgängig höher als normal. Die Aktivierung unterer Ebenen durch Urschmerz erzeugt einen Durchbruch in den Kortex, was Aktivität auf der höheren Ebene zur Folge hat. Der Kortex, weniger imstande, aufsteigenden Urschmerz zu unterdrücken, hat deshalb das subjektive Gefühl des Leidens. Der Mensch kann seinen Schmerz nicht genau markieren, sondern fühlt sich erregt, irritiert und »wie auf Nadeln«. Diese hohen Meßwerte stellen wir gleichbleibend in der Prä-Primal-Phase fest, wobei die Meßwerte kontinuierlich ansteigen, je näher der Patient seinem Feeling kommt.

In der Primärtherapie verändert sich die Alpha-Amplitude nicht nur, sie ist in jenen Hirnbereichen auch größer, die sich mit Feelings beschäftigen. Die Auflösung schmerzhafter Feelings ruft Veränderungen auf der rechten Seite, der Gefühlsseite des Gehirns hervor. Eine neuere Studie von Erik Hoffman, Assistenzprofessor der Neurologie an der Universität von Kopenhagen, untersucht diese Veränderungen mit Hilfe von Messungen der Unterschiede in den hemisphärischen Beziehungen des Gehirns während der Primärtherapie.[7] Die rechte Hirnseite ist hauptsächlich damit beschäftigt, bei Feelings zu vermitteln. Ob die Feelings nun schlecht oder gut, lustvoll oder unangenehm sind, Primals erzeugen eine bessere Balance der Amplituden zwischen den Hemisphären – ein Hinweis auf ein in höherem Maße integriertes Bewußtsein. Dies weist auf einen Prozeß der Normalisierung bei Primärpatienten hin.

Wenn der Urschmerz aus dem Organismus gewichen ist, ändert sich die Amplitude und gleichfalls die hemisphärischen Beziehungen. Es kommt zum Verschwinden neurotischer oder sogar psychotischer Vorstellungen – psychologische Konsequenzen der neurologischen Veränderungen. Verringerter Stoffwechsel im Gehirn wird schließlich in psychische Prozesse umgewandelt – weniger Philosophieren, intellektuelles Grübeln und zwanghaftes Lesen. Die Beziehungen der Energie im Gehirn haben psychische Konsequenzen – mehr Energie, mehr geistige Arbeit; weniger Energie, weniger geistige Tätigkeit.

Da die Hirnwellentätigkeit Urschmerz und seine Verdrängung reflektiert, können wir beginnen, spezifische pathologische oder

7 In Zusammenarbeit mit Professor Leonide Goldstein, Leiter der psychiatrischen Abteilung am College of Medicine von New Jersey, Rutgers University.

neurotische Hirnwellenmuster auszumachen. Phobische und manische Patienten weisen ebenso charakteristische Hirnwellenmuster auf wie Patienten mit unzulänglicher Unterdrückung, zum Beispiel Menschen, die viele LSD-Trips genommen haben. An ihren EEG-mustern (niedrige Spannung, schnell) erkennen wir Anzeichen des Versagens der Verdrängung, der Zerstörung ihres Abwehrsystems und eine Wirksamkeitsreduktion des Kortex als eines Abwehrbollwerks.[8]

Implikationen der Untersuchung vitaler Körperfunktionen

Unlängst kontrollierten wir eine junge Frau während eines Primals daraufhin, daß sie durch eine Schwester von der Geburt zurückgehalten wurde, bis der Arzt eintraf. Sie konnte kämpfen, soviel sie wollte, sie war nicht imstande, etwas zu ihrer eigenen Geburt beizutragen. Während des Primals schossen die Werte ihrer vitalen Körperfunktionen bis zu einem scheinbar kritischen Punkt hoch, an dem der Körper aufgab. Sie fiel in ein Primär-Feeling, für das es keine Bezeichnung gab, nur physiologische Begleitumstände und ein Gefühl vollständiger Aussichtslosigkeit. Später gab es für die nonverbale Erfahrung Worte wie zum Beispiel »Verzweiflung«, mit denen man sie beschreiben konnte. Die Auflösung dieser Verzweiflung, die sie ihr Leben lang sporadisch gefühlt hatte, erforderte das Wiedererleben des Kampfes auf Leben und Tod mit all den bedrohlich hohen Werten der vitalen Körperfunktionen. Die ursprüngliche Erinnerung an die Geburt entwickelte sich später zu einem psychischen Zustand der Verzweiflung und beeinflußte einen Großteil ihres Verhaltens als Erwachsene – zwang sie zum Beispiel in prototypische Verhaltensmuster. Sowie sie sich einem bedeutsamen Hindernis gegenüber sah, hatte sie ein Gefühl der Aussichtslosigkeit. Diese Erfahrung veränderte ihre Körpertemperatur, ihre Durchblutung, ihren Muskeltonus und ihren Hormonausstoß. Das Wiedererleben der Erfahrung half ihr,

8 Die Messung der zerebralen Durchblutung bestätigt einige unserer Beobachtungen. Der Frontalbereich des Gehirns von Psychotikern ist weniger durchblutet, der parietale Bereich mehr. Dies könnte ein Hinweis darauf sein, daß in bezug zur aktivierten Schmerzmenge die Unterdrückung nicht ausreicht. Stärkere Durchblutung im Frontalbereich ist bei Menschen zu finden, die körperlich schmerzhaften Reizen ausgesetzt sind, sie reflektiert frontal-kortikale Verdrängung von (Ur-)Schmerz.

sich von dem Hang zur Verzweiflung zu befreien, und senkte gleichzeitig die Werte der vitalen Körperfunktionen.

Die Reaktion auf Streß und Primärschmerz ist immer die gleiche, ob nun der Stressor elterlicher Tadel oder eine bakterielle Infektion ist. Sowohl bei physischer als auch neurotischer Krankheit reagiert der Organismus auf einen Angriff mit erhöhten Werten der vitalen Körperfunktionen. Unter »Angriff« verstehe ich jede Störung des normalen Gleichgewichts des Systems.

Es könnte sein, daß wir bis heute den Normen der vitalen Körperfunktionen, die auf eine größtenteils neurotische Bevölkerung zutreffen, zugestimmt und sie zu unseren Standards für Gesundheit gemacht haben. Es kann sein, daß ein Großteil der Bevölkerung über unser Vorstellungsvermögen hinaus krank ist. Es kann auch sein, daß wir wegen unseres begrenzten Wissens eher den Durchschnitt einer ungesunden Bevölkerung messen als reale Gesundheit. Wir werden es erst dann erfahren, wenn wir eine andere Menschengruppe mit einer anderen Reihe von Werten zum Vergleich haben.

Den präzisesten Gesundheitsstandard, den wir entwickeln können, ist wahrscheinlich der einer zuträglichen Variationsbreite in den Werten der vitalen Körperfunktionen unserer fortgeschrittenen Patienten. Vor Therapiebeginn begegnen wir zum Beispiel einem sehr breiten Streuungsbereich bei Blutdruckmessungen von Patienten, zum Beispiel von 80/40 bis 180/120. Nach einiger Zeit in der Therapie vermindert sich der Bereich und legt nahe, daß ein gesunder Mensch einen Blutdruck zwischen 90/55 und 115/70, eine Körpertemperatur zwischen 97 und 98 Grad (mittags rektal gemessen)[9] und einen Puls um 60 bis 64 Schläge pro Minute haben sollte. Es mag sein, daß kein bestimmter Blutdruck oder Puls als absolutes Zeichen von Gesundheit gelten kann, aber es gibt sicherlich einen gesunden Bereich. Der Abweichungsbereich bei Menschen ohne Primärschmerz ist wahrscheinlich ziemlich begrenzt.

Obwohl die Messungen der vitalen Körperfunktionen nach Abschluß der Therapie Standards reduzierter Urschmerzen anzeigen, sind sie wahrscheinlich nicht mit der Art von Meßergebnissen identisch, die ein Mensch aufzeigen würde, der eine gesunde, liebevolle Erziehung hatte. Ungeachtet der niedrigen Meßwerte,

9 Die gegenwärtige medizinische Norm der mittags rektal vorgenommenen Messung beträgt 99,6 Grad Fahrenheit.

die wir bei unseren Patienten feststellen, nachdem wir den Primärschmerz aus dem Organismus entfernt haben, sind diese Menschen immer noch Ex-Neurotiker. Sie sind nicht wie andere, die gesund, mit liebevollen Eltern aufgewachsen sind.

Die Biochemie von Streß

Eine systematische biochemische Analyse unserer Patienten wird uns ermöglichen festzustellen, welche chemischen Systeme mit Urschmerz assoziiert sind. Weiter unten werden wir Beweismaterial dafür erbringen, daß Wachstumshormone zu Streß in Beziehung stehen können. Das gilt auch für Sexualhormone. Dieses sich entwickelnde Profil wird nach und nach mit neuroelektrischen Daten und Informationen über die vitalen Körperfunktionen vervollständigt werden.

Die ersten biochemischen Experimente mit der Messung von Streßhormonspiegeln von Primärpatienten wurden 1976 in Verbindung mit Dr. Malcolm Carruthers vom Pathologie-Laboratorium des Mandsley Hospital in London durchgeführt. Diese Untersuchung, die sich nur über drei Monate erstreckte, erbrachte Informationen, die eine Abnahme der Adrenalin- und Noradrenalinspiegel – Streßhormone – erkennen ließen.[10]

Ein junger Mann in unserer Untersuchung, der wegen Vergewaltigung verurteilt worden war, erlebte einen Rückgang aller Streßhormonwerte um 90 Prozent. Dies läßt darauf schließen, unter welchem Streß er gestanden hatte und wie groß der Druck war, der ihn zu impulsivem Ausagieren gezwungen hatte. Über einen Therapiezeitraum von drei Jahren hat dieser Mann weder irgendeine Neigung zu Vergewaltigung ausagiert noch fühlte er einen Drang, es zu tun. *Demnach könnte es Möglichkeiten geben, die Neigung, ein Verbrechen zu begehen, physiologisch zu messen.*

Die Erweiterung um physiologische Faktoren beim Bewerten von innerem Streß ist sicher für jene eine Hilfe, die beauftragt sind, die Neigung, ein Verbrechen zu begehen, zu beurteilen, zum Beispiel in psychiatrischen Anstalten und Gefängnissen.

10 Es gab auch eine verminderte Abweichung der Werte vom Mittelwert, was stark vermuten ließ, daß wir tatsächlich einen biologischen Prozeß gemessen haben. Die Patienten strebten unabhängig von den Ausgangswerten gegen einen einzelnen Wert.

Wenn wir bedenken, wie die Tendenz zu gefährlichem Verhalten in Rätsel und Mystizismus gehüllt wird, sehen wir, wie außerordentlich wichtig biologische Messungen von Streß sind. Harry L. Kozol, ein Psychiater aus Massachusetts, führte eine Untersuchung an 304 Männern, die wegen Sexualverbrechen inhaftiert waren durch, und kam zu folgendem Schluß: »Niemand kann gefährliches Verhalten eines Individuums ohne Vorgeschichte des gefährlichen Ausagierens voraussagen.«[11] Das muß nicht so sein. Die Streßhormonspiegel zeigen aufgestauten Druck an, der zu impulsivem Verhalten zwingt.

Primärschmerz und biochemische Veränderungen

Zu Beginn des Jahres 1978 nahmen Dr. David A. Goodman, ein Neurobiologe, und Dr. Harry Sobel, Biochemiker vom New Port Neuroscience Center, eine Untersuchung der biochemischen Veränderungen bei Primärpatienten vor, die ein Jahr dauerte. Dr. Sobel wählte die folgenden Hormone für die Untersuchung von Primärpatienten aus, weil er der Ansicht war, sie könnten am ehesten auf Streß reagieren:[12]

Kortikosteron – Dessen Erhöhung im Plasma und im Urin ist das Kennzeichen einer allgemeinen Streßreaktion. Bei Säuglingen, die von ihren Müttern eine Stunde allein gelassen werden, steigt der Kortikosteronspiegel. Frühe Erfahrungen verändern die Reaktivität des Organismus auf Streß. Diese Früherfahrungen können auch Muster der sexuellen Reifung, der adrenalen Funktion und die Rhythmen der Freisetzung von Kortikosteron verändern.

Katecholamine – Zentrale Katecholamine regulieren die Esseneinnahme, Stimmung, Körpertemperatur, den systolischen Blutdruck und die motorische Aktivität. Veränderungen der Katecholamine haben schwerwiegende Auswirkungen auf das Verhalten.

Wachstumshormon – Man weiß, daß es durch eine Vielfalt stressender Aktivitäten verändert wird, wie etwa Leibesübungen,

11 Peter Schrag, *Mind Control,* Pantheon Books, New York 1978, S. 99–100.
12 Die folgenden Passagen sind aus Sobel und Goodmans Forschungsantrag zitiert.

Fasten, chirurgische Eingriffe, Deprivation von mütterlicher Seite und Insulininjektion. Das Wachstumshormon wird in episodischen Wellen ausgestoßen, die mit den täglichen Körperrhythmen in Beziehung stehen. Chronischer Streß kann die Sekretionsrate verändern; falls von Dauer, senkt er die Spiegel.

Testosteron – Dies ist ein Steroid-Hormon, das für alle Phasen männlicher Entwicklung entscheidend ist. Streß kann die Testosteronsekretion unterbinden und das Verhalten ändern. Hinreichende Unterbindung kann zu einem Libidomangel und zur Atrophie der Sexualorgane führen.

Cholesterin – Cholesterinspiegel im Blut werden durch Diät und Streß in Mitleidenschaft gezogen. Verschiedene Forscher berichteten, daß akuter Streß, wie etwa im Falle einer Erkrankung, den Blut-Cholesterinspiegel erhöhen kann. Es gibt auch Berichte darüber, daß chronischer Streß, hervorgerufen zum Beispiel durch Kälte, die Cholesterinspiegel bei Versuchstieren anhob. Bei Cholesterin und den ACTH-aktivierten Kortikosteroiden (Streßhormone) gibt es gemeinsame strukturelle chemische Eigenschaften.[13]

Die Forscher sammelten biochemische, psychologische, physiologische und das Verhalten der Primärpatienten betreffende Daten, die gemäß ihres Beginns und der Häufigkeit, Tiefe und Muster der in der Therapie auftretenden Primals klassifiziert wurden.[14] Mit anderen Worten, die Patienten wurden gemäß ihres ersten

13 Die biochemische Untersuchung von Goodman und Sobel bestand aus fünfundzwanzig Patienten, achtzehn männlichen und sieben weiblichen, die den Versuch im Januar-Februar 1978 begannen. Die Forscher nahmen Blutprobenmessungen der verschiedenen biochemischen Substanzen wie folgt vor: zweimal in der Woche vor Beginn der Therapie und jeweils am Freitag der ersten, vierten, dreizehnten, sechsundzwanzigsten und schließlich der zweiundfünfzigsten Woche nach Therapiebeginn. Über die Ergebnisse wurde nach sechs Monaten Bericht erstattet. Die Resultate nach einem Jahr, die zur Zeit noch in Druck sind, bestätigen den Trend nach sechs Monaten.

14 Die Klassifizierung der Primals nach Beginn, Häufigkeit, Tiefe und Mustern führte zur Bildung von fünf Untergruppen. Diese wurden in zwei Hauptgruppen aufgeteilt und ihre Reaktionen verglichen. Im ersten Quintil waren die frühen Primaller und im fünften Quintil die späteren Primaller. (Weitere Informationen entehmen Sie bitte dem Anhang.) Die frühen Primaller hatten während des Anfangsjahres Primals. Patienten dieser Gruppe beschrieben ihre Primals sehr lebhaft. Die späteren Primaller begannen in den ersten sechs bis zwölf Monaten sehr langsam. Noch im zwölften Monat hatten sie keine tiefgehenden Primals.

Weinens in der Therapie unterschieden; wie oft sie weinten oder ein Feeling hatten; wann sie das erste Primal hatten; die Häufigkeit ihrer Primals und die Tiefe der Ebene ihrer Primals. Diese Variablen wurden von den Patienten, die ein Tagebuch führten, den Therapeuten der Patienten und einem unabhängigen Forscher, der ein erfahrener Primärtherapeut war und die biochemischen Befunde nicht kannte, bewertet.

Wachstumshormone

Seit über einem Jahrzehnt haben wir bei unseren Patienten Gewebewachstum beobachtet und hatten keine Möglichkeit, es ausreichend zu erklären. Die Befunde unserer Wachstumshormon-Untersuchung beginnen uns einige Antworten zu liefern.

Zu Beginn der Therapie fand sich zwischen frühen und späten Primallern kein Unterschied in den Wachstumshormonspiegeln. Nach sechsundzwanzig Wochen gab es bei jenen, die in der Therapie früh tiefe Feelings hatten, eine durchschnittliche Steigerung der Wachstumshormonwerte von 206 Prozent. Diese Steigerung war besonders bei den weiblichen Patienten offensichtlich. Zur selben Zeit wiesen jene Patienten, die erst später tiefgehende Feelings hatten, einen Rückgang des Hormons um 80 Prozent auf. Der Unterschied zwischen denen, die tiefe Feelings hatten, und jenen, bei denen das nicht der Fall war, belief sich auf ein Verhältnis von zehn zu eins. Der Wachstumshormonspiegel bei Primärpatienten blieb bis zur zweiundfünfzigsten Woche auf einem hohen Stand. So *setzten* Feelings und die Auflösung von Primärschmerz eine Heilkraft (das Wachstumshormon) *frei* und lieferten eindrucksvolle Beweise dafür, daß, je mehr Schmerz gefühlt wurde, die Genesungsfortschritte um so größer waren. (Wir kennen eine Menge Forschungsmaterial, das das Wachstumshormon mit Erholungs- und Heilungsprozessen in Verbindung bringt.) Interessanterweise begann nach zweiundfünzig Wochen auch bei den Patienten, die erst spät zu fühlen und Urschmerz aufzulösen begannen, eine ähnliche Entwicklung zu höheren Wachstumshormonspiegeln – und eine Normalisierung der anderen untersuchten Hormone –, was nahelegt, daß die Primärtherapie der Hauptfaktor der Veränderung war.

Als Wachstumsmodell für Primärpatienten kann das Wachstum

gelten, das wir bei von »Deprivations-Zwergwuchs« Betroffenen beobachten – Kindern, die sich nur normal entwickeln, wenn man sie aus Institutionen nimmt und ihnen ein richtiges Heim gibt. Das Wachstum dieser Kinder hängt von einer Veränderung ihrer Umwelt ab. Bei der Neurose wird dem Gehirn eine schmerzhafte Umwelt eingeprägt, so daß der Erwachsene noch immer in dieser Umgebung lebt. Wird der Urschmerz aufgelöst, ändert sich die Umwelt, und es kann zum Wachstum kommen.

Kortisol

Neun Primärpatienten, die zu Beginn einen hohen Kortisolspiegel hatten, wiesen zu allen Zeiten der Messungen einen deutlichen und bleibenden Rückgang auf. Der durchschnittliche Rückgang in dieser Gruppe um 19 Prozent wies auf verringerten Streß über die ganze Zeit der Feelings hin. Zur selben Zeit wiesen neun Patienten mit Primals, die zu Beginn die niedrigsten Kortisolwerte hatten, während der sechs Monate eine Zunahme um 21 Prozent auf. Es fängt an so auszusehen, als ob Kortisol nicht nur ein Streßhormon im neurotischen Sinne sein könnte, sondern auch ein Hormon, das Menschen hilft, mit der Welt umzugehen, so daß man möglicherweise bei unzureichender Anpassungsaktivierung an die Umwelt einfach nur einen zu niedrigen Kortisolspiegel hat.[15]
Bei den Patienten, die Primals und zu Beginn einen hohen Kortisolspiegel hatten, verringerten sich die Werte und näherten sich dem Gruppendurchschnitt an; jene mit niedrigen Werten verzeichneten einen Anstieg in Richtung des Durchschnitts. Der umfassende Wandel bei den Patienten betraf 20 Prozent, entweder nach oben oder nach unten in Richtung des Durchschnitts. Diese Normalisierung der Kortisolspiegel durch die Primärtherapie deutet die Möglichkeit an, daß frühe Traumata das Funktionieren der Hypothalamus-Hypophysen-Struktur in zwei Richtungen verschieben, den Hormonausstoß verändern – nach oben und nach unten.
Die Richtung der Veränderung des Hormonausstoßes (hoch oder

15 Die späten Primaller wiesen einen merklichen Anstieg des Kortisolspiegels nach Beginn der Therapie auf, was zu erwarten war, wenn die Abwehr eines Patienten bedroht, doch nicht aufgegeben wird. Die späteren Primaller zeigten nach dreizehn Wochen gegenüber den Anfangswerten einen Anstieg um 41 Prozent.

niedrig) scheint von dem prototypischen Geburtstrauma abzuhängen. Wenn das Trauma der Art war, daß es gegen Bedrohungen keine Verhaltensmöglichkeiten gab, ist es wahrscheinlich, daß die Richtung eines niedrigen Hormonausstoßes eingeschlagen wird. Schloß das Trauma den Kampf, aus dem Geburtskanal herauszukommen, oder andere aktive Reaktionen mit ein, besteht die Wahrscheinlichkeit eines höheren Hormonausstoßes.

In der Psychotherapie gab es Untersuchungen verschiedener Streßhormone. Doch weisen diese Untersuchungen keine Korrelation zu bestimmten Stressoren auf. Deshalb ist bisher nie gesagt worden, daß »X die Ursache dieser bestimmten Streßreaktion ist«. Sogar wenn Psychotherapeuten herausfänden, daß die Streßhormonspiegel ihrer Patienten in der Psychotherapie sinken – was nicht der Fall gewesen ist –, würden sie immer noch nicht wissen, welcher besondere Stressor mit der Verringerung der Streßhormone zu tun hatte. Das liegt daran, daß der Therapeut die Quelle der Weisheit ist und dem Patienten sagt, was ihm fehlt. Deshalb sollten in bezug auf Stressoren Theorien erstellt werden. In der Primärtherapie werden die Stressoren gefühlt und erlebt. Die Patienten erkennen sie mit Gewißheit.

Überdurchschnittliche Kortisolspiegel deuten Abwehrmaßnahmen gegen Feelings an. Was wichtiger ist: Wenn bei einem leidenden Neurotiker das Kortisol ansteigt, nimmt das Wachstumshormon ab, was darauf hinweist, daß Streß und Heilung gegensätzliche Kräfte sind. Je höher der Kortisolspiegel oder der Streß – sobald er deutlich über dem Durchschnitt liegt –, desto niedriger die Konzentration des Wachstumshormons und umgekehrt.[16]

16 Zusätzlich zur ersten Untersuchung der Streßhormone Noradrenalin und Epinephrin am Mandsley Hospital führten Goodman und Sobel eine unabhängige Epinephrin-Untersuchung in der Primalgruppe durch. Vom dritten bis zum sechsten Therapiemonat gab es einen 25–40prozentigen Rückgang von Epinephrin bei Primallern, was wiederum darauf hinweist, daß sich Streßhormonspiegel als Folge sich auflösender Urschmerzen normalisieren. Meiner Meinung nach ist der Streßhormonrückgang auf einen Schlüssel zurückzuführen: den Rückgang der gespeicherten Urschmerzmenge.

Testosteron

Das Testosteron wurde nur bei männlichen Patienten gemessen.[17] Späte männliche Primaller hatten zu Beginn der Therapie hohe Testosteronspiegel. Nach sechsundzwanzig Wochen verzeichnete diese Gruppe einen durchschnittlichen Rückgang von acht Prozent.

Die frühen Primaller, die anfangs einen hohen Testosteronwert aufwiesen – das heißt einen überdurchschnittlichen Wert –, zeigten nach sechsundzwanzig Wochen einen Rückgang von 32 Prozent.[18]

Primaller, die mit einem niedrigen Anfangswert von Testosteron begannen, *steigerten* ihren Spiegel am Ende der sechsundzwanzig Wochen um 16 Prozent.

Demnach stieg also der Testosteronspiegel bei jenen mit niedrigen Anfangswerten, während die Patienten mit höheren Anfangswerten auf den Durchschnitt zurückfielen. Zum Beispiel: Ein Patient mit 155 Einheiten unter dem Durchschnitt zu Beginn der Therapie steigerte den Wert auf 27 Testosteroneinheiten über dem Durchschnitt. Ein anderer Patient, mit 111 Einheiten darunter, steigerte ihn auf 32 über dem Durchschnitt. Ein Patient mit einem Anfangswert von 306 Testosteroneinheiten über dem Durchschnitt senkte ihn auf 66 Einheiten über dem Mittelwert. Ein weiterer Fall mit 211 Einheiten darüber fiel auf 73 Einheiten über dem Durchschnitt. Dies sind beachtliche Veränderungen, die eine Normalisierung der Testosteronwerte anzeigen.

In der Untergruppe, die noch keine Primals hatte, gab es in den sechsundzwanzig Wochen keine wesentlichen Veränderungen. In der Gesamtgruppe mit hohen Anfangswerten gab es am Ende der sechsundzwanzigsten Woche zwischen denen, die Primals hatten, und denen, die keine hatten, eine Reindifferenz von 39 Prozent.

Da Testosteron für primäre und sekundäre sexuelle Charakteristika, für aggressives Verhalten sowie für das Sexualverhalten verantwortlich ist, sollten wir bei Veränderungen der Testosteron-

17 Deshalb finden die gleichen Untergruppen, die auf der statistischen Gesamtzahl der Untersuchung basieren, hier keine Anwendung.

18 Die Forscher beeindruckte besonders der beständige Rückgang über alle Messungen hinweg – 21 Prozent nach der ersten Woche, 28 Prozent – unter dem Ausgangswert – nach vier Wochen, 26 Prozent nach dreizehn Wochen. Der durchschnittliche Rückgang über alle Messungen hinweg bis zur sechsundzwanzigsten Woche betrug 27 Prozent.

werte auch einen Wandel dieser Dimensionen erwarten können. Und in der Tat, es ist einer zu beobachten. Jene, die »übersexualisiert« sind, normalisieren sich auf einen gemäßigteren Wert sexueller Aktivität hin, wohingegen jene, die »untersexualisiert« sind, sich nach oben auf einen ausgeglicheneren Stand der Sexualaktivitäten hin bewegen.

Hohe Testosteronwerte könnten durchaus gegen Feelings schützen und ein weiteres Zeichen der Abgewehrtheit sein. Stellen sich Feelings ein, kommt es zu einem Absinken dieser Hormonspiegel. Unsere Forschung gibt uns einigen Grund zur Annahme der Tatsache, daß Männer durch Weinen ihre Testosteronspiegel senken und somit weniger abgewehrt und »macho« sind. Ein Anhaltspunkt dafür, daß ein hoher Testosteronspiegel mit dem »Macho-Syndrom« in Beziehung steht, ist die Tatsache, daß Frauen sehr niedrige Testosteronwerte aufweisen.

Hinzu kommt noch, daß Macho-Gesellschaften gewalttätiger sind. Jede Gesellschaft, die in der Lage ist, systematisch die Testosteronwerte zu senken, könnte auch die Tendenz zu gewalttätigem Verhalten verringern.

Cholesterin[19]

Obwohl sie ihre Ernährungsweise nicht grundlegend veränderten, sanken die Cholesterinspiegel bei Patienten mit Primals und hohen Cholesterinwerten signifikant, wohingegen die niedrigsten Werte anstiegen. Wiederum steigerten sich niedrige Werte zum Durchschnitt hin, hohe Werte wiesen einen merklichen Rückgang zum Mittelwert auf. So ist auch Cholesterin eine weitere biochemische Substanz, die sich nicht einfach reduziert, wenn Urschmerz aus dem Organismus entfernt wird, sondern sich in Richtung eines begrenzteren Abweichungsbereichs *normalisiert,* als wir ihn bei Neurotikern oder Menschen vor Beginn der Therapie feststellen.

Zu den Tests, die während der Untersuchung durchgeführt wurden, gehörten auch Blutdruckmessungen. Die frühen Primaller wiesen einen durchschnittlichen Rückgang des Blutdrucks um

19 Cholesterin ist, anders als Wachstumshormone, Kortisol und Testosteron, kein Hormon. Es ist natürlich eine wichtige biochemische Substanz für die Forschung und steht wahrscheinlich in Beziehung zum Hormonausstoß.

23,5 Prozent bis zur sechsundzwanzigsten Woche auf, die späten Primaller vergleichsweise einen Rückgang um 5,2 Prozent.
Jeder Patient bekam eine Checkliste mit Adjektiven und wurde aufgefordert, das Adjektiv anzukreuzen, das am ehesten die Art seines Empfindens beschreibt. Die Hälfte der Adjektive war positiv, die andere Hälfte negativ. Die Skala reichte von −4 bis +4, so daß +8 oder −8 die größte Veränderung darstellte, die während dieser Untersuchung stattfinden konnte. Die frühen Primaller wiesen eine Veränderung von +5,3 auf. Die späten Primaller zeigten keine signifikante Veränderung.

Die Resultate nach zweiundfünfzig Wochen zeigten eine Bestätigung des vorher erkannten Phänomens der Normalisierung – ein bisher beispielloses Untersuchungsergebnis in der Geschichte der Psychotherapie. Folglich das Postulat: Verknüpfte Primärerfahrung verändert den Organismus auf biochemische Weise.
Hohe Kortisolspiegel sind mit beeinträchtigten Funktionen der Lymphozyten assoziiert, jener Zellen, die Hauptproduzenten der Antikörper sind und welche die Wirksamkeit des Immunsystems gewährleisten. Wenn deshalb jemand an einer Infektion oder unter Streß leidet, ist er gesünder und besser in der Lage zu gesunden, wenn die Kortisolwerte normalisiert sind.[20]
Urschmerz und gestörter Hormonausstoß haben eine offensichtliche Beziehung zueinander. Die Vermutung, daß hormonbezogene Erkrankungen durch Urschmerz verursacht werden können, ist deshalb kein Produkt der Phantasie.
Darüber hinaus haben viele Menschen einen zu hohen oder zu niedrigen Hormonausstoß, der zwar nicht deutlich erkennbar ist, doch könnten diese geringfügigen Abweichungen allgemeine Reizbarkeit, Impulsivität, Angst, Benommenheit, Depression und viele andere sogenannte »psychische« Eigentümlichkeiten hervorrufen.

20 Es ist allgemein bekannt, daß Lymphozyten eine »Überwachungs«-Funktion haben, die das Auftreten latenten Krebses auf ein Minimum herabsetzen. Ein Mensch mit hohen Kortisolwerten hätte also eine beeinträchtigte Lymphozytenfunktion, und das könnte ihn für die Entwicklung bestimmter Krebserkrankungen prädisponieren.

Die Thermographie, eine hochentwickelte wärmeempfindliche Photographie, die auf verschiedene Art in Industrie und Medizin, jedoch selten – wenn überhaupt – in der Psychotherapie angewendet wird, ist zur Messung der peripheren Gesichtsdurchblutung von Primärtherapeuten, Primärpatienten und einer Kontrollgruppe benutzt worden. Die Untersuchung, die von Dr. David A. Goodman vom Newport Neuroscience Center in Zusammenarbeit mit Dr. Michael Holden vom Primal Institute durchgeführt wurde, erbrachte signifikante Anhaltspunkte dafür, daß jene, die am längsten Primärfeelings hatten (die Therapeuten), auch die wärmsten Gesichter hatten und als Folgerung daraus die beste periphere Durchblutung und daß Menschen mit Primals (die Patienten) wärmere Gesichter hatten als die Kontrollgruppe ohne Primals.

Thermographie ist im wesentlichen das Messen von Wärmeausstrahlung und die Umwandlung der Messung in Bilder; sie ist eine Infrarot-Fototechnik. In der Medizin ist sie zur Projizierung von Brustkrebs, der Beobachtung der Hautdurchblutung nach plastischer Chirurgie und anderen Untersuchungen dieser Art benutzt worden.

Die Untersuchung umfaßte 52 Personen – 13 Therapeuten, 22 Patienten und 17 Kontrollpersonen. Die Tests wurden in bezug auf Außentemperatur, körperliche Bewegung und darauf, ob Primals stattgefunden hatten oder nicht, kontrolliert. Bewertungen der Helligkeitsskala (Helligkeit zeigt Wärmc und den die Wärme verursachenden Grad der peripheren Durchblutung an) von elf sorgfältig festgelegten Gesichtsregionen wurden von unabhängigen Beobachtern, die nicht wußten, wen sie bewerteten, durchgeführt.

Bei einem Primärgefühl macht ein defensiv eingeengter Prozeß einem freier zirkulierenden »offenen« Blutkreislaufsystem Platz. Mit zunehmender Dauer der Therapie werden die Patienten entspannter und ihr Blutkreislauf ausgeglichener. Das übermäßig beanspruchte sympathische Nervensystem übermittelt die Verengung der peripheren Blutgefäße und macht das Gesicht kälter und dunkler. Wenn der Primärschmerz gefühlt und aufgelöst wird, sorgt der Parasympathikus für eine Vasodilatation, und das bringt ein helleres, wärmeres Bild auf dem Thermogramm mit sich.

Therapeuten waren heller und wärmer als Nicht-Patienten und

hatten auch eine bessere Durchblutung als Patientengruppen. Mit der Zeit wird in der Primärtherapie das periphere Kreislaufsystem besser.[21]

Die Redensart: »Er bleibt kühl« könnte mehr als eine Metapher sein. Der Mensch, der seinen Urschmerz effektiv verdrängt, *ist an der Außenseite* kühler. Häufig kann man Anzeichen für die Verdrängung an der Gesichtsfarbe des Neurotikers erkennen; eine eingeschränkte periphere Durchblutung kann jemanden »kalt« aussehen lassen.

Ein Mensch, der äußerlich kälter ist, ist dafür innen heißer. Es ist anzunehmen, daß Verdrängung den Körper zu mehr Arbeit antreibt. Diese Tätigkeit spiegelt sich in einer höheren Körpertemperatur.

Die Ergebnisse der Thermographie, sofern mit den Veränderungen der vitalen Körperfunktionen und der Biochemie überprüft, weisen darauf hin, daß die Gefäßsysteme im Verlauf der Therapie normaler werden, so daß ein Mensch deutlich entspannter ist.

Die Fragebogenuntersuchung

Unsere Untersuchungen zur Biochemie und den vitalen Körperfunktionen liefern uns die ersten umfassenden Messungen psychophysiologischer Veränderungen in der Psychotherapie.[22]

Der Anfangsschritt unserer laufenden psychologischen Forschung ist die Fragebogenuntersuchung des Primal Institutes von 1979 gewesen.[23]

21 Thermographische Daten helfen uns, real verknüpfte Feelings von Abreaktionen zu unterscheiden. Obwohl die abreagierende Person »Luft abließ«, war ihr Thermogramm nach der Sitzung dunkler als vor der Sitzung. Feelings verbessern zweifelsfrei den Gesundheitszustand des Blutkreislaufsystems. Es ist gesünder, weil wärmere Hauttemperatur den Einfluß des parasympathischen Systems anzeigt, und das wiederum bedeutet bessere Gewebegesundung, Hauttönung und Heilung. Eine Dominanz des sympathischen Nervensystems kann die peripheren Blutgefäße auf der Hälfte ihres maximalen Durchmessers verengt halten. Wenn sich herausstellt, daß dies auch auf die innersten Gefäßsysteme zutrifft, sind bereits Folgen für hohen Blutdruck, Migräne und Herzkrankheiten abzusehen. Auf jeden Fall spielt der Kreislauf bei der Verdrängung von Primärschmerz eine aktive Rolle.

22 Laut einem Bericht, der für uns von der Biochemical Documentation Group, Carlsbad, California, angefertigt wurde: »In der Literatur taucht keine diskrete Matrix biochemischer und psychologischer Parameter auf.«

23 Vgl. Anhang B; er enthält Details des Fragebogens von 1979; die vollständigen Ergebnisse für alle Symptome sind in der Tabelle enthalten.

Die Untersuchung zeigt viele signifikante Anhaltspunkte für die Gesundung in vielen verschiedenen Symptombereichen. Diese umfassen zum Beispiel Symptome wie Hautstörungen, Muskelverspannungen, Zähneknirschen, Nägelkauen, Hämorrhoiden, Spannungskopfschmerzen, Migräne-Kopfschmerzen, Magenstörungen, häufiges Urinieren, Sodbrennen, häufige Erkältungen, Spannungszustände, schrille Stimmlage, Halsstörungen, Allergien (die eine relativ geringe Besserungsrate aufwiesen), Rauchen, Alkoholismus, Arzneimittelmißbrauch, Fettleibigkeit und übermäßiges Essen, die Einnahme verschriebener Medikamente, rasendes Herzklopfen, Menstruationsbeschwerden (auch hier eine relativ niedrige Besserungsrate), übermäßige Schreckhaftigkeit, Überempfindlichkeit bei Kälte und Wärme, wiederkehrende Alpträume, Schlaflosigkeit, ständiges Verschlafen, Impotenz, Frigidität, vorzeitige Ejakulation, übermäßiges Masturbieren, ständiges Verlangen nach Pornographie, homosexuelle Phantasien, homosexuelle Aktivität, unangemessene Wut, erregte Depression, melancholische Depression, Zwangsvorstellungen, Zwangshandlungen, Phobien, paranoide Vorstellungen, Schwierigkeiten, in der Öffentlichkeit zu sprechen, Arbeitssucht, Introvertiertheit und Schüchternheit, Rückzug aus sozialen Zusammenhängen und Selbstisolierung, Schwierigkeiten, Bedürfnisse auszusprechen, Schwierigkeiten, weinen zu können, Schwierigkeiten, mit anderen Probleme zu diskutieren, und Schwierigkeiten, unabhängig zu werden.

Einige Ergebnisse in der Tabelle sind vielsagend bezogen auf die Art, in der die Primärtherapie Veränderungen bewirkt. So ist zum Beispiel der von den Patienten mitgeteilte Grad der Besserungen sexueller Symptome interessant, vorausgesetzt, die Trends bestätigen sich im Verlauf der weiteren Untersuchungen. In der Primärtherapie durchleben Patienten noch einmal nichtsexuelle Traumata, die aus einer Zeit lange vor dem Aufkommen der Sexualität datieren, nichtsdestoweniger aber tiefgehende Auswirkungen auf die Sexualität haben.

Die Zahl des Samples für homosexuelle Aktivität ist zugegebenermaßen klein, doch von denen, die über Feelings auf der ersten Ebene berichteten, gaben 70 Prozent ein Verschwinden homosexuellen Ausagierens an, während 56 Prozent derjenigen, die Feelings nur auf der zweiten Ebene hatten, von einem Verschwinden des Ausagierens berichteten. Veränderung ist eine Funktion erlebten Primärschmerzes.[24]

Die Durchschnittshäufigkeit sexueller Aktivität betrug vor der Therapie fünfzehnmal pro Monat. Nach der Therapie ging der Durchschnitt auf zehn pro Monat zurück – ein Rückgang von 33 Prozent. Unsere Unterhaltungen mit den Patienten legen den Gedanken nahe, daß sich mit der Primärtherapie nicht so sehr das *Sexualverlangen* vermindert, sondern daß ein allgemeiner Primärtrieb, welcher der Sexualaktivität zugrunde liegt, aufgelöst worden ist.

Mehr als 90 Prozent hatten das Gefühl, daß die Primärtherapie ihr Leben verändert hatte und daß sie mehr Kontrolle über ihr Leben hatten. 94 Prozent hatten sich seit der Primärtherapie auf keine andere Therapieform mehr eingelassen. Über 90 Prozent hatten das Gefühl, daß sich die Primärtherapie über die Zeit aufrechterhielt.

Ein ganzes Drittel der Antwortenden, die nach einem Jahr noch nicht in der Lage waren, ein Primal zu haben, ist vorher in einer Pseudo-Primärtherapie gewesen – Therapien, die von unausgebildeten Personen durchgeführt werden.

In einer Pseudo-Primärtherapie wird der Patient in die Nähe seiner Urschmerzen gebracht, aber genau wie in der ursprünglichen Situation wird ihm keine richtige Chance gegeben, darauf in natürlicher Weise zu reagieren. Diese Umstände führen häufig zur Entwicklung einer zweiten oder verstärkten Neurose.

Ergebnisse der »Veteranen«

Eine der Verfahrensweisen, mit denen die Fragebogenaktion analysiert wurde, war ein Vergleich der Ergebnisse der Gesamtzahl der Untersuchung mit der Gruppe ehemaliger Patienten, die ihre Primärtherapie 1975 oder vorher begonnen hatten. Diese Gruppe bestand aus 62 der 200 Antwortenden. Ein Grund für diese spezielle Analyse war die Beantwortung der Frage, ob die durch die Primärtherapie bewirkten Veränderungen, wie von den Patienten berichtet, anhielten. Exakte Ergebnisse können der Tabelle entnommen werden.

24 In einigen der Fälle, die Primals auf der zweiten Ebene haben, wird von einer Verschlimmerung der Symptome berichtet und davon, daß man sich schlechter fühle. Diese Patienten haben oft »Übergriffe« von der ersten Ebene. Das heißt, Primärschmerz der ersten Ebene beginnt aufzusteigen, was bei den Patienten die allgemeine Angstebene erhöht und sie symptomatischer macht.

Für die meisten Symptome zeigten die »Veteranen« eine Verstärkung des Trends zur Besserung, wie er von der Gesamtzahl der an der Untersuchung Beteiligten berichtet wurde.[25]

Die Veteranenergebnisse unterstützen die Auffassung, daß Symptome zunehmend durch das Hinabsteigen auf den Bewußtseinsebenen aufgelöst werden, und dies besonders, wenn jemand Jahre hindurch Primals hat. Die Ergebnisse zeigen weiterhin, daß Patienten, nachdem sie die Therapie beendet haben, Fortschritte machen, was bedeutet, daß sie die Therapie zu einem Instrument für den eigenen Gebrauch umgesetzt haben. Die Resultate für die Veteranen-Primärpatienten zeigen einen anhaltenden Fortschritt an, je länger sie die Therapie hinter sich haben.

Die Untersuchung von 1979 schloß eine Kontrollgruppe von 50 zukünftigen Primärpatienten mit ein, welche die Ergebnisse im wesentlichen in jeder Hinsicht widerspiegelte, mit Ausnahme der Tatsache, daß sie sich der Primärtherapie noch nicht unterzogen hatten. Wir wollten wissen, ob die Primärtherapie tatsächlich die Veränderungen herbeiführt, von denen die Patienten berichten.

Seit fast drei Jahrzehnten hält sich in der Psychotherapie die Kontroverse, ob die Therapie Veränderungen herbeiführt oder nicht und speziell die Frage, ob Patienten nicht die gleichen Ergebnisse aufweisen könnten, ohne sich einer Therapie zu unterziehen. Die Kontroverse begann mit einer Untersuchung von H. J. Eysenck, der feststellte, daß Patienten eine vorübergehende Besserungsquote von zwei Dritteln aufwiesen, ganz gleich, ob sie in Behandlung waren oder einfach nur auf einer Warteliste standen.[26]

Sechsundzwanzig Jahre später und mindestens vierzehn diesbezügliche Untersuchungen danach war die Kontroverse immer noch nicht beigelegt. Die Verteidiger der Psychotherapie konnten

25 Die Signifikanz der Ergebnisse variiert entsprechend der Zahl der Antworten. Der geringe Umfang der Veteranenuntersuchung bedeutet, daß die angegebene Besserungsrate in den meisten Fällen einfach nur von Interesse ist und hauptsächlich heuristischen Wert hat, somit nur als Hinweis auf mögliche Trends, die weiterer Forschung bedürfen, verstanden werden kann.

26 Es ist natürlich wichtig, dabei im Auge zu behalten, daß die Besserungsrate von zwei Dritteln in Begriffen der von Eysenck ausgewählten Kriterien definiert war – »psychologischen« Kriterien, die die biopsychologische Dimension nicht mit einschlossen. H. J. Eysenck, »The Effects of Psychotherapy: An Evaluation«, in *Journal of Consulting Psychology*, Bd. 16, 1952, S. 319–24.

vor allem vorbringen, daß die Besserungsquote von zwei Dritteln für Leute auf der Warteliste viel zu hoch angesetzt ist – daß die Besserungsquote für Leute ohne Psychotherapie viel niedriger ist, als Eysenck angab. Was die Besserungsquote für Leute in Therapie anbelangt, so ließ eine Überprüfung der Untersuchungen seit Eysenck erkennen, daß nur mäßige Veränderungen bei den Patienten in psychotherapeutischer Behandlung eintreten.[27] Zusätzlich kam eine Überprüfung von 38 Untersuchungen zu dem Schluß, daß keine der traditionellen psychotherapeutischen Methoden erfolgreicher war als irgendeine andere.[28]

Die Untersuchung des Primal Institute zeigt nicht nur, daß Patienten über erhebliche Besserungen durch die Therapie berichten, sondern auch daß die Kontrollgruppe der zukünftigen Patienten angibt, ihre Symptome würden sich in der gleichen Zeit, ohne Therapie, *verschlimmern*. Dieser Befund bedeutet, daß die Primärtherapie für die in der Untersuchung berichteten Veränderungen verantwortlich ist.

Biochemie und die psychologische Dimension

Wir sonderten die Patienten der Fragebogenaktion aus, die auch Teil der biochemischen Untersuchung waren.[29] Wir stellten signifikante Unterschiede fest zwischen denen, die schon früh in der Therapie Feelings hatten, und jenen, bei denen das nicht der Fall war.

Die Trends in dieser Untersuchung wiesen beständig darauf hin, daß bestimmte biologische Veränderungen mit psychischen Besserungen verbunden sind. Zum Beispiel hatten jene, die früh Feelings hatten, bedeutend seltener Depressionen als jene, die noch keinen Zugang zu ihren Feelings hatten. Sie wiesen auch weniger körperliche Symptome auf, wie etwa Durchfall und Ticks, und erfreuten sich eines allgemeinen Gefühls der Entspannung. Deshalb glauben wir, daß es möglich sein wird, allein durch biochemische Untersuchungen auf bestimmte psychische Veränderungen zu schließen.

27 Allen E. Bergin und Michael J. Lambert, »The Evaluation of Therapeutic Outcomes«, in Sol L. Garfield und Allen E. Bergin, Hrsg., *Handbooks of Psychotherapy and Behavior Change,* John Wirley & Sons, New York, 2. Aufl. 1978, S. 142–52.

28 Ebenda, S. 162.

29 Siehe Anhang A.

Als Resultat unserer und auch anderer Untersuchungen entwikkeln wir einen Bezugsrahmen zum Studium der Psyche und der Biologie als einer Gesamtheit. Wir nähern uns dem Zeitpunkt, an dem wir bestimmte biochemische Zustände beobachten und darüber eine Vorstellung über die Art der Gefühle und Einstellungen des Menschen gewinnen können – einer Zeit, in der es uns möglich sein wird, die Neurose im Blut zu erkennen. Über spezifische Vorstellungen eines Menschen können wir wegen der Verschiedenartigkeit und Plastizität von Vorstellungen nichts sagen. Aber wir wissen, daß die Vorstellungen auf dem Fundament einiger weniger Einstellungen beruhen. Wenn wir die Einstellungen sowohl durch biochemische als auch psychologische Analysen genau markieren können, sind wir in der Lage, einen Bereich zu beschreiben, innerhalb dessen sich die Vorstellungen eines Menschen wahrscheinlich bewegen. Wir könnten zum Beispiel den Kriminellen nicht nur in Begriffen seines »mentalen« Zustands analysieren, sondern es wird uns auch möglich sein, die Chemie seines Blutes zu »fragen«, ob sich seine Vorstellungen und Impulse gründlich geändert haben.
Die durch ein frühes Trauma verursachte Verschiebung der Biochemie schafft wahrscheinlich eine Prädisposition für assoziierte psychische Verzerrungen. Jemand könnte nicht nur neurotisch handeln, sondern auch eine »neurotische« Biochemie haben. Er könnte sowohl neurotisch aussehen – im Sinne seiner Knochenstruktur, Hautfarbe, Wachstumsmustern und Haarwuchs – als auch so handeln.

Die Biologie des Geistes

Primals sind weder infantile Regressionen, Schauspielereien, Rollenspiele, Hysterie, Katharsis noch Abreaktion. Jede der erwähnten Konditionen kann innerhalb bestimmter biologischer Grenzen definiert werden. Wir wissen, wie Hysterie psychologisch und auch biologisch aussieht. Aufspaltung ist nicht nur ein Begriff, mit dem Psychoanalytiker herumspielen – sie ist eine biologische Realität.[30] Zur Erhärtung meiner Ansicht trägt bei, daß wir eine Korrelation von nahezu eins zu eins zwischen einem weiten Streuungsbereich von Stimmungsveränderung und Änderungen der Wachstumshormone entdeckt haben. Über die ersten dreizehn Monate der Primärtherapie nimmt mit der Häufigkeit der Primals

auch der Wachstumshormonausstoß zu. Es könnte sein, daß die biologische Bedeutung der psychischen Verfassung des »Sich-gut-Fühlens« ein System in einer Besserungs- und Heilungsphase mit einer richtigen Hormonausschüttung ist.
Je besser wir die Veränderungen, die in einer *Psychotherapie* stattfinden, *biologisch* quantifizieren können, desto präziser können wir die Auswirkungen dieser Therapie beurteilen. Wir sind dann besser in der Lage, den Fortschritt eines Patienten, unabhängig von persönlichen Vorurteilen und dem Glauben des Therapeuten, beobachten zu können.
Obwohl ich wissenschaftliche, objektive Methoden zum Verständnis der Neurose erörtert habe, beruht die letztendliche Wahrheit über die Neurose auf der Ebene der Erfahrung. Keine auch noch so große Menge wissenschaftlicher Beweise oder statistischer Daten wird Wissenschaftlern dabei helfen können zu begreifen, was Feelings sind. Feelings können in Form von Begriffen nicht adäquat verstanden werden, und je mehr jemand Begriffe zum Verständnis benutzt, desto weniger wird er verstehen. Jene, die nicht fühlen können, brauchen recht viele zerebrale, statistische Beweise. Doch die Beweise, die sie brauchen, können sie nicht anerkennen, weil sie immer noch keine Vorstellung von einem Feeling haben.
Hört ein Mensch auf, Gefangener seiner Geschichte zu sein, wird eine gewandelte individuelle Physiologie sichtbar. Die Formulierung »Gefangen im Schmerz« ist weder nur Semantik noch bloße Bildhaftigkeit. Die chemischen Ketten, die uns fesseln, sind genauso real wie die aus Stahl.

30 Zum Beispiel leidet das Hirn von Menschen, die Halluzinogene genommen haben, unter permanent geöffneten Schleusen. Die Hirnwellenmuster zeigen ein aufgelöstes Abwehrsystem – eine Amplitude, die zuerst »durch die Decke« geht, oft um das Zehnfache steigt, um dann zu einer permanent abwehrlosen niedrigen Amplitude schneller Muster zusammenzufallen.

3. Genesung und Erneuerung

Chronische Krankheiten jeglicher Art beschleunigen den Tod. Wenn wir leben wollen, muß der Körper gesund bleiben. Das heißt, daß wir so frei wie möglich von chronischem Primärschmerz sein müssen.

Unsere Lebenszeit wird durch die Neurose, die ungreifbarste, verheerendste und weitverbreitetste Krankheit, verkürzt. Viele Krankheiten, die wir für natürliche Todesursachen halten, werden von dieser ihnen zugrunde liegenden Krankheit beschleunigt und vielleicht sogar erzeugt.

Die Funktion der Verdrängung besteht darin, uns am Leben zu halten. Doch mit dem Älterwerden steigt der Preis unaufhörlich, den wir dafür zahlen müssen, unsere Urschmerzen begraben zu haben. Primärschmerz ist eine ständige Last, die den Stoffwechsel erhöht, was den Körper nach und nach zermürbt, Krankheiten hervorruft und schließlich zu einem vorzeitigen Tod führt.

Organismen, die eine höhere Stoffwechselrate haben, verbrennen und sterben früher. Bestimmte Nagetiere mit hoher Stoffwechselrate, wie zum Beispiel die Spitzmaus, leben nur ungefähr ein Jahr. Spezies wie die Schildkröte mit außergewöhnlich niedriger Stoffwechselrate leben dagegen mehr als ein Jahrhundert. Indem wir die allgemeine Stoffwechselrate unserer Patienten senken, was wir mit der Primärtherapie tun, werden sie, so nehme ich an, befähigt, eine signifikant längere natürliche Lebensspanne zu erreichen.

Im Gegensatz zu anderen Krankheiten, die sich auf ein bis zwei Organe beschränken, ist Neurose eine Krankheit, die den ganzen Menschen ergreift. Was uns als Säuglingen und Kindern widerfährt, passiert nicht nur einem Arm, einem Bein oder einer Lunge. Es geschieht als eine *Erfahrung*. Aus diesem Grund muß die Beschäftigung mit einem Symptom in der Therapie fehlschlagen, denn der Körper wird, solange die Neurose nicht aufgelöst ist, ein neues Symptom entwickeln. Wenn kein anderes Symptom dem Schmerz als »Abflußrinne« dienen kann, glaube ich, daß der Mensch aufgrund der erhöhten metabolischen Last sogar früher sterben kann.

Symptome haben eine eigene Sprache. Die primäre Bedeutung jedes Symptoms liegt in dem Hinweis auf ein physiologisches Ungleichgewicht und dem Herausschreien des Bedürfnisses nach Wiederherstellung der normalen Bedingungen der Befriedigung.

Am Ende bleibt nur die Frage, welches System für Streß anfällig und welches System zum Ziel der Absorbierung von Streß geworden ist. Das hängt wahrscheinlich sowohl von Vererbung als auch davon ab, welche Systeme am meisten in prototypische Primärsituationen verwickelt waren. So kann ständiges heftiges Schlagen gegen den Schambogen während der Geburt jemand in Streßsituationen anfällig für Kopfschmerzen machen, wohingegen jene, die in der Geburtsflüssigkeit fast ertrinken, später anfälliger für Brust- und Lungenbeschwerden sein können.

Als allgemeine Regel gilt, Primärschmerz führt zu einem Zusammenziehen, seien es Muskeln, Blutgefäße oder Pupillen. Auf diese Weise entziehen sich physische Systeme der Gefahr. Ständiger Urschmerz stellt eine zusätzliche Belastung des Kreislaufsystems dar.[1] Leiden, wie etwa Schlaganfälle, könnten aus Veränderungen des Kreislaufsystems resultieren, die im Laufe der Zeit von Urschmerz hervorgerufen wurden. Es kann auch sehr viel mit chronischer Migräne zu tun haben. Ich glaube, daß sich das Kreislaufsystem unter massiven Traumata der ersten Ebene so sehr verengt, daß der Verengungsprozeß letztlich versagt, was zu einem Vasodilatations-»Rückschlag« und schwerer Migräne führt.

Wenn wir Urschmerz aus dem Körpersystem entfernen und eine Krankheit dauerhaft verschwindet – und wenn dies darüber hinaus häufig genug geschieht –, können wir mit einiger Sicherheit sagen, daß Urschmerz der Grund der Krankheit war. Da die Fragebogenuntersuchung aufgezeigt hat, daß viele Störungen, einschließlich Migräne, durch die Auflösung von Urschmerz gebessert oder zum Verschwinden gebracht werden können, ist dies natürlich nicht mehr nur eine Hypothese.

1 Siehe dazu den Abschnitt über Thermographie in Teil IV, Kapitel 2, »Das Messen von Krankheit und Gesundheit«.

Der uralte Teil unseres Gehirns, der Hypothalamus, setzt Schmerz in Veränderungen innerorganischer Systeme wie Herzschlagfrequenz, Körpertemperatur und Blutdruck um. Ein naher Verwandter des Hypothalamus ist die Hypophyse, die für den Ausstoß von Schlüsselhormonen verantwortlich ist. Diese beiden Gebilde sind zum Zeitpunkt der Geburt ausgereift und für die Integration frühester Primärschmerzen verantwortlich. Die Reife dieser Gehirnstrukturen zur Zeit der Geburt trägt zur Erklärung bei, warum das Wiedererleben von Traumata der ersten Lebenstage so bemerkenswerte Veränderungen der vitalen Körperfunktionen und Hormonsekretionen hervorrufen kann. Es erklärt auch, warum einige Menschen ohne ersichtlichen Grund unter chronisch hohem Blutdruck und Puls leiden. Diese primären Strukturen stehen unter dauerndem Streß versteckter und unzugänglicher gespeicherter Traumata.

Der Hypothalamus und die Hypophyse versorgen den Körper das ganze Leben lang mit Hormonen. Wenn Zellen sich Hormone zur Wiederherstellung nutzbar machen können, wird die Heilung verstärkt und das Altern vermutlich verlangsamt. Hat sich das Hormonsystem verändert und ist jetzt unzulänglich, dann ist die Genesung nicht mehr so leicht, und der Organismus bricht schneller zusammen. Die Veränderungen der Hormonproduktion, wie sie die Ergebnisse der Goodman-Sobel-Untersuchung zeigen, sind Indikatoren einer besseren Heilungsmöglichkeit. Hinweise darauf finden wir auch in unseren Beobachtungen von Männern, die in ihren Zwanzigern und Dreißigern zum erstenmal reichlichen Barthaarwuchs entwickeln, und von einigen Frauen, deren Brustwachstum wieder beginnt.

Ich habe an anderer Stelle beschrieben, daß Urschmerz buchstäblich eine dem Hypothalamus zugeführte elektrische Spannung ist. Tierversuche am New York Medical College zeigten, daß elektrische Reizung des Hypothalamus Veränderungen der Hauptkranzarterien von Ratten verursacht.[2] Die Beziehung von Ursache und Wirkung zwischen Schmerz und Herzkrankheit ist in diesen Untersuchungen evident. Die Reversion der hypothalamischen Belastung könnte auch viele Herzkrankheiten umkehren, oder besser, in der Zukunft Herzkrankheiten vorbeugen. Wir konnten

2 *Brain-Mind Bulletin,* 20. Februar 1978.

bereits Umkehrungen der Krankheit bei einigen von uns behandelten Herzpatienten feststellen, besonders bei Fällen von Angina Pectoris.[3]
Es gibt sehr viel Material über den Zusammenhang von hohen Cholesterinspiegeln und Herzkrankheiten. Die Goodman-Sobel-Forschung läßt die Schlußfolgerung zu, daß der Cholesterinspiegel in Beziehung zu Urschmerz steht. Experimente mit Kaninchen, denen Nahrung mit hohem Cholesteringehalt verabreicht wurde, weisen erneut auf die Rolle von Primärschmerz hin. Der Hypothalamus einer Gruppe wurde periodisch elektronisch stimuliert (wie es bei Urschmerz geschehen könnte), die andere Gruppe nicht. Nach drei Monaten wies die stimulierte Gruppe einen höheren Fettgehalt im Blut und im Todesfall schwerere Atherosklerose auf. Vielleicht entwickeln einige von uns bei einer bestimmten Ernährung einen hohen Blutcholesterinspiegel, andere, die das gleiche essen, hingegen nicht. Die Ursache kann in einer Kombination von Ernährungsweise und dem Ausmaß von Urschmerz liegen, das den Hypothalamus in Mitleidenschaft zieht. Leute, die hohe Cholesterinwerte produzieren, können auf ihre Ernährungsweise achten und immer noch für Herzkrankheiten anfällig sein, bis der Hypothalamus seine normale Funktion wiedererlangt hat. Die Beziehung zwischen Schmerz und Herzkrankheit wird von der Arbeit J. E. Skinners veranschaulicht.[4] Er konditionierte Schweine – die ein dem Menschen ähnliches kardiovaskuläres System haben – derart, daß sie Schmerzen erwarteten. Dieser Antizipation spürte er durch die verschiedenen Gehirnstrukturen nach und entdeckte, daß die Botschaft an den Hypothalamus vermittelt wurde, der dann das Herz und das kardiovaskuläre System regulierte. Ferner blockierte Skinner die Kranzarterien von Schweinen und setzte eine Gruppe unter Streß, die andere nicht. Die gestreßten Tiere starben innerhalb von Minuten, während die ungestreßten nicht starben. Skinner folgerte, daß psychische Faktoren an erster Stelle bei der Entwicklung bestimmter Arten von Herzkrankheiten stünden.[5]

3 Ein Fall aus der Primärtherapie wird im Detail von Dr. E. Michael Holden im *Journal of Psychosomatic Research,* Bd. 21, S. 33–50, geschildert.

4 In einem Bericht an die Society for Neuroscience, November 1978.

5 Seit Skinner haben mehrere Untersuchungen auf eine Verbindung von Urschmerz und Herzkrankheit hingewiesen. Zum Beispiel stellte eine Untersuchung der Ohio State University fest, daß Kaninchen, die umhegt wurden, nur halb soviel Arteriosklerose entwickelten wie Kaninchen, denen die gleiche Nahrung verabreicht wurde, die aber nicht gehätschelt wurden (*Science News,* 15. September 1979). Eine Untersuchung der Stadt

Die neuere Altersforschung läßt vermuten, daß es im Gehirn eine »Uhr« gibt, die das Tempo des Alterns kontrolliert, und daß diese »Uhr« wahrscheinlich in den hypothalamisch-hypophysären Zentren liegt. Veränderungen im Hypothalamus lösen Veränderungen im ganzen Körper aus.[6] Forschungsergebnisse in der Sowjetunion[7] deuten darauf hin, daß es sehr gut der Hypothalamus sein kann, der eine Verschlechterung der Vitalfunktionen im hohen Alter einleitet.
Eine weitere Theorie, die vor kurzem an der University of Southern California und dem California Institute of Technology untersucht wurde, geht von der Annahme der Existenz eines »Todeshormons« aus, das vom Hypothalamus ausgelöst und dann zu einem kritischen Zeitpunkt, wenn das Endokrinsystem zusammenbricht, von der Hypophyse abgesondert wird. Ein Feedback-Mechanismus überwacht den Körper und teilt dem Gehirn mit, wann er anfängt, sich abzunutzen. Daraufhin wird das Hormon abgesondert.
Weiteres Beweismaterial bezüglich Hypothalamus, Primärschmerz und Altern stammt aus den Experimenten von Paola Timiras an der University of California, Berkeley, und wird von Albert Rosenfeld in *Prolongevity* zitiert. Timiras glaubt, daß bei der Eliminierung einer Substanz namens Tryptophan aus der Nahrung der Alterungsprozeß verlangsamt werden könnte. Tryptophan ist ein Baustein des Serotonins, einem der wichtigsten Neurotransmitter, der zur Verdrängung von Urschmerz beiträgt. Timiras schloß, daß man durch eine Verlangsamung der Serotoninproduktion das Altern in hohem Maße aufhalten könnte. Kurz gesagt, durch eine Verminderung der Verdrängungskräfte scheint sich das Altern in Schach halten zu lassen.
An erster Stelle ist Primärschmerz für die Serotoninproduktion verantwortlich. Primärschmerz regt zur Serotoninproduktion an, die daraufhin den Hypothalamus in Mitleidenschaft zieht, was in schnellerem Altern resultiert. Im strikt experimentellen Sinne ist dies eine Spekulation. Doch nimmt die Verwirrung auf dem

Roseto, Pennsylvania, die sich über neunzehn Jahre erstreckte, kam zu dem Schluß, daß die Stadt nur so lange relativ immun gegen Herzkrankheit war, wie ihre Familien und Sippen die Wichtigkeit »anerkannt zu werden, dazuzugehören und ohne Auflagen unterstützt zu werden« erkannten (Stewart Wolf und John G. Bruhn, *The Roseto Story: An Anatomy of Health,* University of Oklahoma Press, Norman 1979).

6 Vgl. Albert Rosenfeld, *Prolongevity,* Alfred A. Knopf, New York 1976.

7 Am Petrow-Forschungsinstitut.

Forschungsgebiet nur zu, wenn man Veränderungen bei Hormonen und Neurotransmittern nicht im Zusammenhang mit dem ganzen Menschen sieht, sondern als getrennte Ganzheiten. Infolgedessen lassen Untersuchungen darüber, wie Serotonin das Altern beeinflußt, nicht erkennen, was die Serotoninproduktion verursacht hat.
Einiges Material deutet auf die Schilddrüse als das für den Alterungsprozeß entscheidende Organ. Rosenfeld weist darauf hin, daß »der Herzschlag, die Stoffwechselrate, die Zeit der Schwangerschaft, der Pubertät und die Zeit von der Pubertät bis zum Tod . . . all diese Zeitfolgen« von der Schilddrüse bestimmt werden könnten, weil sie die »geschwindigkeitskontrollierende« Drüse sei. In der Primärtherapie haben viele Patienten mit Schilddrüsenfehlern nach der Auflösung einiger ihrer Primärschmerzen normale Meßwerte erreicht und sind in der Lage, mit der Einnahme von Schilddrüsenpillen aufzuhören; einige hatten bis zu vier grains pro Tag eingenommen (1 grain = 0,0648 g). Besserung durch Auflösung von Urschmerz ist nicht überraschend, da die Schilddrüse ein weiteres Organ in der Endokrin-Kette ist, das vom Hypothalamus und der Hypophyse kontrolliert wird.
Eine Senkung der Körpertemperatur ist für fast jede Lebensform lebensverändernd. Experimente mit Fischen zeigen, daß schon eine geringe Abkühlung eine beachtliche Verlängerung der Lebensdauer mit sich bringt. Ein Affenexperiment in Purdue zielte auf eine direkte Temperaturveränderung der hypothalamischen Zentren. Die Lebensdauer nahm im Vergleich zur Kontrollgruppe zu. Die Senkung der Körpertemperatur unserer Patienten kann gut wichtige Implikationen für ihre Langlebigkeit haben.
Viele Krankheiten, die normalerweise als nicht psychischen Ursprungs erachtet werden, könnten es dennoch sein. Eine Schulrichtung glaubt, daß Diabetes erblich ist. Wir sind der Ansicht, daß Primärschmerz bei diesem Leiden eine wichtige Rolle spielt, wenn wir die verringerten Insulinerfordernisse (-bedürfnisse) unserer Diabetes-Patienten betrachten. Die Zahl der Diabetiker, die sich der Primärtherapie unterziehen, ist noch zu klein, um einen deutlichen Zusammenhang von Urschmerz und Krankheit aufzeigen zu können. Die Trends sind ermutigend.
Bestimmte zellulare Mißbildungen, die aus emotionalen Traumata resultieren, könnten allen Resistenzmängeln, von Asthma bis

Krebs, zugrunde liegen. Robert S. Picard stellte fest, daß »bestimmte Muster langfristiger emotionaler Erfahrungen einen Zustand immunologischer Inkompetenz produzieren, der auch an Krebs beteiligt sein könnte«. Frühe Traumata, die im Organismus verbleiben, könnten jemand anfällig für Krebs machen. Untersuchungen lassen vermuten, daß es nicht einfach nur eine fremde, in den Organismus eindringende Kraft (Macht) ist, die diese katastrophale Krankheit verursacht. Wichtig scheint die Widerstandskraft eines Menschen zu sein. Es gibt sehr guten Grund zu der Annahme, daß das Immunsystem in Beziehung zur Entwicklung von bösartigen Tumoren steht. Nach der dauerhaften Auflösung von Allergien und Asthma als eine Folge der Primärtherapie zu urteilen, hat die Auflösung von Urschmerz eine eindeutige Auswirkung auf das Immunsystem. Wie bei jedem anderen System ist es möglich, daß das Immunsystem als Folge der globalen Verdrängung einem Reifungsstillstand zum Opfer fällt. Beim Vorhandensein fremder Kräfte, wie etwa Antigenen, bildet daher ein Mensch nicht genügend Antikörper, was verschiedene Symptome zur Folge hat.
Bei einer Untersuchung in den 60er Jahren wurden bei einer Stichprobenerhebung der sogenannten gesunden Bevölkerung Hautbiopsien durchgeführt und bei vielen Personen zahlreiche Krebszellen entdeckt, ohne daß sie an Krebs litten. Die selbstverständliche Folgerung daraus war, daß wir uns in einem konstanten Gleichgewicht im Kampf gegen die gefährlichen Zellen befinden, und nur wenn das Immunsystem unzulänglich ist, gibt es einen Durchbruch der Krankheit. Vielleicht beeinträchtigen Traumata die Entwicklung des Immunsystems, so daß die Krebszellen der Überwachung des Immunsystems entkommen. Die Auflösung von Urschmerz könnte dem Immunsystem Reifung gestatten, so daß es seine ordnungsgemäße Überwachungsfunktion leisten kann.
Diese Schlußfolgerung unterstützende Daten erschienen in einer neueren Ausgabe von *Science*.[8] Elektrische Reizung des Mittelhirns von Ratten mit Krebs erhöhte die Zahl der Metastasen von Krebszellen. Die elektrischen Reize verursachten einen Endorphinausstoß, und es scheint, als hätte dies mit der Ausbreitung von Krebs zu tun. Der Mechanismus scheint darin zu bestehen, daß intern ausgestoßene Opiate sich an Lymphozytenrezeptoren binden, die Zellen, welche die Überwachungsfunktion haben. Diese

8 5. September 1980.

Bindung beeinträchtigt ihre Funktion und läßt infolgedessen Krebswachstum aufkommen.
Wir wissen, daß Primärschmerz zu übermäßiger Endorphinproduktion führen kann und daß körperlicher und psychischer Schmerz auf genau die gleiche Weise verarbeitet wird. Daher muß Primärschmerz in der Lage sein, die Lymphozytenkontrolle zu beeinträchtigen, was katastrophale Krankheit nach sich zieht. Die Blockade von Urschmerz bleibt nicht ohne schreckliche Auswirkungen; *Verdrängung setzt jemand einem höheren Krebsrisiko aus* – eine Auffassung, die wir in der Primärtherapie schon seit vielen Jahren vertreten.
Die neueren Untersuchungsergebnisse bedeuten auch, daß das Wiedererleben von Urschmerz und ein in der Folge gesenkter Endorphinausstoß ein Vorbeugungsmittel gegen Krebszellenmetastasen sein könnten. Diese Ergebnisse lassen vermuten, daß Leute, die sehr verdrängt und von ihren Feelings entfremdet sind, aus der Bevölkerung herausgesucht werden könnten. Menschen hingegen, die ihren Feelings näher stehen, könnten gesünder bleiben. Die Neurose ist eine fatale Krankheit.
Mit Urschmerz und seiner unglaublich destruktiven Kraft vertraut zu sein, heißt, sich zu vergegenwärtigen, daß wir im üblichen Sinne nicht einfach »älter werden« müssen. Altern – *wie wir es kennen* – ist überflüssig.
Feelings werden nicht älter, doch wenn sie ungefühlt bleiben, lassen sie uns vorzeitig altern. Durch häufige Besuche in unserer Kindheit läßt sich die Tendenz zu vorzeitigem Altern aufhalten.

V. Im Alltagsleben

1. Das Haus der Schmerzen

Alle Säugetiere durchleben Zyklen, bewegen sich zwischen zwei Zuständen: dem sympathischen und dem parasympathischen – Energieverausgabung *im Gegensatz zu* Energieerhaltung. Diese Befindlichkeiten, vom Hypothalamus gesteuert, sind Modi metabolischer Regulierung. Ein gesunder Mensch hält ein passendes Gleichgewicht zwischen ihnen aufrecht, so daß die Zyklen regelmäßig alternieren können. Dieses Gleichgewicht kann jedoch durch frühe schmerzhafte Ereignisse gestört werden, und danach wird der eine oder der andere Modus die Oberhand haben.

Das Sympathikussystem ist das Arbeitshaus. Es spornt an, mobilisiert, alarmiert, macht wachsam, verausgabt Energie und steigert die Tätigkeit der Organe. Es erhöht die Temperatur und andere vitale Körperfunktionen wie Herzschlag und Blutdruck. Es steigert die Urinproduktion, kann Darmkrämpfe erzeugen und die Eingeweide aufwühlen. Dieses System reguliert den peripheren Blutkreislauf, so daß bei Angst Hände und Füße kalt werden und das Gesicht blaß. Es ist auch für die Auslösung der Streßhormone, die Steroidsekretion, verantwortlich. Es vermittelt nervöses Schwitzen und einen trockenen Mund, Muskelverspannungszustände, angespanntes Gesicht und Kiefer und eine höhere Stimmlage. Es ist die Vermittlungsstelle für impulsives Verhalten. Es veranlaßt zur Wachsamkeit und drängt mehr in Richtung äußerlicher Verhaltensweisen als zur Reflexion von Vorgängen.

Das parasympathische System ist als Energiehalter beim Fühlen, im Tiefschlaf und vollkommener Entspannung dominant. Es ist für den Anabolismus, also aufbauende Lebensvorgänge, verantwortlich und dient der Senkung vitaler Körperfunktionen. Es erweitert bestimmte Blutgefäße, so daß die Haut warm ist, Augen und Mund feucht werden, die Muskeln sich entspannen, die Stimmlage tiefer wird und es zu einer allgemeinen Verlangsamung der Bewegungen kommt. Parasympathische Reaktionen sind in Ruhezuständen und Erholungsperioden nach Streß vorherrschend.

Die zwei Systeme sind komplementär, doch wird das Gleichgewicht durch frühe Primärschmerzen verschoben. Diese Verletzun-

gen, vor allem jene vor und während der Geburt, sind eine schmerzhafte Belastung des Hypothalamus und prägen uns lebenslang einen bestimmten Reaktionsmodus ein.
Der Grund, warum dieser besondere Reaktionsmodus wichtig ist, liegt darin, daß er nicht nur innere Reaktionen formt, sondern auch einen Persönlichkeitstypus. Das ursprüngliche katastrophale Trauma startet ein Konzert physiologischer Rückwirkungen, die als prototypische Reaktion bekannt ist. Jeder spätere ernsthafte Streß führt zum Einsatz der prototypischen Reaktion, die eine dauerhaft eingeprägte Erinnerung ist, welche die charakteristisch lebensrettende Reaktion mit einschließt, die zum Zeitpunkt des lebensbedrohenden Traumas auftrat. War der Mutterleib zur Zeit der Geburt schrecklich einengend und der Fötus hatte zu kämpfen, um ans Leben zu kommen, wäre die charakteristisch lebensrettende Reaktion Kampf, Aggressivität, Wut und Antrieb. Stand der Fötus bei der Geburt stark unter Medikamenten und konnte absolut nichts anderes tun, als versuchen zu atmen, könnte die lebensrettende Reaktion Resignation, Passivität und – noch begriffslose – Empfindungen von Sinnlosigkeit und Verzweiflung sein. Die Kontinuität der Reaktionen bleibt wegen der Erinnerungsspur bestehen. Das prototypische Trauma ist in hohem Maße belastet, ist normalerweise eine Frage von Leben und Tod, verfügt über eine gewaltige Kraft und veranlaßt einen, immer wieder auf die alte Situation zu reagieren, sobald die Angst hervorrufenden Stressoren in der Gegenwart auftauchen.
Die Wichtigkeit sympathisch-parasympathischer Dominanz liegt darin, daß sie die Grundlage bildet, aus der Vorstellungen, Einstellungen, Werte, Interessen, Gefühlseinstellung, Antrieb, Ehrgeiz und viele andere psychische Charakteristika entstehen. Sie stellt die Grenzen her, innerhalb derer jemand auf charakteristische Weise reagiert. Der sympathisch dominierte Mensch verzweifelt selten und kommt sich selten leer vor, er ist voller Aggressivität und Antrieb. Die charakteristische Reaktion einer parasympathisch dominierten Person dagegen ist das Aufgeben, wenn ihr das Leben zuviel wird – nachgeben, sich abfinden, zurückweichen und resignieren.
Obwohl Ereignisse in der späteren Kindheit die Reaktionen eines Menschen stark prägen, wollen wir uns für den Augenblick auf das prototypische Geburtstrauma konzentrieren. Wann hört das Trauma auf? Noch während des Kampfes, oder erst wenn der Körper schwächer wird und stirbt? Endet es gleich nach Beginn

oder erst nach vielen Stunden der Agonie? Wie hört es auf? Abrupt oder nach einer langen Zeit?
Ebenso entscheidend ist die Natur des Traumas. Eine zu hohe Dosis Betäubungsmittel? Steißgeburt? Überlange, schwere Wehen? Die Frage heißt, wann beendet der Säugling oder das Neugeborene die traumatische Sequenz? Entsteigt er dem »Trauma-Zug«, fast von Arzneimitteln getötet, und muß er durch Eiswasser oder Medikamente und Klapse wieder belebt werden? Wird er durch Kaiserschnitt zur Welt gebracht? Oder wird er geboren, während er noch um sein Leben kämpft? Kurz, befindet sich das Baby in der sympathischen oder in der parasympathischen Phase, wenn das Trauma aufhört? All dies wird die Persönlichkeit eines Menschen determinieren. Hat er gekämpft und verloren, gekämpft und gesiegt, überhaupt nicht gekämpft? War er dem Tode nahe, oder ist er gar für einen Moment klinisch tot gewesen?
Wenn die Wehen lang und schwer waren, wenn der Fötus unaufhörlich kämpfen, wenn er ständig wachsam sein, wenn er sich herauskämpfen mußte, dann wird das dazu führen, daß das sympathische System vorherrscht. In Bewegung zu sein, ist für den »Sympathen« unbewußt lebensrettend. Zur Zeit der Geburt mußte er sich durchkämpfen, oder Tod wäre die Folge gewesen. Jede Sekunde war eine Frage von Leben und Tod. Der Organismus »erinnert« sich dieser lebensrettenden Reaktionsweise und fährt, ungeachtet der späteren Umstände, damit fort. Diese frühe lebenserhaltende Reaktion wird, da sie nicht mehr den augenblicklichen Umständen entspricht, neurotisch. Man kann überaggressiv, gehetzt und zu schnell wütend sein – alles unangemessene Reaktionen auf Situationen, die den Menschen nicht mehr bedrohen.
Stand der Fötus stark unter medikamentösem Einfluß – über die der Mutter verabreichten Narkotika, die durch den Kreislauf in die Plazenta gelangten –, könnte sein respiratorisches System unterdrückt und er dem Tode nahe gewesen sein. Auch diese Reaktion prägt sich dem Organismus ein und wird in Richtung parasympathischer Dominanz verschoben – der »Parasympath«. Diese Reaktionsform beginnt nicht nur die Persönlichkeit zu formen, sondern auch Physiologie und Anatomie.[1]
Der Sympath ist optimistisch. Er ist sich einer guten Zukunft gewiß, *wenn er sich nur genug bemüht,* ganz wie es ursprünglich war. Im Gegensatz dazu ist der Parasympath pessimistisch. Er hat

ein nahezu ständiges Gefühl von Bedrohung und Verderben, weil am Ende seines »Trauma-Zuges« das Unglück stand. Ununterbrochen wartet er auf den Untergang, der, ohne daß er es weiß, schon stattgefunden hat.
Wir alle wachen morgens auf, sind noch auf den unteren Bewußtseinsebenen und damit auch unseren prototypischen Feelings näher. Infolgedessen kann der Sympath eher in einem mobilisierten, in einem Zustand des Bereit-der-Welt-Entgegentreten aufwachen als der Parasympath. Der Sympath schießt aus dem Bett, weil er, wie bei der Geburt, im sympathischen Modus erwacht. Seine ganzen Erregungshormone, die Kortisolwerte eingeschlossen, erhöhen sich schneller als beim Parasympathen, der seine Spitze erst spät am Tage erreicht – oft nicht einmal vor Einbruch der Nacht.
Der Parasympath wird »Hypochonder«, sowohl als Persönlichkeit als auch als physisches System. Er wird dazu neigen, »niedergeschlagen« aufzuwachen. Sein Körper »erinnert« sich, wie es war, und teilt ihm unbewußt mit, daß es keine Alternativen gibt, daß die Zukunft nicht rosig aussieht. Die physiologischen und psychologischen Systeme erzeugen eine Art »Was soll's«-Einstellung. Er ist nicht der Typ für körperliche Arbeit.
Unter Streß neigt der Parasympath zu niedrigem Blutdruck, langsamem Puls – eine Replik der eingeprägten Sterbereaktion. Für sich genommen könnten diese Anzeichen auf einen gesunden Organismus hinweisen. Doch zeigt die Hirnwellenaktivität Veränderungen in Richtung höherer Amplituden. Dies bedeutet, daß der Kortex unter Streß steht. Die Messungen bedeuten, daß der Parasympath wahrscheinlich unter Schwindel- und Ohnmachtsanfällen sowie Hypothyreose und Hypoglykämie leidet. Er ist anfälliger für Migräne. Er könnte wegen seiner energieerhaltenden Züge länger leben als der Sympath, doch trägt er eine große Last an Primärschmerzen und hat tief im Unbewußten eine konstante Erinnerung an physisches Leiden und Tod. Er könnte träumen, wirklich tot zu sein, etwas, was der Sympath nie tut.

1 Es gibt nicht viele Parasympathen, zumindest nicht in der reinen Form, da viele die Geburt nicht überlebt haben. Die meisten von uns kämpften wie der Teufel ums Überleben und haben offensichtlich Erfolg gehabt. Jedoch die Nabelschnur um den Hals zu haben oder von der Schwester zurückgehalten zu werden, bis der Arzt eintrifft, oder stark unter Medikamenten zu stehen, nimmt dem Neugeborenen jede Möglichkeit, etwas zu seiner Rettung beizutragen.

Wut baut sich im Parasympathen langsamer auf, weil sein Organismus nicht darauf eingestellt ist. Es ist nicht so, wie Freud dachte, daß er die Wut nach innen, zu Depressionen, umwandelt; es ist eher so, daß er nicht über die erforderlichen Mittel verfügt, um so leicht wie der Sympath Wut aufzubauen. Das Ungleichgewicht seiner Neurotransmitter und Hormone verhindert ein leichtes Aufflackern von Wut, das bei Sympathen so verbreitet ist. Es sei noch einmal darauf hingewiesen, daß es sich nicht um Einstellungsunterschiede handelt, es sind tiefgehende biologische Verfassungen. Der Parasympath wird nicht einfach aufgrund einiger Entschlüsse »darüber hinwegkommen« und ehrgeiziger und weniger phlegmatisch werden.
Zusätzlich zu den biologischen Unterschieden gibt es auch Unterschiede in der Erscheinungsform. Der passive Mensch wird eher körperlich weich erscheinen; seine Anatomie paßt sich der Form seiner Psyche an. Er sieht niedergeschlagen aus, geht und hält sich auch so. Sein Organismus ist in einer »Brems«stellung. Der Sympath dagegen hat eine aggressivere Haltung. Er ist bereit, im Falle der geringsten Provokation zu kämpfen, er hat einen festeren Schritt und ganz bestimmt eine schnellere Gangart.
Der reine Sympath und Parasympath sind selten zu finden. Die Mehrzahl von uns kombiniert beide Qualitäten, aber neigt zum einen oder anderen Typus. Nichtsdestoweniger ist die Bestimmung des Hanges zu einem der beiden Typen mehr als bloße Klassifizierung. Sie impliziert, daß jemand wahrscheinlicher eine Krankheit nach der anderen bekommt, und sagt auch sehr viel darüber aus, wie der Mensch unter Streß abwehrt. Im großen und ganzen wird der Parasympath depressiv sein. Es bedarf einer weitaus hoffnungsloseren Situation, bevor der Sympath depressiv wird.
Die Depression und ihre Behandlung variieren gemäß dem Standort, den ein Mensch innerhalb des Kontinuums zwischen parasympathischer und sympathischer Dominanz einnimmt. Der Parasympath wacht morgens auf und fühlt sich von inneren Mächten total überwältigt. Die subjektive Erfahrung beinhaltet niedrigen Puls, verlangsamte Atmung und das Gefühl schwerer oder schlaffer Glieder, der Gedankenfluß ist konfus, undeutlich und nicht sehr wachsam. Dies sind bereits die Anlagen zur Depression. Die Vorstellung von Tod oder Selbstmord ist für den Parasympathen häufig ein Trost, weil sie wenigstens einen Ausweg bietet. Wenn alles andere versagt, kann der Parasympath die

Schmerzen durch den *Gedanken an den Tod* unterdrücken. Das war und ist immer noch eine Antwort auf das qualvolle Leiden. Der Organismus bewegt sich ständig in Richtung auf den Gedanken an Selbstmord oder die Handlung zu, weil der Tod die einzig reale Alternative zu diesem Trauma ist. Erinnern wir uns: Auch die Lösung der Primärschmerzen ist als Erinnerung verschlüsselt. Wenn das Leben hart wird, taucht fast unverzüglich der Gedanke an Tod auf.

Sogar die Todesart, mit der sich jemand ausschließlich beschäftigt, scheint vom Geburtsprozeß abzuhängen. Ein Mensch, der zur Zeit der Geburt unter Medikamenten stand, könnte Tabletten nehmen, während die von der Nabelschnur strangulierte Person sich für das Aufhängen entschließen könnte. Jedoch bleibt diese »bewußt getroffene Wahl« eine Folge früh eingeprägter Erinnerung. Hinter jeder Wahl, die wir als Erwachsene treffen, stecken Ursachen oder Motivationen. Sicherlich sind Zufallsfaktoren bei der Wahl der Todesart wichtig, doch trifft der Mensch, der sich zum Selbstmord entschlossen hat, eine Entscheidung, wenn er sich einen Revolver kauft und sich in den Mund schießt, und die Entscheidung basiert im großen und ganzen auf einer früheren Erfahrung.

Das sympathisch-parasympathische Kontinuum hat für die Behandlung verschiedener depressiver Zustände wichtige Implikationen. Es ist notwendig, jeden Menschentypus in die Primal-Zone zu bringen, in der die Bedingungen für Feelings optimal sind. Der Sympath muß von seinem Erregungszustand herunterkommen, der Parasympath muß heraufkommen. Manchmal genügt ein wenig Kaffee, um den Parasympathen in die Primal-Zone zu bringen.

Die Wiedererlangung des Gleichgewichts zwischen parasympathischem und sympathischem Modus beginnt sich im Rahmen der primärtherapeutischen Sitzung zu ereignen. Der Sympath beginnt sie ängstlich und erregt, alle vitalen Körperfunktionen sind heraufgesetzt. Wenn die sympathische Abwehr bis auf das Äußerste belastet ist, kommt es zu einer Verschiebung, die Abwehr versagt, und der Patient sinkt in das Feeling, wo das parasympathische System übernimmt. Der Patient fühlt sich sehr entspannt, und der Organismus hat angefangen, harmonisch zu arbeiten. Die Daten vitaler Körperfunktionen des Sympathen nach der Sitzung zeigen, im Vergleich zu den Ausgangswerten, eine Verschiebung zum parasympathischen System hin an. Im Gegensatz dazu ist der

Parasympath in der Lage, aus seinem allgemeinen Leidenszustand herauszukommen, und kann endlich auf die Primärschmerzen reagieren, die ihn verursacht haben. Zum Ausdruck seiner Urschmerzen nimmt er das sympathische System in Anspruch, und nach der Sitzung verlagern sich die Daten seiner vitalen Körperfunktionen, im Vergleich zu den Ausgangswerten, zur sympathischen Seite.
Auf psychischer Ebene verdeutlicht sich das normalisierte Gleichgewicht zwischen sympathischem und parasympathischem Modus durch eine geringere Anzahl depressiver Anfälle und Schwermut, die Hochs und Tiefs sind weniger extrem. Der Parasympath ist fähig, seine Wut und alle seine Gefühle ohne Zögern auszudrükken, während der Sympath über größere Möglichkeiten der Reflexion und Introspektion verfügt. Sein ganzer Organismus ist ruhiger. Nichts anderes als die Veränderung eingeprägter Primärschmerzen, die das Gleichgewicht verschoben haben, hätte die Balance wiederherstellen können. Sobald das erledigt ist, neigt der Mensch weder dazu, Sympath noch Parasympath zu sein. Er ist ein »stabilisiertes« menschliches Wesen. Man hat die Geisteskranken »geistig unausgeglichen« genannt. Jetzt sehen wir warum.

Die Natur der Depression

Was ist Depression? Sie ist eine andere Form der Neurose, keine andere Krankheit. Sie ist ein Verdrängungszustand. Sie tritt auf, weil jeder Urschmerz, der nicht gefühlt werden kann, ein gleiches Maß an Verdrängung hervorruft, um ihn zu kontrollieren. Die subjektive Erfahrung ist Erschöpfung, mühsame Bewegung, ein Gefühl der Schwere und Sinnlosigkeit, Seufzen und sich niedergeschlagen fühlen. Dies sind Folgen eines inneren Konfliktes, in dem Urschmerz gegen Kräfte kämpft, die ihn aus dem Bewußtsein fernhalten wollen. Der Mensch fühlt, wie die *Verdrängung* arbeitet, doch ist die subjektive Wahrnehmung *Depression.* Depression ist an und für sich kein Feeling, sie ist das Resultat vieler verdrängter und nicht geäußerter Feelings.
Depression ist im allgemeinen ein Resultat hoffnungsloser äußerer Umstände oder wenn jemand keine Möglichkeit mehr hat, seine Neurose auszuagieren. Diese Hoffnungslosigkeit löst das ursprüngliche Feeling auf, und Primärschmerz bewegt sich in Richtung Bewußtsein. Wenn der Urschmerz seinen Kreis nach

oben abschließen könnte, gäbe es ein akutes Gefühl der Angst und möglicherweise impulsives Ausagieren, doch statt dessen kommt es zur Unterdrückung. Automatisch wird der Urschmerz nach unten gedrückt; Schauplatz dieses nach unten führenden Schubes ist der Stirnlappen. In diesem Bereich werden Auffassungen der Eltern und der Gesellschaft aufgenommen, die Feelings, Impulse, Wünsche und Bedürfnisse blockieren. Es ist das neurale Zentrum von Schuldgefühlen, Selbstdisziplin, Rigidität und Unnachgiebigkeit. Er ist der Hauptbereich von Hemmungen, die Verhaltensweisen betreffen, Hemmungen, die nach und nach zur Depression führen können. Es handelt sich nahezu mit Gewißheit um den Bereich von Freuds »Über-Ich«.

Der impulsive Mensch, der nach »außen« agiert, und der Depressive, der nach »innen« agiert, leiden nicht an zwei verschiedenen Krankheiten, sondern haben zwei verschiedene Arten, mit dem gleichen Urschmerz umzugehen. Der nur Ausagierende hat weniger wirksame Hemmungen im Stirnlappenbereich. Das kann mehrere Ursachen haben, aber im allgemeinen liegt es an immensen zusammengesetzten Primärschmerzen auf der ersten und zweiten Ebene.

Daraus folgt dann, daß was auch immer die Stirnlappenaktivierung verringert oder schwächt, dazu beitragen wird, die Depression zu lindern. Frontallobotomie, die Durchtrennung der Verbindung von Frontalbereichen und unteren Strukturen, beendet die Depression *restlos*. Anders ausgedrückt, Depression und Selbstmordvorstellungen bedürfen eines hohen Maßes der Frontalhirntätigkeit. Depressive Zyklen beginnen gewöhnlicherweise in den späten Teenager-Jahren, nachdem sich die dritte Ebene gefestigt hat und ein Reifesprung vom Kinder- zum Erwachsenengehirn stattgefunden hat. Das Erwachsenengehirn ist nicht bloß größer, sondern unterscheidet sich auch qualitativ von dem des Kindes. Suchte jemand nach Freuds Über-Ich, müßte er auf die späten Teenage-Jahre warten – nicht, wie er glaubte, auf die Zeit zwischen dem sechsten und achten Lebensjahr. Erst in den späten »Teens« könnten wir das Über-Ich im Frontalbereich des Gehirns, der neuralen Basis der Depression lokalisieren.[2]

Jede Substanz, die wie ein metabolisches Gift wirkt – Alkohol, Barbiturate und Kohlenmonoxyd –, wird die Verdrängung und damit die Depression verringern. Auch Elektroschockbehandlung gilt als Mittel zur Bekämpfung von Depression. Mit einem massiven Schlag auf das Gehirn legt sie buchstäblich das Bewußtsein still, während die Serotoninzufuhr radikal erhöht wird. Sie verhindert die Wiedererlangung des Erinnerungsvermögens und somit auch den Zugang zu Urschmerz. Es gibt noch eine weitere Möglichkeit, die kognitive Funktion der dritten Ebene zu manipulieren. Sie besteht darin, daß sich der Depressive mystischen, religiösen oder anderen »In-Group«-Dogmen zuwendet. Die Energie der Feelings kann nach außen fließen, so daß der Mensch sich leichter und weniger deprimiert fühlt. Diese Energie wird fanatisch an eine Reihe von Glaubensvorstellungen gebunden, die Erleichterung anbieten. Zwar ist der gleiche Druck vorhanden, doch gibt es jetzt ein Ventil.[3] Es ist wirklich so, die Äußerung fast jeden Gefühls lindert die Depression. Wut und Weinen sind im kathartischen Sinne hilfreich. Dies hat wahrscheinlich zu der weitverbreiteten Theorie geführt, daß Depression nach innen gekehrte Wut sei, die Selbsthaß und Selbstverachtung nach sich zieht.

Zweifelsohne wird sich die Depression verstärken, wenn in der frühen Kindheit die Betätigungsmöglichkeiten ernsthaft eingeschränkt sind und wenn die allgemeine Atmosphäre außergewöhnlich repressiv ist – in strengen Schulen, rigiden Kirchen und einem Familienleben, in dem jede Bewegung des Kindes vorsichtig eingeschränkt wird. Wenn der Kopf des Kindes jede Minute seines Lebens mit Mahnungen, Warnungen und Verboten gefüllt wird, werden ihm früher oder später seine Gefühle und Impulse verdächtig sein. Dies ist der Anfang realen »Selbsthasses«, bei dem das begriffliche oder kognitive Bewußtsein das fühlende nicht tolerieren kann. Das verleugnete fühlende Selbst wird von Alkohol und Drogen abhängig, und das intellektuelle Selbst »haßt« das

2 Eric Courchese untersuchte die Hirnwellenmuster von Teenagern und Kindern und stellte einen qualitativen Unterschied fest (aus: »Neurophysiological Correlates of Cognitive Development: Changes in the Long-Latency Event-Related Potentials from Childhood to Adulthood«, in *Electroencephalograph and Ch. Neurophysiology*, 1978, Bd. 45, S. 468–82.). Die Muster der 14- bis 17jährigen unterschieden sich wesentlich von denen jüngerer Kinder. Insbesondere die Wellenarten verschoben sich zunehmend auf die Frontalbereiche (geisteskranke Kinder ohne gutentwickelte kortikale Funktion werden nicht depressiv).

3 Was in diesem Fall wirklich geschieht, ist, daß sich der Mensch in der manischen Phase eines manisch-depressiven Zyklus befindet. Der manische Aspekt dieses Zyklus repräsentiert einen Zusammenbruch der Verdrängung und einen Durchbruch der Primärschmerzen, die, in Vorstellungen gehüllt, Gestalt und Form bekommen. Der Mensch, der jetzt vor »Glückseligkeit ausflippt«, ist ein Beispiel dessen, was ich meine. Unbewußt hat er seine dritte Ebene umarrangiert, so daß sie nicht mehr der unnachgiebige, rigide Unterdrücker ist, der er vorher war.

süchtige. Das gehaßte Selbst ist paradoxerweise das, welches viele Bedürfnisse hat, und so kommt ein Mensch dazu, seine Bedürfnisse zu hassen.

Der Unterschied zwischen einem ängstlichen und einem depressiven Menschen besteht darin, daß der ängstliche Mensch weniger effektive Schleusen gegen Urschmerz hat. Der ängstliche Mensch hat mehr Zugang zur wütend qualvollen Komponente des Urschmerzes. In Wirklichkeit beschäftigen sich der sehr ängstliche Mensch und der Depressive häufig mit den gleichen durchgebrochenen Urschmerzen der ersten Ebene, doch kann ihn der Depressive, im Unterschied zum Ängstlichen, unterdrücken. Er nimmt ununterbrochen den Druck der Urschmerzen wahr, obwohl er ihn nicht in Worte fassen kann.

Depression ist akkumulierte Traurigkeit, eine Summierung aller kleinen Verletzungen, die nie zum Ausdruck gebracht worden sind. Bei dem Syndrom spielt die Verwirrung eine wichtige Rolle, da die motivierenden Kräfte nicht ausgesondert werden können. Es ist, als ob jemandem seine ganze Vergangenheit auf einmal überreicht würde.

Es hört sich paradox an, wenn ich sage, daß die Behandlung der Depression Primärschmerz ist. Aber es ist eine Tatsache. Das Erleben von Primärschmerzen ist das beste Gegenmittel bei Depression.

2. Die Reise durch eine lange Nacht

Der Schlaf jeder Nacht ist eine Reise in eine zurückliegende Zeit. Jede Nacht kehren wir in unsere Kindheit und die Kindheit der Menschheit zurück. Im Schlaf machen wir eine Rundreise durch das Gehirn und treten mit einem uralten Hirn in Verbindung, das älter als die Menschheit selbst ist, einem Gehirn, das, bis wir sterben, nie wirklich schläft. Auf dem Weg hinab begegnen wir alten Urschmerzen der Säuglingszeit, die unter der Oberfläche liegen, so tief begraben, daß sie uns während des Tages nicht stören können – jedoch nicht gut genug versteckt, um uns vor angstvollen Träumen zu schützen.

Während des Schlafes sind wir nicht wirklich unbewußt; wir operieren nur auf einer anderen Ebene des Bewußtseins. Wenn wir Einsicht in diese Ebene bekommen, sind Träume und Alpträume nicht mehr so geheimnisvoll.

Der Verlauf im Gehirn geht von Instinkten über Emotionen zu Gedanken. Dies gilt sowohl für die Entwicklung eines einzelnen Gehirns als auch für die Entwicklungsgeschichte des menschlichen Gehirns. In einem einzigen Schlafzyklus vollziehen wir diese Entwicklung nach. Jeden Morgen, wenn wir aufwachen, erlangen wir unser vollständiges Bewußtsein über die Ebenen der Gehirnevolution wieder. Wir kommen aus den Tiefen des Unbewußten auf die zweite oder emotionale Ebene, um schließlich zur Wachsamkeit und dritten oder kognitiven Ebene zurückzukehren. In umgekehrter Reihenfolge sinken wir in den Schlaf.

Traumschlaf entwickelte sich erst nach fünfzig Millionen Jahren Tiefschlafs. In der gleichen Zeitspanne wurde der Sprung von primitiven Formen des Reptilienbewußtseins zum Säugetierbewußtsein vollzogen. Dieser Sprung zeigt, daß sie zwei verschiedene historische Phasen repräsentieren, zwei verschiedene Strukturen mit sehr unterschiedlichen Funktionen. Es bedeutet, daß Traumschlaf bei frühen Säugetierarten vor über hundert Millionen Jahren auftrat und daß wir erst Millionen Jahre später die Fähigkeit der Traumdeutung entwickelten. Diese Fähigkeit bezog neue Gehirnstrukturen mit ein und erklärt uns, warum in der Psychotherapie Trauminterpretationen im Sinne der Veränderung der grundlegenden Prozesse, die sie hervorbrachten, nicht wirksam sind.

Während der Schwangerschaft und dem Prozeß der Geburt macht der Mensch seine ganze Evolution vom Fisch über den Affen zum Menschen noch einmal durch. Für mich bedeutet dies, daß wir uns nie radikal ändern – oder »neu« werden –, wir entwickeln uns tatsächlich. Der Schlaf scheint die Zeit zu sein, in der die Spezies kollektiv ihre Erfahrungen assimiliert und ihr Wissen auf der allgemeinen hereditären Bank hinterlegt.

Man könnte sich fragen, warum wir jede Nacht im Schlaf durch die ganze Geschichte der Menschheit zurückgehen müssen. Ebensoleicht könnte man fragen, warum wir bei jeder Geburt eines Menschen durch die Phylogenese des Menschen zu gehen haben, bevor wir menschliche Wesen werden können. Der Mensch selbst ist seine verschlüsselte Geschichte. Es gibt etwas in unserer Wesensart, das eine konstante Rückkehr zu unseren Ursprüngen erfordert. Wir haben diese Ursprünge nie ganz aufgegeben; in der Tat ist jede Ebene der Gehirnentwicklung fast intakt geblieben, jede hat ihre eigene Geschichte und ihre eigene historische Funktion. Während des Schlafes ist das als letztes erworbene Gehirn aktiv, gefolgt von einem tieferliegenden Gehirn, bis wir schließlich zum frühesten Gehirn der Menschheit zurückkehren. Es ist, als ob sich jede Gehirnebene der anderen Ebene »unbewußt« ist; jede macht einfach »ihre eigene Sache«.

Die Rückkehr, die Nervenachse hinunter, ist der zyklische Heilungsversuch des Körpers, denn es ist die ursprünglichste Gehirnstruktur, die für Heilung verantwortlich ist. Es ist während des Schlafes, daß das Wachstumshormon (das weitgehend für Heilung sorgt) freigesetzt wird.

Das Gehirn ist hierarchisch geordnet. Es ist des Menschen inhärente Fähigkeit, diese Hierarchie hinunterzugehen, welche die Heilungskräfte freisetzt, und sogar Alpträume sind immer Heilungsversuche, das heißt ein Versuch, die am tiefsten liegenden Erinnerungsspuren dem Bewußtsein zum Zweck der Verknüpfung und endgültiger Auflösung zugänglich zu machen. Es ist nicht der vor kurzem erworbene Kortex, der für Besserung und Heilung verantwortlich ist; er ist mit Anpassung beschäftigt. Dies trägt ein wenig zur Erklärung bei, warum kortikale Einsichten nicht die Wunden der Neurose heilen können.

Tiere, denen systematisch der Traumschlaf entzogen wurde, entwickelten Verletzungen und Schädigungen bis auf die Zellebene der letzterworbenen Bereiche des Kortex hinunter. Dies impliziert, daß man periodisch in die tiefsten Gehirnbereiche, die mit Heilung verbunden sind, hinabsteigen muß, um die Integrität des ganzen Gehirns aufrechtzuerhalten. Interessanterweise entwickelten sich die oberen Ebenen des Gehirns aus Primärschmerzen heraus, und während Urschmerz die ganzen Veränderungen der neuralen Struktur hervorrief, brachte es zur gleichen Zeit auch die Mechanismen hervor, mit denen das Gehirn seine Traumata beseitigen kann.

Wir »beginnen immer am Anfang« im Sinne der Einprägung von Erfahrung. Normalerweise beginnen Primals am Anfang einer Szene oder Erinnerung, und der neurotische Kampf des Menschen ist nichts anderes als der symbolische Versuch, zu seinen Anfängen zurückzukehren und unerledigte Sachen aufzulösen.

Jedes unser früheren – oder tieferliegenden – Gehirnsysteme war charakteristisch für eine besondere Art tierischer Lebensform und diente den Erfordernissen dieser Art. Der elaborierte Kortex ist höchst speziell menschlich und dient menschlichen Bedürfnissen auf besondere Weise. Das kann er unter dem Druck von Urschmerz nicht. Wenn wir eine ruhige Nacht verbringen wollen, muß er gut schlafen.

Wenn der Kortex schläft, kommt es automatisch zur Regression – wir regredieren zu unserer Kindheit und dem Hirnsystem der Kindheit der Menschheit. Schlaf gibt uns die Möglichkeit, Regression zu verstehen.

Wenn wir einschlafen, geschieht dies in umgekehrter Reihenfolge in der Art und Weise, wie sich unser Gehirn entwickelt hat. In der Nacht gibt es keine Verwendung für Konzepte und Vorstellungen, deshalb schläft die dritte Bewußtseinsebene zuerst ein. Emotionale Beziehungen werden aufgeschoben, und die zweite Ebene ruht. Aber die erste Ebene schläft nie. Täte sie es, würden wir sterben. Wir müssen weiteratmen. Unser Herz muß schlagen. Wir müssen darüber wachen, ob wir ausreichend Sauerstoff haben, ob es zu warm oder zu kalt im Zimmer ist.

Die Qualität des Schlafs wird von den Bewußtseinsebenen begrenzt. Forscher haben sich auf das Phänomen des Schlafs konzentriert, als sei es etwas Besonderes und Abgetrenntes. Sie haben es nicht als Teil des allgemeinen Verhaltens angesehen. Sie haben Schlafebenen ohne Bezug zum Tagesverhalten gemessen. Wir können nicht auf Ebenen schlafen, die nicht existieren. Genau die gleichen Bewußtseinsebenen wie im Wachzustand bestimmen die Art unseres Schlafs und die Art der Erlebnisse, die wir auf bestimmten Ebenen haben können. Genausowenig wie verbale Geburts-Primals können wir komplex linguistische oder abstrakt-begriffliche Alpträume haben.

Der Neuropsychologe Erik Hoffman beschreibt die Beziehung von Schlaf zu den Bewußtseinsebenen im Sinne von gespeichertem Urschmerz: »Wenn ein Mensch einschläft, schlägt sein Bewußtseinszustand einen regressiven Kurs ein, anders ausgedrückt, er steigt in die tieferen Ebenen des Bewußtseins hinab. Wenn er von der dritten zur zweiten Bewußtseinsebene wechselt, tritt er in leichten Schlaf ein. Die neokortikalen Funktionen sind reduziert, und das Limbische System (der Speicher der Kindheitserinnerungen) übernimmt die Kontrolle. Wenn der Mensch in den Tiefschlaf eintaucht, lassen das Bewußtsein der ersten Ebene und die Aktivität des Limbischen Systems nach, und die vitalen Körperfunktionen werden jetzt vom Hirnstamm und dem inneren Gehirn reguliert. In diesem Stadium dominieren die langsamen Delta-Wellen auf dem EEG. Aktivierung des Limbischen Systems während des Traumschlafs trägt dazu bei, alte Feelings aufzurühren, die Träume brauchen, um sich vom Bewußtsein abzuschirmen.«

Da Schlaf für die Wiederherstellung unseres Organismus so wichtig ist, ist fortgesetzte Verdrängungsaktivität zum Schutz dieses lebensnotwendigen Prozesses notwendig. Wenn Primärschmerz aufgelöst ist, wird Schlaf zu dem, was er eigentlich ist – eine Art der Erholung ohne den Zwang, Urschmerz unterdrücken zu müssen.

Je tiefer der Schlaf ist, desto eher gerät man in die Nähe katastrophaler Urschmerzen und damit auch des Bedürfnisses nach stärkerer Verdrängung. Tiefschlaf bedingt ein aktives Gehirn, in dem tiefliegende Neuronen die frühesten Traumata unter Kontrolle halten. Hier erreicht die Verdrängung ihren Höhepunkt, und große, langsame Hirnwellenmuster deuten auf starke neurale Kräfte, die von unten heraufdrängen. Es scheint sich um Primärenergie zu handeln, weil bei Patienten mit Primals auf der ersten Ebene die gleichen Hirnwellenmuster auftreten.

Obwohl sich die drei verschiedenen Gehirne zu einer unterschiedlichen Zeit herausbildeten und verschiedene Schlafzyklen und -muster haben, kooperieren sie doch. So bleibt bei einem Menschen im Traumschlaf mit hohem Erregungsgrad das Muskel-

system inaktiv, so daß er nicht aufwacht und seine Träume ausagiert.
Mit Hilfe elektrophysiologischer Technologie ist es möglich, sich ein Bild der verschiedenen Gehirnsegmente während des Schlafs zu machen. Wenn sich zum Beispiel das Gehirn vom Traumschlaf zum Tiefschlaf verlagert, »geht« auch der Hippokampus des Limbischen Systems durch einen Aktivitätsrückgang schlafen. Andererseits wird der Thalamus, der dem Kortex Feelings schickt, während des Traumschlafs recht geschäftig.
Graphisch gesehen, ähnelt Tiefschlaf dem Hirnwellenmuster eines Säuglings. Von unserer Hypothese ausgehend, daß Tiefschlaf uns in Berührung mit dem frühen präverbalen Bewußtsein bringt, sollte diese Feststellung nicht überraschen. Dieses Muster fängt an, einer schnelleren Hirnwellenaktivität Platz zu machen und weniger Verdrängung anzuzeigen, wenn jemand mit dem Traumschlaf beginnt. Es ist wie beim Schalten vom unteren in den zweiten Gang – von größerer zu geringerer Verdrängung.
Für den Verdrängungsprozeß ist der hemmende Neurotransmitter Serotonin von entscheidender Bedeutung. Er kommt im Limbischen System in großen Mengen vor, also dort, wo Urschmerz der Kindheit gespeichert ist. Im Tiefschlaf ist der Serotoninspiegel am höchsten. Die niedrigsten weisen Psychotiker auf – die selten Tiefschlafperioden haben –, desgleichen Neurotiker, die triebhaft ausagieren, und erregte Depressive.
Anstieg der Serotoninwerte im Gehirn zieht zwei Dinge nach sich: Sie besänftigen Angst und steigern Tiefschlaf – sorgen also für einen Rückgang des Traumschlafs.[1]
Wird der Serotoninwert in der unteren Medulla künstlich gesenkt, kommt es zu verminderter Verdrängung, größerem Zugang zu Primärschmerz und weniger Tiefschlaf.
Verdrängung erschöpft die Serotoninversorgung und verursacht einen Aufstieg urschmerzhafter Impulse während der Schlafphasen. Nach langem Tiefschlaf verringert sich das Serotonin, und das System macht dem Traumschlaf Platz. Rasche Serotoninerschöpfung während des Tiefschlafs macht Alpträume möglich. Es ist, als ob während des Tiefschlafs alle biochemischen Ressourcen ausgeschöpft werden, um Urschmerz der ersten Ebene unten zu halten, aber nur gewisse Zeit standhalten, bis sie dem Druck nachgeben müssen.

1 L-Tryptophan hat, oral eingenommen, eine ausgezeichnete Wirkung als Tranquilizer.

Der Grund, warum eine solch hohe Prozentzahl von Schlaganfällen und Herzanfällen während der letzten, langen Traumphase der Nacht auftreten, liegt darin, daß der Organismus noch einmal alle Kräfte gegen Urschmerz aufbietet. Der Organismus bricht zusammen. Er hat wieder und wieder auf eine Erinnerung reagiert, Alarm geläutet, alle Systeme aufgeboten, doch hat sich der Feind nie ganz gezeigt. Er bleibt versteckt und greift an. Die Abwehrformen, die uns im frühen Leben dadurch retteten, daß sie den Urschmerz begruben, begraben am Ende uns.

Die Neurohormone des Traumschlafs sind vorwiegend von der Art der Streßhormone – den Katecholaminen. Traum- oder REM-Schlaf (rapid eye movement) herrscht bei Neugeborenen vor. Ich frage mich, ob das nicht viel weniger der Fall wäre, wenn die Neugeborenen nicht ein dermaßen überwältigendes Geburtserlebnis hätten. Wenn wir älter und unsere Gehirne und Abwehrformen reifer werden, nimmt der Anteil des Tiefschlafs zu.

In der Phase des Traumschlafs ist die Verdrängung weniger effektiv, und Feelings bewegen sich auf das Bewußtsein zu. Zu diesem Zeitpunkt wird Urschmerz symbolisiert, und es kommt zur Entladung eines Teils der Energie. Diese Katharsis der überschüssigen Energie ist lebenswichtig.

Da Träume den gleichen Quellen wie unser Verhalten im Wachzustand entspringen, kann der Schlafende gehen, reden, denken, sich etwas ausmalen, Unterhaltungen führen. Eine Bewußtseinsebene ist im Traum sehr aktiv.

Der Symbolismus eines Traums ist eine mehr beschreibende und verkürzte Form des Ausagierens eines Menschen im Wachzustand. Deshalb ist das Messen von Veränderungen während des Schlafes so wichtig. Traumerlebnisse gehen in relativ kurzer Zeit vor sich, sind begrenzt und *tatsächlich* im großen und ganzen derselbe Symbolismus, der in großem Rahmen während des Tages ausagiert wird.

Wir sollten jede Bewußtseinsebene als ein allgemeines Stützwerk unter sowohl dem Wach- *als auch* Schlafverhalten betrachten. Beide werden von den gleichen Kräften angetrieben; und die gleiche Auflösung dieser Kräfte beeinflußt beide.

Aus diesem Grund ist Schlaf ein so ausgezeichneter Index für Fortschritte in der Therapie. Menschen mit effektiver Verdrängung erleben nicht nur eine Distanz zu ihren Feelings, sondern auch, daß sie sogar ihrem Bewußtsein verschlossen bleiben. Dies wird in ihrer Unfähigkeit, sich ihrer Träume zu erinnern, sichtbar.

Die zunehmende Fähigkeit, sich an Träume zu erinnern und ihre Feelings zu fühlen, ist einer der Standards, nach denen wir den Zugang eines Patienten zu sich selbst beurteilen. Veränderungen der Schlafmuster, Wandel der Traumformen und Symbolismen haben Implikationen für das Wachverhalten.

Die Auflösung großer Schrecken während eines Primals bedeutet, daß ein Mensch geringere nächtliche Schrecken und auch nachlassende Phobien während des Tages hat. Die Auflösung der Angst vor dem Vater durch ein Primal hat Einfluß darauf, wie jemand generell andere Erwachsene behandelt, und weist auf einen Rückgang von Träumen hin, in denen angstmachende männliche Gestalten der einen oder anderen Art vorkommen.

Wenn wir betrachten, wie die Bewußtseinsebenen einen Beitrag zu Träumen und zum Leben im Wachzustand liefern, wird dieser Punkt deutlicher. Träume fangen mit Empfindungen an; diesen Empfindungen werden bildhafte Vorstellungen und Emotionen hinzugefügt, dann eine Handlung und eine Bedeutung. Die Bedeutung liefert eine Erklärung der bildhaften Vorstellungen, und diese Imaginationen tragen dazu bei, die Empfindungen rational zu machen. All dies ist die Ausarbeitung eines grundlegenden verschlüsselten Feelings, Bedürfnisses oder Urschmerzes.

Die zentrale Funktion eines Traumes besteht in einer Verdeckung der Realität, um den Schlaf zu schützen und das Bewußtsein vor einer Überflutung mit gespeicherter Realität zu bewahren. Der Zweck ist Verhinderung einer Verbindung mit höheren Zentren, so daß der Traum nicht in Primärschmerz umgewandelt werden kann, dem dann das Aufwachen folgte. Gäbe es keine Träume, wären wir alle sehr, sehr müde und ein wenig neurotischer.

Freud nahm an, daß Träume Ereignisse, vor allem störende Ereignisse des vergangenen Tages verarbeiten. Das kommt manchmal vor, doch hauptsächlich verarbeiten Träume alte Feelings, die während des vergangenen Tages von – manchmal nur kleinen – unerledigten Problemen aufgestört wurden. Je höher der Spannungswert des begrabenen Feelings und je näher es dem Bewußtsein ist, desto geringer kann der Reiz sein, der es während des Tages hervorhebt. Umgekehrt kann ein starkes Tageserlebnis auch das bestverdrängte Feeling auslösen. Es ist eine Frage des Gleichgewichts. Je größer der Urschmerz, desto weniger bedarf es, ihn auszulösen, und umgekehrt.

Die Schwierigkeiten, die wir tagsüber mit Überreaktionen und unzulänglicher Unterscheidung von Gegenwart und Vergangenheit haben, bestehen auch während des Träumens. Wir erwachen aus irgendeinem Traum und sind überzeugt von seiner Realität. Alles scheint wirklich zu sein; in Wirklichkeit ist es das Feeling, das real ist.

Mit Primal-Feelings eng verbunden sind Hunderte von Szenen, Ereignissen und Erinnerungen. Im Traum werden sie miteinander verschmolzen. Sie vermischen und verdichten sich. Viele Zufallsereignisse können die Details eines Traums formen. Aber die Auflösung wird durch unsere Geschichte bestimmt. Es besteht die gleiche Vorhersagbarkeit, die für unser Leben im Wachzustand gilt. Feelings formen die Durchgängigkeit einer Persönlichkeit und damit auch die Durchgängigkeit von Träumen.

Träume machen unbewußte Feelings rational. Sie dämpfen Feelings ab, während sie eine Abfuhr eines Teils ihrer Energie zulassen. Jemand, der sich die meiste Zeit seines Lebens verloren gefühlt hat, könnte davon träumen, daß er Sachen verliert oder sich in fremden Ländern verläuft. Diese fremden Länder sind Erfindungen, um dem Feeling entgegenzutreten. Fühlte der Mensch wirklich: »Mammi, ich bin verloren. Ich weiß nicht, was ich tun soll. Hilf mir!«, befände er sich in Agonie und nicht im Traumschlaf, und diese Feelings würden sein Traumleben verändern.

Im Gegensatz zu Freuds Auffassung können Träume *keine universelle Bedeutung* haben. Sie entströmen idiosynkratisch den ureigenen Erfahrungen eines Menschen. Bedeutung erlangen sie nur in Form des speziellen Feelings, das sie symbolisieren. Das gleiche Symbol, sogar desselben Menschen, kann in zwei verschiedenen Träumen zwei gänzlich unterschiedliche Bedeutungen haben. Symbole unterscheiden sich bei verschiedenen Leuten radikal in ihrer Bedeutung. So können zum Beispiel Bücher in einem Traum für einen Menschen die Bedeutung haben, etwas »herauszufinden«. Für einen anderen repräsentieren sie die Angst, gezwungen zu sein, etwas zu leisten. Im Wasser unterzugehen, kann für den einen bedeuten, überwältigt zu werden, für einen anderen hingegen die Wiedererschaffung eines tatsächlich stattgefundenen Ereignisses.

Da Träume verdichtete Ebenbilder eingeschlossener und widerhallender Botschaften sind, folgt daraus, daß das *Feeling in einem Traum immer stimmt.* Die Art, wie es unsere Vergangenheit widerspiegelt, ist immer wahrheitsgetreu. Darum kann das Fühlen der Feelings – eher als das Analysieren der Symbole – uns zu den unbewußten Urschmerzen führen. In gewissem Sinne sind Träume der leichte Weg zum Unbewußten – nicht durch ihre Analyse, wie Freud dachte, sondern durch ihr gefühlsmäßiges Erleben. Vergessen wir nicht, daß auch die Leidenskomponente einer Erinnerung wiedererlangt werden muß.[2]

Es kommt vor, daß jemand nicht nur wieder durch die Agonie hindurch muß, sondern auch durch den absoluten Terror, weil die ursprüngliche Situation terrorisierend war. Nacht-Terror unterscheidet sich von einem schlechten Traum. Ein schlechter Traum entwickelt sich langsam aus einer fortlaufenden Handlung. Im Gegensatz dazu kommt der Nacht-Terror plötzlich und unerwartet. Er bricht ins Bewußtsein ein und weckt uns auf.

Er steigt aus dem Schlaf der untersten Ebene auf und wird häufig von Schreien, extrem schnellem Herzschlag und einem Gefühl namenlosen Schreckens begleitet. Es ist eine erschütternde Erfahrung. Die zerstörenden Primärkräfte sind für einen Augenblick aus ihrem Käfig ausgebrochen. Manchmal ist die zweite Ebene gezwungen, dem Terror mit Symbolen wie etwa einem Drachen oder einem Monster zu dienen, aber der Impuls kommt von der ersten Ebene.

Charles Fischer fand heraus, daß Nacht-Terrors oft durch das, von dem wir jetzt wissen, daß es Geburts-Terrors sind, begleitet werden: Gefühlen des Würgens, Erstickens, des Zerdrücktwerdens, des Fallens und Sterbens.[3] Mit anderen Worten, was wir bei einem Menschen sehen, der ein Primal auf der ersten, tiefsten Bewußtseinsebene hat, ist genau das, was man bei Nacht-Terrors beobachten kann. Ein Mensch, der Nacht-Terrors hat, ist im großen und ganzen unzureichend verdrängt und hat eine schwache Abwehr.

Nacht-Terrors sind formlos. Dies liegt daran, daß die Urschmer-

2 Schlaf ist auf gewisse Weise dem Prozeß eines Primals analog. Der Unterschied besteht in höherer Verknüpfung. Obwohl Träume Urschmerz unterer Ebenen symbolisch ausdrücken, mangelt es ihnen an Verknüpfung. In der Primärtherapie kehren wir Träume in Primals um, indem wir das Feeling anzapfen und die Verknüpfung herstellen. Da Feelings sowohl den Traum als auch das Primal strukturieren, gilt die Regel, je stärker das Feeling, desto mehr Druck steckt hinter beiden. Die Art des Schlafs verändert sich mit der Auflösung von Urschmerz; unsere vorhergehende Beweisführung zeigt, daß die Gesamtmenge des Traumschlafs sich radikal verändert.

3 Charles Fischer, et al., »A Psychophysiological Study of Nightmares and Night Terrors«, in *The Journal of Nervous and Mental Disease,* Bd. 157, 2. August 1973, S. 75–96.

zen präverbal und nicht fest umrissen sind; sie traten auf, als der Kortex noch nicht ausreichend entwickelt war, sie zu intellektualisieren. Obwohl sich der Puls verdoppeln kann und der Terror zunimmt, hat der Mensch normalerweise keine Ahnung davon, was los ist oder woher der Terror kam.

Ein schlechter Traum ist gewöhnlich ein Primärschmerz der zweiten Ebene, wo der Druck nicht annähernd so groß ist wie bei dem Nacht-Terror. Wenn die zweite Ebene ausreicht, das Eindringen von der ersten Ebene zu kontrollieren, hat man einen schlechten Traum mit hohem Spannungsniveau, doch man schläft weiter. Wenn die zweite Ebene nicht in der Lage ist, den Druck von der ersten Ebene zu verarbeiten, kommt es zu Nacht-Terror oder Schlafwandeln, das auch häufig aus dem Tiefschlaf heraus vorkommt. Primärkräfte, die stark genug sind, jemand zu veranlassen, sich durch das Haus zu bewegen, müssen wirklich sehr mächtig sein.

Wiederkehrende Träume und Alpträume haben im Traumleben eine besondere Bedeutung, weil es den Anschein hat, als ob ein starkes Feeling oder Ereignis fixiert ist und im Kreislauf periodisch an die Oberfläche steigt. »Ich gehe durch den Wald«, träumte ein Patient, »werde von einer knochigen Hand gepackt, schwarze Augen und eine Kapuze. Ich werde brutal auf eine Lichtung geworfen und von sieben anderen Skeletten auf einem eiskalten Marmortisch festgebunden. Ich kann mich nicht bewegen. Plötzlich durchbohrt einer von ihnen meine Brust. Die Zeit steht still. Ich kann nicht atmen. Zeit vergeht. Plötzlich schnappe ich nach Luft, atme ein und bin wieder da.« Dieser Traum dauerte Jahre an, bis der Patient zum Feeling des Traumes kam. Es war die Wiederbelebung eines Ereignisses aus dem zweiten Lebensjahr des Patienten: Er war vor einem chirurgischen Eingriff auf einem rostfreien Stahltisch betäubt worden. Ärzte mit Masken hatten ihm eine Gesichtsmaske angelegt. Er erinnert sich an ihre »knochigen Hände«. Das Erleben der verdrängten Feelings, die dieses Ereignis umgaben, befreite ihn schließlich von diesem Alptraum.

Viele von uns haben Alpträume, in denen wir weder sprechen noch schreien können, weil die Ebene des Gehirns, die Ebene, die den Traum oder Alptraum völlig strukturiert, keine Worte zur Verfügung hat. Obwohl die zweite Ebene in dem Sinne in einen Traum der ersten Ebene einbezogen ist, daß sie bildhafte Vorstellungen produziert, sorgt die erste Ebene dafür, daß wir weder schreien noch unseren Mund aufmachen können. Die Ursache dafür ist, daß das Trauma zu einer Zeit auftrat, als es noch keine Worte gab, und wir, wenn es zum Zeitpunkt der Geburt geschah, den Mund noch nicht öffnen konnten. Das Leiden im Schoß ist ein schweigendes Leiden. Teilweise erklärt das, warum wir uns nicht vorstellen können, daß das Ungeborene entsetzliche Qualen durchgemacht hat. Im Laufe der Jahre kann es dies in Form eines dauernden Wimmerns herauslassen, doch wird es die Agonie selten auf einmal zum Ausdruck bringen. Die Agonie kann später in Form sich wiederholender Alpträume auftauchen – eine Botschaft, die uns mitteilt, daß etwas Wichtiges unaufgelöst geblieben ist. Das ist die Botschaft jedes größeren Alptraums.

Der Grund, warum ein Alptraum so klar, einfach, direkt und frei von Symbolen ist, liegt darin, daß er gewöhnlich ein einziges katastrophales Ereignis widerspiegelt. Das Feeling kommt in reiner Form hoch. Träumen der zweiten Ebene liegt nicht nur ein Ereignis zugrunde. Sie verweben viele Ereignisse und Szenen miteinander und binden sie mit Symbolen zusammen. Nicht ein Ereignis macht ein Feeling so stark, sondern viele sich gleichende Ereignisse verbinden sich zu einem tiefgehenden Feeling.

Patienten, die Traumata der ersten Ebene nahe sind, haben unmittelbare, direkte, unkomplizierte und frei schwebende Ängste. Sie erleben all die Feelings, die andere in Alpträumen erleben würden. Sie könnten fühlen zu ersticken, erdrückt zu werden und desorientiert zu sein, die Inhalte der Tagesängste und der Alpträume sind die gleichen.

Nicht nur der Urschmerz kommt während der Nacht hoch, sondern die ganze Lebensgeschichte. Der Versuch, einen Traum zu verstehen, ist so, als ob man versuchte jemandes Lebensgeschichte dadurch zu verstehen, daß man einige Symbole analysiert. Es ist weit besser, erst die Geschichte zu *erleben*, danach klären und erklären sich die Symbole von allein.[4]

Obwohl das ganze Land Tag und Nacht unter Tranquilizern steht, beachtet niemand diese Tatsache oder gibt sie wenigstens zu. Die Gesellschaft hat es uns leicht gemacht, nicht zu fühlen. Wir haben

4 Schlaftabletten lassen uns schlafen, indem sie Verdrängungskräfte gegen unsere Geschichte einsetzen. Die Tabletten arbeiten auf bestimmten Bewußtseinsebenen. Einige sind in den Erregungszentren tätig, andere arbeiten am Muskelsystem. Schlaftabletten verstärken das Verdrängungssystem. Daß sie dem Schlaf dienlich sind, ist ein weiterer Hinweis auf die Bedeutsamkeit von Urschmerz bei Schlafstörungen.

Zigaretten, Tranquilizer, Anregungsmittel, Schlaftabletten, die uns dabei helfen, nicht-fühlende Menschen zu bleiben. Hierin liegt das Paradox. Wir können nicht schlafen, weil wir unter Primärschmerz leiden, den wir nicht fühlen können.

Wenn wir Urschmerz in der Nacht mit Tabletten unterdrücken, haben wir dafür einen Preis zu zahlen. Es wird zu einem Rückschlag kommen, vielleicht subtil und kaum bemerkbar, doch was man während der Nacht unterdrückt, wird am Tage wieder hervorkommen. Wir werden tagsüber etwas reizbarer, nervöser und ungeduldiger sein. Dann werden wir wieder Pillen und Tranquilizer nehmen, um die gleiche Geschichte zu unterdrücken, die uns des Nachts zu schaffen gemacht hat. Ein wahrhaft gefährlicher Kreis.

Ein Neurotiker muß in seinen Träumen neurotisch sein. Er hat keine andere Wahl. Ihn seiner Träume zu berauben, hieße, ihm sein primäres neurotisches Ventil zu nehmen. Traumschlaf ist ein Stadium der Erleichterung. Der Träumer führt mit ununterbrochenen Bewegungen, Schwitzen, Murmeln und mentaler Aktivität Energie ab. Hatte er ausreichend tiefen Schlaf, wird er erfrischt aufwachen und wenn er genug Traumschlaf hatte, neurotische Spannung abgeführt haben. Reicht der Tiefschlaf nicht aus, braucht er mehr Traumschlaf.

Unsere Geschichte versucht immer, sich zu erklären. Wir schreien im Schlaf und bilden uns ein, daß es eine Eigenart des Traumes gewesen sei: »Das bin ich nicht, das war im Traum.« Wir werden von wiederkehrenden Träumen und Alpträumen geplagt und begreifen nicht, daß ihnen eine *Kraft* zugrunde liegen muß, die nicht Bestandteil des Traums ist. Wir haben eine geheimnisvolle Vorstellung vom Traumleben, weil uns das Unbewußte ein Geheimnis ist. Schlaf ist zu irgendeiner eingekapselten Begebenheit geworden, die keinen Bezug zu dem hat, wer wir als Menschen sind.

Wenn wir uns verstehen wollen, müssen wir all unsere Erfahrungen verstehen – was möglich ist, wenn wir das ganze menschliche System betrachten, das sie vermittelt. Die Entdeckung, daß Urschmerz Schlafprozesse beeinflußt und daß die Auflösung von Urschmerz sie verändert, könnte dazu beitragen, die Untersuchungen des Schlafs zu entmystifizieren und sie davor bewahren, ein separates Gebiet der Psychologie zu sein. Wir müssen uns als ein Ganzes untersuchen.

3. Der Gefangene der Sexualität

Ein wirkliches »Sexual«-Problem ist eine Seltenheit. Das Sexualproblem ist ein Problem eines Menschen mit einer bestimmten Erziehung. Dies gilt auch für Menschen, die Sexualität genießen und Gefallen daran zu finden scheinen. Es gibt eine Qualität, die dem Akt fehlt, etwas, das denjenigen, die sich nur auf die Technik konzentrieren, fehlt.

Menschen sind nicht nur in dieser oder jener Hinsicht neurotisch. Alles, was ein Neurotiker macht, wird neurotisch sein. Die Neurose hat jedoch Grade, und die Auswirkungen können in einem Bereich mehr empfunden werden als in einem anderen. Jeder Grad der Verdrängung von Feelings bezieht die Unterdrükkung von Sexualität, die ein Gefühlszustand ist, mit ein. Das erste große Trauma, das Geburtstrauma, kann bereits ein großes Ausmaß körperlicher Verdrängung bewirken. Sobald das Kind alt genug ist, Moralvorstellungen in den Kopf gehämmert zu bekommen, ereignen sich in bezug auf Sexualität weitere Verdrängungen.

Urschmerz wird im Hypothalamus in sexuelle Impulse umgeleitet; dieser Prozeß läuft unbewußt ab. Was durch Sex abgeführt wird, ist Spannung, doch ist sich der Mensch dessen nicht bewußt. Die Erleichterung schafft ein gutes Gefühl, wie es bei jeder erfolgreichen Erleichterung von Spannungen der Fall ist; dieses gute Gefühl wird oft mit Sexualität verwechselt. Viele sexuell aktive Menschen scheinen an »Sex« großen Gefallen zu finden, ohne jemals zu erkennen, daß sie kein sexuelles Erlebnis haben. Solange es noch starken Urschmerz gibt, der aufzulösen ist, ist es unwahrscheinlich, daß diese Menschen jemals weder die wahre Ekstase der Sexualität kennenlernen, noch werden sie sich jemals einer rein sexuellen Erfahrung erfreuen. Sexualität ist für Menschen, die auf diese Weise ausagieren, nur die Transformation von Primärschmerz in sexuelle Ausgänge: je mehr Urschmerz, desto größer der »Sexual«-Trieb.

Warum ist Sexualität ein so wirksames Gegenmittel gegen Urschmerz und solch ein Erreger desselben? Zum Beispiel kann ein Orgasmus für einige erleichternd, für andere hingegen höchst

bedrohlich sein. Auf der strikt emotionalen Ebene bietet Sex größere Möglichkeiten, Bedürfnisse zu befriedigen, als andere Ventile. Er schafft eine potentielle Befriedigung aller Sinne. Doch wird man beim Flirt mit der Befriedigung in die Nähe eingeprägter Feelings und unbefriedigter Bedürfnisse gebracht – und das aus einem einfachen Grund. Die Zentren im Gehirn, die Urschmerz und Lust vermitteln, liegen nahe beieinander. Feeling ist *ein* Phänomen: die Verstärkung eines jeden Feelings zieht die Stimulation aller anderen Feelings nach sich. Die Wärme und Zärtlichkeit, die man mit Sex bekommt, bringt auch die Ablehnung, Kälte und den Mangel an körperlicher Nähe aus dem früheren Leben mit hoch. Allein das Feeling, gemocht zu werden, bringt all die Feelings des Unerwünschtseins der frühen Kindheit mit sich. Durch die Erregung all dieser Feelings und *ihrer Verdrängung* ist es einem verdrängten Menschen zweifelsfrei unmöglich, eine hohe Ebene total orgasmischer Ekstase zu erreichen. Das liegt daran, daß ein Teil seines Körpers schwer damit beschäftigt ist, Feelings unten zu halten. Der beim Sex aufgewühlte Urschmerz wird in den Aufbau sexueller Spannung umgeleitet, die schließlich im Orgasmus ihre Erleichterung findet.[1]
Primärschmerz sucht immer nach einem Ventil. Wenn das sexuelle Ventil durch elterliche Moral oder Verbote früh im Leben blockiert worden ist, wird ein anderes gefunden. Es könnte intellektueller Art sein. Das Kind kann ganz in Büchern aufgehen. Wenn Eltern und Kirche mit ihrer Indoktrination erfolgreich sind, wird der Intellekt des Kindes mehr Bremse als Vermittler sexueller Impulse sein. Später kann das zu einem geringen Sexualtrieb führen. Schauen wir uns doch Eltern mit ihren Kindern an. Selten sieht man dauerhafte Zuneigung und Zärtlichkeit. Allzu häufig hat es den Anschein von Krieg. Da gibt es Warnungen, Gebote, Klapse, Tadel, wird Ruhe geboten und Besorgnis über diese oder jene Bewegung des Kindes geäußert. Dies sind die Ursachen von Urschmerz, die schließlich in einem »Sex«-Problem ihr Ende finden können. Nie ist es nur das, was Eltern über Sexualität sagten oder nicht sagten. Wann immer sich ein Kind nicht frei bewegen kann, wenn es nicht sagen kann, was es

1 Der Orgasmus ermöglicht eine massive Entladung von Primär-Energie. Er ist eine Konvulsion, die in ihrer Intensität und Wertigkeit auch den frühen Konvulsionen während der Geburt ähnelt. Daher kann sich ein Mensch vorübergehend durch den sexuellen Akt Erleichterung von gespeicherter konvulsiver Energie eines Traumas der ersten Ebene verschaffen.

will, spielen kann, mit wem es möchte, in den Arm genommen wird, wenn es weint, gestreichelt wird, wenn es sich verletzt hat, man sich nicht an ihm erfreut, so wie es ist, tritt die Verdrängung in Kraft. Sie kehrt das psychische Geschehen in körperlichen Schmerz um, speichert ihn und hält ihn fest. Dies sind die Ursachen sexueller Probleme.

VERA:
Vor kurzem habe ich einen Mann kennengelernt, den ich liebte, aber bei dem ich unfähig zum Orgasmus war. Das Problem hatte ich jahrelang nicht gehabt: mit meinem gegenwärtigen Ehemann und anderen Liebhabern habe ich sechs oder sieben Jahre lang erfolgreich Orgasmen gehabt. Ich brauchte keine starke emotionale Bindung an einen Mann, um mit ihm einen Orgasmus zu bekommen, und ich konnte allein wegen der körperlichen Lust, dem Gefühl der Erleichterung und dem warmen Gefühl der Nähe des Partners Spaß am Geschlechtsverkehr haben. Doch plötzlich fand ich mich vom Orgasmus blockiert, und das mit einem Mann, den ich unglaublich schön fand, sowohl als Mann als auch als Mensch und ganz abgesehen vom Sex, einem Mann, der mich stark anzog und mit dem ich gern schlief. Eines Nachts, nachdem wir uns geliebt hatten und ich wieder mal nicht gekommen war, ließ ich einige der Feelings zu, die hochkamen; ich weinte, fluchte und schlug mit meinen Fäusten auf das Bett. Kurz danach schliefen wir ein, und ich hatte gleich einen Alptraum, von dem ich mit Entsetzen wach wurde. Ich ging zur Gruppensitzung, und obgleich ich noch mehr von dem Horror fühlte, war der Traum immer noch doppeldeutig und verwirrend. Ich hatte immer noch keine Vorstellung davon, worum es in dem Traum ging und welchen Bezug er zu dem ganzen sexuellen Kram hatte. Ich stand in der Gruppensitzung auf in der Hoffnung, etwas mehr darüber reden zu können. Aber als ich an die Reihe kam und die Sitzung fast vorbei war, war ich nervös und von dem Gefühl getrieben, mich zu beeilen, nicht zuviel Zeit zu beanspruchen, und wenn ich zu lange reden würde, würden sich die Leute über mich ärgern. Ich schoß also los, versuchte den Traum, so schnell ich konnte, zu erklären und dann in das Feeling zu kommen, als mich Art plötzlich unterbrach und sagte: »Deine Zeit ist vorbei.« Ungläubig starrte ich ihn an. »Schon vorbei?« fragte ich ungläubig, und er antwortete fröhlich: »Ja, die Zeit ist um.« Ich war vor Wut, Empörung und Verletztheit überwältigt. Die Frau vor mir hatte viel länger

geredet als ich, wie konnte dann meine Zeit schon rum sein? Als ich an meinem Platz an der Wand ankam, schrie ich schon vor Wut und Schmerz. Keine Zeit für mich, keiner will mir zuhören, keiner kümmert sich um mich – ein Feeling, das dem nahekam, das ich hatte, als ich mit einem Mann schlief und schnell kommen wollte, um ihm seine Lust zu verschaffen, ohne sich noch weiter anstrengen zu müssen. Ich weinte vor Schmerz und Wut, daß man mir das Wort abgeschnitten hatte, mich gedemütigt hatte. Als diese Feelings schwächer wurden, hatte ich das starke Verlangen, meinen Kopf an Arts Brust zu legen, und hörte, wie ich ihn anweinte: »Ich liebe dich, und du tust mir weh!« Ich erkannte es sofort als eines der großen Feelings in bezug auf meinen Vater und war dann fähig, es Art zu sagen. Dann erkannte ich, wie die Männer, die ich geliebt hatte, mich immer verletzt hatten – mit Ausnahme meines Ehemannes, der sich so um mich gekümmert hatte, daß ich mich zum erstenmal in meinem Leben entspannen konnte und mich geliebt wußte. Daher hatte meine Sperre bei Greg mit der Überzeugung zu tun, daß jeder Mann, den ich liebte, mich unvermeidlich verletzen würde. Weil mein Gefühl zu Greg so stark war, fühlte ich auf einer Ebene die Gewißheit, nicht geliebt zu werden, die alte Angst und die Erwartung von Schmerzen. Als ich mich nach dieser Gruppensitzung das nächste Mal mit ihm liebte, hatte ich einen Orgasmus, und unser Sexualleben ist seitdem immer lustvoller und ausgeprägter geworden.

Kinder, die sich ohne vorher eingeholte elterliche Zustimmung nicht spontan bewegen dürfen, werden später keine guten Sexualpartner. Man hat ihnen ihre Spontaneität genommen. Ihr Sex-Problem kann im vierten Lebensjahr seinen Verlauf genommen haben, als sie nicht rausgehen und mit den Nachbarkindern spielen durften; es setzte sich fort, als sie abends erst nach Verrichtung der ganzen Hausarbeiten hinausdurften, und zog sich bis in die späten Teenager-Jahre, als die überwachende Mutter oder der Vater jede Minute über den Verbleib des Kindes Bescheid wissen mußten. Kann jemand glauben, daß ein Mangel an Spontaneität im Sexualleben durch Konfrontations-Sitzungen behandelt werden kann, in denen man dann »lernt«, wieder spontan zu sein? Die Wahrscheinlichkeit ist gering, da die unerledigten Forderungen *immer noch* einengende, verstümmelnde Faktoren sind. Die Vergangenheit ist immer noch eine innere *physiologische* Tatsache.

FRAN:
In der Therapie erlebe ich wieder, was zwischen meinem Vater und mir passiert ist. Ich kämpfe mit ihm. Er drückt mich nieder. Er packt mich am Hals. Meine Hände tun weh. Ich habe das Gefühl, nicht zu wissen, was passiert, und weiß auch nicht warum. In meinen Genitalien habe ich dann Empfindungen und fühle, wie meine Vagina pulsiert und feucht wird. Mein Becken wird hoch und runtergestoßen. In einem Primal sah ich ihn einen Augenblick nackt über mir stehen und rief: »Ich bin zu klein« und fühlte einen Schmerz in meinem Unterleib und wie sich meine Vagina zusammenzog. Ich schrie »NEIN«, immer und immer wieder, aber es hört nicht auf. Ich rufe: »Ich verspreche, Mami nichts zu erzählen«, dann verspannen sich meine Kiefer, meine Zähne klappern, und mein ganzer Körper zittert. Die Intensität des Feelings hält an, bis ich zu denken beginne und manchmal rufe: »Irgendwas stimmt nicht mit mir. Es tut mir leid. Es ist meine Schuld. Ich werde lieb sein.«
In diesen Primals fühle ich den Schmerz, als mich mein Vater vergewaltigte, als ich fünf Jahre alt war. Ich erlebe auch wieder, wie ich den Schmerz anfangs abgewehrt habe. Ich habe geglaubt, *ich* hätte etwas falsch gemacht, etwas, für das ich mich hätte schämen und um Entschuldigung bitten müssen. Ich »vergaß«, was passiert war. Ich konnte die schmerzhafte Wahrheit nicht fühlen: Mein Vati hat mir sehr wehgetan. Er liebt mich nicht. Ich halte den Schmerz immer noch nicht aus und benutze die gleichen alten Abwehrformen auf verschiedene Art. Ich vergesse unangenehme Wahrheiten. Ich habe Schuldgefühle wegen allem, was danebengeht, und habe das Gefühl, nichts Gutes zu verdienen. Es kommt mir vor, als sagte ich dauernd: »Etwas stimmt nicht mit mir. Es tut mir leid. Es ist meine Schuld. Ich werde lieb sein«, und ganz besonders, »Es ist nicht passiert.«
In der Folge dieser Primals habe ich viele Verknüpfungen gemacht. Eine der wichtigsten betrifft meine eigene Sexualität. Für mich sind Geschlechtsverkehr und Hilflosigkeit identisch. Um zu vermeiden, hilflos zu sein, habe ich Sexualität gemieden. Ich schäme mich meines Körpers und ziehe einem attraktiven Aussehen das Verstecken hinter Schlichtheit vor – trage Jeans und ein T-Shirt, kein Make-up.

Sexualprobleme haben eine Geschichte. Die Impulse hinter sexuellen Problemen müssen nicht unbedingt mit sexuellen Traumatisierungen zu tun haben. Frühe Traumata, die vor der Zeit der sexuellen Reifung liegen, beeinflussen Feelings, was wiederum später die Fähigkeit, beim Sex zu fühlen, in Mitleidenschaft zieht. Tatsächlich ist es so, daß je tiefer jemand fühlt und je weiter man zurückgeht, desto befreiender ist das Feeling für die Sexualität des *Erwachsenen.* Sexualität ist keine unserer »Denk«-Aktivitäten. Ein Sexualproblem bekommen wir nicht über Nacht; und man wird es auch nicht mit ein paar Wochen Übung los. Diese Probleme sind in einem neurotischen Körper tief eingebettet. *Neurose* heißt das Problem, und seine Behandlung ist die Auflösung.

Da man sich beim vollen Erleben eines Orgasmus verwundbar durch Urschmerzen der ersten Ebene macht, muß neurotische Sexualität gedämpft und oberflächlich bleiben. Tiefgehende sexuelle Probleme, wie etwa Frigidität und Impotenz, können mit dem Geburtstrauma ihren Verlauf nehmen, das den Körper augenblicklich stillegt; infolgedessen liegt die endgültige Auflösung von, sagen wir Frigidität, im Wiedererleben von Primärschmerzen der ersten Ebene. Frauen berichten häufig von tiefgreifenden sexuellen Veränderungen, nachdem sie eine Reihe von Primals der ersten Ebene gehabt hatten. Sie stellen eine andere Qualität ihrer Orgasmen fest, die tiefer und umfassender sind. Diese spontanen Äußerungen der Frauen helfen uns, die Beziehung zwischen frühesten Primärtraumata und Sexualität, die Jahrzehnte später auftritt, zu verstehen. Frauen, die in der Primärtherapie beginnen, sich zu öffnen, können die Still-Legung tatsächlich fühlen, sobald sie anfangen, mit jemandem zu schlafen. Sie erreichen einen bestimmten Punkt der Erregung und nicht mehr, bis der Urschmerz mit der Erregung anfängt hochzukommen. Dann setzt die Verdrängung ein, die die wachsende Erregung leider stillegt. Nach einiger Zeit in der Primärtherapie bemerken sie, wie sich mit dem Rückgang der Verdrängung der sexuelle Lustgewinn erhöht. Nach einigen Monaten Therapie ist es für einen Menschen nicht ungewöhnlich, den Beginn eines Orgasmus zu spüren und dann in ein Geburts-Primal zu rutschen. Die sexuellen Konvulsionen lösen die Erinnerung aus. Wir haben es hier mit einer weiteren Bestätigung der Beziehung zwischen Geburtskonvulsionen und Sexualität zu tun.

Häufig können Primals, die nichts mit Sexualität zu tun haben, eine befreiende Wirkung haben. Eine Frau hatte das Gefühl, daß, wann auch immer sie als Kind ein großes Gefühl zeigte, sie von ihren Eltern gedämpft wurde und gesagt bekam, sie solle sich »wie eine Dame« benehmen. Beim Sex traute sie sich nicht, Erregung zu zeigen. Auch wenn sie wollte, sie konnte nicht. Ihre Eltern hatten ihr die Erregung genommen und ihr nur damenhaftes Benehmen gelassen. Sie war hübsch und sittsam, aber nicht sexuell. Ihr ganzer Körper paßte sich dem Urschmerz an. Sie war verspannt, steif und unbeweglich. Sie konnte sich nicht gehenlassen. Sobald sie lernte, den Urschmerz in ihrem Körper freizulassen, lernte sie auch, sich beim Sex gehenzulassen.

Als der Vater eines Mädchens in ihrem sechsten Lebensjahr starb, zerstörte das später ihr Sexualleben, obwohl das Ereignis nichts mit Sexualität zu tun hatte. Als sie in der Primärtherapie diese Erfahrung einige Male wiedererlebte, wurde ihr Sexualleben weit befriedigender. Es hat damit zu tun, einem Mann gegenüber vollständig offen zu sein – ihrem Vater –, der sie so plötzlich »verlassen« hatte, was zu der späteren Unfähigkeit führte, sich einem Mann zu öffnen und sich verwundbar zu machen. Sobald sie das Feeling aufgelöst hatte, konnte sie sich als sexuelles Wesen akzeptieren. Sie verstand jetzt, warum sie bis zum Orgasmus masturbieren konnte, aber in anderer Hinsicht total frigide war.

Es kann vorkommen, daß ein Kind fast ohne Ventile für seine Gefühle aufwächst. Wenn die Eltern kalt und abweisend sind, es jede Minute überwachen, all seine Gefühlsäußerungen blockieren, kann das zu einem unglaublichen Aufbau von Spannungen führen. Im allgemeinen kommt es durch sexuelle Aktivitäten zu einer Befreiung, doch wenn die Eltern in bezug auf Sexualität prüde Auffassungen haben, werden alle Abflüsse verstopft. Eine Folge dessen können krampfartige Anfälle, automatische, zufällige Spannungsentladungen, sein. In gewissem Sinn könnte die orgasmische Entlastung ein Vorbeugungsmittel gegen psychogene Anfälle sein.

Eine Patientin, die sexuell unersättlich und süchtig nach Orgien war, wurde von ihrem Ehemann durch Drohungen zur Aufgabe ihrer Aktivitäten gezwungen. Daraufhin entwickelte sie einen gefährlich hohen Blutdruck. Der Urschmerz schlug einen anderen Weg ein – eine dramatische Illustration des zugrunde liegenden Problems. Ihr Problem und ihre Triebquelle war, daß sie im frühen Leben nicht genug Liebe bekommen hatte. Ihre Spannungen waren nicht Folge sexueller Frustration, obwohl sie das subjektiv so wahrnahm. Als die sexuellen Ventile blockiert wurden, war sie wieder ihrem frühen Urschmerz ausgeliefert.

Der sexuell ausagierende Mensch bittet höchstwahrscheinlich seltener um Hilfe als Menschen, die sich blockiert fühlen und entweder frigide oder impotent sind. Der Ausagierende handelt meistens zwanghaft, er muß es einfach tun. Er ist sexuell nicht freier, auch wenn er sich befreiter gibt. Solange er Partner findet, mag er kein belastendes Problem haben. Was ihm in seiner Sexualität fehlt, ist eine Beziehung, da der andere Mensch bloß Objekt seines Ausagierens ist.
Zum Beispiel werden einige ältere Männer durch junge Mädchen erregt. Diese Vorliebe sagt etwas über ihre emotionale Ebene aus. Sie fühlen sich nicht wirklich wie Männer. Sie sind immer noch kleine Jungen, die unfähig sind, mit richtigen Frauen eine Beziehung einzugehen.
Männer, denen von der Mutter nicht ausreichend Beachtung geschenkt wurde, brauchen mehr, als ihnen *eine* Frau geben kann. Diese Männer werden eines Tages untreu. Frauen, denen väterliche Liebe fehlte, können das gleiche Problem haben. Kein Mann wird jemals ausreichen. Sie sind ständig unbefriedigt, fühlen sich in ihrer Haut nicht wohl, suchen etwas Neues und Anderes. Niemand wird sie je zufriedenstellen können und sollte es auch nicht versuchen.
Sexuelle Erregbarkeit hat mit Sexualität per se nichts zu tun. Alle ursprünglichen Traumata werden in Form elektrischer Impulse ausgedrückt, und die Gesamtsumme der Spannung bewirkt die Erregbarkeit. Das Wiedererleben *nicht-sexueller* Traumata der ersten Ebene nimmt der sexuellen Erregbarkeit ihren Druck. Wir stellten einen hohen Grad wechselseitiger Beziehung zwischen von Patienten berichteter verminderter sexueller Erregbarkeit und radikal gesenkter elektrischer Gehirnaktivität fest.
Es gibt einen weiteren Anhaltspunkt für eine Beziehung zwischen Urschmerz und Streß und Veränderungen sexueller Aktivität und Sexualhormonen. A. S. Heritage[2] entdeckte vor kurzem, daß männliche und weibliche Sexualhormone von Nervenzellen abgesondert werden, die den Zellen, die mit Streß zu tun haben, sehr nahe sind. Deshalb ist es wahrscheinlich, daß bei einem Menschen mit erhöhter Aktivität des sympathischen Nervensystems eine Regulierungsänderung männlicher und weiblicher Sexualhormone auftritt.
Den weniger dramatischen Formen mangelnder Triebkontrolle,

2 A. S. Heritage, *Science,* 21. März 1980.

wie etwa vorzeitiger Ejakulation, liegen die gleichen Kräfte zugrunde. Frühe Urschmerz-Impulse setzen den Menschen ständig unter Druck.

Die Verdrehungen, die ein Kind anstellen mußte, um Liebe zu bekommen, spiegeln sich unausweichlich in der Sexualität. Die von ihm bevorzugte Perversion und die von ihm angenommenen Rituale werden ein Leben begrabener Feelings widerspiegeln. Perversionen sind das gleiche wie wiederkehrende Träume, in denen ein Symbol eines Feelings fixiert und eingefroren ist. Das Ritual (oder der Traum) ist ein Versuch, das Feeling wieder in Kraft zu setzen und sich mit ihm zu einigen. Es stammt nicht nur von Primär-Feelings ab, sondern ist eine Art, wieder in sie hineinzukommen. Wenn wir das Ritual lange genug unterbinden können, können wir dem Patienten wieder zu seinen Feelings verhelfen.

Es gibt Menschen, die Schmerz brauchen, um erregt zu werden. Je mehr sie geschlagen, gekniffen werden und so weiter, desto höher ist die Erregung. Die Verbindung zwischen Urschmerz und dem Gefühl ist unbewußt, aber eng.

Die unterdrückten Bedürfnisse geben den sexuellen Vorlieben ihre Richtung. Ein Mensch, dessen Urschmerz aus der späteren Kindheit stammt, hat normalerweise ein ganz spezielles Bedürfnis, das ihn erregt. Ein Patient hatte ein Primal, in dessen Brennpunkt seine Mutter stand, die nie Gefühle gezeigt hatte. Er ließ sich auf »tote«, ausdruckslose Frauen ein. Sie erregten ihn mehr, als es »lebendige« je taten. Sein symbolischer Kampf bestand darin, sie dazu zu bringen, Gefühle zu zeigen. An sich dachte er beim Sex kaum. Er war zu sehr mit den »Techniken« beschäftigt, sie zu dem zu machen, was er brauchte – eine fühlende Frau. Nach der Primärtherapie entdeckte er, daß er vorher nie wirklich Gefallen an Sexualität gehabt hatte. Es war für ihn eine Aufgabe.

In den seltensten Fällen von Ritualen ist es der Akt selbst, der zwingend ist. Schließlich ist es nicht von Natur aus lustvoll, sich Frauenwäsche anzuziehen oder sich in Leder zu kleiden. Das Bedürfnis ist das Überwältigende, und durch ein Ritual wird es weder gesteigert noch verringert. Seine Stärke bleibt absolut die gleiche. Unterbindet man das Ritual, leidet der Mensch unter Primärschmerz. Auf diese Weise haben wir erkannt, daß sexuellen Ritualen Urschmerz zugrunde liegt. Ein Mensch, der sich wünscht, daß man auf ihn uriniert, daß er ausgepeitscht oder gefesselt wird, versucht nichts anderes, als seine äußere Welt seinem inneren Feeling anzupassen. Er fühlt sich *bereits* erniedrigt und wertlos. Es ist wichtig, das Ritual nicht als lebensfähige Entität zu behandeln, als eine spezielle Krankheitsform getrennt vom Ausgangs-Feeling. Frühe Erfahrungen haben das Ritual geformt; Erfahrungen werden es beenden.

Homosexualität

Homosexualität ist kein sexuelles Problem. Sie ist ein Existenzzustand, der sich in einer besonderen Physiologie reflektiert und in der Art manifestiert, wie ein Mensch denkt, geht, redet, aussieht und schließlich, mit wem er oder sie es vorzieht, Geschlechtsverkehr zu haben. Einen Homosexuellen bloß zu ermutigen, sein Verhalten zu ändern, das heißt einen andersgeschlechtlichen Partner zu wählen, ändert an dem Existenzzustand nicht das geringste. Die Veränderung muß aus einer Veränderung des Existenzzustandes heraus erwachsen, um Bedeutung zu haben. Einen Mann dahingehend zu konditionieren, daß er mit einer Frau ins Bett geht, heißt ein tiefgehendes und allumfassendes Problem zu trivialisieren.

Homosexualität ist eine Neurose, und zwar eine schwerwiegende. Es ist eine andere Art, in der sich tiefer Urschmerz manifestiert. Sie Neurose zu nennen ist keine vorschnelle Feststellung; es ist eine Beobachtung, daß Homosexualität auf Urschmerz basiert. Wenn Urschmerz aufgelöst wird, wird auch Homosexualität aufgelöst, und bei den vitalen Körperfunktionen, dem hormonalen Gleichgewicht und neuroelektrischen Mustern, die auf Neurose hinwiesen, kommt es zu charakteristischen Veränderungen in Richtung der Norm. Nicht jeder Fall von Homosexualität wird mit dem Urschmerz aufgelöst. Der Grund ist einfach darin zu suchen, daß die Urschmerzmenge der meisten Homosexuellen, die zu uns kommen, überwältigend und daß die Zeit, die eine Auflösung in Anspruch nehmen würde, beträchtlich ist. Zudem wollen einige Homosexuelle ihre sexuelle Orientierung nicht ändern; sie wollen nur aus ihrem Elend heraus. Die Auflösung einer größeren Menge von Urschmerz macht das möglich – sie senkt die Ebene des Elends beträchtlich, läßt jedoch die Homosexualität intakt. Es handelt sich höchstens um ein schwieriges Behandlungsproblem. Dies liegt zweifellos an der Tatsache, daß wir eine große Menge

Primärschmerz der ersten Ebene vorfinden und daß die Veränderungen, welche die spätere Entwicklung der Homosexualität mit einbezogen, wahrscheinlich in utero und um den Zeitpunkt der Geburt herum ihren Verlauf nahmen – die uns bekannten Homosexuellen weisen ein hohes Maß an ernsthaften Geburtstraumata auf.

Lange bevor das Baby das Licht der Welt erblickt, könnten diese sehr frühen Traumata seine Biochemie schon verändern. Wir haben ausreichendes Beweismaterial aus Tieruntersuchungen, das zeigt, daß auf die schwangere Mutter ausgeübter Streß die Biochemie der Nachkommenschaft, und damit wiederum die Sexualität, verändern kann. Einer schwangeren Ratte bestimmte Sexualhormone zu injizieren, kann die männliche Nachkommenschaft dauerhaft »femininisieren«. Das weibliche Hormon Progesteron, im ersten Stadium der Schwangerschaft verabreicht, kann die Maskulinität oder Femininität des Kindes beeinflussen – laut einer Untersuchung eines Psychologen der Columbia University, der psychologische Tests auf Kinder im Alter zwischen acht und vierzehn Jahren anwendete, die pränatal dem Progesteron ausgesetzt worden waren.

Mit unserer Forschung haben wir gezeigt, daß sich das Sexualhormongleichgewicht (Testosteron) mit der Auflösung von Urschmerz verändert, ein Hinweis darauf, daß Neurose ein Faktor bei der männlich-weiblichen Hormonbalance und der möglichen Determinierung der Homosexualität sein kann. Dies bedeutet nicht, daß jeder Homosexuelle eine Hormonveränderung während des intrauterinen Lebens gehabt hat. Doch könnte es eine mögliche Erklärung für die sehr frühe Manifestation von Verweichlichung bei Knaben und Maskulinität bei Mädchen bedeuten und dafür, daß die Ursprünge der tieferliegenden Homosexualität der ersten Ebene in der Plazenta zu finden sind. Es gibt eine weitere Form der Homosexualität, die weniger tiefgehend ist – diese hat mehr mit Deprivation und Traumata während der frühen und späteren Kindheit zu tun. Diese Form ist leichter zu behandeln, wie jede Neurose der zweiten Ebene leichter zu behandeln ist als die, die ihren Ursprung in massivem Urschmerz der ersten Ebene haben.

Natürlich sind Traumata der ersten Ebene nicht für alles verantwortlich zu machen. Es müssen auch Traumata der zweiten Ebene, das heißt Kindheitstraumata, vorhanden sein, um die Situation zu erschweren und eine ausgeprägte Homosexualität hervorzurufen.

Das Nicht-Vorhandensein eines Vaters, eine tyrannische Mutter und die anderen oft zitierten Umstände verstärken grundlegende Tendenzen, die schon vor der Geburt ihren Anfang genommen haben können. Auch spielen Zufallsfaktoren, wie etwa die Verführung durch einen älteren Menschen zu einem entscheidenden Entwicklungszeitpunkt, eine Rolle. Jemand, der jeglicher Liebe beraubt ist, ist für jede Liebe, die ihm angeboten wird, anfällig; besonders traumatisch ist es, wenn diese Liebe in Form von Sex angeboten wird, wenn das Kind gerade erst sexuelle Neigungen entwickelt.

Die Erfahrungen der Mutter sind auch die Erfahrungen des Fötus. Ihre Befürchtungen und Ängste werden über das Hormonsystem an das Leben, das sie in sich trägt, vermittelt. Erlebt die Mutter ein großes Trauma – der Ehemann verläßt sie, ihre Mutter oder ihr Vater stirbt, der Ehemann verliert seine Arbeitsstelle –, hinterläßt das einen starken Eindruck auf ein Leben, das seine Eltern noch nie gesehen hat. Wenn der Vater tyrannisch und gefühlskalt ist, könnte sich der Junge total seiner Mutter zuwenden. Er fängt an, sich automatisch und unbewußt unmännlich zu bewegen. Eine Ausdrucksweise schlägt sich nieder, die Sprache des Körpers. Ein bestimmter Gesichtsausdruck entwickelt sich und wird durch früh eingeprägte Traumata festgeschrieben.

Wie schon eingangs gesagt, ist Homosexualität nur eine andere Ausdrucksform der Neurose. Sie eine Krankheit zu nennen, ist weder ein vorschnelles Urteil, noch geht es darum, der Diskriminierung von Homosexuellen Vorschub zu leisten. Es handelt sich um eine Diagnose mit Implikationen für eine spezifische Behandlung, die auf eben dieser Diagnose basiert. Wenn man eine Krankheit nicht diagnostizieren kann, kann man sie auch nicht angemessen behandeln. Wenn wir uns vormachen, es sei überhaupt keine Krankheit, sondern ein natürlicher Zustand, dann gibt es wahrlich keine Hilfe. Vor Tatsachen die Augen zu verschließen, wie es die American Psychiatric Association getan hat, zu leugnen, daß es eine Form der Neurose ist, heißt den Homosexuellen, die von einer Behandlung profitieren könnten, einen Bärendienst zu erweisen. Was könnte lächerlicher sein als darüber abzustimmen, ob ein Symptom ein Symptom einer Krankheit ist oder nicht? Entweder gibt es Kriterien oder nicht. Die Psychiater trafen eine politische Entscheidung, keine medizinische, zum Teil aufgrund des Drucks homosexueller Gruppen. Die Entscheidung der Association ist teilweise eine Reaktion auf die ungerechtfertigte

Diskriminierung der Homosexuellen. Sie verstehen nicht, daß die Klassifizierung einer Störung nicht das gleiche ist wie Diskriminierung.

Da Abwehrformen bei jeder Art von Neurose funktionieren, muß sich der Homosexuelle nicht notwendigerweise »krank« fühlen und würde sich häufig nie als neurotisch klassifizieren. Ich darf wohl sagen, daß sich Neurotiker in den seltensten Fällen als »neurotisch« empfinden. Wenn Homosexualität »funktioniert«, kann der Mensch natürlich nicht glauben, daß er krank ist. Fast seit seiner Geburt ist er so gewesen; man empfindet es wie einen natürlichen Zustand. Ihm zu sagen, es sei nicht natürlich, heißt, sich dem Risiko seines Zorns auszusetzen. Die Association wollte sich diesem Risiko nicht aussetzen. Das Problem liegt darin, daß es sich um ein solch tiefgehendes Problem handelt, mit Ursprüngen, die weit über das hinausgehen, was sich ein gewöhnlicher Therapeut vorstellen kann. Daß es sich um etwas handelt, das als mit konventionellen Mitteln so gut wie unbehandelbar gilt und dessen Quelle in den geheimnisvollen Tiefen des Unterbewußten liegt. Deshalb war es einfacher zu glauben, es sei überhaupt keine Krankheit. Welch ironischer Syllogismus. Eine Krankheit, die so schwer ist, daß man sie kaum behandeln kann – da man sie nicht behandeln kann, darf sie keine Krankheit sein. In der Leugnung ihrer Existenz ist die Neurose unschlagbar.

Dem Homosexuellen ist im Verlauf der Geschichte seine tragische gesellschaftliche Stellung dadurch zugewiesen worden, daß man ihn ausschließlich durch sein Symptom kennt. Niedergedrückt von dem schweren moralischen Mühlstein, der besagt, wenn du krank bist, bist du schlecht, haben sie zurückgeschlagen.

Homosexuelle sind am Primal Institute nicht notwendigerweise deshalb stark vertreten, weil sie ihre Homosexualität loswerden wollen, sondern weil sie, wie jeder andere auch, ihre Spannungen und Ängste loswerden wollen. Sicher gibt es auch welche, die sich ändern wollen, doch geschieht das manchmal nur, weil sie die ständigen sozialen Verunglimpfungen leid sind. Der Versuch jedoch, die Sexualität wegen gesellschaftlicher Anerkennung ändern zu wollen, ist genauso neurotisch wie jeder andere Kampf darum zu gefallen.

Die Konzentration auf nur einen Aspekt des Homosexuellen, seine Haltung, Bewegung, Sprachverhalten und sexuelle Vorliebe, heißt nur einen Aspekt des Problems anzugehen. Ein Homosexueller könnte jeden Tag, und das für Jahre, auf Drängen seines

Therapeuten seinen Penis in eine Frau einführen und immer noch ziemlich homosexuell sein. Es handelt sich nicht um die Frage, wer was in wen steckt. Es ist eine Frage verschlüsselter unbefriedigter Bedürfnisse. Man kann Bedürfnisse nie durch Ermahnung, Konditionierung oder Manipulation verändern. So hatte zum Beispiel ein Homosexueller nie einen Vater. Er hängte sich außergewöhnlich an seinen älteren Bruder, der in Wirklichkeit wie ein Vater auftrat. Als der ältere Bruder plötzlich von zu Hause wegging, wurde der Patient traumatisiert. Er wurde später nicht nur homosexuell, sondern suchte sich auch ununterbrochen Männer, die wie sein Bruder aussahen. Bis er in die Therapie kam, war er sich weder bewußt, warum er homosexuell geworden war, noch warum er sich diese Art von Partnern suchte. Doch trieben ihn seine Feelings und Bedürfnisse mit einer Zielstrebigkeit, die an Radar erinnert, zu dem, was er brauchte und vermißte.

STEVEN:
Ungefähr anderthalb Monate nach Beginn der Therapie hatte ich zum erstenmal Geschlechtsverkehr mit einem Mädchen. Die Tatsache, daß ich es überhaupt konnte, war wahrscheinlich die größte Überraschung meines Lebens. Um die Feelings, die ich in bezug auf meine homosexuellen Erfahrungen hatte, beschreiben zu können, muß ich etwas über meinen Familienhintergrund sagen.
Ich war das jüngste von fünf Kindern und der einzige Junge. Meine Mutter war eine hysterische, dominante Frau, und mein Vater war, so weit die Sache für mich von Wichtigkeit ist, ein unter dem Pantoffel stehendes Nichts. Ich wuchs in einer total weiblichen Umwelt auf, über-beschützt und vollständig unter der Kontrolle von Frauen.
Schon früh zu Beginn meiner drei Wochen (der Intensivphase der Therapie) weinte ich nach meinem Vater. Das war ein Schock, denn so weit ich mich erinnern konnte, wollte ich nie etwas von ihm. Sobald das Feeling, ihn zu brauchen, begonnen hatte, wollte ich einen Vater, der mich in den Arm nahm, sich um mich kümmerte, mich liebte und mich vor dem Haus voller schimpfender schreiender Frauen beschützte. Bei all meinen sexuellen Erlebnissen suchte ich einen Vater, der mich beschützte und liebte. Es hat nie geklappt.
Ein weiterer Aspekt meines sexuellen Problems, der durch sehr

starke Feelings in den Brennpunkt gerückt wurde, war mein Bedürfnis, ein Junge sein zu wollen, irgendein Junge. Ich wollte raus, rennen, springen, klettern, mich schmutzig machen. Statt dessen behielt man mich drinnen zum Lesen, Spielen mit Papierpuppen und anderen »ungefährlichen« Aktivitäten. Mein Leben war dermaßen lustlos, daß ich rauswollte und einfach irgendein Junge sein wollte. Ich hatte das Gefühl, deren Leben sei perfekt. Sie konnten alles machen, was ich nicht durfte. Ich habe viele lange Sitzungen damit verbracht, an die Wände zu hämmern und meine Wut und Frustration herauszubrüllen. Ich hatte keine Vorstellung davon, wieviel Wut ein Mensch in sich haben kann, und schon gar nicht ich, der so gefaßt und ruhig war, nie aus der Reihe tanzte und immer der liebe Junge gewesen ist.
Ich erkenne jetzt, daß ein großer Teil meines homosexuellen Antriebs darin bestand, ein anderer Kerl sein zu wollen. Wenn mich in der Vergangenheit jemand anzog, zerriß es mich innerlich. Nichts außer der flüchtigen Begegnung für ein paar Stunden konnte mich zur Ruhe bringen. Ich bin sehr dankbar dafür, daß dies der Vergangenheit angehört. Einige Männer ziehen mich immer noch an, doch es bereitet mir keine Qualen mehr. Ich nehme es als das wahr, was es ist. Ich bin noch nicht vollständig mit meiner Existenz in meinem eigenen Körper zufrieden und will noch einer von den anderen sein. Doch habe ich kein sexuelles Verlangen mehr nach ihnen. Ich will nur »sie« sein.

Wenn jemand unbefriedigte Bedürfnisse in quälendem Ausmaß hat, sollte klar sein, daß jeder Versuch, sie auf irgendeine Weise später zu befriedigen, eine symbolische, irreale Befriedigung sein wird. Symbolische Befriedigung unterliegt dem Wiederholungszwang, weil sie leer ist. Gleich, wieviel Liebe, Sex und Zärtlichkeit der Homosexuelle bekommt, er braucht mehr – weil er ein *Bedürfnis* hat. Das gleiche trifft auf einige neurotische Heterosexuelle zu. Symbolische Befriedigung kommt nicht an das Bedürfnis heran. Sie beeinflußt den »Wunsch«, der ein späterer Abkömmling des Bedürfnisses, mit ihm jedoch nicht gleichbedeutend ist. Normalerweise wird das frühe unbefriedigte Bedürfnis nach Liebe in einen Sexualdrang umgewandelt. Es besteht ein »Wunsch« nach Sex. Die starke Energie der Urschmerzen wird später in drängende sexuelle Lust umgeleitet, die selten nachläßt. Der Mensch wünscht sich dann, was er nicht braucht; und je mehr er bekommt, was er sich wünscht, desto weniger befriedigt und desto gehetzter fühlt er sich. Wenn er sein reales Bedürfnis fühlt, ist er nicht sexuell; er ist in Agonie. So hält der »Wunsch« den Urschmerz der Bedürfnisse fern. Er lenkt die Energie in etwas Erhältliches um; elterliche Liebe zu bekommen, ist für den ehemaligen Säugling jetzt eine Unmöglichkeit. Es ist ein endloses Ritual. Wenn der Homosexuelle in der Gegenwart einige Befriedigung findet, ist er glücklich und glaubt, daß er nicht krank oder neurotisch ist. Wenn es ihm an symbolischer Befriedigung fehlt, fühlt er sich elend. Es unterscheidet sich von keiner anderen Neurose, ausgenommen durch den Grad des Bedürfnisses, dem nur der entsprechende Grad des Elends gleichkommt.

Ich glaube, daß unter annehmbaren Bedingungen vorgeburtlicher und geburtlicher Erfahrungen, dazu einem warmen und liebevollen Zuhause, ein Kind natürlicherweise heterosexuell aufwachsen wird. Ich habe ernsthafte Zweifel daran, daß irgendein geliebtes Kind mit einer guten Vergangenheit zu einem Homosexuellen heranwachsen wird.

GUILLAUME:

Ich heiße Guillaume. Ich wurde 1951 als Kind von Kleinbauern geboren. Wegen meiner Homosexualität begann ich vor vier Jahren mit der Primärtherapie und arbeite jetzt als Wirtschafts- und Sozialkundelehrer in Europa.

Als ich ungefähr vier Jahre alt war, fragte ich meine Großmutter bei einem Spaziergang nach dem Unterschied zwischen Männern und Frauen. Während sie es mir erklärte, erkannte ich irgendwie, daß ich nicht in das Muster paßte, daß da in meinem Kopf irgendwas nicht stimmte: Ich brauchte etwas von einem Mann, das man eigentlich von einer Frau bekommen sollte. Damals wußte ich natürlich noch nicht, daß es dafür einen besonderen Ausdruck gab, und ich machte mir nicht allzu viele Gedanken darüber.

Als ich in die Schule kam, habe ich Mädchen einfach gemieden. Das war nicht schwer, weil es uns in der Klasse nicht erlaubt war zusammenzusitzen. Spielen mußten wir auch in verschiedenen Bereichen. Ich war sehr am Unterricht interessiert und wollte, um meinen Eltern zu gefallen, der Klassenbeste sein. Mit anderen Jungens habe ich mich nicht sehr angefreundet; ich fühlte mich anders, als etwas »Besonderes«. Sie sprachen viel über Mädchen, und ich war nicht interessiert; auf diesem Gebiet hielten sie mich für minderwertiger.

Als ich zehn Jahre alt war, entdeckte ich ein Buch über sexuelle

Abweichungen mit dem ungefähren Titel »Das dritte Geschlecht«, und ich fing an, etwas mehr zu begreifen, was mit mir nicht stimmte. Ich machte mir Sorgen. In der Schule wollte ich, daß ältere Schüler zu mir hielten und sich um mich kümmerten. Außer in der Klasse kam ich mir verloren vor. Mit zehn steckten mich meine Eltern in ein Internat; ich fühlte mich, als müsse ich sterben.

Während der Pausen ging ich in die Erholungsräume, wenn die älteren Jungens da waren, und es faszinierte mich, ihre Genitalien anzusehen. Von dieser Zeit an war ich Männertoiletten verfallen. Ich ging dahin, schaute mir Penisse an, ging hinaus, lief ein bißchen herum und ging dann wieder rein. Ich war ein »Penis-Süchtiger«.

Ich hatte gelegentlich Freundinnen, aber wir kamen uns nie zu nahe. Mit 18 hatte ich einige Wochen lang eine Freundin. Ich mochte sie, mein Körper reagierte auf sie, aber ich bekam Angst und ließ die Beziehung fallen. Dann begann ich in einer Großstadt zu studieren.

Als ich 21 war, beging mein Vater Selbstmord. Der Hof ging drauf, und die Familie löste sich auf. Ich fing an, mit Männern sowohl auf emotionaler wie auch sexueller Ebene Beziehungen zu haben. Meine Wunschvorstellung dreht sich darum, einem 40 bis 45 Jahre alten, körperlich starken, maskulin-aussehenden und gesellschaftlich einflußreichen Mann zu begegnen. Es war sehr leicht für mich, viele Männer zu treffen, ich fühlte mich bei homosexuellen Männern wohl und hatte viele verschiedene Liebhaber. Ich war immer auf der Suche nach einem Mann, meistens in Männertoiletten und Parks. Manchmal dauerte die Beziehung nur eine Nacht, manchmal Wochen oder Monate, sehr wenige auch länger.

Als ich zum drittenmal einen Penis lutschte, war ich sehr aufgeregt, und es verschaffte mir ein gutes Gefühl. Am Anfang waren diese Erlebnisse phantastisch, ich fühlte mich so befreit. Mit einem Mann zusammenzusein verschaffte mir ein Gefühl des Friedens, und davon hatte ich schon so lange Zeit geträumt. Später war es nicht mehr so gut, und irgendwas tief in mir sagte mir, daß etwas nicht stimmte, daß ich mich zerstörte. Aber ich konnte es nicht ändern, ich war davon abhängig.

Dann hatte ich zwei Jahre lang einen Geliebten, Daniel. Wir mochten uns wirklich, aber zwischen uns gab es immer Spannungen. Wir wollten uns trennen, aber unser Bedürfnis führte uns dann wieder zusammen. Er war ein netter und freundlicher Mensch; er war mir wie ein Vater. Aber ich schien von ihm nie zu kriegen, was ich wollte: Er konnte mir natürlich nicht geben, was mein Vater mir in der Vergangenheit nicht gegeben hatte. Mir wurde klar, daß falls ich das, was ich von Männern wollte, nicht von Daniel bekommen würde, ich es nie von irgendeinem Mann bekommen würde, weil Daniel der freundlichste Mann war, mit dem ich bis dahin zusammengewesen war.

Irgendwie habe ich mich nie für wirklich homosexuell gehalten, aber ich lebte ein doppeltes Leben: Während des Tages studierte ich, nachts war ich mit Männern zusammen. Ich folgte nur einem sehr spontanen Bedürfnis und wollte nicht der anderen, der homosexuellen Welt angehören. Es hätte für mich geheißen, das Leben, das ich führen wollte, aufzugeben: »richtiges Leben« wie das meiner Kommilitonen.

Durch eine Art Selbstanalyse mußte ich darauf kommen, daß etwas an meinem Leben nicht stimmte und daß es so nicht funktionieren konnte. Ich war in einem Paradox gefangen, das mich hoffnungslos stimmte: Ich suchte einen Mann, der maskulin und fähig war, mir Zuneigung zu schenken, und ich mußte mich an einen homosexuellen Mann wenden. Homosexuell hieß natürlich, daß er das Bedürfnis nicht befriedigen konnte, er war genauso bedürftig wie ich und erwartete von mir, daß ich das gleiche Bedürfnis bei ihm stillen würde.

Ich entschloß mich, sexuelle Beziehungen zu Männern aufzugeben, und litt unter dieser Entscheidung, obgleich Daniel und ich Freunde blieben. Dann las ich den *Urschrei;* ich weinte und bekam ein tiefgehendes Verständnis dafür, warum ich homosexuell geworden bin. Monate später kam ich wegen einer Therapie zum Primal Institute.

Die ersten zwei Jahre in der Therapie waren extrem schwierig. Zu der Zeit hatte ich keine homosexuellen Beziehungen und war entschlossen, an meiner Entscheidung festzuhalten. Ich fühlte mich oft von Männern angezogen, wußte aber, daß es nicht das war, was ich wirklich wollte, weil ich es so oft und auf alle möglichen Arten versucht hatte und nicht befriedigt wurde. Nach den zwei Jahren kehrte ich nach Europa zurück und fuhr fort, Primals zu haben, entweder allein oder mit Freunden.

Ich habe viele Feelings in bezug auf meine Eltern gefühlt, fühlte, daß sie mich nicht liebten und kein Interesse an mir hatten. Meine Mutter war immer distanziert und behandelte mich sehr grob,

obwohl sie ängstlich darauf achtete, daß die Nachbarn sie als gute Mutter wahrnahmen. So hatte ich zwar nette Sachen zum Anziehen für die Schule, aber zu Hause gab es keine Zuneigung. Ich rebellierte häufig, sie schlug mich und nannte mich »kleines Dreckstück« und ähnliches.
Eines Tages weinte ich im Primal Institute in einer Sitzung über meine Mutter. Es war ein ziemlich starkes körperliches Feeling und meine Hand bewegte sich zu meinem Mund, als masturbiere ich einen Mann, um dessen Sperma zu bekommen. Plötzlich verwandelte der Penis sich in meiner Vorstellung in die Brüste meiner Mutter; über diese Einsicht verwundert, hörte ich auf zu weinen. Ein oder zwei Tage hatte ich die Brust gekriegt, danach die Flasche.
Ein anderes Mal, als ein Freund (während eines Primals) bei mir saß, fühlte ich die Sequenz eines in die Länge gezogenen physischen Kampfes. Es fühlte sich an, als würde ich geboren, und in meinem Mund hatte ich ein schreckliches Bedürfnis danach, etwas zu saugen. Das Feeling war überwältigend. Ich griff nach meinem Freund und wollte ihn ganz ablutschen, was ich oft wollte, wenn ich mit Männern schlief. Das Feeling war: Ich habe ein solch starkes Bedürfnis, daß ich alles ablutschen könnte.
Neulich bekam ich in der Schule einen schlechten Zeitplan, der ganz anders war als der, um den ich gebeten hatte. Ich fühlte mich von der Verwaltung abgelehnt. Ich ging in mein Zimmer, um es zu fühlen. Bald wurden daraus meine Eltern, die in der Kindheit gegen mich waren, und dann meine Mutter gegen mich, diesmal im rein körperlichen Sinne, während der Wehen im Geburtskanal. Mein ganzes Leben lang habe ich die Außenwelt – andere Menschen, Ereignisse, Umstände – als gegen mich, als Druck empfunden. Es wird mir langsam klar, daß ich mich auf die gleiche Art durchs Leben bewege wie damals durch den Geburtskanal, alles als eine Quelle von Druck wahrnehme und sogar Druck »um mich herum« schaffe, wenn gar keiner da ist. Es ist fast so, als hätte ich diesen ganzen Druck gebraucht, um mich vor dem Gefühl des realen, ursprünglichen Drucks zu schützen.
Als meine Mutter schwanger war, hegten sie große Erwartungen in bezug auf mich – ich sollte den Hof übernehmen. Es war sehr wichtig für sie – als Europäer –, einen Sohn zu haben, dem sie den von den Vorfahren hinterlassenen Hof übergeben konnten. Und da war ich nun: weinend und fordernd von Anfang an. Sie dachten, ich sei kein normales Kind – und sagten mir das auch meine ganze

Kindheit hindurch. Sie lehnten mich ab, was mich noch fordernder machte und das Gefühl in mir schuf, alles sei »gegen mich«. Als mein Bruder anderthalb Jahre später geboren wurde, zogen sie ihn mir vor, weil er ruhiger war. Dieses Vorziehen verstärkte mein Feeling noch.

Den größten Teil der Aufmerksamkeit, die mir meine Mutter schenkte, als ich klein war, bekam ich beim Füttern – da ich keinen Appetit hatte, bestand es meist darin, mir Nahrung in den Mund zu zwängen – und wenn sie meine Windeln wechselte und mich saubermachte. Ich hatte Feelings über meinen Wunsch, daß mich meine Mutter in den Arm nehmen und mich überall berühren sollte, nicht nur meinen Hintern. Dort berührt zu werden, erregte mich in meinen homosexuellen Beziehungen sehr. Ich begann mich auf meinen Mund und meinen Arsch zu konzentrieren, was nicht verwunderlich ist, da man mich eher wie eine Tube als wie ein menschliches Wesen behandelte.

Als ich klein war, schenkte mein Vater mir seine Aufmerksamkeit. Er spielte und unterhielt sich mit mir und trug mich auf seinen Schultern. Aber als sich seine Ehe verschlechterte, was sehr bald geschah, zog er sich in sich selbst zurück. Er wurde depressiv, geistig abwesend, verlor seine gesellschaftlichen Interessen und besuchte seine Freunde nicht mehr. Und er schenkte mir keine Aufmerksamkeit mehr. Als ich im Internat war, sah ich ihn nur noch am Wochenende. Mein Bruder blieb zu Hause und half ihm auf dem Hof. Eines Sonntags morgens stand er sehr früh auf, um meinen Bruder mit zum Angeln zu nehmen und ließ mich in der Dunkelheit meines Schlafzimmers zurück. Über diese Szene habe ich oft geweint, weil sie viele Feelings zusammenfaßt.

Obwohl ich von meinem Vater wenig bekommen hatte, sehnte ich mich nach der Zuneigung, die er mir gezeigt hatte, als ich klein war. Und meine Mutter war so kalt, daß von ihrer Seite nichts zu erwarten war. Später wurde die Botschaft so deutlich, als hätte man sie mir in den Kopf geschrieben: Diese Nähe und Liebe ist nur mit einem Mann möglich, niemals mit einer Frau. Als sich mein Vater umbrachte, war ich verloren, traurig und in Not, und erst von da an begann ich, homosexuell auszuagieren.

In meinem jetzigen Leben fühle ich kein Bedürfnis mehr nach einer homosexuellen Beziehung. In meinen Beziehungen zu Frauen habe ich viel von der Therapie profitiert. Ich hatte noch nie in meinem Leben mit einer Frau Sex gehabt. Ich hatte Angst, die Nähe nicht ertragen zu können und das Bewußtsein zu verlieren.

Jede Art näheren Kontakts mit Frauen machte mir Angst. Ich hatte so wenig Bezug zu meinem Körper, daß ich kaum tanzen konnte, und schon gar nicht mit einer Frau. Frauen gegenüber war ich wie hermetisch abgeschlossen, wann auch immer eine nett zu mir war, zog ich mich zurück. Ich war ein freundliches, engelsgleiches, bisexuelles oder nicht-sexuelles Wesen.
Nach zwei Jahren der Therapie fing ich sexuelle Beziehungen zu Frauen an und fand Spaß daran. Jetzt sind soziale und sexuelle Beziehungen zu Frauen für mich alltägliche Begebenheiten. Ich wußte, daß es etwas Reales war, was ich wollte. Ich fange an, mich täglich mit meiner Freundin zu treffen – ein Umstand, der mir immer wie ein unmöglicher Traum vorgekommen war. Es mag sein, daß meine Beziehungen zu Frauen noch lange schwierig sein werden, ganz besonders in bezug auf das Gehenlassen beim Sex, aber diese Schwierigkeiten nehmen in dem Maße ab, in dem ich die damit verbundenen Feelings fühle. Ich kann jetzt wenigstens meine Zeit und Energie zur Befriedigung gegenwärtiger Bedürfnisse einsetzen. Ich muß nicht mehr hinter Männern her sein, die mir geben sollen, was mir mein Vater nicht gegeben hat, oder muß Frauen meiden, weil mir meine Mutter wehgetan hat. Meine Homosexualität ist nur der Weg, mit dem ich einen Mangel an Liebe überlebt habe.

Wenn eine Patientin ein Primal hat, in dem sie die tiefe Sehnsucht fühlt, gleich nach der Geburt nah bei ihrer Mutter zu sein, ihre Wärme und ihren Schutz zu spüren, und wenn sie dann die Verknüpfung zu ihrer lebenslangen Sehnsucht nach weiblicher Wärme herstellt, so ist das der beste Beweis für die primären Ursprünge der Homosexualität, den ich kenne. Es erfordert keine Theorien. Man muß nur das Ereignis akkurat aufzeichnen. Diese Frau erkannte sofort, warum sie es liebte, eine Frau in der »Löffel«-Stellung im Arm zu halten, um soviel körperlichen Kontakt wie nur möglich zu bekommen. Statt von ihrer Mutter nach der Geburt getröstet und in den Arm genommen zu werden, wurde sie in ein steriles Bettchen gelegt. Wegen des Zeitpunkts des Ereignisses war dies eine der größten Traumatisierungen. Diese Minuten waren wichtiger als Millionen von Minuten, die darauf folgten, denn nur zu diesem Zeitpunkt hätte das Bedürfnis angemessen befriedigt werden können. Das soll nicht heißen, daß nur dieses eine Ereignis die Homosexualität »hervorgerufen« hat. Aber dadurch behielt sie eine tiefe und später unzugängliche, unbewußte Sehnsucht zurück. Es prägte die Art, wie sie mit späteren Erfahrungen umging. Wenn sie eine liebevolle Mutter gehabt hätte, wäre sie später vielleicht nicht homosexuell geworden. Sie hatte nicht nur eine kalte, gefühllose Mutter, sondern wurde in eine katholische Schule geschickt, die den Rest erledigte. Es war eine Kombination *aller* Faktoren, nicht eines einzigen, die sie homosexuell werden ließ.

Die Patientin hatte eine Mutter, die sich mit ihr unterhielt, an ihr interessiert zu sein schien und von der sie glaubte, sie sehr zu lieben. Es war »einfach nur« so, daß die Mutter keine Gefühle zeigen konnte. Die tiefe, physische Sehnsucht war da, jedoch total unbewußt. Man kann nur schwerlich auf ihre Familie deuten, nach allen objektiven Standards eine »gute Familie«, und sagen, daß »genug« Pathologie vorhanden war, um eine Homosexuelle zu schaffen. Obwohl ihre Mutter an ihrem Wohlergehen, ihrer ordentlichen Ausbildung, Kleidung und an ihren Freunden interessiert war, hatte sie die wirkliche Nähe, die ihre Tochter brauchte, vernachlässigt.

Wenn die Ursprünge der Homosexualität eines Menschen in den Urschmerzen des frühen Lebens zu finden sind – und das sind sie fast immer –, dann findet er auch dort eine Chance, sich zu verändern. Es ist die einzige Möglichkeit, die einzige letzte Chance. Nichtsdestoweniger hören viele Homosexuelle auf, nachdem sie genug der Kindheitsschmerzen gefühlt haben, um ein Leben zu führen, bei dem sie sich recht wohl fühlen. Doch das ist eine Entscheidung, die jeder Patient zu treffen hat. Wir sind keine Puristen. Kein Homosexueller muß heterosexuell werden.

Die Primärtherapie hat sich nicht das Ziel gesetzt, Patienten zu helfen, mit ihren Problemen zu leben. Wir versuchen nicht, die »Schuldgefühle« eines Homosexuellen zu erleichtern. Wir rationalisieren nicht mit ihm oder ihr herum oder bieten ihnen eine Reihe von angenehmen Vorstellungen an, mit denen sie dann leben (»Schließlich bist du genausoviel wert wie andere auch.«). Tatsächlich diskutieren wir das Problem als solches nur selten. Wir beschäftigen uns mit Bedürfnis und Primärschmerz, und danach gibt es keine Schuldfrage mehr. Der Patient versteht besser als jeder andere, warum er so ist, wie er ist. Er braucht keinen Trost und keine Vorstellungen, die ihm im Leben weiterhelfen. Vorstellungen und Ideen sind in jedem Fall nur Produkte des Intellekts. Der Patient weiß besser als jeder andere, daß er an dem, was er getan hat, nichts ändern konnte, und warum er gerade diesen Weg der Sexualität gewählt hat. Hat er sein Unbewußtes erlebt, dann kennt er die hinter der Neurose stehende Kraft.

Was ist gesunde Sexualität? All das, was gesunde Menschen tun. Was ist ein gesunder Mensch? Jemand ohne überwältigenden Primärschmerz. Sexuelle Abwechslungen sind nicht notwendigerweise ungesund. Schließlich sind weder alle Menschen gleich, noch werden sie von den gleichen Sachen erregt. Aber Peitschen und Ketten haben mit Sexualität nichts zu tun. An ihnen ist nichts Erotisches; sie spiegeln bei manchen Menschen nur eine Primär-Macht. Jede länger praktizierte Art von Sexualität, die den direkten Geschlechtsverkehr meidet, reflektiert die Verdrängung von Urschmerz.

Sogar die Wahl eines Sexualpartners kann manchmal als Perversion betrachtet werden. Wir sahen einen Mann, dessen Mutter außergewöhnlich verführerisch mit ihm umgegangen war. Sie rieb sich an ihm, schmiegte sich an ihn und sagte: »Du gehörst mir allein.« Sie war blond. Um Sex mit irgendeiner Frau zu haben, brauchte dieser Mann eine Dunkelhaarige, vorzugsweise schwarz oder orientalisch. Um inzestuöse Gefühle zu vermeiden, mußte er sich so weit als möglich von dem entfernen, was ihn unbewußt an seine Mutter hätte erinnern können. Bei hellen, blonden Frauen war er impotent. Es sah aus wie eine einfache, unschuldige Wahl des Sexualpartners, war es aber nicht. Er hatte immer gewußt, daß seine Mutter verführerisch war. Das Verständnis half ihm aber überhaupt nicht. Als er fühlte, was sie ihm angetan hatte, wie sie sexuelle Gefühle in ihm erweckt hatte, Gefühle, die ihn als kleinen Jungen schrecklich verwirrt hatten, konnte er die Wahl seiner Sexualpartnerinnen als den Versuch erkennen, diese Feelings zu meiden. Daraufhin war er in der Lage, eine reale Wahl zu treffen.

Die Möglichkeiten für Perversionen sind endlos.

Verhalten ist an und für sich weder gesund noch ungesund. Es kann normal sein, sich einen dunkel- oder hellhäutigen Partner zu wünschen, oder total ungesund. Auch ist das Etikett »ungesund« oder »anormal« nicht wichtig, außer daß es begrabenen Urschmerz reflektiert.

Die ernsthaften Sexualprobleme der meisten Menschen sind nicht offen ersichtlich; sie sind in der Qualität ihrer sexuellen Erfahrungen zu finden. Bis jetzt haben wir kein geeignetes Maß gehabt, das etwas über gesunde Sexualität ausgesagt hätte. Früher haben wir einen Durchschnitt errechnet und ihn für eine Richtschnur für Gesundheit gehalten. Doch mit vollem Zugang zum Selbst begreifen wir jetzt, was normale Sexualität ist. Wir wissen, was hinter Perversionen, Frigidität und Impotenz steckt. Nach der Loslösung des Urschmerzes vom Sex bekommen wir einen Einblick in die Natur realer sexueller Erfahrung.

Das Wichtigste, was man über den Geschlechtsakt sagen kann, ist, daß er kein *Akt* ist.

4. Der letzte Rückzug

Die Psychose ist eine weitere Möglichkeit für das Gehirn, mit Primärschmerz umzugehen. Sie ist nicht mystischer oder unergründlicher als die Neurose. Primär-Traumata sind elektrische Stürme, die im Gehirn geschleust werden. Unter Streß oder ungünstigen Umständen können aus diesen Sturmzentren elektrische Eruptionen hervorbrechen. Diese Eruptionen können die Form von Wut, Weinkrämpfen, epileptischen Anfällen, Migräne, Alpträumen und, wenn die Primärschmerzspannung groß genug ist, von Selbsttäuschungen und Halluzinationen annehmen.

Die Psychose stellt den Zusammenbruch der Verdrängung dar; Energie strömt aus den Speichern, und das Primär-Toben kann mit inneren Mitteln nicht zum Stillstand gebracht werden. Sie ist die letzte mentale Operation des Gehirns in Reaktion auf Urschmerz – die letzte Abwehr des Gehirns. Ich glaube, die einzige Alternative dazu ist der Tod. Der Organismus ist verrückt geworden, um sich zu verteidigen, und wenn der Geist nicht auch verrückt werden kann, dann, so glaube ich, wird es der Körper, was sich in tödlichen oder fast tödlichen Krankheiten ausdrückt.

Deshalb zeigen Psychotiker unerwartete verrückte Bewegungen, ein jähes Verdrehen der Augen, oder sie fangen plötzlich an, mit jemandem, der nicht da ist, laut zu reden: der unmittelbare Beginn von Selbsttäuschungen und Halluzinationen. Diese Explosionen sind auch bei der Neurose zu erkennen, wie etwa in Wutreaktionen, Asthma-Anfällen, Ticks, Migräneanfällen und so weiter. Auch dies sind Signale der Eruptionen.

Vor allen Dingen sind die Symptome der Psychose Symptome. Sie unterscheiden sich in der Qualität von neurotischen Symptomen, weil sie bizarr sind und anscheinend keine Grundlage in der Realität haben. Es ist wirklich keiner im Fernsehapparat, der Befehle erteilt – um die Selbsttäuschung eines unserer Patienten zu zitieren. Die Symptome sind im großen und ganzen gedankliche Vorstellungen oder reine Einbildungen. Bizarr sind sie, weil ihre Quelle tiefer und unzugänglicher Urschmerz ist. Deshalb gibt es scheinbar keine offensichtliche Verbindung zwischen dem Symptom und irgend etwas in der Realität. Bei der Neurose ist die

Quelle weiter an der Oberfläche, dort, wo der Urschmerz nicht so stark ist. Die Psychose braucht keinen aktuellen Anlaß zur Auslösung einer Halluzination. Die Quelle liegt so weit zurück in der Vergangenheit, daß sie gar nicht zu existieren scheint, und sie sprudelt fast ohne Provokation hervor.

Obwohl die Ursprünge von Neurose und Psychose die gleichen sind, ist die Psychose doch qualitativ einen großen Schritt vom neurotischen Zustand entfernt. Urschmerz akkumuliert sich, bis jemand in einen neuen Bereich gerät. Hier sind das Verhalten, die Symptome, das Traumleben und die Biochemie anders. Daß ein Psychotiker anders ist, fällt jedem sofort auf. Ein Blick in seine Augen verrät schon fast die ganze Geschichte. Seine trüben Augen sagen uns, daß er nur in die Vergangenheit schaut. Er ist nicht »hier«. Seine Reaktionen sind befremdend: Einer unserer Patienten glaubte, daß der Therapeut seine Kleidung aus der vorigen Sitzung wechsele, um ihn hinters Licht zu führen. Seine Selbsttäuschung bestand darin zu glauben, daß dies eine Verschwörung sei, um ihn durcheinanderzubringen und es ihm unmöglich zu machen zu wissen, wo er sich befand. Mit anderen Worten: eine Verschwörung, um ihn zu täuschen. Andere Patienten berichten von Stimmen, die durch die Wand kommen, die sie auslachen und verspotten.

Ein Psychotiker findet sich in der Welt nicht gut zurecht. Er kann keine Arbeitsstelle halten, studieren oder Verabredungen einhalten. Er ist vergeßlich, weil er nicht bewußt ist – er ist nicht (ganz) da. Er kleidet sich nachlässig und ißt nicht ordentlich, weil sein Geist mit der Vergangenheit beschäftigt ist – mit dem Urschmerz. Es ist möglich, daß er noch immer unter der Annahme lebt, jemand werde sich um ihn kümmern. Häufig ist er empfindsam, weil er direkt von der zweiten, der emotionalen Ebene her reagiert und über keine festgefügten Abwehrformen der dritten oder intellektuellen Ebene verfügt, die ihn davon abhalten könnten wahrzunehmen, was vor sich geht. Es mag tatsächlich so sein, daß er sich in dem Dilemma befindet, weil er immer zu empfindlich gewesen ist. Es ist ein eigenartiges Paradox. Er nimmt emotionale Nuancen wahr, jedoch total unbewußt. Es mangelt ihm an einem Zusammenhalt des Bewußtseins, der ihn eine Situation in ihrer Ganzheit aufnehmen und über die Reaktion entscheiden ließe. Seine Reaktionen sind außerordentlich unangemessen.

Der chronische Psychotiker führt einen letzten Grabenkampf um Kontrolle und Vernunft. Da er immer wieder gegen die überwäl-

tigende innere Zerrissenheit verliert, werden seine Versuche, etwas zu begreifen, immer krampfhafter und unangemessener und damit auch zunehmend uneffektiver. Projektion ist für den Psychotiker überlebenswichtig.
Primär-Ängste zu externalisieren, bedeutet, daß man etwas mit ihnen anfangen kann. Wie absurd oder widersinnig die Selbsttäuschung eines Menschen uns auch erscheinen mag, für ihn selbst ist sie *buchstäblich* sinnvoll. Sie erfüllt ein sonst unerklärliches, formloses Gefühl mit Sinn und Vernunft.
Die äußeren Umstände können so manipuliert werden, daß die Person sich fühlt, als hätte sie eine Art Kontrolle über ihr Leben. Man kann den Fernseher eintreten, Türen zunageln, man kann Leuten aus dem Wege gehen, die einen »auslachen«. Wahnsinn *hat* Methode.
Gibt man einem Psychotiker eine Droge, die den Urschmerz blockiert, wird er nicht länger von einer Macht überwältigt, die er projizieren muß. Und damit nimmt auch das Maß der Selbsttäuschung ab.
Manchmal wird eine Psychose nicht bemerkt, weil der Mensch sich einer mystisch oder religiösen Richtung hingegeben hat, die so gut in eine institutionalisierte begriffliche Struktur paßt, daß seine Psychose institutionalisiert wird. Mit einer organisierten Imprimatur hinter sich hat die Psychose ihr Cachet. Solange jeder in seiner Gruppe dasselbe glaubt, egal wie befremdend es auch sein mag, wird er wahrscheinlich nicht aus dem Weg geräumt. Er kann stundenlang in den Himmel starren, aber weil er »meditiert« oder »mit Gott kommuniziert«, nimmt man an, er sei normal.
Bei einem Nervenzusammenbruch wird man von einer unverknüpften, aufsteigenden Primär-Kraft überwältigt. Es ist der Anfang des Primal-Feelings mit all seinen Schrecken, aber ohne die Fähigkeit zur Verknüpfung. Statt *in ein Feeling* (das heißt in den Urschmerz) einzubrechen und das Feeling dann mit Hilfe eines Therapeuten mit dem Bewußtsein zu verknüpfen, bricht das Opfer eines Nervenzusammenbruchs zusammen, auseinander und wird vielleicht jemand anderes – der Präsident oder Jesus. Wenn man darüber nachdenkt, was kann denn in uns schon »zusammenbrechen«? Es sind nur die Abwehrformen, die zusammenbrechen können. Ein Mensch ohne Primärschmerz könnte nur zusammenbrechen und er selbst werden – was Gesundheit, nicht Psychose wäre. So müssen wir, wenn wir an einen Nervenzusammenbruch denken, an den Zusammenbruch des Abwehrsystems gegen

Urschmerz denken. Das geschieht, weil gegenwärtige Ereignisse mehr Urschmerz auslösen, als integriert werden kann.
Jemand lebt im Wahnsinn, weil er es nicht fühlen kann. Seine Imagination, seien es Ideen oder bildhafte Vorstellungen, ist der beste Schutz, den er hat. Wenn man sich nicht mit dem Ursprung beschäftigt, muß man sehr vorsichtig sein, wenn man ihm diese Vorstellungen wegnimmt.
Ein Säugling hat eine sehr unzureichende Vorstellung von Raum und Zeit. Wird ein Erwachsener mit Urschmerz, der ihm in seiner Säuglingszeit widerfuhr, bombardiert, so wird er dazu neigen, Vorstellungen zu entwickeln, die keine räumlich-zeitliche Bedeutung haben. Astrale Projektion, das Gefühl, sich durch den zeitlosen Raum zu bewegen, ist ein Beispiel dessen, was ich meine. Der Grund liegt darin, daß bei der Auslösung früher, prä-verbaler Urschmerzen die exakte frühe Reaktion auf den Schmerz mit hochkommt. Deshalb hat der Mensch folgerichtig ein raum- und zeitloses Gefühl. Allein dies ruft Verwirrung hervor und ein Gefühl der Desorientierung, als würde man verrückt. In diesem Sinne ist das Feeling »grenzenlos«.
Der Inhalt der Vorstellungen, die an frühe Urschmerzen gebunden sind, hat normalerweise etwas mit Verletzung oder Tod zu tun – mit Bedrohungen des Überlebens. Der Psychotiker beschäftigt sich mit diesen Feelings, indem er sich vorstellt, in Lebensgefahr zu sein, weil zum Beispiel jemand aus einer nahe gelegenen Telefonzelle einen Strahl schleudern könnte, der ihn auslöscht. Der Inhalt des Feelings stimmt, doch stimmt der Rahmen nicht, und das Feeling ist unaufgelöst. Er hat das Gefühl, daß er sterben wird – daß er durch eine Hand unbekannten Ursprungs umgebracht wird. Mittlerweile haben wir eine ziemlich gute Vorstellung davon, was dieser Ursprung wirklich ist. Jemand, der das mit heftigen Schmerzen verbundene Gefühl hat, von der Nabelschnur erwürgt zu werden, ist, bevor ihm diese Erinnerung kommt, normalerweise vollkommen hilflos. Er hat keine Vorstellung, was mit ihm passiert und warum das so ist. Nur wenige erkennen, daß diese Erinnerung an die Geburt noch da ist und daß sie »fühlbar« ist.
Psychotiker können mit der Primärtherapie behandelt werden. Psychotische Symptome können in einer Stunde *ohne Drogen* oder Arzneimittel beseitigt werden. Ich sage nicht, daß die Psychose (ein Seins-Zustand) in einer Stunde umgekehrt werden kann, nur ihre Symptome. Wir haben erlebt, daß vollkommen wahnhafte Patienten total psychotisch zu einer Sitzung gekommen sind und

ohne ihre Symptome wieder gegangen sind. Dies ist das Resultat eines verknüpften Primals. Es ist wirklich eine erstaunliche Sache, das mit anzusehen. Bald darauf werden sie wieder auf ihr Symptom zurückfallen, nämlich sobald mehr Urschmerz hochkommt. Doch nach und nach wird die Psychose mit dem Auflösen von genug Urschmerz verschwinden.

Es ist wichtig, hier noch einmal darauf hinzuweisen, daß die verschiedenen Tranquilizer und Neuro-Chemikalien die Psychose – eine Manifestation auf der dritten Ebene, eine »Denkstörung« – dadurch beeinflussen, daß sie auf *subkortikale* Systeme einwirken. Diese Tatsache demonstriert die großen Auswirkungen unterbewußter oder unbewußter Ereignisse auf das kortikale Funktionieren – auf Denken, Wahrnehmung und Vorstellungsvermögen. Mit anderen Worten, das kortikale Funktionieren ist sehr abhängig von unterbewußten Prozessen.

In gewissem Sinne steht der Psychotiker mit der Realität in Einklang. Unglücklicherweise ist es eine Realität der Vergangenheit, eine Realität, an die der konventionelle Therapeut nicht einmal im Traum denken würde. Diese Realität ist subkortikal und gut versteckt.

Die Behandlung der Psychose kann von jeder Ebene aus angegangen werden. Man kann damit beachtliche *vorübergehende* Resultate erzielen. Man kann den Psychotiker unter Drogen setzen, Schocktherapie anwenden und damit ernste frühe Urschmerzen blockieren. Man kann körperliche Übungen mit ihm veranstalten und die Spannung gespeicherter Feelings aus der Kindheit freisetzen. Doch *Heilung* bezieht alle Ebenen mit ein. Sie bedeutet eine verknüpfte Erfahrung und nicht Erleichterung auf einer einzigen Ebene.

Die Psychose repräsentiert ein weiteres dialektisches Paradox –: Je näher jemand an die Realität gelangt, desto irrealer muß er sein. Sich den Urschmerzen zu nähern, die den einen gesund machen werden, kann einen anderen in den Wahnsinn treiben.

Die subkortikalen Quellen der Psychose können aufzeigen, daß die Neurose und die Psychose nur verschiedene Punkte des gleichen Kontinuums sind. Bei geringerem Primal-Durchbruch – es gibt genügend Abwehrformen – wird der Kortex nicht zu seinem irren Rückzug getrieben, und die Symptome sind nur neurotisch. Größerer Durchbruch – mehr präpsychotische und psychotische Symptome. Demnach ist Psychose das Scheitern der Neurose.

Es gibt in niemandem einen latenten psychotischen Prozeß, es gibt nur gespeicherten Urschmerz. *Eine psychotische Reaktion ist eine Reaktion,* kein primärer Prozeß. Es stellt sich die Frage, auf was ist Psychose die Reaktion? Die Antwort ist klar: Primärschmerz. Man kann die Psychose auf verschiedene Arten behandeln, zum Beispiel mit Vitamin-Behandlungen, doch ist der Psychotiker in jeder Hinsicht krank, nicht nur seine Vitaminwerte. Er hat ein »psychisches« Leiden, das die Struktur seines Gehirns verändert hat – ein Leiden, das jede Zelle durchdringt.

Es ist nicht sehr fair, daß ein Trauma, das zu Beginn des Lebens nur Minuten oder wenige Stunden gedauert hat, einem den ganzen Rest des Lebens auf der Erde ruinieren kann. Deshalb ist die Fürsorge für den Fötus und den Säugling von so großer Bedeutung.

Das Fühlen ist sowohl eine Vorbeugung gegen als auch eine Heilung von Geisteskrankheit. Was man nicht fühlen kann, das kann einen verrückt machen.

5. Das fühlende Kind

Fast jedes Buch über Kindererziehung ist ein Buch mit Anleitungen. Irgend etwas Eigenartiges umgibt diese Ratschläge für Eltern in bezug auf ihre Kinder. Es ist, als ob man eher über Marsmenschen redet als über eine Lebensphase, die wir alle durchlebt haben. Die stillschweigende Annahme in diesen Büchern ist, daß wir alle von unserer Kindheit abgeschlossen sind und daß sich keiner mehr daran erinnern kann, wie man sich als Kind gefühlt hat. Daß wir nicht fühlen können.

Offensichtlich ist doch wohl alles, was zwischen Eltern und dem Kind vor sich geht, nur insoweit wichtig, wie es Feelings widerspiegelt. Daß ununterbrochen Bücher darüber geschrieben werden, wie man Kinder erzieht, ist ein Beweis dafür, daß es mit dem Fühlen nicht weit her ist; wir greifen dann auf Techniken zurück. Doch ist Technik die letzte Zuflucht für jemanden mit erschöpften, verdrängten Feelings, der nicht mehr erkennen kann, was richtig ist. Niemand braucht Regeln dafür, wie er zu anderen eine Beziehung herstellt, wenn er einen direkten Zugang zu seinen Feelings hat. Die einzige Frage, die zu stellen ist, lautet: »Wie behandelst du Menschen, die du liebst?« Wenn man ein Kind liebt, wird man es richtig behandeln. Nicht dadurch, daß man es nur sagt oder gar nur denkt, sondern dadurch, daß man es gerne bei sich haben mag, wird es merken, daß es geliebt wird. Wenn man es nicht um sich herum haben will, wird es merken, daß es unerwünscht ist. Wenn man sich freut oder nicht freut, es zu sehen, wird es auch das spüren. Wenn man nicht erwartet, daß es etwas anderes sein soll, als es ist, wird es das verstehen, ohne daß man viele Worte darüber verlieren muß.

Das Kind, das jede Minute in uns existiert, zu fühlen, heißt genau zu wissen, wie wir uns in unserer Kindheit gefühlt haben und was wir und Kinder brauchen. Unsere Bedürfnisse sind die gleichen wie die unserer Kinder. Wenn wir uns selbst gegenüber unsensibel sind, sind wir auch ihnen gegenüber unsensibel. Uns gegenüber sensibel zu sein heißt, mit ihnen in Einklang zu stehen. Es gibt keine Sensibilität, die nicht innen anfängt. Wenn man zum Beispiel empfindsam ist für das eigene Bedürfnis, in den Arm genommen

zu werden, wird man auch spüren, wann das Kind das Bedürfnis hat, in den Arm genommen zu werden.
Niemand wird einem ständig depressiven Vater sagen, er solle doch glücklich mit seinen Kindern sein. Niemand kann einer gereizten, nervösen Mutter sagen, sie sollte sich entspannen und ruhig mit ihren Kindern umgehen. Niemand kann einer unreifen Mutter, die kaum für sich selbst sorgen kann, sagen, »sie soll erwachsen werden und als reife Erwachsene auf ihre Kinder eingehen«. Niemand kann einem verdrängten, zurückgezogenen, passiven Vater sagen, er soll aus seinem Schneckenhaus kommen und offener zu seinen Kindern sein.
Ich glaube, daß die mechanistische Gesellschaft, in der wir leben, zu der mechanistischen Art und Weise geführt hat, in der wir unsere Kinder erziehen. Eine Form davon ist zum Beispiel das Füttern nach der Uhr, bei dem es feste Zeiten gibt, zu denen das Kind gefüttert werden muß, die nichts mit seinem natürlichen Rhythmus und seinem eigenen, besonderen Hunger zu tun haben. Im Zeitalter der Technologie haben wir die Vorstellung, daß wir mit unseren Kindern genauso umgehen können wie mit unseren Autos. Das Kind, das als Folge davon neurotisch wird, kann dann in eine Therapie gehen, die auch mechanistisch ist – sei es Biofeedback oder behavioristische Konditionierung; die Eltern bekommen weitere »Wie-erziehe-ich-mein-Kind«-Ratschläge und noch mehr Erziehungsregeln.
Meiner Meinung nach sind 50 Prozent der ganzen Angelegenheit damit erledigt, daß man dem Baby eine angemessene Geburt verschafft. Eine absolut natürliche Geburt, wie die Leboyer-Methode, gibt dem Kind die Kraft, späteren Traumata zu begegnen; eine Kraft, die es auf andere Art nicht gewinnen kann. Eine ordentliche Geburt ist etwas, das teilweise innerhalb des Entscheidungsbereichs der Eltern liegt, und wenn es irgend etwas gibt, das man versuchen kann seinem Kind zu verschaffen, ist es das.
Wir dürfen den Zeitplan der Bedürfnisse nicht vergessen. Es gibt nur ganz bestimmte entscheidende Zeiten, in denen bestimmte Bedürfnisse erfüllt werden können. Berührungen und Zärtlichkeit sind zum Beispiel für den Säugling von entscheidender Bedeutung, und das Bedürfnis kann nur zu der Zeit erfüllt werden, nicht später. Das Bedürfnis bleibt immer bestehen – aber eine zu späte Befriedigung ist nie adäquat. Das offenkundigste Beispiel hierfür ist das Stillen – eine absolute Notwendigkeit für ein gesundes Kind. Falls wir die Brust nicht bekommen, wenn wir sie brauchen,

verbringen wir das ganze Leben mit der Suche nach Symbolen der Mutterbrust, im verzweifelten – unbewußten – Bemühen um Befriedigung.
Einem Baby in seinem Bettchen eine Flasche in den Hals zu stecken, ist traumatisierend. Während des Fütterns muß es in den Arm genommen werden. Niemand ißt gern allein, und das gilt auch für Babys, die, genau wie wir, menschliche Wesen mit den gleichen Bedürfnissen und Gefühlen sind. Ich glaube, ein Grund dafür, daß einige Erwachsene depressiv und ängstlich werden, wenn sie allein essen müssen, liegt darin, daß es in ihrem frühen Leben totale Ablehnung bedeutete.
Vom Zeitpunkt der Geburt bis zum ersten Jahr braucht das Baby häufigen Körperkontakt mit den Eltern. Je näher die Zeit der Geburt, desto beständiger muß der Kontakt sein; und desto größer ist das Trauma, wenn er fehlt. Wenn das Baby in den ersten Minuten oder Stunden seines Lebens keinen körperlichen Kontakt zu seiner Mutter hat, schlägt sich das immer in Form von gespeichertem Urschmerz und lebenslangen Spannungen nieder. Wenn es in den ersten Lebenstagen keinen Körperkontakt gibt – möglicherweise weil die Mutter oder das Baby krank ist –, kann man sich lebenslanger Spannungen sicher sein.
Es gibt keine Sicherheit, die dem Gefühl gleichkommt, dem Körper des Vaters oder der Mutter nahe zu sein. Das Gefühl von Nähe, Wärme, Schutz, emotionaler Nähe, Sorgfalt und von voller Aufmerksamkeit – alles ist darin enthalten.
Was ich damit sagen will, ist, daß das Baby schon sehr früh bei seinen Eltern schlafen sollte – und nicht in einem separaten Bettchen. Eltern haben Angst, das Baby zu erdrücken und so weiter, doch die Tatsachen widerlegen diese Auffassung. Nach den ersten Lebensmonaten, wenn das Baby von den Eltern in einem Tragegestell zum Spazierengehen oder Einkaufen mitgenommen wird, bleibt dieses Gefühl der Sicherheit bestehen. Das Baby fühlt die Eltern körperlich und sieht, was sie sehen – wohingegen es sonst passiv in einem Kinderwagen liegen würde.
Nur diese zwei Dinge – eine gute Geburt und häufigen Körperkontakt –, und das Baby hat schon einen gesunden Start ins Leben. Es wird über eine sehr große Kraft verfügen, um anderen Traumata entgegenzutreten.
Natürlich brauchen Kinder ihr ganzes Leben lang Körperkontakt, doch nicht annähernd so viel, wie wenn sie noch sehr jung sind. Auch Teenager brauchen noch Küsse und Umarmungen, aber die

Auswirkungen, wenn sie sie mit fünfzehn nicht bekommen, sind lange nicht so gravierend wie im ersten Lebensjahr. Weil ein Säugling Worte nicht versteht, muß ihm auf körperliche Art gezeigt werden, daß er geliebt wird.
Früher Mangel an Berührung zieht das Gehirn und die Persönlichkeitsentwicklung in Mitleidenschaft. Berührung ist einer der besten Tranquilizier, die es gibt. Wenn sich ein Kind verletzt hat und weint, muß es in den Arm genommen und getröstet werden. Doch fällt es vielen Eltern schwer, diese elementare Idee zu begreifen. Wenn ein Kind ins Krankenhaus muß, sollte es so oft wie möglich in den Arm genommen werden, und das auch *während* einer Operation, wenn es sich arrangieren läßt. Es wird das Operationstrauma lindern, obwohl das Kind bewußtlos ist. Auf einer unteren Bewußtseinsebene werden sowohl die Operation als auch die Liebkosung vollständig verarbeitet.

Erwartungen – der Anfang vom Ende

Die Neurose kann schon im Mutterleib beginnen. Sie kann sogar noch früher entstehen – in den Köpfen und Vorstellungen von Mutter und Vater, in erster Linie bei dem Wunsch nach einem Kind. Wenn die Gründe für diesen Wunsch neurotisch sind, wird die Neurose unausweichlich auf das Kind übergehen.
Wenn das Baby ein »Unfall« ist – und viele sind es –, dann werden sich die Eltern, besonders wenn sie jung sind, über diesen Eindringling ärgern, weil sie, statt die Kinder zu sein, die sie noch sind, in die Rolle von Eltern gesteckt werden.
Viele Frauen haben ein Kind, um ihre Ehemänner »anzubinden«. Dies ist einer der zerstörerischsten Gründe, aus dem man ein Kind haben kann, weil das Baby als ein Mittel, eine Waffe von den Eltern eingesetzt wird. Das Baby wird zum Manipulieren des Ehemanns eingesetzt, und es wird ihm nie gestattet, ein eigenständiges menschliches Wesen zu sein.
Viele Eltern haben einfach ein Baby, um die Familie zu bekommen, die sie nie hatten. Sie versuchen aus dem Baby Wärme, Aufmerksamkeit und Liebe herauszuholen – Dinge, die sie selbst nie bekommen haben. Natürlich ist all das ein unbewußter Prozeß. Das Baby wird dennoch dazu benutzt, den Eltern das Gefühl zu verschaffen, irgendwo hinzugehören – daß es Menschen gibt, die sich um sie kümmern, daß es jemand gibt, der sich um sie sorgen

wird. Es ist erstaunlich, wie früh Kinder schon gezwungen werden, sich um ihre Eltern zu kümmern, und ganz besonders um deren Bedürfnisse.

Einige Eltern haben Kinder, weil der Vater sie für seine »Macho«-Einstellung braucht. Er muß beweisen, daß er zeugungsfähig ist. Die Mutter muß beweisen, daß sie eine »richtige Frau« ist. So muß das Kind zum Beweis für irgend etwas herhalten. Statt daß die Eltern das *Wunder des Lebens* erkennen, wird das Baby für dieses oder jenes benutzt. Irgendwie begreifen sie nicht mehr, daß sie ein neues menschliches Wesen erzeugt haben – der unglaublichste, kreativste Akt der Welt.

Das Baby ist ein Eindringling, ein Störenfried, etwas, das man ruhig halten, aus dem Weg schaffen muß, dem man Anweisungen gibt und dem man sagt, wie es sich zu benehmen hat. Selten ist es jemand, den man liebt und gern hat. Einige Eltern haben Kinder, die sie vom Zeitpunkt der Geburt an hassen. Das liegt daran, daß die Kinder deren Erwartungen und Bedürfnisse nicht befriedigen können – Erwartungen, die in den Vorstellungen der Eltern existierten, lange Zeit bevor das Kind das Licht der Welt erblickte.

Ein Baby zu haben, ist für viele neurotische Eltern, besonders junge Eltern, wie alles in ihrem Leben – ein Hirngespinst. Wenn die Realität dann ins Haus kommt, schlagen sie andere Wege ein, um die Wunschvorstellungen am Leben zu erhalten. Sie werden auf Partys gehen, viel arbeiten und, wann immer möglich, von zu Hause wegbleiben, um der Realität ihres Lebens aus dem Wege zu gehen – der Tatsache, daß ein neues Menschenwesen im Haus ist, das großer Sorgfalt bedarf.

In den meisten Haushalten herrscht ein Regime der Unterdrükkung der Haushaltsmitglieder, und die Unterdrückung der jungen Mitglieder steht obenan auf der Tagesordnung. Eltern, die das Gefühl brauchen, respektiert und geliebt zu werden, benutzen ihre Kinder dafür, es zu bekommen. Der Elternteil, der als hilfloses Kind selbst mißbraucht und herumgeschubst wurde, hat jetzt jemand anderen, den er herumkommandieren kann. Gibt es ein besseres Objekt als ein schutzloses Kind? Wenn man wissen will, ob Menschen ihnen gegebene Macht mißbrauchen werden, braucht man nur hinzugehen und zu schauen, wie sie mit ihren Kindern umgehen. Wenn sie diese Macht mißbrauchen, kann man sicher sein, daß sie jede Macht mißbrauchen. Wenn man die Beziehungen zwischen einem Elternteil und einem Kind beobachtet, bekommt man eine gute Vorstellung davon, wie die Freundschaft zu diesem Menschen aussehen würde, weil die Art, wie Eltern ein schutzloses, verwundbares Kind behandeln, unausweichlich zeigt, wie sie wirklich sind – das heißt, sie stellt eine Widerspiegelung ihrer wirklichen Bedürfnisse dar.

Vielleicht wollen einige Eltern gar nicht wirklich Kinder – sie wollen Erwachsene, die im großen und ganzen selbst für sich sorgen können. Sie scheinen niemanden zu wollen, der an ihnen hängt, die unterschiedlichsten Dinge von ihnen will – doch genau das ist es, was ein Kind natürlicherweise tut. Statt eines ängstlichen kleinen Kindes wollen sie jemanden, der seine Ängste verleugnet, sich nie beklagt und nicht einmal zugibt, krank zu sein, wenn er krank ist. Mit anderen Worten, sie wollen sich nicht um jemanden kümmern, doch haben sie ein Kind, das große Fürsorge braucht. Deshalb wird jenes Kind »Liebe« bekommen, das um nichts bittet, sich nie beklagt oder überhaupt etwas verlangt. Es wird einfach deshalb Anerkennung finden, weil es nichts will. Das wirklich anerkannte Kind ist das, welches sich schon früh im Leben der Bedürfnisse der Eltern annehmen kann – das beim Saubermachen hilft, die Hausarbeiten erledigt oder sich auf emotionale Weise um die Eltern kümmert.

Eltern können allein durch ihre Art ein Kind in neurotische Kämpfe verwickeln. Ist ein Elternteil ständig traurig, kann das Kind sein Leben mit dem Versuch verbringen, ihn aufzumuntern. Später sehr spaßig mit anderen zu sein, ist eine Art, die Eltern symbolisch aufzumuntern. Wenn es den Clown spielen muß, um geliebt zu werden, wird es eine entsprechende Persönlichkeit entwickeln. Wenn es intellektuelle Leistungen bringen muß, um beachtet zu werden, wird es den entsprechenden Weg einschlagen. Wenn die Eltern immer verzweifelt, unglücklich oder wütend dreinschauen, wird auch diese Tatsache das Kind in den Kampf verwickeln zu versuchen, Eltern, die unter Weiß-der-Himmel-was leiden, zu gefallen. Das Kind nimmt diese Stimmungen im ganzen Umfang wahr und reagiert entsprechend; es wird dafür kämpfen, seine Eltern zu netten Menschen zu machen – zu liebevollen, glücklichen, nie verzweifelten Menschen.

Ein Kind muß diesen Kampf weiterführen, weil das Gefühl, den einzigen Menschen, die es vielleicht lieben könnten, total gleichgültig zu sein, unerträglich ist. Es kann sich nicht abgelehnt fühlen und weiterleben. Es muß sich aus diesen Feelings herauskämpfen, indem es um die Liebe der Eltern und später um jedermanns Liebe kämpft. In den Schulen wird dieses Kind zum »Star« oder zur Verhaltensstörung – es kann sich nicht konzentrieren, kann nicht nachdenken oder studieren. Je weniger er imstande ist zu leisten, desto mehr Druck wird auf ihn ausgeübt – besondere Aufmerksamkeit, Nachhilfeunterricht, all die Dinge, die er nicht aufnehmen kann, weil sein Kopf ein Wirbelwind von Impulsen ist, über die er keine Kontrolle hat.

Eltern lenken die Neurose des Kindes durch die Art, wie sie sind, nicht nur durch das, was sie sagen oder tun. Eltern können einem Kind den ganzen Tag sagen, daß sie es lieben, aber wenn sie die Bedürfnisse des Kindes nicht befriedigen, hat es keine Liebe bekommen. Ein Kind wird von Eltern konfus gemacht, die ihm andauernd sagen, daß sie es lieben. Aber sein Körper schreit danach, in den Arm genommen zu werden – es braucht jemanden, der ihm Aufmerksamkeit schenkt, wirklich nach ihm schaut, sich mit ihm unterhält und zuhört.

Eine meiner Patientinnen, die ihre Kindheit gefühlt hat, kam zu einem besseren Verständnis ihrer Kinder:

»Ich fühle mich meinen Kindern näher. Ich haste nicht mehr durch ein Labyrinth von Zufälligkeiten. Hausarbeiten, die nicht wesentlich sind, habe ich abgeschafft. Wir teilen mehr. Ich bin nicht mehr so oft wütend, und sie kommen häufig wegen einer Liebkosung oder einem Gespräch zu mir. Doch die Sache hat zwei Seiten – weil ich auch mein Bedürfnis, *nicht* bei ihnen sein zu wollen, und das Verletzende dieses Umstandes, intensiver fühle.

Wo ich mir früher krampfhaft Sorgen um meine Zukunft, die Zukunft meiner Kinder, das Schicksal dieses Planeten, die Skrupellosigkeit der meisten seiner Bewohner, die scheußliche Vergeudung menschlicher und natürlicher Ressourcen gemacht habe, frage ich mich jetzt, welchen Beitrag ich zu einer kleinen, aber realistischen Veränderung beisteuern könnte.«

Ich habe eine ganze Reihe von Gesichtspunkten, wie etwa die Höhe des Einkommens, die Nachbarschaft, in der das Kind aufwächst und ähnliches mehr außer acht gelassen, weil das eine Aufgabe für Soziologen ist.

Unter den versteckten Gründen, warum Eltern Kinder haben, ist einer der wichtigsten der Versuch, Unsterblichkeit zu erlangen – über den Tod hinaus weiterzuleben durch einen Menschen, der aus dir gekommen ist. Für Menschen, die sich weigern, den Tod

anzunehmen, ist dies eine weitere Möglichkeit, ein Kind im Sinne ihrer irrealen Wunschvorstellungen zu benutzen. Im allgemeinen wird das Kind etwas zustande bringen oder gewissermaßen ein bleibendes Zeichen setzen müssen, so daß die Eltern über Arbeit, Ruhm und Erfolg des Kindes fortbestehen.
Sogar Babys können in Elternfiguren umgewandelt werden. Kleine Kinder können, wenn sie sehr aggressiv und feindselig sind, Eltern dazu bringen nachzugeben, weil diese Eltern sich jetzt wie ein kleines Kind mit ihren eigenen feindseligen und aggressiven Eltern verhalten.
In der Neurose ist jeder ein Opfer, weil jeder von Mächten angetrieben wird, die außerhalb seiner Kontrolle liegen. Die Erziehungsberatung versucht, im großen und ganzen, diese Mächte zu kontrollieren, und mit genug Willenskraft kann man die Neurose von jemand tatsächlich für ein paar Wochen oder Monate zurückhalten, aber auf die Dauer gewinnt die Neurose immer.
Wir alle haben schon Eltern zu ihren Kindern sagen hören: »Sag jetzt: Danke schön«, »Sag: Guten Tag«, »Sag: Auf Wiedersehen.« Wahrscheinlich sind sich nur wenige von uns bewußt, daß dies ein subtiler Prozeß ist, durch den Kinder neurotisch gemacht werden. Wenn sie gezwungen werden, mechanisch oder durch Drill Sachen zu machen, die nichts mit ihren Gefühlen zu tun haben, so ist dies die subtile, unbewußte Art, eine Art Nährboden für Groll und Feindseligkeit zu schaffen. Man vertraut dem Kind nicht, daß es sich aufmerksam und dankbar verhält, sondern es wird in eine bestimmte Verhaltensweise gezwungen. Diese automatische Abtrennung von Feelings kann zu einer Lebensweise werden – sowohl für die Eltern als auch für das Kind. Wenn das Kind größer geworden ist, wird es auf einem bestimmten Verhalten seiner Freunde bestehen. Es wird sagen: »Du mußt heute nacht bleiben«, »Du mußt mit mir dahin gehen«, »Du mußt das tun« und wird auf diese Weise anfangen, erst seine Freunde und später seine eigenen Kinder von ihren Gefühlen wegzudrängen. Menschen werden sich in seiner Gegenwart unwohl fühlen, weil sie nicht sie selbst sein können. Was sie fortjagt, sind unbefriedigte Bedürfnisse.
Wenn etwas in bezug auf Kinder wirklich zerstörerisch wirkt, so ist es ständiges Herumkritisieren gepaart mit unrealistischen Zielen der Eltern – wie zum Beispiel gute Zensuren oder sich im Sport auszuzeichnen. Es verschafft dem Kind das Gefühl, nie gut genug zu sein, und trägt zu einem totalen Gefühl von Wertlosigkeit bei.

Nach und nach erreichen die Eltern, die ein Kind dazu drängen sich auszuzeichnen, genau das Gegenteil: den Versager, der das Gefühl hat, den Wünschen nie entsprechen zu können.
Es ist eine perverse Kunst, nicht fähig zu einem guten, lobenden Wort zu sein. In Wahrheit gibt es viele Eltern, die nie fähig waren, ihren Kindern in deren ganzem Leben etwas Nettes oder Freundliches zu sagen. Es gibt eine grundlegende Feindseligkeit, Abneigung und totale Ablehnung, die sich in Form von Kritik äußert. Es ist, als ob man sagt: »Du bist nicht wirklich, wie ich es möchte, du mußt anders werden«, und das Kind wird bald unbewußt begreifen, daß es nicht so ist, wie sie es wollen. Das endgültige Feeling heißt: »Ich bin nicht erwünscht.«
Als Folge solchen Umgangs wird sich das Kind vor allem schrecklich fürchten. Es wird kaum noch ein Wort herausbringen, ohne sich vorher Gedanken zu machen, ob es anerkannt wird oder nicht. Es wächst auf, ohne zu erkennen, daß es nach *seinen* Gefühlen handeln kann, und wartet auf Anweisungen, weil es weiß, daß, was auch immer es tut, auf jeden Fall kritisiert wird. Es tut nur, was »sie wollen«, und nicht mehr. Darin liegt Sicherheit.

Die Wirklichkeit der Kinder

Was ist für Kinder real? Was sind ihre realen Bedürfnisse? Schauen Sie sich Ihre Kinder an, und Sie werden die Antwort haben. Sie sind nicht bis an den Rand mit Ehrgeiz gefüllt, erklimmen keine Leitern sozialen Aufstiegs. Alles was sie wollen, ist spielen, Spaß haben, sich entspannen und geliebt werden. Das ist es, was wir alle wollen. Und doch stellen wir uns und unseren Kindern so viele Hindernisse in den Weg. Wir machen sie zu Leistungs- und Wettbewerbsmenschen. Wir machen es ihnen zur Pflicht, uns zu küssen, und nicht, wenn sie es aus ihrem eigenen, spontanen Gefühl heraus wollen. Ihre natürlichen Impulse sind die »realen«. Wenn man diese natürlichen Impulse wegnimmt, bleiben die unnatürlichen.
Selten können Eltern ihre Kinder so lassen, wie sie sind. Wenn ein Kind herumliegt, werden die Eltern unruhig und wollen wissen, warum das Kind herumliegt – sie müssen irgend etwas tun. Das Kind hat Teil ihrer Projekte und Pläne für die Zukunft zu sein, statt zu tun, was es wirklich will. Manchmal betrachten sie ein Kind

als »böses Kind«, weil es nicht tun will, was die Eltern wollen, sondern ein eigenes Leben führen will.

Ich glaube, die allgemeine neurotische Auffassung ist, daß wir Kinder nicht dazu erziehen, glücklich zu sein, geliebt zu werden oder eine glückliche Zeit zu verleben. Wir erziehen Kinder dazu, daß sie was leisten und mal etwas werden. Darin liegt das Problem. Kinder lernen, daß sie arbeiten müssen, um geliebt zu werden, und doch scheinen sie diese Liebe nie zu bekommen. Nach einiger Zeit wissen sie sogar nicht mehr, daß die Funktion des Lebens in der Entspannung und in Spaß und Freude an Erfahrungen besteht.

Wir scheinen um die Kinder eine unnatürliche Welt gebaut zu haben, so daß alles, was ihnen natürlich vorkommt, verboten wird. Von Geburt an sind sie von einer unnatürlichen Welt umgeben. Gleich bei der Geburt werden sie unter Drogen gesetzt und rauh behandelt. Dann kommen sie in Laufställchen und andere Arten von Käfigen. Ihre Gefühle werden stillgelegt, und sie werden gezwungen, in sehr frühem Alter, wenn es noch an Konzentrationsvermögen mangelt und die Aufmerksamkeitsdauer noch gering ist, unnatürlich lange in Schulen zu sitzen. Eltern müssen ihre Kinder viele Stunden lang allein lassen, um zur Arbeit zu gehen. Wir ziehen sie in einer verschmutzten Umwelt groß.

Das Modell der idealen Umgebung für Kinder könnte die agrarische Wirtschaftsform abgeben, in der das Kind während des Tages bei den Eltern ist, entweder auf dem Feld oder zu Hause, so daß es in seinen ersten Lebensjahren statt Eltern, die herumhasten und versuchen, ein Auskommen zu erzielen, eine wirkliche Familie hat.

Aus einem Leben voller Deprivationen ragen einige Erlebnisse heraus, die uns nicht aus dem Kopf gehen. Diese Erfahrungen sind von größter Wichtigkeit; normalerweise sind es gute Erfahrungen. Ich erinnere zum Beispiel, daß ich mich während des Zweiten Weltkriegs freiwillig zur Marine meldete und mich zwecks Bewerbung in ein Büro der Marine begeben mußte. Ich setzte mich einer älteren Frau gegenüber, und diese fragte, sehr langsam, bedächtig und freundlich: »Wie heißen Sie?« Ich sagte ihr meinen Namen, sie schaute mich an, wiederholte ihn sehr langsam und buchstabierte ihn dann. Ich hatte ein unglaubliches Gefühl der Wärme und merkwürdige Empfindungen, die ich vorher noch nie gehabt hatte. Jahrelang blieb mir dieses Erlebnis im Gedächtnis, bis ich während der Primärtherapie darauf kam, daß mir zum erstenmal jemand

gegenübergesessen hatte, der langsam, bedächtig und freundlich mit mir geredet hatte – auch wenn es nur um die Frage nach meinem Namen ging.
Viele unserer Patienten erinnern sich, daß solch ein Erlebnis – wie etwa einem Mann begegnet zu sein, der ein Boot oder einen Motor reparierte, sich freundlich mit ihnen unterhielt oder ihnen etwas zeigen wollte – die Richtung ihres Lebens veränderte, im Sinne der Interessen, die sie entwickelten. Viele Patienten erinnern sich, daß ihr Interesse für ein Thema nur entstanden ist, weil ein Lehrer warmherzig und freundlich war. Der Wert solcher Erfahrungen hält das ganze Leben lang an. Dies gilt besonders, wenn sie einem Leben totaler geistiger Leere und einem Mangel an Interesse und Wärme gegenüberstehen.

Emotionale Krankheiten von Kindern

»Geisteskrankheiten« von Kindern sind etwas anders als die von Erwachsenen. Sie leiden weniger an neurotischen oder psychotischen Störungen des Begriffsvermögens, weil ihre Ideenbildungsfähigkeit geringer ist. Ihre Neurosen sind, mehr oder weniger, körperbezogen oder körperlich orientiert und im allgemeinen mehr auf der emotionalen Ebene. Ich glaube, daß sich Selbsttäuschungen und Schizophrenie später im Leben entwickeln, weil der ältere Teenager oder junge Erwachsene dann erst die Gehirnkapazitäten hat, um Störungen des Begriffsvermögens zu entwickeln.
Gesunde Kinder verhalten und fühlen sich gut, weil sie ganz einfach keinen Grund haben, es nicht zu tun. Ich glaube, daß sich alle Kinder gut verhalten, bis sie zu Neurotikern gemacht werden. Kinder sind grundsätzlich intelligent, bis man ihre Intelligenz abgestumpft hat.
Irreal zu sein ist für Kinder eine fatale Krankheit, weil ihr Körper ein Leben lang seine Bedürfnisse auf verschiedene Arten herausschreien muß. Einige Kinder müssen zum Beispiel krank werden, damit man sich endlich um sie kümmert.
Soviel ist klar, Kinder wachsen aus dem unter ihren Symptomen liegenden Urschmerz nie heraus. Bettnässen, Nägelkauen, Allergien, Kopfschmerzen, all das rührt von Primärschmerz her. Der Urschmerz verflüchtigt sich nicht bei der Einnahme von Tabletten oder anderen Behandlungsarten; er muß nach und nach aufgelöst

werden. Dies gilt genauso für das stotternde Kind, das Kind mit Lernschwierigkeiten oder Kinder mit körperlichen Symptomen. Bis ein Symptom schließlich an der Oberfläche erscheint, braucht es eine lange Vorgeschichte, und mit dieser Vorgeschichte gilt es sich zu beschäftigen.

Im großen und ganzen sind Neurosen von Kindern eine unkomplizierte Sache. Entweder hat es Symptome wie zum Beispiel Bauchschmerzen, oder es übergibt sich häufig, oder ist allergisch und bekommt ständig Erkältungen, oder es bekommt Wutanfälle und ist »leicht erregbar«. Es ist für Erwachsene wahrscheinlich schwer vorstellbar, wie absolut hilflos und abhängig ein Kind von der Anerkennung und Liebe seiner Eltern ist. Der geringste Zorn beider Eltern nimmt dem Kind jegliche Zufluchtsmöglichkeit, es kann sich mit seinen Gefühlen an niemanden wenden, hat niemanden, mit dem es reden, niemanden, der ihm helfen kann. Seine Eltern bedeuten für ihn die ganze Welt. Eltern vergessen das manchmal – besonders Eltern, die sich selbst wertlos fühlen. Er – oder sie – kann sich nicht vorstellen, daß irgend etwas, was er macht, solch großen Einfluß auf das Kind hat, oder daß er/sie für jemand so wichtig sein könnte, wo man selbst doch den Eltern so unwichtig war.

Die Neurose von Kindern fängt normalerweise mit einfachen Ängsten oder einfacher Aggression an. Eine der bedeutenderen Ängste ist die Angst, etwas zu wollen, zu zeigen, was man braucht. Die Wünsche und Bedürfnisse der Kinder werden so häufig zurückgewiesen, daß sie Angst bekommen, die Eltern überhaupt um etwas zu bitten. Statt dessen agieren sie diese Wünsche auf symbolische Art aus, wie etwa durch Stehlen und Lügen. Dann verlieren sie die Verbindung zu sich selbst. Schließlich wissen sie nicht mehr, daß sie überhaupt etwas wollen.

Was die Begriffe Respekt und Angst betrifft, scheint große Verwirrung zu herrschen. Eltern glauben, daß, wenn sie nur genügend Furcht in ihren Kindern gesät haben, diese sie irgendwie respektieren werden. In Wirklichkeit ist Respekt nur eine andere Bezeichnung für Furcht. Kinder haben oft vor genau den Menschen Angst, vor denen sie keine Angst haben sollten – vor Menschen, von denen sie total geliebt werden sollten: ihren Eltern. Diese Ängste, mit denen ein Kind jeden Tag seines Lebens leben muß, werden Teil der verborgenen Macht, die in der Nacht in Gestalt von Tieren oder Räubern im Zimmer oder als Alpträume hervorkommt.

Es ist wichtig für Eltern zu begreifen, daß sie ihren Kindern nicht sagen dürfen: »Aber, aber . . . sei ein braver Junge oder ein braves Mädchen, es gibt nichts, wovor du Angst haben mußt.« In Wahrheit gibt es sehr wohl etwas Beängstigendes, doch weder die Eltern noch das Kind wissen, was es ist. Man sollte Kindern wenigstens ihre Ängste lassen. Wenn nachts das Licht anbleiben soll, sollte man es gestatten. Mit anderen Worten, man sollte die Ängste an der Oberfläche halten, damit sie nicht verdrängt werden und dadurch zu einer weiteren latenten Macht werden.
Was ich über die Ängste gesagt habe, trifft ganz gewiß auch auf sehr starke Traumatisierungen wie etwa chirurgische Eingriffe und andere Katastrophen zu. Hier wird das Kind wahrhaftig in Schrecken versetzt, und es braucht für die Zeit seiner Krankenhauserfahrungen den Trost und die Beruhigung von den Eltern am nötigsten. Dort braucht es jemanden, der es in den Arm nimmt, streichelt, liebkost und beruhigt. Man darf es nicht allein lassen, nur weil die Ärzte befürchten, daß »hysterische Eltern« das Kind aufregen.
Wir »haben« keine Gefühle, wir *sind* unsere Gefühle. Wenn die Gefühle unbewußt sind, sind *wir* unbewußt. Das heißt, was wir anderen antun, bleibt unserem Bewußtsein verschlossen. Wir können unsere Kinder schlecht behandeln ohne zu erkennen, was wir da tun – auch wenn man uns darauf hinweist. Wir können unsere Kinder ablehnen oder ihnen gegenüber sarkastisch sein, ohne uns der Folgen für das Kind bewußt zu sein. Kein Neurotiker kann über seine Bedürfnisse hinausschauen. Und das trifft ganz besonders auf die Art und Weise zu, wie Eltern mit ihren Kindern umgehen.
Neurotische Eltern können die Schrecklichkeiten, die sie jeden Tag an ihren Kindern begehen, nicht erkennen. Es ist eine Art Symbiose, in der das Kind in das Unbewußte der Eltern paßt und die Eltern das Kind vollkommen unbewußt behandeln; danach spielen beide Teile ihre Rollen.
Das Zerstörerische ist nie etwas, was die Eltern tun, entscheidend ist die Beziehung tagein, tagaus, Stunde um Stunde.
Auch wenn ein Elternteil später zerknirscht sein sollte und wiedergutmachen will, was er dem Kind angetan hat, gibt es nichts, was er wirklich tun könnte, ausgenommen von nun an ein liebevoller Vater oder eine liebevolle Mutter zu sein. Er wird die Schmerzen, die er bereits verursacht hat, nie auslöschen können.
Kinder werden nie dadurch verzogen, daß die Eltern ihren

Bedürfnissen nachgeben. Sobald sie jedoch einmal depriviert worden sind, können Eltern ihre Kinder verziehen, wenn sie deren Wünschen nachgeben, denn neurotische Wünsche zu befriedigen ist eine Aufgabe ohne Ende. Ist ein Bedürfnis aber einmal erfüllt, ist die Sache damit erledigt. Kinder, die befriedigt worden sind, stellen nicht ununterbrochen Forderungen. Die ganze Sache mit der »strengen Erziehung«, um eine charakterfeste Persönlichkeit zu schaffen, ist ein Mythos, den wir ein für allemal begraben sollten. Es gibt nur eine Möglichkeit, wirklich aufzuwachsen, und das ist, seine Bedürfnisse befriedigt zu bekommen. Wenn man »streng erzogen« wird und die Bedürfnisse nicht befriedigt werden, wird man nie erwachsen, ganz gleich, wie alt man ist.

Die Antwort ist in einfühlsamen Eltern zu finden. Was immer ihre Kinder auch tun, es wird natürlich, anmutig und zur richtigen Zeit sein. Sie werden von ihren Kindern nichts fordern, was diese nicht erfüllen können. Sie werden nicht von der Annahme fehlgeleitet, daß die härteste Schule die beste für das Kind ist. Sie werden verstehen, daß ihr Kind nicht in die Welt gesetzt wurde, um nur zu arbeiten.

Die beste Faustregel für die Kindererziehung ist zu tun, was sinnvoll ist. Man sollte Kindern erlauben, während der Mahlzeiten zu sprechen – nicht weil sie Kinder, sondern weil sie Menschen sind. Wenn man in ein Restaurant geht, sollten sie selbst die Speisen aussuchen dürfen. Sie sollten so lange spielen dürfen, wie sie wollen und auch wo sie wollen – solange es sicher ist.

Man braucht ziemlich viel Vertrauen, um einzusehen, daß Kinder, wenn man sie sich selbst überläßt und sie nicht zu etwas drängt, von sich aus wünschen, gut zu leben, und tun werden, was auch immer gut für sie ist, sogar später arbeiten oder studieren. Es mag sein, daß das nicht nach dem Zeitplan der Eltern geschieht, aber sie werden allein dahin kommen, und das ist der beste Weg. Es braucht ziemlich viel Geduld und Vertrauen, Kinder das tun zu lassen.

Gefühle sind das Wichtigste in der Erziehung. Wenn man Kinder dazu ermutigen könnte, Feelings zu verstehen und zu begreifen, daß in ihnen seit frühester Zeit versteckte Mächte sind, hätten sie eine gewisse Kontrolle über ihre Symptome und ihr Verhalten, selbst wenn sie ein schlechtes Zuhause gehabt haben. Wenn zum Beispiel ein Kind sich in der Schule danebenbenommen und sich aufgespielt hat und wenn die Klasse und das Kind wüßten, daß es sich wegen einiger unaufgelöster Urschmerzen von zu Hause aufgespielt hat, wenn es Räume gäbe, in die Kinder zum Reden und Weinen gehen könnten, dann wäre wenigstens ein gewisser Druck weg. Wichtig dabei ist, daß die Kinder verstehen würden, daß es Gefühle sind, die sie antreiben. Gefühle sollten nicht aus den Klassenzimmern ausgeschlossen werden. Im allgemeinen werden Gefühle in den meisten Klassenzimmern als geringfügige Belästigung betrachtet, die man so schnell wie möglich abtut, statt sie als etwas anzusehen, das menschliches Leben, Erinnerungen, Intellekt und Wissensdurst bestimmt – als etwas, das viel eingehender erörtert werden sollte als eine Geschichts- oder Geographiestunde.

Nachdem wir die bemerkenswerten Veränderungen bei Erwachsenen festgestellt haben, denen Gefühle gestattet wurden, können wir verstehen, was mit Kindern geschehen würde, wenn man ihnen erlaubte, zu fühlen. Und in der Tat, die Veränderungen bei Kindern, die Primals haben – größtenteils Kinder unserer Mitarbeiter –, sind unmittelbar und dramatisch.

Es reduziert sich alles auf die Frage, wessen Gefühle die Oberhand haben sollen. Die Bedürfnisse der Kinder oder die Bedürfnisse der Eltern? Ohne Zweifel werden die Eltern und die Schule gewinnen.

Kinder brauchen nicht all die Dinge, von denen wir annehmen, daß sie sie brauchten: Disziplin, Unterricht und Strafen. Was sie brauchen, ist, daß man ihnen zuhört, sich mit ihnen unterhält, mit ihnen berät, sie in den Arm nimmt, sie lieb hat und sie für das schätzt, was sie sind. Eltern können das nicht mechanisch, durch Drill und Ermahnungen erreichen. All das entspringt einer einfachen Sache: aus einem guten Gefühl zu sich selbst und Liebe zum Kind. Ist die Liebe einmal da, wird alles andere von selbst kommen. Man braucht keine Erziehungsbücher mehr im Kopf zu haben – es gibt keine Regeln mehr zu befolgen. Die Feelings besorgen das alles. Es ist nie so sehr die Frage, was du tust, sondern wer du bist.

VI. Die Gegenwart der Vergangenheit

Die Evolution des Menschen ist wenig mehr als die verschlüsselte Erinnerung an Primärschmerz. Unser Körperbau, die Sprache, die wir sprechen, und unsere hochentwickelten Fähigkeiten, Werkzeuge herzustellen, entwickelten sich rund um einen zentralen Kern von Primärschmerz. Der menschliche Organismus ist aus der Ungunst der Verhältnisse heraus aufgebaut worden. Unsere Anfänge teilen wir mit den großen Affen. Irgendwo auf der phylogenetischen Linie der Affen zweigten wir ab. Wir entwickelten den größeren Kortex und das höher entwickelte Gehirn. Warum? Eine Antwort darauf ist, daß wir der neurotische Zweig in der Evolution wurden. Die ungünstigen Umstände ermöglichten es uns, einen größeren Kortex zu haben, um mit eben diesen ungünstigen Umständen umgehen zu können, dem folgend, was wie ein biologisches Gesetz aussieht, wonach jede Intrusion oder fremde Kraft in lebenden Organismen eine biologische Struktur hervorbringt, die mit ihr fertig wird. Notwendigkeit ist nicht nur die Mutter der Erfindung von Dingen, sondern könnte als solche die Mutter der Menschheit sein, indem sie neue menschliche Strukturen schafft, die dieser Notwendigkeit begegnen. Und natürlich schaffen diese neu erfundenen Strukturen neue Notwendigkeiten, infolgedessen ist Erfindung die Mutter der Notwendigkeit. Die Zivilisation könnte sich als der Lebenszweig herausstellen, der die besten Abwehrformen hat, welche am besten mit Urschmerz fertig werden.

Wenn ich sage, daß die widrigen Umstände für die menschliche Gattung verantwortlich waren, meine ich damit, daß es eine Gruppe isolierter Affen gegeben haben könnte, der der Himmel nicht wohlgesonnen war und die nicht die täglichen Mittel zum Überleben finden konnte. Um sich zu erhalten, mußte diese Gruppe neue Möglichkeiten »herausbekommen«. Dieses »Herausbekommen« wurde sofort zu einem Werkzeug des Überlebens und der Abwehr. Und da sind wir nun, Jahrtausende später, sitzen in der Praxis des Analytikers und versuchen herauszubekommen, warum wir in dem Dschungel da draußen, Zivilisation genannt, nicht überleben können.

Die Menschheit ist eine Gattung mit einer Geschichte, und diese zusammengefaßte Geschichte ist in jedem Mann und jeder Frau auszumachen. Sie *sind* die zusammengefaßte Geschichte der Menschheit.

Was für die Lebensmuster von Männern und Frauen gilt, könnte auch für die Menschheit als sich entwickelnde Spezies gelten. Unsere individuelle Entwicklung, unsere »Ontogenese«, ist die Rekapitulierung unserer Spezies. Durch das Verstehen eines einzelnen Individuums werden wir nicht nur Einsicht in die menschliche Psyche gewinnen, sondern auch in die psychische Entwicklung des Menschen im Laufe der Geschichte.

Das menschliche Bewußtsein ist das Ergebnis der Geschichte der Menschheit, die schließlich in der Struktur des Gehirns zusammengefaßt ist. Seine Kapazitäten werden durch einen genetischen Kode bestimmt, der die Summe unserer Erfahrungen und Erinnerungen ist. Dieser Kode bestimmt, wie und wann der letzterworbene Neokortex ausgereift ist und wann bestimmte Nervenfasern zur Entladung bereit sind. Auf diese Art und Weise definiert der genetische Kode die Grenzen unseres Bewußtseins. Er hält sozusagen unsere ganze Geschichte in den Händen und verteilt die Reifung mittels einer sorgfältigen Entfaltung jeder Phase unserer evolutionären Entwicklung. All unsere angestammten Traumata und unsere uralten Reaktionen und Anpassungen werden in diesem genetischen Material reflektiert. Das Bewußtsein formt die Muster der Gehirnneuronen und wird wiederum von ihnen geformt; deshalb stehen Funktion und Struktur in ständiger Interaktion. Das Leben hört nie auf zu erschaffen, und mit dieser Erschaffung gestaltet es ununterbrochen sein Bewußtsein neu.

Experimente am National Institute of Mental Health haben gezeigt, daß sogar die primitivsten unserer Vorfahren, die Fische, winzige Schlösser haben, in die Opiate wie Schlüssel passen, und daß möglicherweise seit undenklichen Zeiten, seit die ersten primitiven Lebensformen auf der Erde erschienen, eine biochemische Funktion besteht, die mit widrigen Umständen fertig wird, indem sie Schmerz und Realitäten verdrängt. Erst kürzlich wurde entdeckt, daß Regenwürmer Beta-Endorphin produzieren, dieselbe opiat-ähnliche Substanz, die im menschlichen Gehirn die Empfindung von Lust und Schmerz beeinflußt und Verdrängung bewirkt. Wir Menschen produzieren diese Opiate, die Endorphine, in den ursprünglichsten Teilen des Gehirns, den Bereichen, die wir mit den Fischen gemeinsam haben und die Hunderte von Millionen Jahre alt sind. Wenn wir die Leiter der Evolution in Richtung Mensch hinaufsteigen, begegnen wir einer fortgeschritteneren Art der Verdrängung von Aspekten der Realität. Wir haben den Kontakt zu unseren primitiven Anfängen nicht allein deshalb nicht verloren, weil der menschliche Fötus im Laufe seiner Entwicklung Erscheinungen wie Kiemen aufweist, sondern weil wir an der Fähigkeit festgehalten haben, auf immer höher entwickelte Art zu verdrängen.

Die Fähigkeit, körpereigene Opiate – die Endorphine – herzustellen, ist der Ursprung des Unbewußten. Ohne sie gäbe es keine menschliche Zivilisation; *denn die menschliche Entwicklung selbst hing ab von der Fähigkeit, unbewußt zu werden.* Träfe das auf die Evolution nicht zu, wären wir alle nicht viel mehr als sich windende, mit Händen und Füßen um uns schlagende Schmerzbündel. Und ohne Verdrängung und die Fähigkeit, etwas unbewußt machen zu können, könnten wir nicht leben; wir würden buchstäblich an Urschmerzen zugrunde gehen – wie auch der Mensch als Gattung wahrscheinlich ausgestorben wäre oder sich ohne die Fähigkeit zur Verdrängung nicht entwickelt hätte. Ich glaube nicht, daß das Endorphinsystem sogar in den *primitivsten* Lebensformen existiert hätte, wenn es nicht gebraucht worden wäre – wenn die Geschichte der Evolution nicht auch die Geschichte des Schmerzes gewesen wäre. Es könnte sein, daß wir ohne dieses System nie *homo sapiens* geworden wären.

Das Kind, das zum »zivilisierten Erwachsenen« heranwächst, ist jenes, das effektiv unbewußt werden kann. Die Unbewußtheit ist der Überlebensmechanismus. Paradoxerweise ist die Neurose nicht nur eine Perversion der Menschheit, sie hat uns auch hervorgebracht. Irreal zu sein, Selbsttäuschungen zu unterliegen, zu lügen und sich selbst irrezuführen, sind Anpassungsmechanismen in sich. Könnten wir all dies nicht, lägen wir den größten Teil unseres Lebens im Sumpf des Elends. Die Gesellschaft, die Politik und die Religion haben ganz einfach Möglichkeiten entwickelt, all unsere notwendigen Unwirklichkeiten zusammenzuziehen und in verschiedene Systeme zu stecken. Diese Systeme sind darauf angelegt, die Unwirklichkeit aufrechtzuerhalten, darauf bedacht, daß wir uns weiter etwas vormachen und daß wir verdrängt und irregeleitet bleiben. So können wir weiterleben.

Das Gehirn entwickelte sich, um den Organismus auf die Bedürfnisbefriedigung hin zu lenken. Es entwickelte sich aus Gründen des Überlebens. Es ist eine einfache Erweiterung des Körpers und seiner Bedürfnisse. Mit der Frustration von Bedürfnissen wurde mehr Gehirn gebraucht, um Befriedigung zu finden. Zu der Zeit geschahen mindestens zwei Dinge. Der unter einem Mangel an Befriedigung leidende Organismus entwickelte nach und nach eine Struktur, den Kortex, um sich selbst der Bedürfnisse und Urschmerzen unbewußt zu machen. Gleichzeitig war der sich entwickelnde Kortex in der Lage, entweder andere Arten der Befriedigung zu finden, oder die Bedürfnisse in symbolische Kanäle abzuleiten und nach symbolischer statt wirklicher Befriedigung zu streben. Im Lauf der Zeit fing der Kortex an, sich selbst zu übertreffen. Er wurde komplex und konnte mehr, als nur mit Urschmerz umgehen. Er konnte abstrahieren, Pläne für die Zukunft entwerfen, Vorstellungen und Theorien entwickeln, eine Vielfalt von Inputs integrieren und die fremden absondern, logisch sein, Erfahrungen beschreiben und die Beschreibungen mitteilen. Große Teile dieser komplexen Fähigkeiten könnten ursprünglich Funktionen gewesen sein, die Urschmerz umgaben. Nichtsdestoweniger wurden sie lebensfähig und gestatteten dem Menschen die Befriedigung von Bedürfnissen, die nie existierten; er strebte nach Ruhm, Ansehen und Ehre. Er wollte Macht und er wußte sie zu finden. Der komplexe Kortex verdrängte und verdrehte dann ein unkompliziertes Bedürfnis in eine Ersatzbefriedigung. Die Erregung durch Urschmerz trieb den Kortex auf die gleiche Art zu Wachstum an wie Krechs Ratten, die durch Stimulation einen größeren Kortex entwickelten. Wir konnten jetzt nicht nur abstrahieren, wir konnten von uns selbst abstrahiert sein.

Die Tatsache, daß alle oben von mir beschriebenen intellektuellen Funktionen als Abwehrformen funktionieren können – und dies auch tun –, gibt uns Aufschluß über ihren Ursprung. Zu einer entscheidenden Entwicklungsphase fängt das Kind an, über einen entwickelten Kortex zu verfügen. Wenn dies geschieht, kann es sich leichter von sich selbst abkoppeln. Es ist besser abgewehrt und kann Vorstellungen als Abwehr benutzen, ein Luxus, der ihm einige Jahre vorher noch nicht zur Verfügung stand. Es kann abstrahieren und seine Feelings in Vorstellungen verdrehen. Es kann in der Zukunft oder in Vorstellungen statt in seinem Körper, in der Gegenwart leben. Es kann sich total in intellektuelle Tätigkeiten verwickeln, bis es kein Bedürfnis oder Feeling mehr erkennt. Und schließlich kann es kraft seines Geistes leugnen, daß ein Bedürfnis überhaupt existiert. Es hat den ganzen Weg der

Zivilisation zurückgelegt. Es ist jetzt sowohl »menschlich« als auch »zivilisiert«. Und es ist jetzt weder das eine noch das andere. Denn es hat den Kontakt zu seiner Menschlichkeit verloren. Es hat sich »abgespalten« und damit sein Erbe von dem kleinen Fisch mit den winzigen Opiatrezeptoren angetreten.

Es könnte sein, daß Darwins Anpassungstheorie, wie wir sie kennen, überhaupt nicht stimmt. Die Grundlage der Evolution beruht auf der Art, wie der Organismus seine *eigenen* inneren Hilfsmittel zum Überleben und zu inneren Veränderungen als Reaktion auf eine äußere Umwelt nutzbar macht.

Aber es ist weniger so, daß die Umwelt die Arten, die zum Überleben am tauglichsten sind, »selektiert«, sondern so, daß vielmehr die Umwelt verschiedene Überlebensstrukturen produziert. Aus diesem Grunde hat der Schizophrene eine veränderte Gehirnstruktur – zur Vermittlung einer schwereren »Last« von Primärschmerz. Und aus dem gleichen Grund wird der Kortex von Tieren bei extremen Reizen schwerer und fülliger.

Mir scheint, daß Darwins Theorie vernachlässigt, wie Organismen und Umwelt interagieren und sich *gegenseitig* formen. Bedürfnis determiniert die Struktur eines menschlichen Wesens. Wenn das Gehirn wegen Urschmerzen mehr Dopaminrezeptoren braucht, *schafft es sich diese.*

Eine der Möglichkeiten, wie wir sehen können, wie die Ontogenese die Phylogenese rekapituliert, ist die Repräsentation von Erfahrungen der unteren Ebene auf den höheren Bewußtseinsebenen. Es ist die Art und Weise, auf die das Gehirn die Vergangenheit in die Gegenwart holt. Die Traumata der Säuglingszeit sind im Neokortex aufgezeichnet, und es könnte gut möglich sein, daß die Traumata der Säuglingszeit der Menschheit in der *Tatsache* der Existenz des Kortex ihren Ausdruck finden. Obwohl frühe Erfahrungen im Kortex aufgezeichnet sind, sind sie nicht direkt mit ihm verbunden. Das ist die Abspaltung. Aus diesem Grund verursacht eine Öffnung der Schleusen der Verdrängung eine Verbindung der zwei Einprägungen, so als ob sich die verschiedenen Zellen erkennen und wissen, welchen Weg sie einzuschlagen haben, um zusammen zu funktionieren.

Wir werden nicht notwendigerweise abgespalten oder neurotisch geboren, aber wir werden mit der *Fähigkeit* geboren, es zu werden. Mit der Entwicklung zum Erwachsenen wird diese Fähigkeit eine Realität.

Wenn wir mehr darüber in Erfahrung bringen wollen, wie wir

früher einmal waren, sollten wir jene Tierformen heraussuchen, die die Physiologie und das Nervensystem des Fötus, des Neugeborenen und Säuglings widerspiegeln. Je mehr wir über sie wissen, desto mehr werden wir entdecken, was wir sind. Und umgekehrt, wenn wir mehr über unsere urzeitlichen Vorgänger herausfinden wollen, brauchen wir nur unser eigenes tieferes Nervensystem zu untersuchen und zu analysieren. Die Tätigkeit der entsprechenden Zellen sollte sich im Verlauf der Geschichte des Lebens nicht sehr geändert haben. Sicherlich hat die Molekular-Biologie Licht auf die frühesten Zellen der Geschichte und gleichzeitig auf unsere eigenen ursprünglichen Zellen geworfen.

Es gibt eine biochemische Verfahrensweise, um herauszubekommen, welche Tierformen sich nahestehen und welche Tierformen dem Menschen am nächsten stehen. Die Methode beinhaltet einen Test des immunologischen Systems.[1] Er zeigt, wie nahe die Menschheit dem afrikanischen Affen steht, näher als Affen der Alten Welt den Affen der Neuen Welt. Die Verbindung ist enger als die Verwandtschaft zwischen Hunden und Füchsen, so nahe, wie Pferde den Zebras stehen. Wenn wir über unsere menschliche Wesensart diskutieren, sollten wir das in unserem geistigen Auge behalten. Unsere Physiologie und die durch sie widergespiegelten Bedürfnisse unterscheiden sich von niederen Formen nicht so sehr. Wir sind, was wir waren, und auch, was wir geworden sind. Wir sind das Endergebnis der ganzen Geschichte, und mehr.

Die Primärtherapie kehrt die Richtung der Evolution dort um, wo sich die Kluft zwischen Denken und Fühlen verbreitert. Dadurch, daß wir die Abspaltung heilen, könnte es sehr wohl sein, daß wir das menschliche Wesen wiederherstellen. *Nimmt die Evolution ihren Verlauf wie bisher, werden wir an unseren eigenen Überlebensmechanismen zugrunde gehen.* Wir schaffen Gesellschaften, die von den Bedürfnissen des Menschen abgespalten sind, erfinden Strukturen, die unsere Bedürfnisse frustrieren, und schaffen Ideologien, die sogar leugnen, daß Bedürfnisse existieren oder befriedigt werden sollten.

Menschen haben ein Gebilde errichtet, genannt der Staat, das einem neokortikalen Anbau sehr ähnelt. Es hat einen unabhängigen Charakter angenommen, der von den Interessen der Menschen, aus denen es besteht, abgetrennt ist. Der Staat hält die

1 S. L. Washburn, »The Evolution of Man«, in *Scientific American*, September 1978, S. 152.

Gesellschaft zusammen, ihre Triebe und Störungen, und herrscht schließlich über die Emotionen und Bedürfnisse seiner Mitglieder. Er verhindert den Ausdruck von Emotionen, wozu auch der Neokortex neigt, und errichtet einen Überbau von Symbolen darüber. Je mehr ein Staat von seinen Menschen getrennt ist, desto komplizierter ist der Überbau. Die von uns geschaffenen Institutionen sind ein Teil davon. Die Schulen, Kirchen, Regierungen und Organisationen spiegeln wider, was wir als Individuen sind. Sie wollen, daß wir unsere Gefühle verleugnen, weltlichen Vergnügungen entsagen, unsere Bedürfnisse unterdrücken und immer symbolischer, philosophischer, akademischer, religiöser, politischer werden, sowie all die anderen Abstraktionen. Sie wollen, daß wir alles werden, nur nicht wir selbst. Dieser Mischung müssen wir auch die Institution der Psychotherapie zurechnen, die auch von uns verlangt, unsere Bedürfnisse, unsere Urschmerzen und Feelings zu begraben, damit wir uns alle den kulturellen Werten wie Tatkraft, Ehrgeiz und produktiver Arbeit anpassen können. Durch die uns gemeinsamen Werte haben wir uns gegenseitig versklavt.

Die Psychotherapie erwuchs aus einem kulturellen Milieu, das der Auffassung war, daß Gefühle nicht so wichtig wie Gedanken und Verhalten sind und daß Reflexion und Introspektion weniger wert sind als Arbeit. Sie ist eine Widerspiegelung dieser Kultur in ihrer Anbetung von Ideen und Einsichten, in ihrer äußerlichen Orientierung und ihrem Verlangen nach »Anpassung« an genau die Kultur, die die Abspaltung verstärkt und dazu beiträgt, die Neurose zu produzieren. Das Zeigen von Gefühlen, besonders in der Kultur und Psychotherapie, wird für abträglich, schädlich, nutzlos und für ein pathologisches Zeichen gehalten. Man stelle sich das vor! Genau das, was uns befreien und menschlich machen kann, ist in Pathologie gekehrt worden. Und was uns noch abgespaltener und neurotischer machen wird, ist von genau den Menschen verherrlicht worden, die dazu bestimmt sind, uns zu heilen. In welchen Zwängen wir doch stecken! Jene, die Bewußtheit als Bewußtsein vergöttern, haben noch nicht begriffen, daß es keinen bewußten Weg zum Unbewußten gibt, keinen schmerzlosen Weg zum Schmerz, keinen selbsttranszendierenden Weg zum Selbst und keinen Verhaltens-Weg zur gründlichen Veränderung von Verhalten.

Die Institution der Psychotherapie haben wir geschaffen, um neurotisch zu bleiben. Betrachten wir uns doch, woraus sie besteht: zum größten Teil aus Medikamenten. Anstatt an das Selbst heranzukommen, schieben sie es beiseite. Sie verstärken die Abspaltung, indem sie die Gefühle vom Denken fernhalten. *Im Namen geistiger Gesundheit bekommen wir Geisteskrankheiten.* In Wirklichkeit ist neben Geisteskrankheit ihre Behandlung eines der größten Leiden der Menschheit. Werden dem Patienten keine Medikamente injiziert, wird er auf andere Weise unter Drogen gesetzt, durch Glaubensvorstellungen. Er erlebt sich selbst nicht mehr, er interpretiert es. Tatsächlich haben die verschiedenen Psychotherapien nur verschiedene Arten gefunden, das Selbst zu interpretieren, wo es doch darum geht, es zu befreien.

Wenn ein Organismus durch Unachtsamkeit gegenüber Bedürfnissen traumatisiert wird, kommt er aus dem Gleichgewicht. Jedes Subsystem versucht durch Überarbeitung oder Unterbeschäftigung auszugleichen. Genau dies geschieht mit der Gesellschaft, wenn Bedürfnisse vernachlässigt bleiben. Wir entwickeln Neurotiker, die Psychotherapien, psychiatrische Anstalten, Gefängnisse und konstante medizinische Versorgung brauchen. Dies sind kompensierende Institutionen, die das Erbe der Unachtsamkeit gegenüber Bedürfnissen verwalten. Ein Kind, dessen Bedürfnisse alle befriedigt wurden, wird weder ständig krank noch ein Krimineller oder ein Fall von Geisteskrankheit. Das gleiche gilt auch für die Gesellschaft. Wir haben jedoch ein duales System von Bedürfnissen: die körperlichen und die emotionalen Bedürfnisse. Die Befriedigung einer Hälfte ist nicht genug. Eine richtige Verteilung des Wohlstands und die Eliminierung von Armut sind von grundlegender Bedeutung, doch sie garantieren für sich allein keine psychische Gesundheit.

Je mehr Bedürfnisse unterdrückt oder vernachlässigt werden, desto größer sind die Wucherungen symbolischer Institutionen. Wir können das ganz einfach feststellen. Wir haben ein reales Bedürfnis nach Bewegung und Beförderungsmitteln, doch wird das Bedürfnis so manipuliert, daß wir Autos kaufen, Unmengen Benzin verbrauchen und uns Autonamen wie »Cougar« und »Panther« ausdenken, die sicher etwas anderes ansprechen als das Bedürfnis nach Beförderungsmitteln. Unser reales Bedürfnis nach Beförderungsmitteln wird nie in dem Sinne erfüllt, daß wir ein günstiges Verkehrssystem bekommen, weil wir alle rumrennen und mittels Auto nach »Individualität« streben.

Der Mangel an einem Massenverkehrssystem hat dann eine

weiterbestehende Dominanz des Autos zur Folge. Wir pflastern immer mehr schöne Landschaften zu, verschmutzen die Luft, bringen Hunderttausende bei Autounfällen um und ziehen letztlich noch in den Krieg oder manipulieren Regierungen, um die Interessen jener zu schützen, die unser einfaches Bedürfnis frustrieren, von einem Ort zum anderen zu kommen.
Wir haben ein System geschaffen, das die Gesellschaft entzweit und Institutionen hervorbringt, deren Ziel es ist, die Bedürfnisse von Menschen zu frustrieren. Gleichzeitig werden Ideologien erschaffen, um diese Ordnung zu rechtfertigen und ihren Fortbestand zu gewährleisten. Jene, die keinen Kontakt mehr zu ihren Bedürfnissen haben, kommen dahin, an die Spaltung der Gesellschaft und an das »System« zu glauben. Wie es ein großer Konzern ausgedrückt hat: »Das System ist die Lösung.« Auf ihre Art haben sie recht. Es löst *ihre* Probleme, und die Menschen werden jeder Veränderung gegenüber mißtrauisch, die sich mit ihren Bedürfnissen beschäftigt.
Jedes System, ein therapeutisches eingeschlossen, in dessen Mittelpunkt nicht das menschliche Bedürfnis steht, führt letztendlich zu reaktionären Lösungen. Immer mehr Anstrengungen werden unternommen, immer mehr Geld wird ausgegeben, um mit den *Symptomen* von Krankheiten fertig zu werden, weil alle die Ursache aus den Augen verloren haben. Unsere Zivilisation hat ihre Arbeit getan und uns den Zugang zu realen Lösungen genommen, weil die moderne Zivilisation *bedeutet,* daß man keine Berührungspunkte mehr zu Bedürfnissen hat. Die Befriedigung aller Bedürfnisse unserer Affen-Vorfahren hätte alle Zwänge zu Veränderungen überflüssig gemacht. Die Lösung, die Politiker und sogar Therapeuten diskutieren, hat nicht Aufmerksamkeit gegenüber Bedürfnissen zum Inhalt, sondern zunehmende Verdrängung. Stopft die Kranken und Ängstlichen mit Arzneimitteln voll, behandelt die Psychotiker mit Elektroschocks und bestraft die Kriminellen!
So wie Menschen nach Erleben einer bestimmten Primärschmerzebene zusammenbrechen, so zerfallen auch soziale Strukturen. Die Symptome geraten außer Kontrolle, es gibt keine geordneten Verhältnisse mehr; Verbrechen und Korruption gewinnen die Oberhand. Die Natur wird mißbraucht. Lebenswichtige Systeme sind bedroht, und wir leben in Gegenden, in denen wir die Luft nicht mehr atmen können. Unser Überleben ist in Gefahr, und doch passen wir uns dem Geschehen an. Dem liegt genau der

Mechanismus zugrunde, der uns bis jetzt überleben ließ: die Verdrängung.

Die Lösung all unserer Probleme, der persönlichen und der gesellschaftlichen, setzt das Bewußtsein von realen Bedürfnissen voraus. Es muß mit dem Individuum seinen Anfang nehmen, weil ein Bewußtsein des Selbst sich zu einem gesellschaftlichen Bewußtsein entwickelt. Sobald jemand fühlen kann, kann er sich in andere einfühlen. Bis dahin ist alles nur Schein. Wenn wir Kontakt zu unseren eigenen Bedürfnissen haben, wissen wir auch, was andere brauchen. Wir wissen, was unsere Kinder brauchen, um gesund aufzuwachsen – eine ordentliche Geburt, viele Liebkosungen, Küsse, Aufmerksamkeit und Interesse. Wenn wir die Qualen unserer eigenen Geburt wiedererlebt haben, wissen wir instinktiv, wie wichtig eine ordentliche Geburt für die weitere Entwicklung des Kindes ist. Nachdem wir die Schrecken der Schulzeit gefühlt haben, wissen wir, daß sehr kleine Kinder nicht acht Stunden in einem Klassenzimmer sitzen sollten. Wenn wir unsere Liebe zu einem Lehrer wiedererlebt haben, wissen wir mit Gewißheit, daß Kinder am besten durch herzliche Beziehungen lernen und nicht durch rigiden, militärähnlichen Drill. Und wir wissen, was wichtig ist zu lernen und was nicht.

Ein Primärpatient, der durch seinen Körper und seine Erfahrungen gelernt hat, kann ohne hochentwickelte Theorien in bezug auf Lernen und Psychologie leben. Er kennt die menschliche Psyche wie nur wenige. Er weiß, was Menschen krank macht, hohen Blutdruck, Migräne und Herzkrankheiten hervorruft, weil er in vielen Fällen selbst darunter gelitten hat und genau weiß, welche Feelings sie verursacht haben. Er kennt den Wert des Fühlens.

Zu viele Menschen träumen von dem Leben, das andere führen. Sie mögen glauben, das Leben sei etwas »da draußen«. Unablässig suchen sie nach Antworten auf die Geheimnisse des Lebens, ohne jemals zu erkennen, daß sie den Schlüssel dazu besitzen. Der Schlüssel dazu ist das Fühlen. Alles, was im Leben geschieht, ist ohne Feeling bedeutungslos.

Ein Mensch, der fühlt, ist bewußt. Er ist bewußt, weil er Zugang zu seinen Tiefen hat, etwas, das wir möglicherweise seit Tausenden von Jahren verloren haben.

Befriedigung von Bedürfnissen, das Zulassen von Gefühlen, Freiheit der Ausdrucksform, freies Bewegen: auf diese Weise könnte eine kranke Gesellschaft verhindert werden. Unglück-

licherweise sind wir alle unter Urschmerzen groß geworden; wir haben repressive Eltern gehabt und sind Erwachsene geworden, die vom Staat erwarten, daß er an die Stelle der Eltern tritt. Wir sollten uns keine Sorgen um den »Großen Bruder« machen. Die »große Mammi« und der »große Papi« sind es. Wir alle akzeptieren die Kontrolle des Staates, weil wir von Eltern, die das »Programm gekauft« haben, vorkonditioniert worden sind. Wir sind durch Ideologie versklavt, weil wir nicht fühlen können.
Vielleicht werden wir damit fortfahren, bis keine Gefühle mehr übrig sind, bis keiner mehr ihre Existenz anerkennt. Dann werden wir »1984« erreicht haben, weil die Stirnlappen-Verdrängung vorherrscht und wir nicht viel mehr als Roboter sein werden, die zweckdienliche Phrasen nachplappern und erledigen, was ihnen aufgetragen worden ist. Bis zu einem gewissen Grad ist das ja schon eingetroffen. Die Menschen, die man ihrer Gefühle beraubt hat, leben wie Roboter und sagen nur, was angemessen, anerkannt und gesellschaftlich abgesegnet ist. Sie gehorchen dem Staat, was immer er auch tut und sagt, wie sie ihren Eltern gehorcht haben. Sie bleiben Sklaven ihrer Kindheit – gefangen im Schmerz, Gefangene, die auf eine Realität reagieren, die nicht mehr existiert. Oder, um es genauer auszudrücken: Sie bauen eine alte Realität immer wieder auf.
Die Befriedigung sozialer Bedürfnisse ist sehr wichtig, aber sie allein garantiert nicht, daß emotionale Bedürfnisse beachtet werden. In dieser Hinsicht spielt es keine Rolle, ob das ökonomische System kapitalistisch, sozialistisch oder feudal ist. Die einzig bedeutsame Revolution ist die der Psyche, sie ist der Weg zu permanenter Revolution, das heißt in Richtung auf fortwährende Veränderung und Anpassung an sich verändernde Umstände.
Der wirkliche Beitrag der Primärtherapie liegt weniger in der Forschung als vielmehr in einem instinktiven Erkennen einer zentralen Realität, ein längst verlorenes, vielleicht unerklärliches Etwas aus unserer Kindheit, an das wir uns schwach erinnern. Es ist eine Wahrheit, die über wissenschaftliche Fakten hinausgeht, eine emotionale Wahrheit, die nicht mit Tabellen und Diagrammen bewiesen werden kann, sondern nur durch Erfahrung.
Wer seine Urschmerzen fühlt, verändert sich auf bedeutsame Weise. Er wird kein anderes Wesen, und doch sind die sich entwickelnden Unterschiede tiefgreifend. Es stellt sich die Frage, wie wird man so? Die große und ewige Debatte in der Psychotherapie dreht sich um die Frage: »Wie erreicht man gründliche

Veränderungen?« Die Antwort liegt nicht in weiter Ferne, wir müssen uns nur fragen, wie jemand zu einem Neurotiker gemacht wurde. Wir betrachten die Kindheit von jemandem, sehen den betrunkenen Vater, die nachlässige Mutter, die Waisenhäuser, die Prügel und den Mangel an Fürsorge, und es ist alles logisch. Die Dynamik des Wandels von der Neurose zur Gesundheit beinhaltet *genau die Traumata, welche die ursprüngliche Veränderung bewirkten.* Die Aufgabe besteht darin, den Auswirkungen dieser Traumata ein Ende zu machen.

Wir alle sind in Wirklichkeit Zeitkapseln. Manchmals sind die Inhalte tief vergraben. Die Primärtherapie ist eine Reise durch die Zeit, zurück in die dunklen und verborgenen Höhlen des Unbewußten, die mit den Artefakten unserer Leben angefüllt sind.

Der neurotische Patient trägt den Keim zu seiner Heilung in sich. Er wird nicht aufgrund verschiedener Theorien und Methoden gesund. Er wird gesund, weil man ihm die Werkzeuge und einen Ansatzpunkt in sich selbst gegeben hat. Er hat zum Beispiel kein »Image-Problem« oder eine »Identitätskrise«, weil Images Feelings reflektieren; und Feelings geben uns uns selbst zurück. Es bedarf keiner »Identität«. Kein Patient wird in der Therapie seine Feelings ehrlich ausdrücken, bis er weiß, was sie sind. Wenn er es weiß, kann er endlich ehrlich sein – und nicht vorher.

In seinem Buch *Dragons of Eden* legt Carl Sagan Wert auf die Feststellung, daß erst Harmonie unter den verschiedenen Gehirnkomponenten erreicht werden muß, bevor man dauerhaften Frieden findet. Das ist eine scharfsichtige Einsicht, denn was immer wir außerhalb von uns erschaffen, hängt davon ab, wie wir innerlich funktionieren. Wenn unser Gehirn nicht harmonisch arbeitet, wenn ein Bereich über den anderen herrscht oder abgetrennt und beseitigt ist, dann werden die äußerlichen Tätigkeiten diese Disharmonie widerspiegeln, sei es in Krieg, Architektur, Gewalt im Fernsehen oder in der Psychotherapie.

Es liegt im Bereich unserer Möglichkeiten, das Unbewußte, wie wir es kannten, zu beseitigen, oder wenigstens die Gabelung von Bewußtsein und Unbewußtheit aufzuheben. Mit Gewißheit wird eine bewußtere Bevölkerung eine freiere Gesellschaft schaffen.

Bis man mit seiner Vergangenheit fertiggeworden ist, gibt es keine Gegenwart, und bis man nicht in der Gegenwart leben kann, gibt es keine Zukunft. Für den Neurotiker *ist* die Vergangenheit die Gegenwart. Die Vergangenheit wiedererlebt zu haben, bedeutet, das Geschenk der Gegenwart empfangen zu haben. Und je tiefer man die Vergangenheit durchforscht, desto vollständiger wird man in die Gegenwart gebracht.

Um den primärtherapeutischen Ansatz zu verstehen, braucht man mehr als »Aufgeschlossenheit«. Ich glaube nicht, daß jemand offen sein kann, bevor er nicht sich selbst gegenüber offen geworden ist. Jene, die dem nahe gekommen sind, die unter chronischen Angstzuständen oder häufigen Alpträumen litten, haben eine Vorstellung von dem, was darunter liegt. Die gut Abgewehrten trennen Welten davon. Es liegt nicht im Rahmen ihrer Erfahrung.

Primärschmerz ist nicht einfach ein *Begriff.* Er ist eine Erfahrung. Ich habe mitzuteilen versucht, woraus diese Erfahrung besteht, doch sind Worte ein dürftiger Ersatz für die Beschreibung emotionaler Zustände, die auf Ebenen errichtet sind, auf denen Worte nicht existieren. Ein einziges Erlebnis von Urschmerz sagt mehr als dieses ganze Buch.

Anhang A

UNTERSUCHUNGSERGEBNISSE DER PATIENTEN DER BIOCHEMISCHEN UNTERSUCHUNG VON GOODMAN-SOBEL

SYMPTOM	BESSERUNG DER FRÜHEN PRIMALLER IN PROZENTEN		BESSERUNG DER SPÄTEN PRIMALLER IN PROZENTEN
Depression	100%	zu	33%
Schlaflosigkeit	50%	zu	33,3%
Muskelzucken (Tics)	100%	zu	0%
Fettleibigkeit	0%	zu	0%
Durchfall	100%	zu	0%
Phobien	100%	zu	0%
Suizidanwandlungen	50%	zu	25%
Meiden sozialer Kontakte	100%	zu	25%
Erregte Depression	50%	zu	25%
Alpträume	67%	zu	33%
Konzentrations-schwäche	67%	zu	0%
Tagträumen	75%	zu	67%
Melancholische Depression	100%	zu	33%
Entspannungs-schwierigkeiten	75%	zu	0%

Der Fragebogen von 1979 wurde nach dem Zufallsverfahren an mehr als 200 ehemalige und gegenwärtige Primärpatienten verteilt, die sich mindestens ein Jahr der Primärtherapie unterzogen hatten. Die 200 Antworten repräsentieren annähernd 8 Prozent *aller Patienten,* die in einem Zeitraum von zehn Jahren am Primal Institute behandelt wurden. Zusätzlich wurde der Fragebogen an eine Kontrollgruppe von 50 Bewerbern um eine Primärtherapie, die nach dem Zufallsverfahren selektiert wurden, ausgeteilt.
Der Fragebogen umfaßte 62 Seiten mit 250 Items und wurde von David J. Carlini und Barry M. Bernfeld, Doktoranden am California Graduate Institute, entworfen und verfaßt. (Bernfeld gehört auch zum Personal des Primal Institute.) Die Untersuchungs-Daten wurden von Dr. Charles Swigert, Mitglied des technischen Personals der Hughes Research Laboratories, Exploratory Studies Department, zusammengefaßt und gegliedert. Dr. Swigert ist eine Autorität sowohl für Computer-Design als auch für die Natur des holographischen Gehirns.
Die 250 ausgefüllten Fragebögen ergaben annähernd 100 000 Computer-Eingaben, die mehr als 700 Tabellen hervorbrachten. Dr. Swigert testete den Fragebogen auf statistische Signifikanz und berechnete eine »Zuverlässigkeits-Ebene« von 95 Prozent; das heißt, es besteht eine Wahrscheinlichkeit von 5 Prozent, daß jede einzelne Antwort oder berichtete Veränderung Zufallsfaktoren zuzuschreiben und deshalb nicht signifikant ist.

Anhang B

ERGEBNISSE DER FRAGEBOGENUNTERSUCHUNG VON 1979

EINIGE IMPLIKATIONEN

Obwohl die Untersuchung von 1979 eine Pilot-Studie zu weiteren Untersuchungen ist, das Untersuchungsinstrumentarium verbessert und die Population der Untersuchung vergrößert werden soll, deuten die bisher gesammelten Daten einige interessante Trends an. Die Forscher haben einige instruktive Vergleiche zwischen Resultaten von Patienten vorgenommen, die sagten, sie hätten Zugang zur ersten Ebene erlangt, und denen, die sagten, ihre Primals seien nur auf der zweiten Ebene. Die Ergebnisse weisen darauf hin, daß die Auflösung von Traumata auf der ersten Ebene wichtig – aber nicht immer notwendig – ist für das Verschwinden einiger Symptome. Sie zeigen auch, daß man bei tiefgehendem Zugang ernste Probleme, wie etwa Suizidanwandlungen, aufheben kann.

GESAMTPOPULATION (200 BEANTWORTER)

KATEGORIE DER REAKTIONEN

SYMPTOM	ZAHL DER SYMPTOMTRÄGER	% KEINE REAKTION	% VERSCHLECHTERT UND HÄUFIGER	% UNVERÄNDERT	% WENIGER SCHWER UND HÄUFIGER	% SCHWERER UND SELTENER	% WENIGER SCHWER UND SELTENER	% VERSCHWINDEN
SPANNUNGSKOPFSCHMERZEN	107	0,9	4,7	7,5	4,7	12,1	52,3	17,8
MIGRÄNE	31	3,2	12,9	6,5	6,5	12,9	48,4	9,7
HERZKLOPFEN	51	0,0	2,0	17,6	0,0	7,8	51,0	21,6
MUSKELVERSPANNUNG	162	0,0	8,0	16,0	3,7	4,9	60,5	6,8
ZÄHNEKNIRSCHEN	87	0,0	3,4	16,1	0,0	4,6	47,1	28,7
NAGELKAUEN	66	0,0	1,5	28,8	0,0	4,5	43,9	21,2
MAGENSTÖRUNGEN	81	1,2	4,9	11,1	0,0	3,7	65,4	13,6
HÄUFIGES URINIEREN	63	0,0	7,9	46,0	–	–	34,9	11,1
HAUTLEIDEN	57	0,0	3,5	26,3	0,0	1,8	52,6	15,8
HÄMORRHOIDEN	46	0,0	4,3	21,7	0,0	4,3	47,8	21,7
ÜBEREMPFINDLK. GEGEN WÄRME/KÄLTE	83	0,0	6,0	45,8	0,0	4,8	30,1	13,3
SCHRECKREAKTIONEN	72	1,4	5,6	18,1	1,4	1,4	58,3	13,9
ALLERGIEN	60	1,7	3,3	41,7	0,0	1,7	41,7	10,0
ASTHMA	10	0,0	10,0	20,0	0,0	10,0	40,0	20,0
HÄUFIGE ERKÄLTUNGEN	79	0,0	1,3	10,1	2,5	3,8	51,9	30,4
HALSBESCHWERDEN	55	1,8	3,6	20,0	0,0	3,6	47,3	23,6
SODBRENNEN	66	0,0	1,5	6,1	1,5	4,5	48,5	37,9
SCHLAFLOSIGKEIT	95	0,0	6,3	14,7	2,1	6,3	46,3	24,2
ALPTRÄUME	99	1,0	8,1	12,1	3,0	7,1	55,6	13,1
WIEDERKEHRENDE TRÄUME	83	0,0	8,4	15,7	–	–	37,3	38,6
STÄNDIGES VERSCHLAFEN	90	0,0	4,4	17,8	0,0	0,0	51,1	26,7
ALKOHOLISMUS	32	0,0	3,1	3,1	3,1	3,1	46,9	40,6
RAUCHEN	67	0,0	1,5	9,0	–	–	31,3	58,2
EINNAHME VERSCHRIEBENER MEDIKAMENTE	50	0,0	4,0	6,0	–	–	40,0	50,0
FETTLEIBIGKEIT	73	1,4	4,1	12,3	2,7	0,0	63,0	16,4
MENSTRUATIONSSCHWIERIGKEITEN	36	0,0	16,7	25,0	2,8	5,6	38,9	11,1
FRIGIDITÄT	49	0,0	4,1	26,5	0,0	0,0	44,9	24,5
IMPOTENZ	35	0,0	11,4	14,3	2,9	2,9	51,4	17,1
VORZEITIGE EJAKULATION	37	5,4	0,0	13,5	2,7	2,7	48,6	27,0
ÜBERMÄSSIGES MASTURBIEREN	91	1,1	5,5	15,4	1,1	0,0	59,3	17,6
PORNOGRAPHIE	57	1,8	1,8	15,8	0,0	5,3	59,6	15,8
HOMOSEXUELLES VERLANGEN	65	0,0	10,8	13,8	4,6	4,6	47,7	18,5
HOMOSEXUELLE AKTIVITÄTEN	19	0,0	15,8	15,8	5,3	0,0	26,3	36,8
SUIZIDANWANDLUNGEN	100	2,0	7,0	8,0	3,0	8,0	34,0	38,0
SUIZIDVERSUCHE	15	0,0	0,0	0,0	0,0	0,0	13,3	86,7
ERREGTE DEPRESSION	104	0,0	7,7	6,7	1,0	6,7	51,0	26,9
MELANCHOLISCHE DEPRESSION	159	0,0	6,9	8,2	1,9	11,3	56,0	15,7
ZWÄNGE	98	0,0	1,0	11,2	2,0	6,1	60,2	19,4
ZWANGSVORSTELLUNGEN	115	0,0	4,3	11,3	0,9	4,3	68,7	10,4
PHOBIEN	95	1,1	1,1	17,9	0,0	8,4	61,1	10,5
HALLUZINATIONEN:								
VISUELLE	26	0,0	7,7	7,7	0,0	11,5	15,4	57,7
AUDITIVE	26	0,0	0,0	23,1	0,0	3,8	30,8	42,3
PARANOIDE VORSTELLUNGEN	86	0,0	3,5	10,5	2,3	7,0	57,0	19,8
UNANGEMESSENE WUT	133	0,8	7,5	5,3	3,8	9,8	60,2	12,8
INTROVERTIERTHEIT	153	0,0	1,3	9,2	1,3	5,9	71,9	10,5
EXTROVERTIERTHEIT	34	0,0	2,9	0,0	0,0	2,9	82,4	11,8
RÜCKZUG	147	0,7	2,7	11,6	1,4	2,7	66,0	15,0
ARBEITSSUCHT	80	1,3	3,8	5,0	1,3	1,3	43,8	43,8
SCHWIERIGKEITEN BEI:								
SPRECHEN I. D. ÖFFENTLICHKEIT	145	0,0	2,1	27,6	–	–	70,3	–
ÄUSSERN VON BEDÜRFNISSEN	185	0,0	0,5	9,2	–	–	90,3	–
WEINEN	120	0,8	0,0	11,7	–	–	87,5	–
DISKUTIEREN VON PROBLEMEN	150	0,0	2,0	15,3	–	–	82,7	–
NEUE MENSCHEN KENNENLERNEN	146	0,7	2,1	20,5	–	–	76,0	–
GEGENGESCHLECHT TREFFEN	129	0,8	5,4	25,6	–	–	68,2	–
ZURECHTKOMMEN	115	0,0	1,7	14,8	–	–	83,5	–

VETERANEN-POPULATION: Vor 1976 (62 BEANTWORTER)

KATEGORIE DER REAKTIONEN

SYMPTOM	ZAHL DER SYMPTOM-TRÄGER	% KEINE REAKTION	% VERSCHLECHTERT UND HÄUFIGER	% UNVERÄNDERT	% WENIGER SCHWER UND HÄUFIGER	% SCHWERER UND SELTENER	% WENIGER SCHWER UND SELTENER	% VERSCHWINDEN
SPANNUNGSKOPFSCHMERZEN	33	0,0	3,0	6,1	6,1	9,1	51,5	24,2
MIGRÄNE	9	0,0	22,2	0,0	0,0	11,1	44,4	22,2
HERZKLOPFEN	15	0,0	6,7	0,0	0,0	6,7	53,3	33,3
MUSKELVERSPANNUNG	51	0,0	2,0	7,8	2,0	0,0	80,4	7,8
ZÄHNEKNIRSCHEN	28	0,0	3,6	7,1	0,0	3,6	42,9	42,9
NAGELKAUEN	18	0,0	0,0	22,2	0,0	0,0	55,6	22,2
MAGENSTÖRUNGEN	20	0,0	0,0	5,0	0,0	0,0	60,0	35,0
HÄUFIGES URINIEREN	13	0,0	7,7	30,8	–	–	53,8	7,7
HAUTLEIDEN	11	0,0	0,0	9,1	0,0	0,0	72,7	18,2
HÄMORRHOIDEN	15	0,0	13,3	13,3	0,0	0,0	40,0	33,3
ÜBEREMPFINDLK. GEGEN WÄRME/KÄLTE	26	0,0	0,0	30,8	0,0	0,0	42,3	26,9
SCHRECKREAKTIONEN	19	0,0	0,0	15,8	0,0	0,0	57,9	26,3
ALLERGIEN	17	0,0	0,0	47,1	0,0	0,0	41,2	11,8
ASTHMA	3	0,0	33,3	0,0	0,0	0,0	33,3	33,3
HÄUFIGE ERKÄLTUNGEN	24	0,0	0,0	12,5	0,0	4,2	54,2	29,2
HALSBESCHWERDEN	11	0,0	9,1	9,1	0,0	9,1	54,5	18,2
SODBRENNEN	22	0,0	4,5	9,1	0,0	4,5	36,4	45,5
SCHLAFLOSIGKEIT	26	0,0	0,0	11,5	0,0	0,0	46,2	42,3
ALPTRÄUME	26	0,0	0,0	3,8	0,0	0,0	76,9	19,2
WIEDERKEHRENDE TRÄUME	30	0,0	3,3	10,0	–	–	40,0	46,7
STÄNDIGES VERSCHLAFEN	27	0,0	7,4	11,1	0,0	0,0	48,1	33,3
ALKOHOLISMUS	13	0,0	7,7	7,7	0,0	0,0	61,5	23,1
RAUCHEN	26	0,0	0,0	3,8	–	–	34,6	61,5
EINNAHME VERSCHIEDENER MEDIKAMENTE	18	0,0	5,6	11,1	–	–	50,0	33,3
FETTLEIBIGKEIT	19	5,3	0,0	5,3	0,0	0,0	68,4	21,1
MENSTRUATIONSSCHWIERIGKEITEN	10	0,0	10,0	20,0	0,0	10,0	30,0	30,0
FRIGIDITÄT	17	0,0	11,8	17,6	0,0	0,0	29,4	41,2
IMPOTENZ	8	0,0	37,5	0,0	12,5	0,0	50,0	0,0
VORZEITIGE EJAKULATION	9	0,0	0,0	0,0	0,0	11,1	55,6	33,3
ÜBERMÄSSIGES MASTURBIEREN	21	4,8	0,0	23,8	0,0	0,0	57,1	14,3
PORNOGRAPHIE	16	0,0	0,0	31,3	0,0	0,0	62,5	6,3
HOMOSEXUELLES VERLANGEN	16	0,0	18,8	31,3	0,0	0,0	25,0	25,0
HOMOSEXUELLE AKTIVITÄTEN	7	0,0	0,0	28,6	0,0	0,0	28,6	42,9
SUIZIDANWANDLUNGEN	30	0,0	3,3	3,3	3,3	6,7	26,7	56,7
SUIZIDVERSUCHE	6	0,0	0,0	0,0	0,0	0,0	0,0	100
ERREGTE DEPRESSION	32	0,0	3,1	0,0	0,0	3,1	59,4	34,4
MELANCHOLISCHE DEPRESSION	46	0,0	4,3	0,0	2,2	8,7	67,4	17,4
ZWÄNGE	23	0,0	0,0	8,7	0,0	0,0	52,2	39,1
ZWANGSVORSTELLUNGEN	30	0,0	6,7	3,3	0,0	3,3	73,3	13,3
PHOBIEN	27	0,0	0,0	7,4	0,0	7,4	66,7	18,5
HALLUZINATIONEN: VISUELLE	6	0,0	0,0	0,0	0,0	0,0	16,7	83,3
AUDITIVE	6	0,0	0,0	16,7	0,0	0,0	50,0	33,3
PARANOIDE VORSTELLUNGEN	20	0,0	0,0	0,0	0,0	0,0	80,0	20,0
UNANGEMESSENE WUT	42	2,4	7,1	4,8	2,4	2,4	64,3	16,7
INTROVERTIERTHEIT	42	0,0	2,4	2,4	0,0	0,0	83,3	11,9
EXTROVERTIERTHEIT	9	0,0	0,0	0,0	0,0	0,0	66,7	33,3
RÜCKZUG	36	0,0	0,0	11,1	0,0	2,8	69,4	16,7
ARBEITSSUCHT	25	0,0	0,0	4,0	4,0	0,0	56,0	36,0
SCHWIERIGKEITEN BEI: SPRECHEN I. D. ÖFFENTLICHKEIT	43	0,0	0,0	30,2	–	–	69,8	–
ÄUSSERN VON BEDÜRFNISSEN	55	0,0	1,8	3,6	–	–	94,5	–
WEINEN	36	2,8	0,0	5,6	–	–	91,7	–
DISKUTIEREN VON PROBLEMEN	47	0,0	2,1	6,4	–	–	91,5	–
NEUE MENSCHEN KENNENLERNEN	40	0,0	0,0	15,0	–	–	82,5	–
GEGENGESCHLECHT TREFFEN	35	0,0	2,9	14,3	–	–	82,9	–
ZURECHTKOMMEN	33	0,0	0,0	3,0	–	–	97,0	–

NÄGELKAUEN

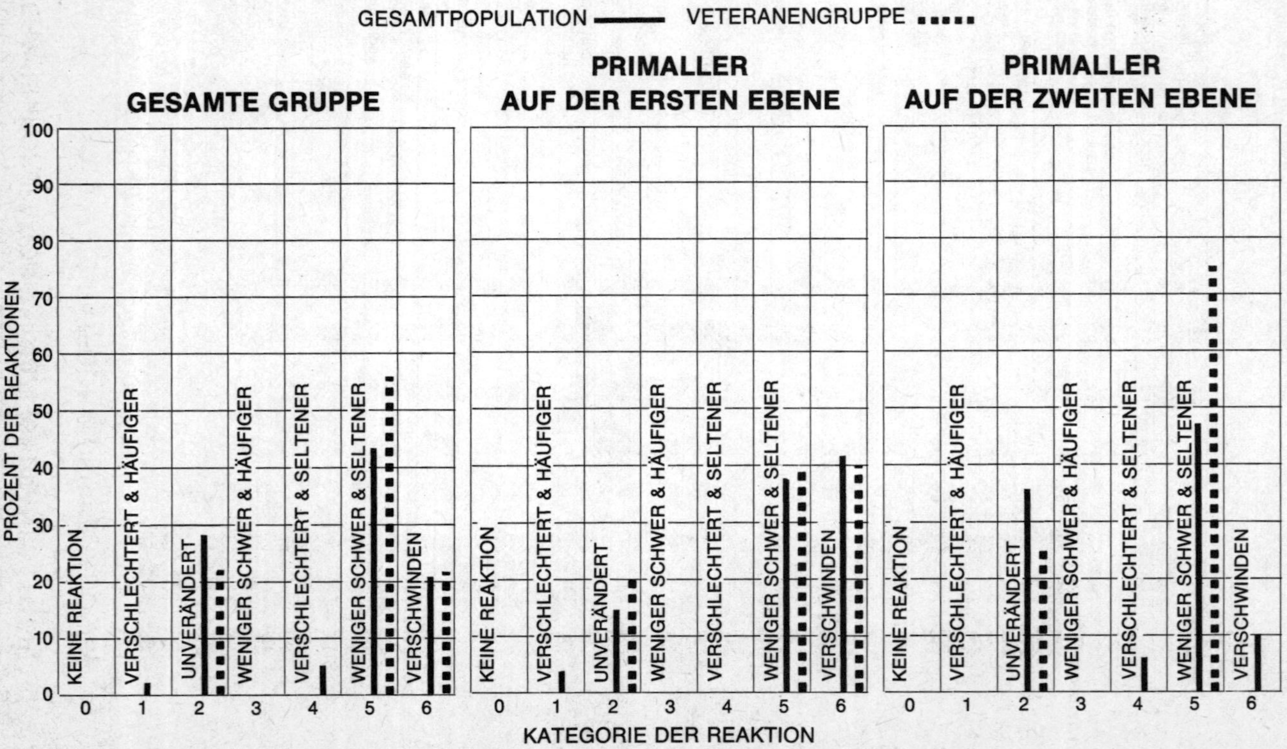
GESAMTPOPULATION
VETERANENGRUPPE
GESAMTE GRUPPE
PRIMALLER AUF DER ERSTEN EBENE
PRIMALLER AUF DER ZWEITEN EBENE
PROZENT DER REAKTIONEN
0
10
20
30
40
50
60
70
80
90
100
KEINE REAKTION
VERSCHLECHTERT & HÄUFIGER
UNVERÄNDERT
WENIGER SCHWER & HÄUFIGER
VERSCHLECHTERT & SELTENER
WENIGER SCHWER & SELTENER
VERSCHWINDEN
0
1
2
3
4
5
6
KATEGORIE DER REAKTION

Wie die Tabelle für das Symptom des Nägelkauens anzeigt, scheint es eine Korrelation zwischen dem vollständigen Verschwinden des Symptoms und der Auflösung von Primärschmerzen der ersten Ebene zu geben. So harmlos es scheinen mag, Nägelkauen ist kein leichtes Symptom. Die zugrunde liegenden Ursachen scheinen sehr tief zu gehen. Diese offensichtliche Assoziation regt zum Nachdenken an und läßt vermuten, daß die psychoanalytische Erklärung des Symptoms – gegen sich selbst gekehrte Wut – unzulänglich ist. Wir können auch die möglichen Gefahren erkennen, die darin liegen, sich nur mit dem »leichten« Symptom des Nägelkauens ohne Bezug zum zugrunde liegenden Urschmerz zu beschäftigen.

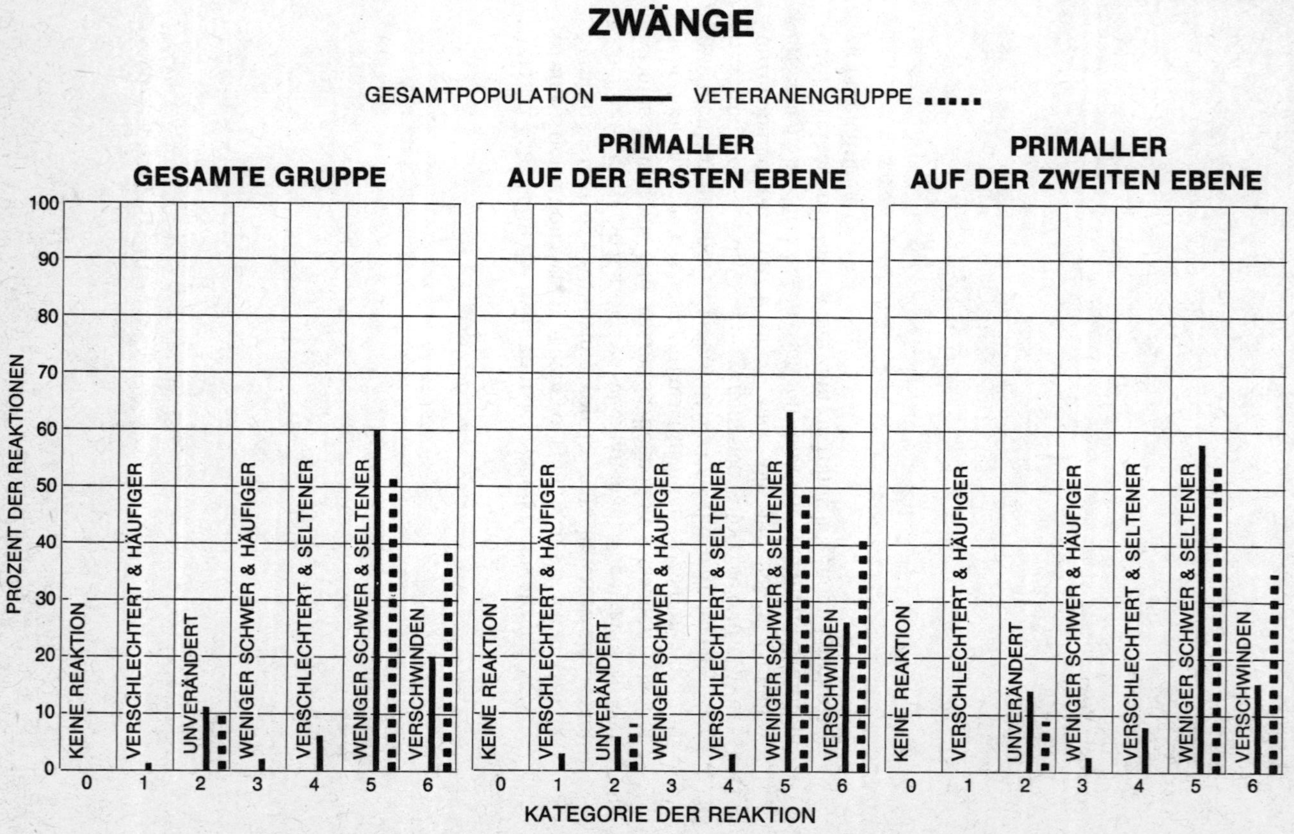
ZWÄNGE
GESAMTPOPULATION
VETERANENGRUPPE
GESAMTE GRUPPE
PRIMALLER AUF DER ERSTEN EBENE
PRIMALLER AUF DER ZWEITEN EBENE
PROZENT DER REAKTIONEN
0
10
20
30
40
50
60
70
80
90
100
KEINE REAKTION
VERSCHLECHTERT & HÄUFIGER
UNVERÄNDERT
WENIGER SCHWER & HÄUFIGER
VERSCHLECHTERT & SELTENER
WENIGER SCHWER & SELTENER
VERSCHWINDEN
0
1
2
3
4
5
6
KATEGORIE DER REAKTION

Wir hatten Zwanghaftigkeit für ein absolutes Symptom der ersten Ebene gehalten. Das Schaubild für die Ergebnisse dieser Kategorie läßt jedoch vermuten, daß das so nicht der Fall ist. Allem Anschein nach fangen bestimmte Symptome mit dem Nachlassen von Primärschmerz der zweiten Ebene an, zu verschwinden, sogar wenn diese Symptome ihren Ursprung im Urschmerz der ersten Ebene haben mögen.

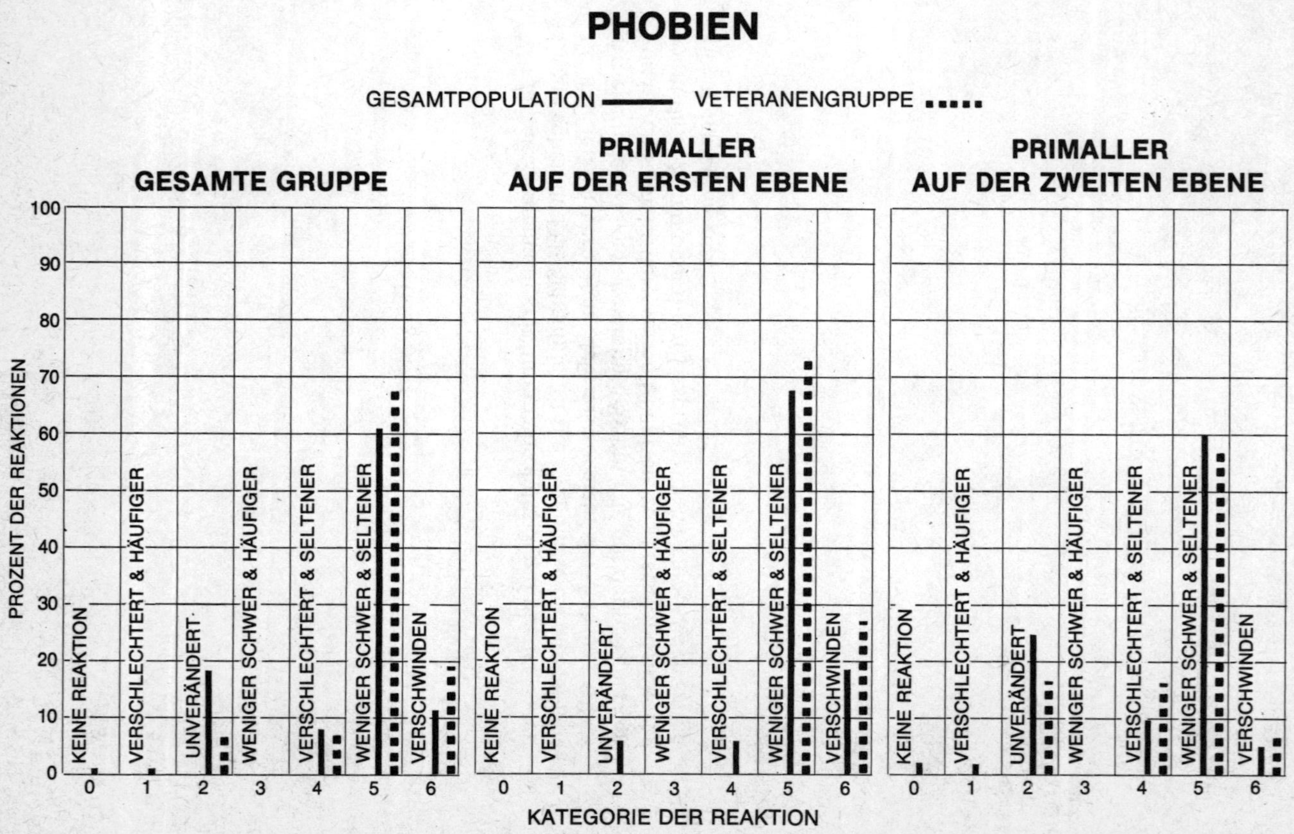
PHOBIEN
GESAMTPOPULATION
VETERANENGRUPPE
GESAMTE GRUPPE
PRIMALLER AUF DER ERSTEN EBENE
PRIMALLER AUF DER ZWEITEN EBENE
PROZENT DER REAKTIONEN
0
10
20
30
40
50
60
70
80
90
100
KEINE REAKTION
VERSCHLECHTERT & HÄUFIGER
UNVERÄNDERT
WENIGER SCHWER & HÄUFIGER
VERSCHLECHTERT & SELTENER
WENIGER SCHWER & SELTENER
VERSCHWINDEN
0
1
2
3
4
5
6
KATEGORIE DER REAKTION

Die Unterlagen (siehe Tabelle) für früh-traumatische Ursprünge von Phobien widersprechen der Auffassung, daß Phobien einfach nur erlernte Gewohnheiten sind – das heißt gesellschaftlich konditionierte Reaktionen, die es durch verschiedene Konditionierungsmethoden zu »verlernen« gilt. Es gibt keine Möglichkeit, ein Geburtstrauma zu ent-konditionieren, ohne sich, durch ein Wiedererleben, an das Trauma selbst zu wenden. Das Symptom der Phobie hat eine Verbindung tief im Organismus, und es ist nicht unvorstellbar, daß durch ein Vertreiben des Symptoms nur das spätere Auftreten schwererer Symptome, vielleicht sogar von Paranoia, sichergestellt wird.

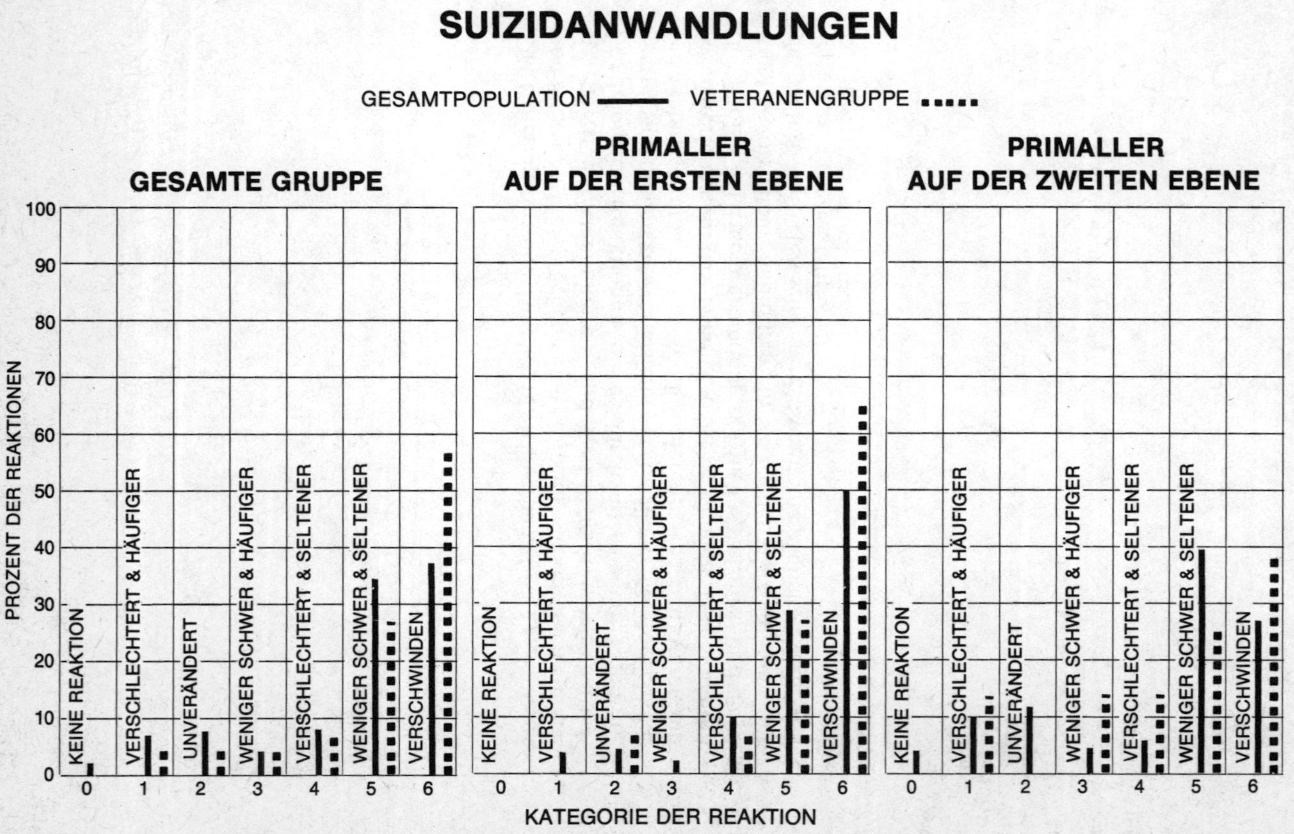
SUIZIDANWANDLUNGEN
GESAMTPOPULATION
VETERANENGRUPPE
GESAMTE GRUPPE
PRIMALLER AUF DER ERSTEN EBENE
PRIMALLER AUF DER ZWEITEN EBENE
PROZENT DER REAKTIONEN
0
10
20
30
40
50
60
70
80
90
100
KEINE REAKTION
VERSCHLECHTERT & HÄUFIGER
UNVERÄNDERT
WENIGER SCHWER & HÄUFIGER
VERSCHLECHTERT & SELTENER
WENIGER SCHWER & SELTENER
VERSCHWINDEN
0
1
2
3
4
5
6
KATEGORIE DER REAKTION

Fünfzig Prozent derjenigen mit Suizidanwandlungen, die über Primals auf der ersten Ebene berichteten, teilten auch das vollständige Verschwinden des Impulses mit; 27 Prozent derjenigen mit Feelings nur auf der zweiten Ebene berichteten über ein ähnliches Verschwinden.

Das Fühlen von Urschmerz der zweiten Ebene reduziert gewöhnlich die Schmerzebene genug, um den Suizidanwandlungen ihre »Spitze« zu nehmen, das heißt sie weniger impulsiv zu machen. Trotzdem scheinen die Impulse bestehen zu bleiben, bis es zur Auflösung der Schmerzen auf der ersten Ebene kommt. Dieser Trend der Daten bietet denen wichtige Hinweise, die mit zum Selbstmord neigenden Menschen umgehen. Es ist klar, wie zwecklos es ist, jemandem auf längere Zeit wiederkehrende Suizidanwandlungen ausreden zu wollen.

Selbstmord ist ein bedeutendes gesundheitspolitisches Problem unserer gut abgewehrten Gesellschaft. Im Jahre 1964 war Selbstmord für die Fünfzehn- bis Vierundzwanzigjährigen in den Vereinigten Staaten die vierthäufigste Todesursache. Auf die Gesamtbevölkerung übertragen, stand er in den letzten zehn Jahren als Todesursache an zwölfter Stelle. Der Psychoanalytiker Gregory Zilboorg sagte, daß das Problem des Selbstmords vom wissenschaftlichen Standpunkt aus noch ungelöst sei.

Die Daten der Untersuchung zeigen – vorläufig – einen beachtlichen Fortschritt bei der Behandlung von selbstmörderischen Impulsen von Primärpatienten an. Die Besserungsquote ist besonders bemerkenswert, da die mit einer Primärtherapie Beginnenden zweifellos weit mehr zum Selbstmord neigen als die allgemeine Bevölkerung.

Die Ergebnisse in der Tabelle zeigen, daß je weniger Zugang oder Auflösung ein zu Selbstmord neigender Mensch hat, er eine um so größere Gefahr für sich selbst darstellt. Zugang zu Feelings ist ein entscheidender Faktor. Ein amateurhafter oder unkontrollierter Versuch einer Primärtherapie ist für den selbstmörderischen Menschen sehr gefährlich, weil er ihn in Urschmerz der ersten Ebene drängen kann, ohne daß diese Schmerzen aufgelöst werden. In diesem Fall haben die Freudianer recht, wenn sie sagen, daß der Abbau von Abwehr gefährlich ist – jedoch ist er nur dann gefährlich, wenn die Abwehr entfernt wird, *ohne Zugang zu Feelings zu erlauben.* Solange die Abwehr entfernt und der Zugang geschaffen wird, gibt es keine inhärente Gefahr. Es handelt sich nur um Rückkehr zu einem früher natürlichen Zustand.

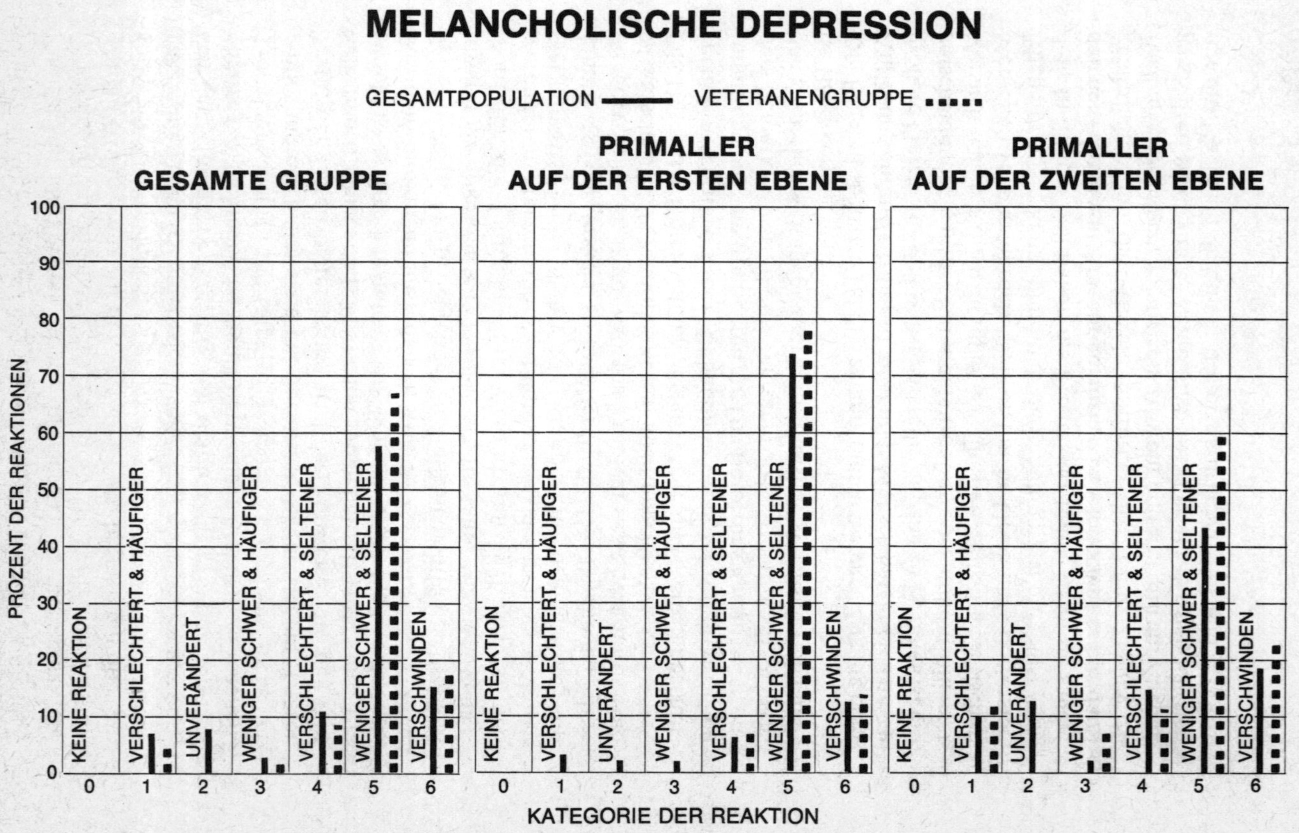
MELANCHOLISCHE DEPRESSION
GESAMTPOPULATION
VETERANENGRUPPE
GESAMTE GRUPPE
PRIMALLER AUF DER ERSTEN EBENE
PRIMALLER AUF DER ZWEITEN EBENE
PROZENT DER REAKTIONEN
0
10
20
30
40
50
60
70
80
90
100
KEINE REAKTION
VERSCHLECHTERT & HÄUFIGER
UNVERÄNDERT
WENIGER SCHWER & HÄUFIGER
VERSCHLECHTERT & SELTENER
WENIGER SCHWER & SELTENER
VERSCHWINDEN
0
1
2
3
4
5
6
KATEGORIE DER REAKTION

Wie die Tabelle zeigt, ist die Besserungsquote für melancholische Depression bei denjenigen, die Primals auf der ersten Ebene haben, merklich höher. Ganz offensichtlich hat die Auflösung von Traumata der ersten Ebene wichtige Implikationen für die Auflösung tiefer Depression. Es fällt schwer zu glauben, daß jegliche Art von »positivem Denken« diesen Zustand überwinden kann.

Die vorläufigen Daten zeigen, daß je länger jemand fortfährt zu fühlen und Zugang zu Urschmerzen erlangt, es um so unwahrscheinlicher wird, daß er unter Depressionen leidet. Dieser Trend unterstützt die Beobachtung, daß tiefe Depression in Wirklichkeit tiefe Verdrängung ist.

Anhang C

PROTOTYPISCHE SCHMERZEN & PHYSIOTYPEN

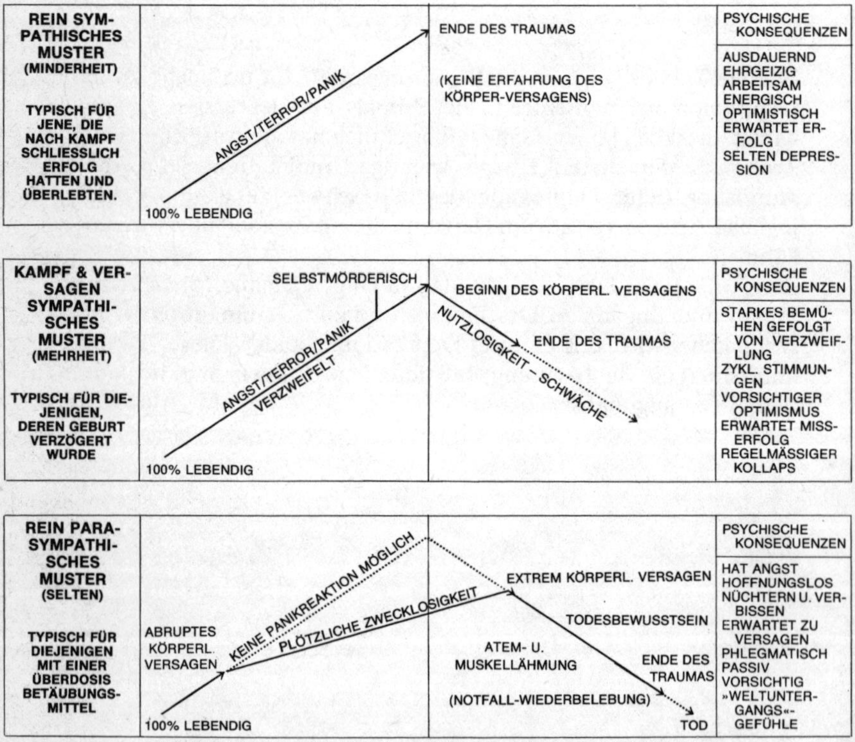

PROTOTYPISCHES GEBURTSTRAUMA BESTIMMT LEBENSLANGE REAKTION AUF STRESS & SPÄTERE PERSÖNLICHKEITSSTRUKTUR

ABREAKTION

Wir wissen sehr wohl, daß Primals – oft unbewußt – vorgetäuscht worden sind. Das untrügliche Kennzeichen einer Pseudo-Primärtherapie[1] scheint das Herbeiführen von Abreaktionen statt von Primals zu sein. Abreaktion ist eine Form der Abwehr, die weit leichter zu ertragen ist als realer Urschmerz. Abreaktionen können wie Primals aussehen, was sowohl den Patienten als auch den Therapeuten täuschen kann. Häufig ist sich der Patient nicht einmal bewußt, was er macht. Zu uns kommen Menschen, die ein volles Jahr der Abreaktion in der Gestalt von Primals hinter sich haben, ohne je den Unterschied gekannt zu haben. Zum einen liegt das daran, daß Abreaktion Spannungserleichterung bietet, wenn auch nur vorübergehend. Es stimmt auch, daß hysterische Episoden Primals ähneln. Das hat einige dazu gebracht, sich vorzustellen, daß Primals wirklich hysterische Anfälle seien.

Abreaktion, die Entladung der Energie eines Feelings ohne richtige Verknüpfung, kann deshalb keine tiefen Einsichten schaffen, weil kein wirkliches Erleben eines Feelings, das symbolisches Verhalten veranlaßt hat, stattgefunden hat. Der Mensch fühlt nicht das seinem Verhalten zugrunde liegende Bedürfnis, er entlädt dessen Energie. Er mag schreien, um sich schlagen, an die Wände hämmern und sogar weinen, doch all das hat eine oberflächliche Qualität. Er vollführt absichtliche, kontrollierte Anstrengungen. Ein Mensch, der sich sehr wünscht zu fühlen, aber in Wirklichkeit nur wenig oder gar keinen Zugang hat, könnte versuchen, Feelings durch Anstrengung zu produzieren. Er hat eine gewisse *Vorstellung* davon, was Fühlen und Ausdrücken von Urschmerz ist, und steigert sich darein, das vorzuführen. Er kann eine sehr dramatische Show abziehen, aber unglücklicherweise ist es nur eine Show. Die oberste Bewußtseinsebene versucht ihren Willen und ihr Tempo einer tieferen Ebene aufzuzwingen, was letztendlich die Abtrennung erweitert und die Unterdrückung genau der Feelings verstärkt, auf die man abgezielt hatte.

Die Abreaktionsprozesse sind im allgemeinen auf eine einzige Ebene – zum Beispiel anhaltendes Weinen – beschränkt, ohne wirklich an den Grund dafür anzuknüpfen. Es ist die zufällige Entladung unspezifischer Urschmerzen: die Erleichterung von der durch eine Unmenge von Urschmerzen verursachten Spannung, von denen keiner dem Bewußtsein spezifisch verbunden ist.

Abreaktion bezieht verschiedene neurale Pfade eines Primals mit ein.[2] Es ist der Unterschied zwischen spezifischen Urschmerz-Pfaden, die die Natur und den Ursprung eines Urschmerzes beschreiben, und den Leidens-Pfaden, die nur allgemeine Informationen über unspezifische Agonie bieten. Man kann durch Abreaktion leicht irregeführt werden, weil ein bestimmtes Element des Leidens auftauchen kann, durch das die Person die Vorstellung gewinnt, einen realen, alten Urschmerz wiedererlebt zu haben. Aber leiden ist nicht das Fühlen von Primärschmerz. Dadurch, daß der Urschmerz, auf seinem Weg gefühlt zu werden, alle Bewußtseinsebenen vereinigt, bezieht er beide Arten von Pfaden mit ein. Demgegenüber ist die Abreaktion auf das Leidenssystem beschränkt.

Wenn ein Feeling aktiviert ist, setzt es ein duales System unter Spannung – das Limbische System und den Neokortex gleichzeitig. Durch Fühlen besteht ein richtiges Gleichgewicht zwischen diesen zwei Systemen, und man ist sich sehr genau bewußt, was man fühlt. Bei der Abreaktion wird jedoch nur ein einziger Aspekt dieses Systems aktiviert.

Abreaktion tritt dann auf, wenn Primärtherapie in der Weise gehandhabt wird, daß zufällig etwas hochkommt, also ohne eine Reihenfolge. Wenn der Patient zu hart oder zu schnell angetrieben wird, wird er in Feelings stürzen, deren Spannungsniveau zu hoch ist, um integriert werden zu können.

Bei jeder Methode, die es versäumt, ihre Anstrengungen auf Urschmerz zu richten, ist man, um Erleichterung zu erlangen, dazu gezwungen, das Ritual der Abreaktion immer wieder zu wiederholen. Glücklicherweise können wir Abreaktion durch Beobachtung und biologische Messungen von wirklichen Feelings unterscheiden.

Ein biologisches Schlüsselkennzeichen der Abreaktion besteht darin, daß sich die Werte der vitalen Körperfunktionen nicht wie bei Primals zusammen auf- oder abwärts bewegen. Sie bewegen sich auf zufällige, sporadische Weise, so als würden die Körperfunktionen nicht zusammenarbeiten, sondern sich in verschiedene Richtungen bewegen würden. Dies, so meine ich, ist ein weiteres Zeichen dafür, daß Abreaktion die innere Abtrennung vertieft und die Disharmonie im biologischen System, und infolgedessen auch der Psyche, verewigt.

1 »Primärtherapie«, die von nicht konzessionierten und nicht ausgebildeten Personen durchgeführt wird.

2 Siehe dazu die Diskussion über Lurias Arbeit in *Primal Man.*

Namens- und Sachregister
Zusammengestellt vom Übersetzer